MEDIDAS ESTRUTURANTES

Da Suprema Corte Estadunidense ao Supremo Tribunal Federal

J62m Jobim, Marco Félix.

Medidas estruturantes: da Suprema Corte Estadunidense ao Supremo Tribunal Federal / Marco Félix Jobim. – Porto Alegre: Livraria do Advogado Editora, 2013.

238 p.; 23 cm. – (Temas de direito processual civil; 5)

Inclui bibliografia.

ISBN 978-85-7348-854-8

1. Brasil. Supremo Tribunal Federal. 2. Estados Unidos - Suprema Corte. 3. Poder judiciário e questões políticas. 4. Processo civil - Brasil. I. Título. II. Série.

CDU 347.991
347.91/.95(81)
CDD 341.4191

Índice para catálogo sistemático:

1. Suprema Corte 347.991
2. Supremo Tribunal Federal 347.991
3. Processo civil: Brasil 347.91/.95(81)

(Bibliotecária responsável: Sabrina Leal Araujo – CRB 10/1507)

Temas de Direito Processual Civil 5

Marco Félix Jobim

MEDIDAS ESTRUTURANTES

Da Suprema Corte Estadunidense ao Supremo Tribunal Federal

livraria DO ADVOGADO editora

Porto Alegre, 2013

Coleção
Temas de Direito Processual Civil

Coordenadores
Daniel Mitidiero
José Maria Rosa Tesheiner
Sérgio Gilberto Porto
Elaine Harzheim Macedo

Projeto gráfico e diagramação
Livraria do Advogado Editora

Revisão
Rosane Marques Borba

Livraria do Advogado Editora Ltda.
Rua Riachuelo, 1300
90010-273 Porto Alegre RS
Fone/fax: 0800-51-7522
editora@livrariadoadvogado.com.br
www.doadvogado.com.br

Impresso no Brasil / Printed in Brazil

Não existiria capacidade alguma do lado de fora do lar, se dentro não existissem vocês, meus amores.

Por isso, Betânia, Gabriel e Pedro, esta tese é dedicada somente a vocês.

Agradecimentos

Agradecer significa demonstrar gratidão, o que, no contexto da conquista realizada pela aprovação da tese de doutorado, se mostra uma situação árdua, uma vez que, ao ocultar algum nome, posso cometer alguma injustiça. Por isso, em alguns momentos, a opção pela abstração.

Aos meus familiares, em especial à minha esposa Betânia e sua família, aos meus filhos, Gabriel e Pedro, ao meus pais, aos meus irmãos e suas famílias, aos meus avós (*in memoriam*);

Ao professor orientador, Dr. José Maria Rosa Tesheiner, por, além de um jurista completo, ser uma pessoa extraordinária;

Aos professores Humberto Dalla Bernadina de Pinho, Maurício Martins Reis, Daniel Mitidiero, Elaine Harzheim Macedo e Sérgio Gilberto Porto, membros intergrantes da banca examinadora da tese de doutorado;

Ao Professor Owen Fiss que, mesmo distante, manteve diálogo;

Aos professores do Curso de Doutorado em Direito da Pontifícia Universidade Católica do Rio Grande do Sul, agradecimento que faço na pessoa de seu coordenador, Dr. Ingo Wolfgang Sarlet;

Aos meus colegas docentes e aos discentes da UNILASALLE, da ULBRA e da FADERGS, em especial, Germano Schwartz e Geraldo C. Jobim.

Aos meus colegas de escritório, pois, sem eles, não existiria condições de elaborar a tese;

Aos colegas do doutorado, em especial ao Júlio e à Liane, por todos os diálogos no transcorrer do curso;

Ao pessoal da secretaria do Programa de Pós-Graduação em Direito, pois incansáveis no auxílio ao discente do programa, agradecimento que faço na pessoa da Caren;

Aos professores Dr. Sérgio Gilberto Porto e Dr. Voltaire de Lima Moraes, pelas contribuições feitas na banca de pré-qualificação;

Aos amigos;

Aos meus afilhados;

À Livraria do Advogado, nas pessoas do Walter e do Valmor, por acreditarem na importância do tema;

A todos que, direta ou indiretamente, contribuíram com a pesquisa, agradecimento que faço na pessoa da Liani;

A Deus, obrigado por todas as alegrias!

De nada serviria ao povo que suas instituições baixassem do céu, ou fossem, diretamente, plantadas por mãos divinas, se a terra, onde caem, não fosse capaz de produzir a inteireza de ânimo e a coragem do dever, para as executar. O espírito do estadista constrói as garantias; mas, se não houver homens no meneio da máquina, "quem garantirá as garantias"?

RUI BARBOSA,
no *Solemnia Verba* de sua obra "Atos Inconstitucionais",
ao relatar que aos juízes cabe a mantença da Constituição,
não podendo abdicar dessa autoridade.

La Constitución establece la estructura del Estado, crea los órganos que lo componen, describe las funciones de los mismos y determina cómo se relacionan entre sí. Asimismo, la Constitución identifica los valores que habrán de informar y limitar esa estructura estatal. Sin embargo, los valores constitucionales (libertad, igualdad, debido proceso, libertad de expresión, libertad religiosa, propiedad, libertad contractual, seguridad personal, prohibición de tratos crueles y desproporcionados) son ambiguos, en tanto admiten un sinnúmero de significados que, con frecuencia, entran en conflicto. Aparece, así, la necesidad de conferirles un significado específico, de otorgales un contenido operativo y, en caso de conflicto, de establecer prioridade entre los mismos.

OWEN FISS,
em defesa para que se dê significado aos valores
constitucionalizados, em sua obra "El Derecho como Razón Pública".

O Judiciário é um Poder. Exerce atividade de governo. Incumbe-lhe dizer, em cada caso, o que é direito. Cabe-lhe exercer uma atividade como que imunológica, rejeitando as leis inconstitucionais, bem como declarando a rejeição social de algumas normas. Produz jurisprudência, que, como a lei, é fonte do direito. Tudo isso é verdade e, contudo, é preciso que se apregoe a supremacia da lei e se pregue a subordinação do juiz a ela. Investido na sua função, na forma e em virtude da lei, deve o juiz fidelidade ao sistema jurídico que o constituiu como órgão seu. Não se pretende libertar o juiz do dever de obediência à lei, ainda que em nome da justiça, porque sua liberdade submete os jurisdicionados ao arbítrio e aos caprichos de sua autoridade. Prendem-se as feras, para que não periclite a vida de todos.

Pode o juiz, em especiais circunstâncias, pôr entre parênteses alguma norma aparentemente jurídica. Deve, porém, fidelidade ao sistema jurídico que o constituiu, sob pena de trair a missão que lhe foi confiada. Não se prega uma submissão tola, nem cega, mas uma obediência inteligente e voluntária, mais aceita como necessidade social que imposta por coerção autoritária.

Se desaparece o dever de obedecer, em consciência, tudo se reduz a um jogo de forças. Mandam os mais fortes, submetem-se os vencidos e, ao termo de tudo, não se tem lei, nem direito, nem justiça, mas violência, arbítrio e arrogância.

JOSÉ MARIA ROSA TESHEINER
que, em 1993, já alertava para o embrionário
problema da decisão judicial, em sua obra
"Elementos para uma Teoria Geral do Processo".

Prefácio

Para quem observa a cena política, é bastante claro que o Poder Judiciário, de 1988 para cá, assumiu novos papéis, impensáveis nos termos da estrita separação de Poderes, tal como era entendida entre nós.

Nem tudo se deve à nova Constituição. Foi mais um crescimento gradual, devido a uma conjunção de fatores, nem todos facilmente perceptíveis. A atribuição, ao Supremo Tribunal Federal, de competência para declarar em tese e em abstrato a inconstitucionalidade de lei é anterior. Anterior também é a Lei da Ação Civil Pública (Lei 7.347/85).

O certo é que o Judiciário e, particularmente, o Supremo Tribunal Federal, vem aos poucos assumindo funções de legislador, e não só de legislador negativo, como ao seu tempo Kelsen anotou.

No sistema clássico, o Judiciário apenas aplicava a Lei. Agora, em algumas circunstâncias, ele cria Direito novo, em abstrato, e não apenas para o caso concreto.

O Poder Legislativo pode editar uma lei e como que se desinteressar de sua aplicação, porque esta não é de sua competência, mas da Administração e do Poder Judiciário.

Este, porém, quando edita norma geral e abstrata, não pode despreocupar-se de sua aplicação, porque esta é função que também lhe compete.

O que pode fazer um tribunal, quando edita norma geral e abstrata que, por sua própria natureza, deixa lacunas que precisam ser preenchidas com atos normativos ou fáticos imprescindíveis para sua concretização?

Em tese, e em algumas circunstâncias, os Poderes Legislativo e Executivo podem suprir essas lacunas. Mas, como demonstra Marco Jobim, a partir da experiência norte-americana, há casos em que o próprio Poder Judiciário precisa tomar medidas adicionais, que ele denomina de “estruturantes”, para que as suas decisões produzam efeitos no mundo real e não se limitem a produzir efeitos ditos jurídicos, num mundo ideal, sem nenhuma correspondência com o mundo fático.

A obra de Marco Jobim não constitui mera digressão acadêmica. Tem suporte na História e está vocacionada a produzir efeitos na História.

Sua investigação limitou-se aos processos objetivos da competência do Supremo Tribunal Federal, mas é fácil de se ver que as "medidas estruturantes" que propõe podem ser necessárias também no âmbito dos processos coletivos em geral, podendo-se, pois, dizer que seus fundamentos e conclusões transcendem seus limites.

José Maria Tesheiner

Professor de Processo Civil na PUCRS
Desembargador aposentado do TJRS

Sumário

Apresentação

O tema versado neste livro – resultado de uma excelente tese de doutorado aprovada por unanimidade pelos examinadores – alberga uma complexa responsabilidade judicante sob o encargo do Supremo Tribunal Federal. Esse encargo decisório responde pela efetividade das decisões adotadas pela Suprema Corte brasileira no tocante à fiscalização abstrata de constitucionalidade, especialmente quando carecem ao comando jurisdicional mecanismos visíveis (quiçá factíveis) conducentes à implementação – imediata, paulatina ou programada, conforme seja a natureza da situação examinada – das medidas necessárias para o alcance do estado digno de vislumbre. No mais das vezes, a literatura especializada em jurisdição constitucional contenta-se em dissecar o esquadro teórico das decisões de constitucionalidade e inconstitucionalidade.

Se é verdade que já ultrapassamos a primeira barreira de simplificação funcional do controle de constitucionalidade, no sentido de assimilar que as decisões do STF não se resumem a um mero "sim ou não" para as impugnações de ato normativo perante o texto fundamental, não deixa de ser preocupante a ainda incipiente produção sistemática acerca da efetividade dos comandos jurisdicionais emanados do Tribunal de Cúpula com sede em Brasília. A efetividade recorrentemente reivindicada pelo autor desta obra, cuja análise retrospectiva se debruça numa primeira parte às experiências do direito norte-americano (com os devidos anticorpos prudenciais para efeito de evitar um imprestável transplante), abraça o horizonte prescritivo rumo a uma possível aplicação das denominadas medidas estruturantes no ordenamento jurídico brasileiro.

Marco Félix Jobim é sagaz para antepor à eficácia social (efetividade) a eficácia normativa, sem a qual, para parafrasear Paulo Bonavides em homenagem à doutrina francesa acerca do juízo de proporcionalidade, corre-se o risco de abater uma pomba com um tiro de canhão. Isto quer dizer que Jobim, antes de incorrer no fácil refrão de palavras e frases de efeito "totem e tabu", antepara tal valor em lastros de juridicidade firmes e insuscetíveis de fácil corrosão. Além disso, ao perscrutar julgamentos célebres do direito estadunidense, elabora com serenidade crítica parâmetros de conformação dos mecanismos hermenêuticos lá verificados para uma adequada prestação jurisdicional no sistema jurídico de nosso país. Nitidamente demarcam-se, assim o pensamos, os ambientes decisórios típicos de provimentos judiciais de significativa latitude constitucional – distintos, embora conexos e de íntima dependência recíproca – desdobrados em termos de conformidade material (conteúdo) e prática (implementação).

Ao estabelecer sóbria relação com a jurisdição constitucional brasileira, Jobim não se furta de dialogar com as ressalvas doutrinárias que soçobram questionadoras da legitimidade do Supremo Tribunal Federal em ditar a última palavra acerca das repercussões interpretativas atualmente cada vez mais frequentes do texto fundamental. Não apenas ele colaciona razões corriqueiras para defender a legitimidade do poder contramajoritário, como indica outras tantas, culminando por prover um quadro consistente de argumentos favorável ao modelo ora em vigor. Tal exame não implica endosso puro e simples de um paradigma, como se a escolha recaísse num fatídico maniqueísmo, mas de uma responsável e acurada análise de argumentos com a mira na prestação jurisdicional mais efetiva na perspectiva de concretização de um catálogo de direitos fundamentais denso e aberto, como é o caso do acervo constitucional vigente desde 1988.

O presente livro merece homenagem ao igualmente se dispor a dialogar com a difícil relação entre direito e cultura, ou seja, ao relacionar o discurso jurídico com o sistema social e seus sintomas, os quais nem sempre apontam para contextos consensuais democráticos, senão para hábitos incrustados de débil ou nenhuma ascendência ética abonadora do bem comum. Hoje em dia é comum dissentir das decisões constitucionais através do singelo apelo ao pacto democrático representativo. É bem de se frisar que a democracia constitucional, contudo, não se pode esvair ou consolidar, como num castelo de cartas, à mera conjuntura especulativa de deliberações estatísticas cuja força se arrima na famigerada vontade da maioria. Tampouco algum tribunal, em contrapartida, se pode arrogar na tarefa de incorporar guarida ao Texto Maior sob o pálio vazio de preceitos isolados ou de precedentes destituídos de contextualização histórica.

Portanto, o trabalho publicado atravessa corajosamente uma série de intempéries no bojo do direito constitucional; ao mesmo tempo, a honestidade acadêmica do autor, ao transparecer o corte epistemológico de assuntos sobre os quais não irá se aprofundar, chega a desalentar o destinatário desejoso de esclarecimentos acerca de temas afins ao proposto. Entretanto, seu compromisso intelectual com as verdadeiras balizas de sua pesquisa lega-nos um bem maior, ao propiciar a curiosidade autêntica de um engajamento genuíno sobre assuntos insuscetíveis de um ponto final definitivo. É necessário ponderar se mais vale uma pesquisa legítima com fronteiras bem discernidas do que uma pseudoenciclopédia, na suposta abrangência total do seu objeto, que pouco mais nos entrega do que paraísos artificiais. Marco Jobim nos ensina que o êxito de uma publicação espelha frutos de inquietude, de novas perguntas rumo a inéditos ideais. E tudo aquilo de que o direito não pode abrir mão é de prescritivos pontos de destino.

Embora Jobim afirme que o escopo da pesquisa não albergue temáticas como por exemplo as teorias da decisão judicial, os tipos de provimentos interpretativos no controle de constitucionalidade e a doutrina dos precedentes, inevitável concluir pela indissociável relação entre tais temas e o por ele consignado ativismo judicial equilibrado. Resulta impossível subscrever a legitimidade democrática no trato dos acórdãos de índole normativa emanados da Suprema Corte brasileira, os quais assimilam condições de procedibilidade e efetividade para o fiel cumprimento e alcance dos ditames constitucionais, sem pressupor, mesmo veladamente, uma dada pré-compreensão e posicionamento diante de referidos cenários. Marco Jobim entrevê esses pressupostos nas linhas de seu notável trabalho; apenas sua humildade, nesta faceta de inigualável qualidade a distanciar-se de um qualquer pedantismo, o impediu de assim o atestar. Mas a tarefa deste apresentador consiste em exatamente explicitar o que não ficou dito (o que não quer dizer que tenha deixado de ficar claro, talvez óbvio). E óbvio foi o arremate necessário desta tese em obra, merecedora de leitura e assimilação pela comunidade jurídica brasileira.

De Pisa, Itália, janeiro de 2013.

Mauricio Martins Reis

1. Introdução

A obra trazida ao público leitor é a versão comercial da tese de doutorado apresentada ao programa de pós-graduação *stricto sensu* da Pontifícia Universidade Católica do Rio Grande do Sul,[1] na área de concentração voltada à Teoria Geral da Jurisdição e Processo, que teve como um de seus propósitos o de alicerçar o posicionamento de que existe a possibilidade de o Supremo Tribunal Federal, por meio de seus ministros, dentro dos parâmetros delineados pela Constituição da República Federativa do Brasil, promulgada em 5 de outubro de 1988, tornar-se normatizador[2] no sistema brasileiro,[3] no qual a tripartição de Poderes[4] faz parte do

---

[1] Modificou-se o título original da tese para esta versão, o qual era: "As medidas estruturantes e a legitimidade democrática do Supremo Tribunal Federal para sua implementação".

[2] AMORIN, Aderbal Torres de. *Um falso impasse*. 19. dez. 2012, p. 19. Durante a banca de doutoramento, uma das principais questões levantadas é o que seria normatizador? A resposta torna-se evidente quando lida as primeiras linhas do artigo referido. Expõe o autor: "Repetidamente e substituindo-se ao legislador, o Supremo Tribunal Federal reconheceu a constitucionalidade das cotas raciais e das uniões homoafetivas, regulou a ocupação de terras indígenas, autorizou pesquisas com células-tronco, entendeu legal o aborto de feto anencefálico e proibiu a importação de pneus usados. Conquanto matérias da exclusiva competência do Congresso Nacional, este silenciou. Esse protagonismo judicial baseou-se na denominada mutação constitucional, ou seja, a mudança da aplicação do texto maior, ainda que nenhum dos seus dispositivos haja sido alterado. Assim, o mesmo dispositivo que antes impunha a existência de lei, agora dispensava a intervenção legislativa. Nessa mesma esteira, aplicando-se a Constituição como seu supremo intérprete, o STF vem de decretar a perda dos mandatos dos deputados condenados no processo denominado mensalão".

[3] Por certo existem vozes de preocupação quanto a essa ingerência do Poder Judiciário nas funções do Poder Legislativo, como Ives Gandra da Silva Martins, que assim se manifestou recentemente: "Um dos mais importantes pilares da atual Constituição foi a conformação de um notável equilíbrio de poderes, com mecanismos para evitar invasão de competências. [...] O Supremo Tribunal foi guinchado expressamente a 'guardião da Constituição' (art. 102), com integrantes escolhidos por um homem só (art. 101, parágrafo único), o Presidente da República é eleito pelo povo (art. 77), assim como os integrantes do Senado e da Câmara (art. 45 e 46). [...] O Congresso Nacional tem poderes para anular quaisquer decisões do Executivo ou do Judiciário que invada sua função legislativa (art. 49, inc. XI), podendo socorrer-se das Forças Armadas para mantê-la (art. 142), em caso de conflito. [...] Há, pois, todo um arsenal jurídico para assegurar a democracia no país. [...] Ora, a Suprema Corte brasileira, constituída no passado e no presente por ínclitos juristas, parece hoje exercer um protagonismo que entendo contrariar a Lei Suprema". E, ao final, expõe: "Meu receio é que, por força dos instrumentos constitucionais de preservação dos poderes, numa eventual decisão normativa do STF de caráter político nacional possa haver conflito que justifique sua anulação pelo Congresso (art. 49, inc. XI), o que poderia provocar indiscutível fragilização do regime democrático no país". MARTINS, Ives Gandra da Silva. Os dois supremos. *Jornal Carta Forense*, São Paulo, p. B4, maio 2012. Disponível em: <http://www.cartaforense.com.br/conteudo/colunas/os-dois-supremos/8653>. Acesso em: 09 nov. 2012.

[4] O que fica especificado no título I da Constituição Federal, ao tratar dos princípios fundamentais, já em seu artigo 2º, com a seguinte redação: "são Poderes da União, independentes e harmônicos entre si, o Legislativo, o Executivo e o Judiciário".

Estado Democrático de Direito que desagua, pelo modelo de controle de constitucionalidade de leis eclético em vigor no Brasil, num Estado Constitucional.[5]

Marcos Barbosa Pinto,[6] em sua obra *Constituição e Democracia*, inicia seu pensamento com um questionamento que ele próprio denomina de *uma pergunta incômoda*, ao exteriorizar sobre a legitimidade de onze ministros do Supremo Tribunal Federal modificarem leis elaboradas pelos reais representantes do povo que apenas as promulgam após a elaboração de todo o processo legislativo[7] previsto, em parte significativa, na Constituição Federal.[8]

A pergunta a ser respondida nesta obra é diferente daquela elaborada por Marcos Barbosa Pinto e explica-se a razão: parte-se do pressuposto de que os ministros estejam investidos de poderes democráticos para, em conformidade com o controle de constitucionalidade de leis, modificá-las, se respeitados determinados requisitos, sendo, o maior deles, o de se manter dentro dos parâmetros esboçados no texto constitucional e nos seus possíveis sentidos normativos,[9] vinculados ao momento cultural vivenciado.[10] O problema, então, consubstancia-se em como

---

[5] MITIDIERO, Daniel. *Processo civil e Estado constitucional.* Porto Alegre: Livraria do Advogado, 2007. p. 15-30. Talvez a nomenclatura que melhor se amolde à tese seria a de Estado Constitucional, trabalhada pelo autor na parte I da obra, na qual o diferencia dos modelos do *Rule of Law*, codificado e não codificado, o *État Légal* e o *Rechtsstaat*, até mesmo em razão do que se falará posteriormente sobre cultura constitucional. Também faz parte do estudo de seu doutorado. Id. *Colaboração no processo civil*: pressupostos sociais, lógicos e éticos. 2. ed. São Paulo: Revista dos Tribunais, 2011. p. 55-68.

[6] PINTO, Marcos Barbosa. *Constituição e democracia.* Rio de Janeiro: Renovar, 2009. p. 1-2. Expõe o autor: "Logo após o encerramento do segundo turno das eleições presidenciais de 2006, o Ministro Marco Aurélio de Mello, do Supremo Tribunal Federal, foi confrontado com uma difícil pergunta. Durante uma entrevista coletiva, em que o assunto predominante eram as acusações de corrupção e crime eleitoral contra o Presidente Luiz Inácio Lula da Silva, um repórter da TV Bandeirantes perguntou-lhe: 'Ministro, há ainda uma série de processos judiciais pendentes contra a candidatura à reeleição do Presidente Lula. Eu lhe pergunto: qual a legitimidade de um grupo de juízes para impedir a posse de um Presidente que acaba de ser eleito com 60 milhões de votos?'". E, após, finaliza: "Reformulada, essa pergunta pode muito bem ser aplicada ao controle de constitucionalidade. Quando um juiz deixa de aplicar uma lei por entendê-la inconstitucional, ele está indo contra a vontade dos legisladores que a aprovaram, que são os representantes do povo no governo. Como admitir tal fato num sistema democrático, no qual a vontade do povo deve ser soberana? Nossos legisladores são eleitos pelo povo, diretamente. Nossos juízes, no entanto, são selecionados mediante concurso ou indicados para o cargo indiretamente, para mandatos vitalícios. Como admitir que juízes não-eleitos derrubem as leis aprovadas pelos representantes do povo? É essa a pergunta que procurarei responder com este trabalho".

[7] Como a pesquisa não se debruça sobre o processo de elaboração das leis, apenas indicam-se algumas obras sobre a temática que podem complementar a leitura, sendo elas: SILVA, José Afonso da. *Processo constitucional de formação das leis.* 2. ed. São Paulo: Malheiros, 2006, e FERREIRA FILHO, Manoel Gonçalves. *Do processo legislativo.* 6. ed. São Paulo: Saraiva, 2007.

[8] O processo legislativo encontra-se na seção VIII, subseção I, da Constituição Federal, nos artigos 59 a 69, que tratam: Da Disposição Geral (artigo 59); Da Emenda à Constituição (artigo 60); Das Leis (artigos 61 a 69).

[9] MÜLLER, Friedrich. *Teoria estruturante do direito.* Tradução de: Peter Naumann e Eurides Avence de Souza. São Paulo: Revista dos Tribunais, 2008. Ideia interessante defende o autor em sua obra, no capítulo X, sobre o "texto normativo e norma", nas páginas 192-221, no qual defende uma diferença entre texto de norma, texto linguístico e da norma propriamente dita.

[10] NEVES, A. Castanheira. *Metodologia jurídica*: problemas fundamentais. Coimbra: Boletim da Faculdade de Direito da Universidade de Coimbra: Coimbra Editora, 1993, p. 149. Assim expõe o autor: "A norma jurídica, como produto normativo-cultural, não poderá decerto ser compreendida se não a perspectivarmos pela coordenada histórica da sua emergência – é esta uma indispensável dimensão hermenêutica, ainda que para uma compreensão prático-normativa da norma-critério que a convoca à função problematicamente concreta do juízo jurídico".

poderá a decisão tomada pelo Supremo Tribunal Federal[11] criar condições de possibilidade de efetivação do novo direito criado pela sentença normativa[12] que incidirá sobre a vida em sociedade, criando-se novas condutas sociais[13] e sedimentando uma segurança jurídica[14] que deve ser real, e não ilusória.

Esta orientação, obviamente, é sujeita a críticas, dentre as quais, desde já, pode-se identificar a principal delas, que seria o fato de o Poder Judiciário estar usurpando de uma competência que não é sua, conforme acautela Elival da Silva Ramos[15] no início de sua obra sobre o ativismo judicial,[16] trabalho com o qual

---

[11] Tendo em vista a opção da tese em conceder essa prerrogativa ao Supremo Tribunal Federal, não há espaço para elaborar um capítulo sobre a polêmica e histórica discussão travada entre Carl Schmitt e Hans Kelsen sobre quem deve ser o guardião da Constituição, sendo que a referência aqui serve para fins bibliográficos. Em SCHMITT, Carl. *O guardião da constituição.* Tradução de: Geraldo de Carvalho. Belo Horizonte: Del Rey, 2007, no qual o autor defende ser o Presidente do *Reich* o legítimo detentor deste poder e em KELSEN, Hans. *Jurisdição constitucional.* Tradução do alemão de: Alexandre Krug; tradução do italiano de: Eduardo Brandão; tradução do francês de: Maria Ermantina Galvão; introdução e revisão técnica de: Sérgio Sérvulo da Cunha. São Paulo: Martins Fontes, 2003, no qual defende a importância de um Tribunal Constituicional para essa função. Na obra, o capítulo destinado a "quem deve ser o guardião da constituição", p. 237-298, é o que contém a resposta de Kelsen à teoria de Schmitt. Recomenda-se, da mesma forma, a leitura da dissertação de mestrado de Paulo Sávio Peixoto Maia, trabalho realizado espeificamente na discussão ora referida. MAIA, Paulo Sávio Peixoto. *O guardião da Constituição na polêmica Kelsen-Schmitt*: Rechtsstaat como referência semântica na memória de Weimar. 418 p. Dissertação (Mestrado em Direito) – da Faculdade de Direito da Universidade de Brasília, 2007. Disponível em: <http://repositorio.bce.unb.br/bitstream/10482/3525/1/2007_PauloSavioNPMaia.pdf>. Acesso em: 10 set. 2012.

[12] PELICIOLI, Angela Cristina. *A sentença normativa na jurisdição constitucional*: o Supremo Tribunal Federal como legislador positivo. São Paulo: LTr, 2008. Apropria-se aqui da nomenclatura trazida na obra citada com a seguinte conceituação: "Pela natural preocupação em garantir o rigor terminológico do objeto da investigação em curso, impõe-se definir a sentença normativa como um tipo de decisão proferida pelo Supremo Tribunal Federal que, entre outras características, possui eficácia *erga omnes*. Mesmo se sabendo que, no ordenamento jurídico brasileiro, as decisões proferidas pelos Tribunais são denominadas de acórdãos, conforme determina o art. 163, do Código de Processo Civil, o termo sentença normativa aqui designa as decisões colegiadas do Supremo Tribunal Federal que, resolvendo conflitos submetidos à sua jurisdição, criam norma geral e abstrata, com o objetivo de concretizar a Constituição de 1988".

[13] VASCONCELOS, Arnaldo. *Teoria da norma jurídica.* 6. ed. São Paulo: Malheiros, 2006. p. 16. Refere o autor: "Na verdade, a sentença só assume a qualidade de norma jurídica quando o Direito, que ela revela, torna-se, por sua uniformidade e constância, modelo de conduta social".

[14] Sobre o tema da segurança jurídica, indica-se: ÁVILA, Humberto. *Segurança jurídica*: entre permanência, mudança e realização no direito tributário. 2. ed. São Paulo: Malheiros, 2012. O conceito trazido pelo autor, em que pese em sua segunda parte estar mais relacionada com o direito tributário, é essencial para este estudo em seu primeiro momento. Define o autor na página 285: "Em suma, o princípio da segurança jurídica implica processos de determinação, de legitimação, de argumentação e de fundamentação que viabilizem a controlabilidade semântico-argumentativa da atuação estatal, de um lado, e a respeitabilidade da ação do contribuinte fundada no Direito, de outro, bem como, por via reflexa, da argumentação referente a essa ação".

[15] RAMOS, Elival da Silva. *Ativismo judicial*: parâmetros dogmáticos. São Paulo: Saraiva, 2010. p. 21. Aponta: "Em manifestação veiculada por prestigioso órgão de imprensa, o Presidente do Senado e do Congresso Nacional expressou o desconforto institucional do Poder Legislativo brasileiro diante de práticas adotadas pelos outros Poderes que lhe ameaçam a primazia no desempenho de uma de suas funções primordiais, a de legislar. De fato, não se ignora que o Congresso se encontre pressionado, de um lado pelo Poder Executivo, mercê da edição desenfreada de medidas provisórias com força de lei, desde a entrada em vigor da Constituição de 1988, e, de outro, por recentes decisões do Supremo Tribunal Federal, que teriam transposto os limites da lídima atividade jurisdicional que lhe compete exercer. Daí a exortação que culminou por fazer aquela autoridade em relação a este último fenômeno, no sentido de que caberia 'definir com precisão os limites da intromissão do Judiciário na seara parlamentar'".

[16] PEREIRA, Sebastião Tavares. *Devido processo substantivo* (*Substantive Due Process*). Florianópolis: Conceito, 2008. p. 189. Alude o autor sobre outras nominações ao ativismo judicial: "Governo dos juízes, usurpação dos poderes democraticamente constituídos, preferências pessoais, ramo anticonstitucional do Direito constitucional: todas são expressões corriqueiras na imensidão das estocadas lançadas à Doutrina e aos juízes que a adotam".

conquistou o cargo de professor titular de direito constitucional da Universidade do Largo de São Francisco. Pretende-se rebatê-las em capítulo próprio, quando se defender ser o Supremo Tribunal Federal um ambiente democrático para uma possível normatização de determinadas matérias, pois inegável que realiza política[17] por meio de seus julgamentos, elencando-se um rol de motivos criteriosos que faz com que tenha esta legitimidade sem que seja, a todo momento e sem uma fundamentação adequada, contestada.

O Brasil precisa despertar e escolher:

(i) se realmente deseja continuar numa tradição de *Civil Law*, que está ruindo diuturnamente pelas diversas decisões oriundas do Poder Judiciário vinculativas, ou ou com eficácia *erga omnes*, podendo ser citadas, a título exemplificativo neste momento, as súmulas com efeito vinculante[18] e os julgamentos em sede de controle abstrato de constitucionalidade de leis;

(ii) se realmente quer ingressar de vez na tradição[19] anglo-saxã do *Common Law*, na qual a existência dos precedentes judiciais[20] faz com que o ordenamento jurídico tenha uma estabilidade que hoje está longe de ser concretizada em solo brasileiro;[21]

---

[17] FERREIRA FILHO, Manoel Gonçalves. *Aspectos do direito constitucional contemporâneo*. 2. ed. São Paulo: Saraiva, 2009. p. 252. Defende o autor que já não se pode mais tentar, em tempos atuais, defender que o controle de constitucionalidade de leis não tenha um viés político, em especial após a entrada em vigor das Leis n. 9.868/99 e n. 9.882/99 e a possibilidade dos efeitos modulatórios.

[18] CÔRTES, Osmar Mendes Paixão. *Súmula vinculante e segurança jurídica*. São Paulo: Revista dos Tribunais, 2008. Recomenda-se a versão comercial da tese de doutorado do autor defendida no Programa de Pós-Graduação em Direito da Pontifícia Universidade Católica de São Paulo para a compreensão do que são súmulas vinculantes.

[19] STRECK, Lenio Luiz; ABBOUD, Georges. *O que é isto* – o precedente judicial e as súmulas vinculantes. Porto Alegre: Livraria do Advogado, 2013. p. 17. Prefere-se a nomenclatura de tradição em vez de sistema, conforme expõem os autores: "A tradição jurídica consiste, verdadeiramente, em um conjunto de práticas, costumes e hábitos profundamente arraigados em uma comunidade, historicamente condicionados, a respeito da natureza do direito, do papel do direito na sociedade e na política, a respeito da organização e da operação adequada de um sistema legal, bem como a respeito da forma que deveria criar-se, perfeiçoar-se, aplicar-se e ensinar-se o direito. Assim, a tradição jurídica relaciona o sistema jurídico (conjunto de regras normativas) com a cultura, ela insere o sistema legal dentro e a partir da perspectiva cultural". Autores como John Gilissen e René David utilizam o termo *sistemas*, e Franz Wieacker fala em *tradição*. GILISSEN, John. *Introdução histórica ao direito*. 5. ed. Tradução de: A. M. Hespanha e L. M. Macaísta Malheiros. Lisboa: Fundação Calouste Gulbenkian, 2008; DAVID, René. *Os grandes sistemas do direito contemporâneo*. Tradução de: Hermínio A. Carvalho. São Paulo: Martins Fontes, 2002; WIEACKER, Franz. *História do direito privado moderno*. 3. ed. Tradução de: A. M. Botelho Hespanha. Lisboa: Fundação Calouste Gulbenkian, 2004.

[20] HITCHCOCK, Susan Tyler. *Roe v. Wade*: protecting a woman's right to choose. New York: Chelsea House, 2007. p. 37. A tese não trabalhará noções gerais sobre a teoria dos precedentes judiciais, mas não obsta que se conceitue o instituto para fins de compreensão do que eles vêm a ser no sistema estadunidense. Refere a autora: "Underlying the judicial system of the United States is a strong faith in the Constitution as a universal and ageless document and a supremely wise foundation for all future decisions. Every amendment – continuation or clarification officially added to the Constitution – links back to the original language and fundamental ideas. It is the job of every judge and every lawyer to know the Constitution thoroughly. When a lawyer represents a client, saying that she or he has suffered a wrong, it is that lawyer's responsibility to refer to the Constitution and its amendments and to identify exactly what injustice has been committed. When a judge pronounces a decision, the explanation must come directly from language written in the Constitution", e continua seu raciocínio: "Such has been the case now for more than 200 years in U.S. history. Many a court decision has been spoken, written, and recorded, referring to the original Constitution and offering and updated interpretation of the ideas expressed in it. Harmonious with faith in the Constitution is faith in the past decisions of judges, particularly those of the U.S. Supreme Court, the highest court in the land. A lawyer can build on other's arguments by referring to the language in a court deci-

(iii) ou se quer continuar vivenciando este fenômeno da *commonlização*[22] ou *commonlawlização*[23] do direito, o que acaba numa falsa *Civil Law*, pois o romance com o *Common Law* cada vez amadurece mais,[24] mas o medo de concretizá-lo faz com que se resida neste dualismo que não tem alçado seus melhores resultados,[25] embora Hermes Zaneti Jr.[26]

---

sion of the past". E finaliza: "Those decisions are called legal precedents – the related cases that came before. U.S. law practitioners believe in a theory called stare decisis, Latin for 'to stay with what has been decided'. In other words, today's decisions build on the wisdom of decisions past. To became a lawyer, students learned hundreds of cases from years, even centuries ago. When it comes time to argue or judge a case, they must identify legal precedents that connect to the issues of the present day".

[21] A tese não aborda propriamente a teoria dos precedentes judiciais, mas demonstra que cada vez mais o tema tende a crescer na doutrina brasileira, podendo ser comprovado com as novas obras que a cada dia ingressam no mercado, como: MARINONI, Luiz Guilherme. *Precedentes obrigatórios*. São Paulo: Revista dos Tribunais, 2010; MELLO, Patrícia Perrone Campos. *Precedentes* – o desenvolvimento judicial do direito no constitucionalismo contemporâneo. Rio de Janeiro: Renovar, 2008; NOGUEIRA, Gustavo Santana. *Stare decisis et non quieta movere*: a vinculação aos precedentes no direito comparado e brasileiro. Rio de Janeiro: Lumen Juris, 2010; RAMIRES, Maurício. *Crítica à aplicação de precedentes no direito brasileiro*. Porto Alegre: Livraria do Advogado, 2010 e a mais recentemente obra sobre o tema publicada, fruto de tese de doutorado defendida na UFRGS: ROSITO, Francisco. *Teoria dos precedentes judiciais*: racionalidade da tutela jurisdicional. Curitiba: Juruá, 2012.

[22] STRECK, Lenio Luiz; ABBOUD, Georges. *O que é isto* – o precedente judicial e as súmulas vinculantes? Porto Alegre: Livraria do Advogado, 2013. V. 3. p. 74. Os autores referem ser o termo uma idealização do que vem ocorrendo no Brasil com o advento da EC/45, o projeto de Código de Processo Civil brasileiro e as discussões sobre súmulas vinculantes e precedentes judiciais.

[23] PORTO, Sérgio Gilberto. Common law, civil law e precedente judicial. In; MARINONI, Luiz Guilherme (Coord.) *Estudos de direito processual civil.* São Paulo: Revista dos Tribunais, 2005. p. 764. Refere o autor: "Cumpre, outrossim, registrar que, hodiernamente, em face da globalização – a qual para o bem ou para o mal indiscutivelmente facilitou as comunicações –, observa-se um diálogo mais intenso entre as famílias romano-germânicas e da *common law*, em que uma recebe influência direta da outra. Da *common law* para a *civil law* há, digamos assim, uma crescente simpatia por algo que pode ser definido como uma verdadeira 'commonlawlização' no comportamento dos operadores nacionais, modo especial, em face das já destacadas facilidades de comunicação e pesquisa postas, na atualidade, à disposição da comunidade jurídica. Realmente, a chamada 'commonlawlização' do direito nacional é o que se pode perceber, com facilidade, a partir da constatação da importância que a jurisprudência, ou seja, as decisões jurisdicionais, vem adquirindo no sistema pátrio, particularmente por meio do crescente prestigiamento da corrente de pensamento que destaca a função criadora do juiz".

[24] MOREIRA, José Carlos Barbosa. *Temas de direito processual*: nona série. São Paulo: Saraiva, 2007. p. 53. Segundo relata o processualista, as diferenças vêm diminuindo, em lição assim apresentada: "Apesar de tudo isso, as diferenças tendem a tonar-se menos salientes do que já foram. Se nos permitem uma imagem – aproximativa, como todas as imagens –, é como se assistíssimos à progressiva aproximação de dois círculos, a princípio separados por um largo espaço. Chega a hora em que eles se tangenciam, ou mesmo se tornam secantes. Haverá uma área comum; mas também haverá, num e noutro círculo, grandes arcos para os quais subsistirá a separação".

[25] BATISTA JUNIOR, Edil. *O Supremo Tribunal Federal e o monopólio da hermenêutica constitucional no Brasil*: a interpretação como ato de poder. Curitiba: Juruá, 2011. p. 151. Defende o autor que essa fase já passou, sendo que a fase seguinte está consubstanciada nas chamadas súmulas, assim afirmando: "No decorrer do século XX, a legislação brasileira foi crescentemente utilizando o entendimento jurisprudencial como parâmetro de validade do ato jurídico. Tal fato representou a guinada anglo-americana no sistema jurídico brasileiro, que, seguindo a tendência pós-moderna, adotou um modelo misto de produção normativa, privilegiando o precedente como instrumento de uma nova busca atávica pela certeza e pela segurança, a partir da derrocada do legalismo. O amalgamento dos sistemas *common law* e *civil law* foi um momento de preparação necessário à axiomatização da jurisprudência no Brasil". E finaliza: "Essa simbiose permitiu, em meados do século passado, a construção de um instrumento que serviu de meio-termo entre o pragmatismo judicial e o apriorismo legal: a súmula. Foi a mais bem elaborada modalidade de consolidação e de efetivação da jurisprudência brasileira e representou a sublimação da norma jurídica pelos tribunais".

[26] ZANETI JÚNIOR, Hermes. O modelo constitucional do processo civil contemporâneo. In: MITIDIERO, Daniel e AMARAL, Guilherme Rizzo (Coord.); FEIJÓ, Maria Angélica Echer (Org.). *Processo civil*: estudos em homenagem ao professor doutor Carlos Alberto Alvaro de Oliveira. São Paulo: Atlas, 2012. p. 218. Defende o autor: "Por tudo isso, o Brasil tem uma enorme vantagem decorrente da sua formação híbrida, a vantagem dos mestiços,

defenda que, tendo em vista a formação híbrida histórica do Brasil,[27] há de se tirar a maior vantagem possível desta aproximação das tradições jurídicas.

Chega-se num momento salutar na doutrina brasileira: hoje se está produzindo em grande quantidade, em que pese a qualidade ter diminuído muito.[28] Com isso, a abertura de discussões está cada dia mais latente para que se tente chegar num direito mais plausível ao momento cultural existente no país. As teses explanadas não se fundamentam mais por argumentos de autoridade,[29] pois estes estão sendo colocados em dúvida por outras novas teorias que tentam ingressar no direito brasileiro para, quem sabe, torná-lo melhor.

Em outras palavras, não se está mais aceitando, passivamente, argumentos[30] sem que sejam colocados à prova, o que vem sendo, aos poucos, implementado no direito, podendo ser citado como um dos paradigmas desta nova onda crítica a filosofia da ciência com o pensamento, dentre outros filósofos, de Karl Popper.[31] No Brasil, obras estão sendo aceitas pela sociedade em geral por trazerem novos horizontes do que poderia ter realmente ocorrido, por exemplo, na história do

---

uma tônica maior na justiça como valor e uma maior resistência, em razão dessa tônica, a imperativos *a priori*, ao direito posto em abstrato pelo legislador, em descompasso com a vida. Pode-se utilizar essa vantagem para a institucionalização de uma prática judiciária mais democrática e conforme os objetivos da Constituição Federal de 1988. Isso porque, como procuramos deixar claro, no Estado Democrático Constitucional brasileiro a justiça não é mero valor, mas norma, direito fundamental".

[27] Sobre a formação histórica do Brasil, recomenda-se: HOLANDA, Sérgio Buarque de. *Raízes do Brasil*. 26 ed. São Paulo: Companhia das Letras, 1995.

[28] Uma verdadeira onda de manuais, direitos esquematizados, direitos sistematizados, direitos simplificados, direito em palavras cruzadas, direito descomplicado, resumões jurídicos, entre outros, têm ambientalizado o mercado das editoras, muitos chegando ao sucesso de vendas, restringindo com o senso crítico que o estudante deve ter durante sua vida acadêmica.

[29] GADAMER, Hans-Georg. *Verdade e método*. Traços fundamentais de uma hermenêutica filosófica. 7. ed. Tradução de: Flávio Paulo Meurer. Petrópolis: Vozes; Bragança Paulista: Universitária São Francisco, 2005. V. I. Sobre o tema autoridade e o problema do uso da razão em detrimento dela, ler as páginas 368 a 378.

[30] Apenas para não passar sem algum comentário, não se pode mais, por exemplo, ensinar em sala de aula que os fundadores de Roma teriam sido criados por uma loba. Para tanto, leia-se: ACQUAVIVA, Marcus Cláudio. *Teoria geral do Estado*. 3. ed. Barueri, SP: Manole, 2010, p. VII-VIII. Refere: "É evidente que, hoje, um estudo mais sério dos fatos não admite mais tanta fantasia. Ainda que verdadeiro o episódio do abandono à morte dos gêmeos, a proteção que lhes teria dado uma loba, literalmente um animal, é pura lenda, pois a 'loba' não passaria, na verdade, de uma mulher chamada Aca Larência, malcriada, violenta e adúltera, comportamento selvagem que lhe teria valido ser chamada, zombeteiramente, 'a loba'".

[31] POPPER, Karl. *Conjecturas e refutações*: o desenvolvimento do conhecimento científico. Tradução de: Benedita Bettencourt. Coimbra: Almedina, 2006. p. 82. Em especial, a conclusão do filósofo que interessa é a de número 3 da citada página, ao referir: "Na Ciência, as repetidas observações e experiências funcionam como testes das nossas conjecturas ou hipóteses, isto é, como tentativas de refutações". Marcelo Pinto da Silva assim conclui seu artigo sobre a metodologia utilizada por Karl Popper em suas pesquisas, aliando-se ao aqui defendido: "A filosofia de Popper pode ser sinteticamente definida como aquela que sustenta que o conhecimento científico não nasce das observações e experimentações permeadas pela neutralidade do cientista, pois o conhecimento científico estaria impregnado inevitavelmente da realidade, logo nasce da sua compreensão e sobre seu agir. Ou seja, o homem participa irremediavelmente com suas experiências e consequentemente é influenciado pelo seu conhecimento anterior, embora defenda a não acumulabilidade, possuindo o conhecimento científico uma mutabilidade que o torna sempre provisório". SILVA, Marcelo Pinto da. A metodologia da pesquisa no direito e Karl Popper. In: PAMPLONA FILHO, Rodolfo e CERQUEIRA, Nelson (Coord.). *Metodologia da pesquisa em direito e filosofia*. São Paulo: Saraiva, 2011. p. 272.

Brasil,[32] na história da América do Sul[33] e na própria Filosofia,[34] mesmo que tendo de derrubar mitos, ícones, heróis de gerações passadas, sendo que este sucesso momentâneo apenas pode ser explicado por este novo senso crítico que o brasileiro tem tomado gosto nos últimos tempos.

Hoje, um dos assuntos mais controvertidos na doutrina jurídica brasileira é a discussão sobre a teoria da decisão judicial. O neoconstitucionalismo,[35] marco referencial com grande aceitação na atualidade, que, dentre outras novidades, elevou a principiologia a um patamar normativo,[36] fez com que o intérprete final da lei, pessoa humana, sujeito a seus erros e acertos, tenha, no momento de aplicá-la, uma discricionariedade, no mais das vezes, desenfreada.[37] Em recente tese de doutorado defendida na Universidade do Largo de São Francisco, Ana de Lourdes Coutinho Silva,[38] hoje exercendo o cargo de Desembargadora do Tribunal de Justiça de São

---

[32] NARLOCH, Leandro. *Guia politicamente incorreto da história do Brasil.* São Paulo: Leya, 2011.

[33] NARLOCH, Leandro; TEIXEIRA, Duda. *Guia politicamente incorreto da América Latina.* São Paulo: Leya, 2011.

[34] PONDÉ, Luiz Felipe. *Guia politicamente incorreto da filosofia.* São Paulo: Laya, 2012. p. 216. Na mais polêmica das três obras lançadas até o momento, Luiz Felipe Pondé, após abordar o politicamente correto como algo extremamente negativo na sociedade, afirma: "Ao final, a praga PC é apenas uma forma enraivecida de recusar a idade adulta e de aniquilar a inteligência. O que ela mais teme é a coragem. Por isso, diz que o povo é lindo quando não é, diz que as mulheres estão bem sozinhas, quando não estão (estavam mal acompanhadas e agora estão pior sozinhas, porque a humanidade é basicamente infeliz e incoerente com relação aos desejos e às expectativas), diz que a natureza é uma mãe quando ela é mais Medeia, nos proíbe de reclamar de gente brega ao nosso redor, mente sobre aqueles que lutaram contra ditaduras (eles não eram muito melhores do que os torturadores se tivessem a chance de torturar alguém), nega a importância da culpa porque é mau-caráter, enfim, não é capaz de reconhecer valor em nada porque nega a própria capacidade humana de fazer discernimento".

[35] CARBONELL, Miguel. *Teoría del neoconstitucionalismo*: ensayos escogidos. Madrid: Trotta, 2007. p. 9. Na apresentação à obra, Miguel Carnonell, um dos grandes estudiosos do tema, refere que a compreensão mesmo da abragência da expressão somente será adquirida em alguns anos, assim expondo: "El neoconstitucionalismo, entendido como el término o concepto que explica un fenómeno relativamente reciente dentro del Estado constitucional contemporáneo, parece contar cada día con más seguidores, sobre todo en ámbito de la cultura jurídica italiana y española, así como en diversos países de América Latina (particularmente en los grande focos culturales de Argentina, Colombia y México). Con todo, se trata de un fenómeno escasamente estudiado, cuya caba comprensión seguramente tomará todavía algunos años".

[36] MÖLLER, Max. *Teoria geral do neoconstitucionalismo*: bases teóricas do constitucionalismo contemporâneo. Porto Alegre: Livraria do Advogado, 2011. p. 43. O conceito é muito mais aberto e complexo do que referido, mas também abarca esse novo modelo principiológico. Conforme o autor: "Assim ocorre porquanto muitas características dos sistemas jurídicos defendidas pelo neoconstitucionalismo acabam determinando mudanças significativas no comportamento dos sistemas jurídicos. A aplicação direta de princípios – ao invés da restrição ao modelo normativo de regra – determina uma adaptação da solução da norma ao caso concreto, porquanto esta não é estática, mas pode ser construída pela ponderação. A indeterminabilidade dos princípios também permite que o direito incorpore discussões sobre o sentido de termos relacionados a valores morais, trazendo ao âmbito jurídico discussões antes reservadas aos entes políticos".

[37] Exemplificando, em recente julgamento, o Ministro Dias Toffoli, fazendo referência ao alinhamento dos astros, votou pela concessão de *Habeas Corpus* em favor dos pacientes, assim referindo: "Também cumprimento a eminente Relatora pelo profundo voto trazido, e digo que penalizar a cogitação, ou a imaginação ou o pensamento, só Deus pode fazer, e não o homem. Nós não estamos nesta esfera de cognição. Mas verifico, já falando em Deus, que os astros hoje estão alinhados pela concessão das ordens". E finaliza: "É por isso que eu acredito em Deus, mas eu acredito também na astrologia. Os astros hoje estão alinhados, em uma conjugação favorável aos pacientes". <http://redir.stf.jus.br/paginadorpub/paginador.jsp?docTP=TP&docID=2612894>, acesso em 01.01.2013.

[38] SILVA, Ana de Lourdes Coutinho. *Motivação das decisões judiciais.* São Paulo: Atlas, 2012. p. 35-36. Aponta a autora: "É certo que, como seres humanos, estão os juízes sujeitos à influência de diferentes fatores psicológicos que

Paulo, afirmou que vários fatores influenciam o juiz no momento de seu julgamento,[39] ou seja, mesmo sendo magistrada que hoje ocupa o cargo pela vaga destinada ao quinto constitucional pelo Ministério Público, é alguém inserido no contexto do Poder Judiciário, com a coragem de expor como vêm sendo julgados os processos na atualidade. Lenio Luiz Streck[40] é um dos poucos autores que denunciam essas aporias judiciais, mas não consegue vencer o praticamente já decidido mercado de sentenças motivacionais.[41]

O que este estudo também tem a pretensão de demonstrar é que deixar a qualquer juiz esse poder realmente acaba por inflacionar ainda mais o Poder Judiciário. Com isso, privilegiam-se inúmeras decisões desconectadas[42] umas das outras, o que seria diferente se o Supremo Tribunal Federal não só declarasse o direito pertinente em determinados casos, mas também desse um passo à frente, norteando a sua decisão para que efetivamente se cumprissem as determinações lá emanadas. Assim, sairia fortalecido o Poder Judiciário, tanto no aspecto externo, com o prestígio da sociedade e dos demais Poderes, quanto interno, perante a magistratura nacional que, possivelmente, acreditando na efetividade das decisões emanadas de sua Corte Superior em matéria constitucional, assim as seguissem, mesmo que isso sequer dependesse de qualquer sistemas vinculatórios de decisão judicial.

---

interferem nos juízos de valor que formulam e nos julgamentos que proferem". E finaliza: "No mundo contemporâneo, desaparece a figura do juiz como ser humano impenetrável, destituído de intuição, e surge a do magistrado receptivo aos reclamos das partes, sensível e preocupado, menos com uma rígida aplicação da lei, e mais com os resultados justos que emanam das suas decisões".

39 KHALIL, Antoin Aboud. *A personalidade do juiz e a condução do processo*. São Paulo: LTr, 2012. p. 288. Em recente publicação, oriunda de sua dissertação de mestrado, o autor, realizando uma pesquisa de campo com seis magistrados do Tribunal de Justiça de São Paulo e aplicando a teoria dos tipos de Carl Gustav Jung, chega à seguinte conclusão: "Isso não implica dizer – sempre é bom lembrar – que pessoas pertencentes a um mesmo tipo psicológico não possam ter respostas diferentes para essa questão. O ponto para o qual queremos chamar a atenção é o da impossibilidade de se afirmar, com relação a um indivíduo – ou classe de indivíduos (no caso, a dos juízes) –, a certeza de um comportamento, ignorando a subjetividade de cada um. A teoria dos tipos, neste ponto, mais do que dar conta dessa subjetividade, chama nossa atenção para ela".

40 Lenio Luiz Streck, por meio de suas obras e palestras, tenta conscientizar o profissional do direito sobre os riscos de tais decisões. Para tanto, recomenda-se: STRECK, Lenio. *O que é isto*: decido conforme minha consciência? 4. ed. Porto Alegre: Livraria do Advogado, 2013.

41 Nomenclatura utilizada pelo pesquisador em suas aulas para demonstrar aos alunos um tipo de decisão judicial na qual os julgadores colocam, implicitamente ou explicitamente, motivações subjetivas para o julgamento do caso em concreto.

42 LUIZ, Fernando Vieira. *Teoria da decisão judicial*: dos paradigmas de Ricardo Lorenzetti à resposta adequada à Constituição de Lenio Streck. Porto Alegre: Livraria do Advogado, 2013. p. 9. Ao prefaciar a obra, Lenio Luiz Streck conta como foi o início da defesa da dissertação pelo autor, o que demonstra o que se quer dizer neste momento: "Na abertura da defesa de sua dissertação de mestrado, que deu origem a esta bela obra, Fernando Luiz impressionou a todos com uma confissão: 'sou juiz, minha mãe é juíza, meus amigos juízes e promotores, com os quais convivo, são todos honestos, probos e cultos. Interessante é que, quando nos reunimos para falar sobre os casos que decidimos, chegamos à conclusão que, embora nossa honestidade, probidade e sentimento de justiça, damos sentenças tão diferentes umas das outras, em casos, por vezes, muito, muito similares'. Por isso, continuou, 'cheguei à conclusão de que havia algo errado. Não basta ser honesto, probo e ter sentimento do justo. Todos, eu, minha mãe, meus amigos, decidimos conforme nossas consciências. Só que as decisões são tão discrepantes. Por isso, fui estudar, teoria da decisão'".

Diante disso, a pesquisa identificará alguns julgamentos proferidos pela Suprema Corte dos Estados Unidos da América[43] e demonstrará que a efetividade dos comandos emanados por suas decisões são maiores do que as oriundas do Supremo Tribunal Federal no Brasil,[44] sendo que, a partir desta constatação, serão desveladas as razões pelas quais, geralmente, são cumpridas aquelas e descumpridas estas. Não se está defendendo que não devam existir nortes objetivos à interpretação judicial,[45] mas sim, se realizados dentro dos limites normativos estabelecidos na Constituição Federal e respeitando o crescimento cultural existente numa determinada sociedade, poderá a decisão ser efetiva por si só, quando não existir um abrupto rompimento cultural. Por isso, as perguntas elaboradas por Eduardo Appio na introdução de seus estudos de pós-doutorado, ao se referir sobre o ativismo judicial da Suprema Corte dos Estados Unidos em casos como o da interrupção da gestação, ao questionar:

> (i) se era antidemocrática esta atuação ou;
>
> (ii) se estavam os *Justices* se imiscuindo numa função política ao interpretar a Constituição[46] são questionamentos aptos a serem respondidos nesta tese, assim como mais alguns;

---

[43] LOPES, José Reinaldo de Lima Lopes (Org.). *O Supremo Tribunal de Justiça do Império (1828-1889)*. São Paulo: Saraiva, 2010. p. 11. O próprio organizador na introdução ao livro alerta para um fato que foi sedimentado durante a pesquisa: como a doutrina estadunidense escreve sobre os julgamentos de suas cortes, não deixando que as decisões caiam em esquecimento, o que pode ser explicado pelo modelo do *stare decisis*. Refere o historiador: "Qualquer iniciante no estudo do direito sabe em que consiste um livro de direito constitucional nos Estados Unidos da América: uma sucessão de temas de caráter jurídico-constitucional examinados a partir das decisões da Suprema Corte. Os temas, que vão da separação de poderes ao federalismo e à carta de direitos, com todos os respectivos desdobramentos e sub-temas, são apresentados como em uma sucessão de discussões e de mudanças de posicionamento da Corte a seu respeito. Os cursos são, portanto, inerentemente histórico-hermenêuticos. Visto que os Estados Unidos descendem da tradição inglesa, o hábito (e mesmo a necessidade) de manter os registros das decisões de seu tribunal supremo foi mantida desde sempre".

[44] FAVOREU, Louis. *As cortes constitucionais*. Tradução de: Dunia Marinho Silva. São Paulo: Landy, 2004. p. 15. Cumpre ressaltar que ambos, tanto a Suprema Corte dos Estados Unidos como o Supremo Tribunal Federal, são jurisdições constitucionais, conforme explica o autor: "Todavia, convém explicar desde já que uma Corte constitucional é uma jurisdição criada para conhecer especial e exclusivamente o contencioso constitucional, situada fora do aparelho constitucional ordinário e independente destes e dos poderes públicos. Uma Corte Suprema ou um Tribunal Supremo, ou mesmo a Câmara Constitucional de uma Corte Suprema, podem ser jurisdições constitucionais".

[45] RAMOS, Elival da Silva. *Ativismo judicial*: parâmetros dogmáticos. São Paulo: Saraiva, 2010. p. 12. Concorda-se com a lição concedida por Celso Lafer na introdução à obra, ao referir: "O desdobramento e as consequências do ativismo judicial – seja no que diz respeito ao papel constitucional da divisão de poderes, seja no que tange ao valor segurança jurídica num estado de direito – suscita a preocupação com os limites objetivos do processo hermenêutico. Esta preocupação está voltada para conter os riscos de a interpretação extrapolar a desejável congruência normativa de uma Constituição, como expressão axiológica do mérito do 'governo das leis' e das inconveniências do 'governo dos homens', inclusive o dos magistrados".

[46] APPIO, Eduardo. *Direito das minorias*. São Paulo: Revista dos Tribunais, 2008. p. 17-18. Refere: "Ao proibir que as escolas públicas estaduais segregassem alunos por conta de critérios raciais, determinando a adoção de medidas efetivas e concretas de integração racial, a Suprema Corte dos Estados Unidos fez uma opção em favor das minorias, adotando uma postura nitidamente contramajoritária. Ao assegurar a uma gestante do Estado do Texas o direito de interromper o processo de gestação, a Corte estendeu às demais mulheres este mesmo direito, regulando seu exercício a partir de critérios razoáveis que preservassem todos os interesses envolvidos. Em ambos os casos, teria agido de forma antidemocrática, ao trazer para si uma incumbência reservada aos representantes da população? Os *Justices* da Suprema Corte estariam atuando como políticos ao interpretar a Constituição?".

(iii) de que maneira a Suprema Corte deu efetividade às suas decisões em casos que romperam com paradigmas culturais de uma sociedade? e;

(iv) de que modo isso poderia ser utilizado no Brasil?

As respostas a esses questionamentos deverão vir com o estudo da teoria do Professor da Universidade de Yale, Owen M. Fiss, sobre o que entende por *structural reform*, tendo já sido traduzida a expressão, ou como *reforma estrutural,*[47] ou como *ações estruturais,*[48] sendo preferida para esta pesquisa outra tradução, uma vez que medidas estruturantes[49] têm mais intimidade[50] com o que a obra quer demonstrar ao final. O ponto fundamental do estudo será a defesa de que já existe no ordenamento jurídico brasileiro dispositivo legal em vigência[51] que abarque esta pretensão, independentemente de proposta legislativa.

O trabalho, necessariamente, terá algumas opções de terminologia e sofrerá alguns cortes epistemológicos, assim como para não trazer ao leitor matérias já abordadas em outras tantas obras de qualidade que já fazem parte do acervo doutrinário do país. Com isso, parte-se do pressuposto de que apenas será abordado o que realmente é interessante às considerações finais, sendo uma opção do autor não trazer pontos já pacificados na doutrina ou, se ainda não, guiar o leitor, pelo menos, para alguns estudos já existentes para que de sua leitura retirem suas próprias conclusões.

---

[47] FISS, Owen M. *Um novo processo civil*: estudos norte-americanos sobre jurisdição, Constituição e sociedade. Tradução de: Daniel Porto Godinho da Silva e Melina de Medeiros Rós, Coordenação da tradução de: Carlos Alberto de Salles. São Paulo: Revista dos Tribunais, 2004. Carlos Alberto de Salles, logo na apresentação geral, já fala em reforma estrutural, na página 7. Também é de ser lembrado na obra: Id. *El derecho como razón pública.* Traducción de: Esteban Restrepo Saldarriaga. Madrid: Marcial Pons, 2007. p. 23. Está traduzida para o espanhol a ideia do *structural reform* como *la reforma estrutural.*

[48] BAUERMANN, Desirê. *Cumprimento das obrigações de fazer ou não fazer*: estudo comparado: Brasil e Estados Unidos. Porto Alegre: Sergio Antonio Fabris, 2012. p. 54. A autora assim expõe a tradução da teoria: "Todo esse movimento teve início com o julgamento do caso *Brown v. Board of Education, leading case* das chamadas 'ações estruturais' [...]".

[49] TAVARES, André Ramos. Justiça constitucional: superando as teses do "legislador negativo" e do ativismo de caráter jurisdicional. *Direitos Fundamentais & Justiça*, Porto Alegre: HS, Programa de Pós-Graduação, Mestrado e Doutorado em Direito da PUCRS, a. 3, n. 7, p. 168, abr./jun. 2009. Aqui fica o alerta para que não se confunda as medidas estruturantes com a função estruturante. Nas palavras do autor: "Denominar-se-á estruturante a função por meio da qual se promove a adequação e a harmonização formais do ordenamento jurídico, consoante sua lógica interna e seus próprios comandos relacionados à estrutura normativa adotada". O constitucionalista, recentemente, lança obra com capítulo destinado sobre o tema: TAVARES, André Ramos. *Paradigmas do judicialismo constitucional.* São Paulo: Saraiva, 2012. O tema pode ser restringido à leitura das páginas 37 a 40.

[50] Isso, pois, para o pesquisador, não necessita haver propriamante reformas (se optasse por *reforma estrutural*), ou, não quer que o leitor cunfunda ações na concepção jurídica da expressão (se optasse por *ações estruturais*), mas sim apenas quer demonstrar que o que se espera do instituto são meios para se atingir um fim maior, por isso medidas estruturantes estaria mais perto da ideia defendida na pesquisa.

[51] O pesquisador irá trabalhar no contexto das legislações já em vigor no Brasil para que não tenha que pensar numa difícil proposta legislativa para o tema, concordando com o pensamento de seu orientador no que se refere à quase inexequibilidade de uma tese que opta por apenas trazer propostas para aprovação legislativa.

Até este momento, foram realizadas algumas citações na introdução e se sabe que isso não se constitui da melhor técnica[52] para a elaboração de um trabalho que pretende servir de pesquisa para futuros estudantes e profissionais do Direito. Contudo, após algumas reflexões,[53] entende-se que este é o momento propício para demonstrar, desde o início, alguns tópicos pertinentes, ou determinar, desde cedo, o que o trabalho não abordará, com o intuito de não deixar o leitor refém do texto que vai se seguir, razão pela qual, para tratar de alguns cortes que a obra sofrerá e algumas posições terminológicas que, desde já, se assume o compromisso de fazer, continuará sendo utilizada a citação na introdução, em grande número.

São os cortes e opções terminológicas:

(i) não serão abordados os aspectos históricos do controle de constitucionalidade de leis no Brasil, tendo em vista que já foram devidamente estudados nas seguintes obras: *Controle de Constitucionalidade no Brasil: Perspectivas de Evolução*, de Elival da Silva Ramos;[54] *Manual do Controle Concentrado de Constitucionalidade*, de Charles Andrade Froehlich e Elia Denise Hammes;[55] *Controle Abstrato de Constitucionalidade: Análise dos Princípios Processuais Aplicáveis*, de Carlos Roberto de Alckmin Dutra;[56] *Controle de Constitucionalidade Moderno*, de Saul Tourinho Leal;[57] *Jurisdição Constitucional Comparada*, de Stefano Maria Cicconetti e Anderson Vichinkeski Teixeira,[58] *A Fiscalização Abstrata da Constitucionalidade no Direito Brasileiro*, de Clèmerson Merlin Clève,[59] *Controle de Constitucionalidade: Conceitos, Sistemas e Efeitos*, de Oswaldo Luiz Palu;[60]

---

52 FINCATO, Denise Pires. *A pesquisa jurídica sem mistérios*: do projeto de pesquisa à banca. Porto Alegre: Notadez, 2008. p. 64.

53 Algumas deles realizadas após a leitura de: CARVALHO, Saulo de. *Como não se faz um trabalho de conclusão*. 2. ed. São Paulo: Saraiva, 2013. Em especial pelo que escreve o autor já em sua advertência inicial, nas páginas 15-16, quando refere: "Importante alertar os leitores de que só escrevi este livro porque não suporto metodologia. Os metodólogos (e suas metodologias) invariavelmente são enfadonhos, suas aulas entediantes e seus textos sonolentos. Representam, em sua grande maioria, a burocracia ascética da pesquisa acadêmica. Imagino, tentando representar mentalmente o seu trabalho, o quão excitantes são as reuniões das Comissões da ABNT, em seus calorosos debates para definir as novas modalidades de citação bibliográfica; se o local de publicação deve ou não preceder a indicação da editora; se o título da obra ou do artigo deve ser grifado em *negrito* ou em *itálico*, se a fonte oficial da publicação deve ser Arial ou Times New Roman ou se haveria alguma licenciosidade com Courier New".

54 RAMOS, Elival da Silva. *Controle de constitucionalidade no Brasil*: perspectivas de evolução. São Paulo: Saraiva, 2010. p. 177-236.

55 FROEHLICH, Charles Andrade; HAMMES, Elia Denise. *Manual do controle concentrado de constitucionalidade*. Curitiba: Juruá, 2009. p. 53-85.

56 DUTRA, Carlos Roberto de Alckmin. *Controle abstrato de constitucionalidade*: análise dos princípios processuais aplicáveis. São Paulo: Saraiva, 2012. p. 75-84.

57 LEAL, Saul Tourinho. *Controle de constitucionalidade moderno*. 2. ed. Niterói: Impetus, 2012. p. 137-151.

58 CICCONETTI, Stefano Maria; TEIXEIRA, Anderson Vichinkeski. *Jurisdição constitucional comparada*. Florianópolis: Conceito Editorial, 2010.

59 CLÈVE, Clèmerson Merlin. *A fiscalização abstrata da constitucionalidade no direito brasileiro*. 2. ed. São Paulo: Revista dos Tribunais, 2000. p. 80-91.

60 PALU, Oswaldo Luiz. *Controle de constitucionalidade*: conceitos, sistemas e efeitos. 2. ed. São Paulo: Revista dos Tribunais, 2001.

(ii) não serão abordadas as diferenças entre as modalidades de controle de constitucionalidade de leis, conceituando o que vem a ser controle difuso,[61] abstrato[62] ou misto, ou quanto à natureza, se político ou judicial; quanto ao momento, se preventivo ou repressivo, sendo que tratados de forma objetiva em obras como: *O Controle de Constitucionalidade no Direito Brasileiro*, de Luís Roberto Barroso;[63] *O Controle de Constitucionalidade das Leis no Direito Brasileiro*, de José Renato Martins;[64] *Direito Processual Constitucional*, de Paulo Roberto de Figueiredo Dantas,[65] *A Relativização da Coisa Julgada pelo Supremo Tribunal Federal*, de Rennan Faria Krüger Thamay;[66] somente importando saber neste momento que o sistema adotado no Brasil é considerado como misto[67] ou eclético,[68] pois abarca as modalidades dos controles difuso e abstrato, o que daria uma excelente discussão, tendo em vista existir vozes contrárias quanto a este modelo híbrido;[69]

---

[61] CANOTILHO, J. J. Gomes. *Direito constitucional e teoria da Constituição*. 7. ed. Coimbra: Almedina, 2003, p. 917. Apenas para não deixar sem uma conceituação ao leitor, refere o jurista português: "Consagra-se o controlo difuso, concreto e incidental dos actos normativos, na senda da tradição republicana portuguesa. A competência para fiscalizar a constitucionalidade das normas continua a ser reconhecida a todos por impugnação das partes, quer *ex officio* pelo juiz ou pelo ministério público, julgam e decidem a questão da inconstitucionalidade das normas aplicáveis ao caso concreto submetido a decisão judicial".

[62] Ibid., p. 918. E sobre esta modalidade de controle, aduz: "Ao lado do controlo difuso e concreto – o controlo português de fiscalização da constitucionalidade – a Constituição de 1976 consagrou um controle concentrado e abstracto de normas. Por controlo de normas entende-se o processo constitucional dirigido à fiscalização e decisão, com força obrigatória geral (com força de lei), do desvalor formal ou material de uma norma jurídica".

[63] BARROSO, Luís Roberto. *O controle de constitucionalidade no direito brasileiro*. 5. ed. São Paulo: Saraiva, 2011. Quanto à natureza (p. 64-66), quanto ao momento (p. 67-68), quanto à forma (p. 71-73).

[64] MARTINS, José Renato. *O controle de constitucionalidade das leis no direito brasileiro*. São Paulo: Juarez de Oliveira, 2004. Entre as páginas 30 a 33 o autor aborda o tema de forma sucinta.

[65] DANTAS, Paulo Roberto de Figueiredo. *Direito processual constitucional*. São Paulo: Atlas, 2009. p. 171-173.

[66] THAMAY, Rennan Faria Krüger. *A relativização da coisa julgada pelo Supremo Tribunal Federal*: o caso das ações declaratórias de (in) constitucionalidade e arguição de descumprimento de preceito fundamental. Porto Alegre: Livraria do Advogado, 2013. O autor trabalha o tema a partir da página 140.

[67] CICCONETTI, Stefano Maria; TEIXEIRA, Anderson Vichinkeski. *Jurisdição constitucional comparada*. Florianópolis: Conceito Editorial, 2010. p. 19. Assim referem os autores: "A estruturação da jurisdição constitucional brasileira possui uma formação histórica que a diferencia dos modelos de controle concentrado (ou abstrato) de constitucionalidade (representado pelo sistema kelsiano com a Constituição austríaca de 1920) quanto dos modelos de controle difuso (ou incidental) de constitucionalidade (bem exemplificados com o modelo estadunidense). Incorporando, ao longo do seu percurso formativo, elementos teóricos e doutrinários vindos, sobretudo, dos sistemas alemão e estadunidense, bem como do sistema constitucional italiano, a Constituição da República Federativa do Brasil de 1988 consagra um modelo de jurisdição constitucional notadamente 'misto', 'integrado' ou, ainda, 'abrangente', pois conserva em um mesmo sistema os caracteres fundamentais do controle concentrado e controle difuso". MARTINS, Ives Gandra da Silva; MENDES, Gilmar Ferreira. *Controle concentrado de constitucionalidade*: comentários à lei n. 9.868, de 10-11-1999. 3. ed. São Paulo: Saraiva, 2009. p. 1. Também é a lição dos constitucionalistas: "Enquanto o modelo difuso é apresentado como aquele que contém um *self-restraint* implícito, porque autoriza a intervenção judicial apenas no exame do caso concreto, o modelo concentrado é tido como aquele que suscita maiores controvérsias e indagações de índole política, tendo em vista a possibilidade de exame da constitucionalidade não apenas no caso concreto (incidente), mas também de forma abstrata. Essas concepções aparentemente apodíticas acabaram por ensejar o surgimento dos modelos mistos, com combinações de elementos dos dois sistemas básicos (v. g., o sistema brasileiro e o sistema português)".

[68] BINENBOJM, Gustavo. *A nova jurisdição constitucional brasileira:* legitimidade democrática e instrumentos de realização. 3. ed. Rio de Janeiro: Renovar, 2010. O autor adota a nomenclatura eclética no capítulo IV.2 para afirmar a existência dos dois modelos, nas páginas 129 a 138.

[69] SOUZA JÚNIOR, Cezar Saldanha. *O tribunal constitucional como poder*: uma nova teoria da divisão dos poderes. São Paulo: Memória Jurídica, 2002. p. 139. Em que pese ter escrito antes da Emenda Constitucional n. 45, que

(iii) não serão tratadas na tese as teorias da decisão judicial,[70] por quatro motivos:

(a) para que se mantenha a coerência do trabalho, não importa qual teoria será utilizada por um ou outro ministro para formar seu convencimento, tendo em vista que o importante é que tenha obtido a maioria deles na votação em plenário para que, aliado a outros fatores que serão futuramente demonstrados, exista uma decisão democraticamente aceita;

(b) mesmo que todos os julgadores sejam adeptos a uma das várias teorias de decisão judicial já existentes, nada garante que todos chegarão ao mesmo resultado;

(c) o que traz maior legitimidade à sentença normativa é o fato de o julgador não ser obrigado a se filiar a uma única corrente que trabalhe a teoria da decisão judicial; e

(d) já foram travados inúmeros debates em obras destinadas a tal fim, tanto em nível nacional como internacional, não faltando indicações para a leitura, como *Teoria da Argumentação Jurídica*, de Robert Alexy;[71] *A Argumentação Jurídica e teoria do Direito*, de Neil MacCormick;[72] *Teoria da Decisão Judicial: Fundamentos de Direito,* de Ricardo Luis Lorenzetti;[73] *Verdade e Consenso: Constituição, Hermenêutica e Teorias Discursivas: da Possibilidade à Necessidade de Respostas Corretas em Direito* e *Hermenêutica Jurídica em Crise: uma Exploração Hermenêutica da Exploração do Direito*, ambos de de Lenio Luiz Streck; existindo, ainda, mais uma gama de obras recomendadas.[74]

---

aproximou os controles quanto aos efeitos da decisão, é importante salientar o pensamento do autor à época em que se debruçou sobre o tema: "A livre competição entre os dois modelos aumentou a irracionalidade do 'sistema' brasileiro. O controle em concreto acaba chegando ao Supremo Tribunal Federal pela via do recurso extraordinário. O controle em abstrato da Constituição da Repúplica é competência exclusiva do Supremo Tribunal, proposto diretamente perante ele. Embora o Tribunal seja o mesmo, os pressupostos, as técnicas, os efeitos, as conseqüências, a própria concepção de inconstitucionalidade que está implícita em cada um dos dois modelos, são diferentes e, em certo sentido, até contraditórios."

[70] SILVA, Virgílio Afonso da. Interpretação constitucional e sincretismo metodológico. In: SILVA, Virgílio Afonso da (org.). *Interpretação constitucional.* São Paulo: Malheiros, 2005, p. 143. As palavras do constitucionalista são claras ao que se propõe para este estudo: "Mas talvez a discussão mais urgente acerca da interpretação constitucional – que não guarda qualquer relação com uma discussão acerca de meros métodos – diga respeito ao papel do STF na interpretação constitucional. Cabe a esse Tribunal valer deterimnados valores constitucionais? Se sim, como decidir quais prevalecem em cada caso concreto? Ou ao STF cabe apenas zelar pelo bom funcionamento procedimental do regime democrático, deixando para o legislador a terefa de decidir sobre os valores constitucionais a serem concretizados? Importante é ter em mente que a tarefa da interpretação constitucional irá varias de acordo com o enfoque acerca da função da Constituição e de seu guardião na vida política do país. E não há discussão metodológica que prescinda dessa discussão de base".

[71] ALEXY, Robert. *Teoria da argumentação jurídica.* Tradução de: Zilda Hutchinson Schild Silva. São Paulo: Landy, 2001.

[72] MACCORMICK, Neil. *A argumentação jurídica e teoria do direito.* Tradução de: Waldéa Barcellos; revisão da tradução de: Marylene Pinto Maciel. São Paulo: Martins Fontes, 2006.

[73] LORENZETTI, Ricardo Luis. *Teoria da decisão judicial*: fundamentos de direito. Tradução de: Bruno Miragem. São Paulo: Revista dos Tribunais, 2009.

[74] Entre as obras consultadas sobre o tema escritas no Brasil nos últimos anos, sem esgontamento do assunto: LAURENTIIS, Lucas Catib De. *Interpretação conforme a Constituição*: conceitos, técnicas e efeitos. São Paulo: Malheiros, 2012;. LEAL, Rosemiro Pereira. *Teoria processual da decisão jurídica.* São Paulo: Landy, 2002; MEYER, Emílio Peluso Neder. *A decisão no controle de constitucionalidade.* São Paulo: Método, 2009; LUIZ, Fernando Vieira. *Teoria da decisão judicial*: dos paradigmas de Ricardo Lorenzetti à resposta adequada à Constituição de Lenio Streck. Porto Alegre: Livraria do Advogado, 2013; FACCINI NETO, Orlando. *Elementos de uma teoria da decisão judicial*: hermenêutica, Constituição e respostas corretas em Direito. Porto Alegre: Livraria do Advogado, 2011; OLIVEIRA, Rafael Tomas de. *Decisão judicial e o conceito de princípio*: a hermenêutica e a (in) determinação do direito. Porto Alegre: Livraria do Advogado, 2008; AZEVÊDO, Bernardo Montalvão Varjão de. *O ato de decisão judicial*: uma irracionalidade disfarçada. Rio de Janeiro: Lumen Juris, 2011; MARRAFON, Marco Aurélio. *O caráter complexo da decisão em matéria constitucional*: discursos sobre a verdade, radicalização hermenêutica e fundação ética na práxis jurisdicional. Rio de Janeiro: Lumen Juris, 2010.

Pontualmente deve ser referido que a produção de estudos em solo nacional tem crescido muito, em especial pelas dissertações e teses defendidas no programa de pós-graduação *stricto sensu* da Universidade do Vale do Rio dos Sinos – Unisinos;

(iv) a obra não tem a pretensão de trazer todas as ações do controle abstrato[75] de constitucionalidade, uma vez que várias foram as abordagens específicas de autores sobre os temas, como: *Controle Abstrato de Constitucionalidade: ADI, ADC e ADO: Comentários à Lei n. 9.868/99* e *Arguição de Descumprimento de Preceito Fundamental*, ambos de Gilmar Ferreira Mendes;[76] *Tratado da Argüição de Preceito Fundamental: (Lei n. 9.868/99 e Lei n. 9.882/99)*, de André Ramos Tavares;[77] *Controle Concentrado de Constitucionalidade: Comentário à Lei n. 9.868, de 10-11-1999*, de Ives Gandra da Silva Martins e Gilmar Ferreira Mendes;[78] *Argüição de Descumprimento de Preceito Fundamental: uma Visão Crítica*, de Frederido Barbosa Gomes;[79] *Arguição de Descumprimento de Preceito Fundamental: Lineamentos Básicos e Revisão Crítica no Direito Constitucional Brasileiro*, de Gabriel Dias Marques Cruz;[80]

(v) Também não se trará discussões sobre os tipos de sentenças proferidas pelo Supremo Tribunal Federal em sede de jurisdição constitucional, se interpretativas, manipulativas ou limitativas, tendo em vista que já discutidos seus conceitos em obras como *Jurisdição Constitucional e Direitos Fundamentais*, de Georges Abboud;[81]

(vi) o autor não trabalhará com as ações constitucionais que podem vir a fazer parte do controle difuso de constitucionalidade de leis, como a ação civil pública e o mandado de segurança,[82] sendo que obras como *Mandado de Segurança e Ações Constitucionais*, de Hely Lopes Meirelles, Arnoldo Wald e Gilmar Ferreira Mendes;[83] *Ações Constitucionais*,

---

75 O trabalho tratará deste modo de controle apenas como abstrado, e não concentrado, uma vez que, durante a arguição realizada por Daniel Mitidiero na banca de doutoramente, o autor restou convencido de que, no Brasil, não se pode utilizar esta nomenclatura tendo em vista não existir a concentração do controle de constitucionalidade das leis em um único órgão jurisdicional.

76 MENDES, Gilmar Ferreira. *Controle abstrato de constitucionalidade*: ADI, ADC e ADO: comentários à Lei n. 9.868/99. São Paulo: Saraiva, 2012; Id. *Arguição de descumprimento de preceito fundamental*. 2. ed. São Paulo: Saraiva, 2011.

77 TAVARES, André Ramos. *Tratado da argüição de preceito fundamental*: (Lei n. 9.868/99 e Lei n. 9.882/99). São Paulo: Saraiva, 2001.

78 MARTINS, Ives Gandra da Silva; MENDES, Gilmar Ferreira. *Controle concentrado de constitucionalidade*: comentários à lei n. 9.868, de 10-11-1999. 3. ed. São Paulo: Saraiva, 2009.

79 GOMES, Frederico Barbosa. *Argüição de descumprimento de preceito fundamental*: uma visão crítica. Belo Horizonte: Fórum, 2008.

80 CRUZ, Gabriel Garcia Marques da. *Arguição de descumprimento de preceito fundamental*: lineamentos básicos e revisão crítica no direito constitucional brasileiro. São Paulo: Malheiros, 2011.

81 ABBOUD, Georges. *Jurisdição constitucional e direitos fundamentais*. São Paulo: Revista dos Tribunais, 2011.

82 PIMENTA, Paulo Roberto Lyrio. *O controle difuso de constitucionalidade das leis no ordenamento brasileiro*: aspectos constitucionais e processuais. São Paulo: Malheiros, 2010. p. 81. Exemplifica o ator como o mandado de segurança poderia ser proposto diretamente do Supremo Tribunal Federal, em texto assim escrito: "O controle difuso de constitucionalidade das leis pode ser exercido pelo Supremo Tribunal Federal no julgamento das causas de sua competência originária (CF, art. 102, I) ou recursal (CF, art. 102, II e III). Na primeira hipótese, ao apreciar determinada demanda, o Tribunal manifestar-se-á acerca da constitucionalidade de lei ou ato normativo, arguida como questão incidental. Ex.: o Tribunal ao julgar mandado de segurança impetrado contra ato do Presidente da República, examina a constitucionalidade do ato normativo em que se baseou o suposto ato coator".

83 MEIRELLES, Hely Lopes; WALD, Arnoldo; MENDES, Gilmar Ferreira. *Mandado de segurança e ações constitucionais*. 34. ed. São Paulo: Malheiros, 2012.

de Daniel Amorin Assumpção Neves;[84] *Ações Constitucionais*, de Elpidio Donizetti,[85] e a conhecida coletânia sobre o assunto *Ações Constitucionais*, de organização de Fredie Didier Jr.[86] poderão auxiliar quem queira aprofundar os temas. Em que pese todas as obras tratarem das ações em ambos os controles, merecem a leitura no que concerne aos *writs* constitucionais. Isso se dá pelo fato de que não são o mote principal do trabalho, sendo que apenas a ação popular, o mandado de injunção e a repercussão geral em recurso extraordinário serão as ações e o recurso que fazem parte do controle difuso que serão abordadas, em especial o último, quando da defesa da aproximação dos controles difuso e abstrato. Já o mandado de injunção e a ação popular serão abordados por meio do estudo dos casos do direito de greve dos servidores públicos, no primeiro, e o caso Raposa Serra do Sol, no segundo, sendo, apenas a título de argumentação, que se entende que os *writs* constitucionais inscritos no artigo 5º da Constituição Federal servem ao controle difuso de constitucionalidade, na linha do que argumenta Walter de Moura Agra;[87]

(vii) não haverá preocupação em apontar as eventuais diferenças existentes entre os modelos de controle de constitucionalidade de leis estadunidense (*judicial review of legislation*) e europeu (*Verfassungsgerichtsbarkeit*), podendo ser consultados *Os Modelos de Controle de Constitucionalidade: a Hibridação do Tradicional Sistema Bipolar*, artigo de Antônio César Bochenek,[88] e o livro *O Controle de Constitucionalidade: Direito Americano, Alemão e Brasileiro*, de Eduardo Schenato Piñero;[89]

(viii) de mesma forma, não se abordará qualquer ação interventiva que existe no controle abstrato de constitucionalidade,[90] uma vez que esta ação tem destinação própria a deter-

---

[84] NEVES, Daniel Amorin Assumpção. *Ações constitucionais*. Rio de Janeiro: Forense; São Paulo: Método, 2011.

[85] DONIZETTI, Elpidio. *Ações constitucionais*. 2. ed. São Paulo: Atlas, 2010.

[86] DIDIER JR, Fredie (Org.). *Ações constitucionais*. 6. ed. Salvador: JusPODIVM, 2012.

[87] AGRA, Walber de Moura. *Aspectos controvertidos do controle de constitucionalidade*. Salvador: JusPODIVM, 2008. p. 61. Após afirmar que a ação civil pública e o mandado de segurança são parte do controle difuso, expõe: "Com relação aos outros remédios constitucionais, como o mandado de injunção, *habeas corpus*, *habeas data*, ação popular, todos eles podem ser utilizados no controle difuso de constitucionalidade, pugnando, de maneira direta, pela defesa de direitos subjetivos, sendo o pedido de declaração de inconstitucionalidade fundamento do mérito tencionado nesses writs constitucionais".

[88] BOCHENEK, Antônio César. Os modelos de controle de constitucionalidade: a hibridação do tradicional sistema bipolar. In: BOCHENEK, Antônio César; TAVARES NETO, José Querino; MEZZAROBA, Orides (Coord.). *Diálogos entre culturas*: direito a ter direito. Curitiba: Juruá, 2010. p. 13. Apenas para adentrar em algumas diferenças, cita-se o trecho do artigo em que sintetiza algumas delas: "Em linhas gerais, é possível anotar três diferenças relevantes entre os modelos de controle de constitucionalidade norte-americano e europeu-kelseniano em relação ao modo como foram concebidos: primeiro, os órgãos responsáveis para efetuar o controle de constitucionalidade (no modelo norte-americano todos os tribunais e juízes podem exercer o controle, enquanto que no modelo europeu, somente o Tribunal Constitucional); segundo, caráter incidental ou principal de controle (no modelo norte-americano no curso de um caso concreto ou difuso, enquanto que no modelo europeu como um processo objetivo ou abstrato); terceiro, a extensão e a natureza dos efeitos (no modelo norte-americano a sentença do controle de constitucionalidade é declarativa, com efeitos retroativos à data da edição do ato – *ex tunc* –, e analisado no caso concreto produz efeitos entre partes, enquanto que no modelo europeu, a sentença tem efeito constitutivo, com efeitos a partir da decisão – *ex nunc* – com análise abstrata e efeitos contra todos – *erga omnes*)".

[89] PIÑERO, Eduardo Schenato. *O controle de constitucionalidade*: direito americano, alemão e brasileiro. Porto Alegre: Sergio Fabris, 2012. p. 137-163.

[90] AGRA, op. cit., p. 78. O autor defende ser a ação interventiva um *tertium genus*, razão pela qual não pode ser enquadrada nem como uma ação do controle abstrato, nem numa ação do controle incidental. Em linha um pouco diversa, ao não elencar a ação interventiva nem como controle difuso, nem como abstrato, leia-se: TESHEINER, José Maria; CUNHA, Rodrigo A. Azambuja da. Processos objetivos no direito brasileiro: ações direta de inconstitucionalidade, declaratória de constitucionalidade e arguição de descumprimento de preceito fundamental. *Direitos*

minado tema que abrange a possibilidade de o Supremo Tribunal Federal declarar a intervenção da União nos Estados, ou destes nos municípios. A obra *Direito Constitucional*, de Walter Claudius Rothenburg,[91] pode ser estudada para sanar dúvidas existentes quanto ao tema das ações interventivas;[92]

(ix) em termos de nomenclatura, a obra terá como base a diferenciação entre jurisdição constitucional e controle de constitucionalidade de leis, o que encontra esteio no livro *O Controle de Constitucionalidade no Direito Brasileiro*, de Luís Roberto Barroso,[93] e será tratado todo o processo existente na Constituição Federal de processo constitucional, ou seja, se discorda das teorias de que exista um Direito Processual Constitucional, um Direito Constitucional Processual, um Processo Constitucional e um Direito Constitucional Judicial,[94] podendo-se falar em qualquer um destes como parte de toda a matéria processual constitucionalizada, conforme já defendido na obra *Processo Constitucional: o Modelo Constitucional do Processo Civil Brasileiro*, de Hermes Zaneti Jr.[95]

Voltando aos assuntos sob os quais a obra aborda, outras perguntas que norteiam o estudo e que são muito delicadas, pois confundem a cabeça de pensadores

---

Fundamentais & Justiça, Porto Alegre: HS, Programa de Pós-Graduação, Mestrado e Doutorado em Direito da PUCRS, n. 9, p. 125-126, out./dez. 2009.

[91] ROTHENBURG, Walter Claudius Rothenburg. *Direito constitucional.* São Paulo: Verbatim, 2010. Nas páginas 161 a 210 o autor aborda a questão.

[92] Tema disciplinado na Constituição Federal nos artigos 34 a 36.

[93] BARROSO, Luís Roberto. *O controle de constitucionalidade no direito brasileiro.* 5. ed. São Paulo: Saraiva, 2011. p. 25. Diferencia, assim, o constitucionalista: "Por fim, uma nota conceitual e terminológica. As locuções *jurisdição constitucional* e *controle de constitucionalidade* não são sinônimas. Trata-se, na verdade, de uma relação entre gênero e espécie. *Jurisdição constitucional* designa a aplicação da Constituição por juízes e tribunais. Essa aplicação poderá ser direta, quando a norma constitucional discipline, ela própria, determinada situação da vida. Ou indireta, quando a Constituição sirva de referência para atribuição de sentido a uma norma infraconstitucional ou de parâmetro para sua validade. Neste último caso estar-se-á diante do controle de constitucionalidade, que é, portanto, uma das formas de exercício da jurisdição constitucional". Na mesma linha, defendendo pela diferenciação: BOLONHA, Carlos; RANGEL, Henrique; ZETTEL, Bernardo. Justiça constitucional e democracia de direitos. *Direitos Fundamentais & Justiça*, Porto Alegre: HS, Programa de Pós-Graduação, Mestrado e Doutorado em Direito da PUCRS, n. 20, p. 156-172, jul./set. 2012. Referem: "É preciso, em primeiro lugar, observar que não há que se identificar jurisdição constitucional à ideia instrumental do tema controle de constitucionalidade das leis, já que este representa o aspecto instrumental da função jurisdicional".

[94] DANTAS, Ivo. Teoria do processo constitucional: uma breve visão pessoal. In: MAC-GREGOR, Eduardo Ferrer e LARREA, Arturo Zaldívar Lelo de (Coord.). *Estudos de direito processual constitucional.* São Paulo: Malheiros, 2009. Na obra, que se trata de estudos em homenagem a Héctor Fix-Zamudio, o articulista separa os conceitos, realizando, na página 146, uma esquematização do que abarca o direito processual constitucional, o direito processual constitucional e o direito constitucional judicial.

[95] ZANETI JR., Hermes. *Processo constitucional*: o modelo constitucional do processo civil brasileiro. Rio de Janeiro: Lumen Juris, 2007. p. 173. Defende o autor: "Nesse sentido deve-se explorar o 'direito processual constitucional' em sua capacidade emencipatória e unificadora de realização da justiça (como aporia fundamental do direito). Na doutrina, a denominação supra proposta encontra subdivisão, de ordem 'didática', em direito constitucional processual (dedicado aos princípios constitucionais processuais) e direito processual constitucional (dedicado à matéria propriamente processual, como a jurisdição constitucional, v.g., mandado de segurança, ação direta de constitucionalidade, etc)". E finaliza: "Essa distinção se mostra meramente 'metafórica' e portanto, mesmo que acobertada sob o pálio de 'didática', revela-se desnecessária e deve ser repudiada, frente à possibilidade de mitigação da importância do tema e sua diluição em discussões meramente terminológicas, de menor importância. Por outro lado, a divisão estanque representa mais um elo na cadeia de raciocínios do paradigma anterior. Olhando bem, vê-se que a separação procura deixar claro que parte do direito é predominantemente processual (ações) e parte é constitucional (princípios), reforçando a noção de que nem todo o processo é constitucional (com o que não sepode concordar, frente às premissas estabelecidas". Na mesma linha de uma só nomenclatura, leia-se: DANTAS, Paulo Roberto de Figueiredo. *Direito processual constitucional.* São Paulo: Atlas, 2009. p. 13.

do direito, em especial os que trabalham com matéria processual, pelo menos nas últimas décadas, seriam:

(i) de que adianta um processo judicial sem que se tenham condições de efetivar o direito a que se propôs?;[96]

(ii) será que uma possível solução seria trazer uma teoria estadunidense que a Suprema Corte daquele país utilizou pela primeira vez na década de 50 do século passado?;

(iii) se sim, volta-se àquela outra pergunta fundamental elaborada: com que base legal poderia essa teoria ser utilizada pelo Supremo Tribunal Federal?

As respostas a todas as questões levantadas até este momento, que já se sabe, de antemão, possivelmente irão causar surpresa em alguns,[97] estarão todas respondidas até o final da leitura, tendo-se optado por escrever a obra em apenas dois capítulos, nos quais serão abordados:

(i) na primeira parte, a tradição judicial estadunidense, com um olhar em algumas decisões de sua Suprema Corte, demonstrando o seu crescimento cultural ao ponto de conseguir efetivar decisões que quebraram paradigmas de uma sociedade;

(ii) ainda na primeira etapa será estudada a doutrina na obra de Owen Fiss e o que ele entende por medidas estruturantes;

(iii) num segundo momento, serão abordados aspectos da tradição jurídica brasileira com alguns julgamentos do Supremo Tribunal Federal, sendo trazidas algumas ideias da razão pela qual pode este Tribunal se imiscuir em funções normativas; e

(iv) ao final, será ventilada a possibilidade de existir a doutrina das medidas estruturantes nas decisões emanadas do controle de constitucionalidade de leis, tanto no modelo abstrato como no difuso em sede de recurso extraordinário com repercussão geral, e como poderia isso se concretizar em solo brasileiro.

Apesar da obra ter iniciado no meio acadêmico, pois é o lugar no qual se deve guardar fôlego para tentar responder a esses questionamentos, assim como para ouvir as críticas que porventura poderão surgir sobre as conclusões, também é no plano da praticidade que as ideias devem ser implemantadas, razão pela qual se escolhe trazer ao leitor poucas modificações após a defesa do doutorado, para que

---

[96] MARINONI, Luiz Guilherme. *Teoria geral do processo.* 4. ed. São Paulo: Revista dos Tribunais, 2010. p. 144. E aqui a lição do processualista paranaense se encaixa para ilustrar a pesquisa: "É óbvio que o conceito de tutela dos direitos deita raízes no plano do direito material. Jamais se pretendeu sustentar – nem se poderia – o inverso. Acontece que, na decisão jurisdicional, há uma inquestionável integração e complementação entre os planos do direito material e do direito processual, mediante a visualização das necessidades do direito material a partir da Constituição. Portanto, o que se insiste em propor é a ideia de que a estrutura técnica do processo e a função jurisdicional devem viabilizar as tutelas prometidas pelo direito material. Trata-se, para se dar a última palavra, de costurar os planos do processo e do direito material mediante as linhas da Constituição e dos direitos fundamentais, utilizando-se especialmente o instrumento das 'tutelas dos direitos', e sem evidentemente negar que a jurisdição faz a integração entre as esferas material e processual".

[97] MOREIRA, José Carlos Barbosa. *Temas de direito processual*: oitava série. São Paulo: Saraiva, 2004. p. 251. Na linha esposada pelo autor, é de se deduzir que a tese poderia causar um escândalo pela tentativa da importação de algo que dá certo nos Estados Unidos, mas aqui seria uma incógnita, assim escrevendo: "Uma coisa, no entando, afigura-se indubitável: várias das características da Suprema Corte norte-americana causariam estranheza, quando não escândalo, se fossem transplantadas para o nosso universo judicial. Podem ser aceitas, nos Estados Unidos, com tranqüilidade, e até produzir, lá, bons frutos; mas não quer dizer necessariamente que fosse proveitoso copiá-las por aqui".

possa, também ele, fazer parte do debate. Não será fácil mudar a mentalidade sobre o tema, mas, quem sabe, se for para assentar uma discussão acerca da sistematização de uma nova e necessária reestruturação na decisão, já se dá o autor satisfeito com suas propostas.

O Brasil convive com situações desiguais entre seus cidadãos. A cabeça do brasileiro, conforme comprovou Alberto Carlos Almeida[98] em seu estudo sociológico sobre o tema, tende à discriminação. Novas ações irão ser julgadas pelo Supremo Tribunal Federal nos próximos anos, tendendo a diminuir essas desigualdades. A pergunta[99] final dessa extensa, mas necessária introdução, é: e se o cidadão não quiser aceitar as novas quebras de paradigma que, possivelmente, o Supremo Tribunal Federal irá impor em seus próximos julgamentos, quais medidas poderá ele adotar para dar efetividade a sua posição?

Tem-se, nas palavras de Humberto Ávila,[100] ao prefaciar a versão comercial da tese de livre-docência de Fredie Didier Jr., a força para publicar assunto tão polêmico, atual e controvertido para o ordenamento jurídico brasileiro, esperando que a novidade trazida não seja óbice ao seu aceite pela comunidade jurídica deste país.

---

[98] ALMEIDA, Alberto Carlos. *A cabeça do brasileiro*. 2. ed. Rio de Janeiro: Record, 2007. Comprova o autor, por meio de pesquisa, que a discriminação não é somente pela cor, mas o brasileiro discrimina por regiões, como demonstra no item tocante ao nordestino na página 222. Após, na página 272, conclui, com força, a existência de racismo no Brasil, assim expondo: "A verdade é que, pelo visto nos capítulos que tratam da questão do preconceito no país, não há como negar o que dizem os dados da Pesquisa Social Brasileira. Há discriminação no Brasil, e ela é voltada contra pardos e pretos. Para eles, a vida é bem mais difícil do que para os brancos. Em alguns casos, os pardos são ainda mais vítimas desse preconceito do que os pretos. Sob outros aspectos, os pretos estão em piores condições. De uma forma ou de outra, tudo isso quer dizer que, no Brasil, não há nada melhor do que ser homem e branco. Fato que muitos conhecem pela experiência. Pelos resultados de nossa pesquisa é também o que afirmam os próprios brasileiros. Aqueles que continuam insistindo que não existe racismo no Brasil, ou se há, ele é 'suave' e 'cordial', terão que encarar os dados apresentados neste livro. São os brasileiros que se declaram racistas. E não decessariamente cordiais".

[99] GADAMER, Hans-Georg. *Verdade e método*. Traços fundamentais de uma hermenêutica filosófica. 7. ed. Tradução de: Flávio Paulo Meurer. Petrópolis: Vozes; Bragança Paulista: Universitária São Francisco, 2005. V. I. p. 473-474. As muitas perguntas colocadas na introdução têm um propósito: enaltecer a sua importância, sendo que se pode ler o filósofo alemão para a confirmação da importância da pergunta. Refere: "[...] uma das mais importantes intuições que herdamos do Sócrates platônico é que, ao contrário da opinião dominante, perguntar é mais difícil que responder. Quando os companheiros do diálogo socrático procuram inverter o jogo para não responder às molestas perguntas de Sócrates, reivindicando para si a posição supostamente vantajosa daquele que pergunta, é quando mais propriamente fracassam. Por trás desse tom de comédia dos diálogos platônicos não é difícil descobrir a distinção crítica entre discurso autêntico e inautêntico. Na fala, quem só procura ter razão, sem se preocupar com o discernimento do assunto em questão, irá achar que é mais fácil perguntar do que responder. Assim, se livra do perigo de ficar devendo resposta a alguma pergunta. Para perguntar, é preciso querer saber, isto é, saber que não se sabe. E no intercâmbio de perguntas e respostas, de saber e não saber, descrito por Platão ao modo de comédia, acaba-se reconhecendo que para todo o conhecimento e discurso em que se queira conhecer o conteúdo das coisas a pergunta toma dianteira. Uma conversa que queira chegar a explicar alguma coisa precisa romper essa coisa através da pergunta".

[100] DIDIER JR., Fredie. *Sobre a teoria geral do processo, essa desconhecida*. Salvador: JusPODIVM, 2012. p. 17-18. Refere Humberto Ávila: "Há autores que fogem dos temas polêmicos e fundamentais, com medo de errar e com receio de não conseguir se aprofundar. Invariavelmente não erram, nem se aprofundam, mas também não acertam, nem agregam. Limitando-se a repetir o que já foi dito, eles nada acrescentam ao patrimônio cultural preexistente – são simples ecos do Direito e da doutrina. Embora sejam bons jornalistas, são péssimos juristas. E há autores que buscam justamente os temas polêmicos e fundamentais, sem receio de se equivocar e com firmeza para tentar se aprofundar. Invariavelmente erram, mas também se aprofundam e agregam. Eles procuram questionar o que foi dito e pensado para, quiçá, contribuir para mudar a cultura existente. Conquanto bons juristas, eles são péssimos jornalistas".

2. A Suprema Corte dos Estados Unidos da América

As Cortes superiores[101] ao redor do mundo, tanto as constitucionais como as supremas,[102] têm sido alvo de profundos debates sobre suas funções, em especial no pós-Segunda Grande Guerra, quando foram atribuídos novos valores aos seus julgamentos. Uma das Cortes de maior prestígio é, sem dúvida, a dos Estados Unidos,[103] não só por ter inaugurado o *judicial review of legislation*, mas porque, ao longo de pouco mais de dois séculos de vivência, ou seja, ainda considerada uma nação jovem, nas palavras de Roland Séroussi,[104] já se deparou com casos que,

---

[101] TARUFFO, Michele. Le Funzione delle Corti Supreme. Cenni Generali. In: MITIDIERO, Daniel e AMARAL, Guilherme Rizzo (Coord.); FEIJÓ, Maria Angélica Echer (Org.). *Processo Civil*: estudos em homenagem ao professor doutor Carlos Alberto Alvaro de Oliveira. São Paulo: Atlas, 2012. p. 342. Para o processualista italiano as Cortes são rotuladas de Supremas, e depois desenvolve as divisões: "Per un verso, se si prendono in considerazione le corti che si definiscono come 'supreme' in quanto si pongono ai vertici degli ordinamenti giudiziari ordinari, si notano variazioni assai rilivanti. Il 'modello a cassazione' della tradizione francese e – in qualque misura – italiana è assai diverso dal 'modello a revisione' di tipo austro-tedesco. Entrambi questi modelli sono poi molto diversi per numerosi aspetti sia dalla Supreme Court inglese entrata in funzione nel 2009 (ma anche dalla *House of Lords* che in predenza svolgeva la funzione di organo ddi vertice della giustizia inglese), sia – soprattutto – dalla Corte Suprema degli Stati Uniti. Ulteriori variazioni si verificano por nelle corti di vertice di numerosi altri ordinamenti, nei quali non di rado si riscontrano modelli 'misti', non riconducilibi né agli archetipi tradizionali di *civil law* né a quelli di *common law*. Tuttavia, un carattere comune che può ravvisarsi in tutte questi corti, ed è che esse sono 'supreme' in quanto organi di ultima istanza, contro le cui decisioni non è ammessa nessuna ulteriori impugnazione presso organi gerarchicamente sovraordinati".

[102] FAVOREU, Louis. *As cortes constitucionais*. Tradução de: Dunia Marinho Silva. São Paulo: Landy, 2004. p. 15. Diferencia-se, desde já, cortes constitucionais de cortes supremas, conforme lição de Louis Favoreau: "Todavia, convém explicar desde já que uma Corte Constitucional é uma jurisdição criada para conhecer especial e exclusivamente o contencioso constitucional, situada fora do aparelho constitucional ordinário e independente deste e dos poderes públicos. Uma Corte Suprema ou um Tribunal Supremo, ou mesmo a Câmara Constitucional de uma Corte Suprema, podem ser jurisdições constitucionais".

[103] MACEDO, Elaine Harzheim. *Jurisdição e processo*: crítica histórica e perspectivas para o terceiro milênio. Porto Alegre: Livraria do Advogado, 2005. p. 77-78. Conforme lembra a autora, nos Estados Unidos é onde a jurisdição se acentou como um dos próprios poderes do Estado: "É com base nessa estrutura de distribuição dos poderes estatais que se pode afirmar, sem perigo de demasias, que em nenhum outro ordenamento jurídico contemporâneo a jurisdição se mostrou tão acentuadamente como um dos poderes do Estado. Essa constatação encontra suas raízes na forma como os Estados Unidos da América aplicou o princípio da separação de poderes, desenvolvendo um sistema de 'freios e contrapesos' onde o Judiciário adquire uma função de controle constitucional dos atos estatais que a tradição de sua história soube não só respeitar como tornar efetiva, adquirindo a magistratura americana, a exemplo da matriz inglesa, não só independência no seu agir como respeito a seus pronunciamentos".

[104] SÉROUSSI, Roland. *Introdução ao direito inglês e norte-americano*. Tradução de: Renata Maria Parreira Cordeiro. São Paulo: Landy, 2006. p. 83. Refere: "Jovem nação, os Estados Unidos têm, no entanto, uma rica história jurídica e, por conseguinte, judiciária. Em pouco mais de dois séculos, os Estados Unidos conseguiram integrar os princípios

além de fazer parte da própria história do país, são alvos de estudos em diversos outros ordenamentos jurídicos pelos importantes temas levados a debate, os quais, como relembra Willis Santiago Guerra Filho,[105] têm a faculdade de manter viva uma Constituição[106] que na sua época de idealização[107] contava com meia dúzia de artigos e hoje, mais de duzentos anos depois, conta com duas dúzias deles, o que não implica dizer que é um texto fácil de ser conhecido, como expõe Jorge Miranda.[108] Não é por outra razão que este capítulo inicia com a abordagem de alguns temas específicos do direito e da história estadunidense, em especial com o seu sistema de colonização que culminou:

(i) numa tradição conhecida do *Common Law*,[109] advindo de sua colonização inglesa;

(ii) com o crescimento de uma sociedade e de uma Corte Suprema[110] que, durante algum tempo, conviveram com julgamentos considerados controvertidos, assunto direto do estudo, uma vez que estrutura seus conceitos nas sucessivas decisões as quais, evolutivamente, deixaram para trás, na concepção de alguns, práticas discriminatórias e albergaram a tese da igualdade[111] de todos como preconizado na sua própria Constituição.[112]

---

gerais da *common law*, separá-los quando se julgava útil por intermédio da codificação e de legislações de Estados e, sobretudo, preservar a unidade nacional graças à Constituição federal".

105 GUERRA FILHO, Willis Santiago. *Teoria processual da Constituição*. 3. ed. São Paulo: RCS, 2007. p. 6. Refere: "A função de uma tal Corte em linhas gerais, seria velar pelo respeito e cumprimento dos princípios constitucionais, oferecendo também uma interpretação destes com autoridade capaz de modificar sua aplicação, em face da cambiante realidade social. Para tanto, deve ser facultado o livre acesso a sua justiça pelos cidadãos, individual e coletivamente. Tribunais nesse moldes já existem desde meados do século nos países europeus e, pioneiramente, há mais de 200 anos no E.U.A., onde a Suprema Corte é a principal responsável pela longevidade e permanência de uma Carta Constitucional bicentenária, que tinha, inicialmente, meia dúzia de artigos e conta atualmente, com apenas duas dúzias deles, *comme il faut*".

106 Para entender um pouco de como se deu o processo que culminou com a promulgação da Constituição dos Estados Unidos da América, recomenda-se: DALLARI, Dalmo de Abreu. *A Constituição na vida dos povos*: da Idade Média ao século XXI. São Paulo: Saraiva, 2010, p. 229 a 243.

107 A Constituição dos Estados Unidos é datada de 17 de setembro de 1787.

108 MIRANDA, Jorge. *Teoria do Estado e da Constituição*. Rio de Janeiro: Forense, 2007, p. 83. Refere o autor português: "Não representa, por conseguinte, tarefa fácil, nem simples conhecer o Direito constitucional dos Estados Unidos (até porque a própria Constituição de 1787, com as suas extensas secções, não é tão breve quanto, por vezes, se supõe e as Constituições dos Estados, além de diversificadas, são frequentamente longas e regulamentárias)".

109 VIEIRA, Andréia Costa. *Civil law e common law*: os dois grandes sistema legais comparados. Porto Alegre: Sergio Antonio Fabris, 2007. p. 108. Para o emprego das letras maiúsculas (*Common Law*) e das minúsculas (*common law*), será utilizada a lição da autora que assim aponta a diferença: "É mister lembrar, neste capítulo, que o termo '*commo law*' será utilizado em dois sentidos distintos. Um, *Common Law* – em letras maiúsculas, refere-se ao sistema legal; outro, *common law* – em minúsculas, refere-se ao conjunto de precedentes vinculantes julgados nas Cortes de Justiça, que compõem o *Case Law* (Direito dos Casos) – também chamado *jugde-made law*".

110 FAVOREU, Louis. *As cortes constitucionais*. Tradução de: Dunia Marinho Silva. São Paulo: Landy, 2004. p. 17. Sobre o modelo dos Estados Unidos da América aduz: "No sistema estadunidense, a justiça constitucional é confiada ao conjunto do aparelho jurisdicional e não se distingue da justiça ordinária, na medida em que os litígios, de qualquer natureza, são julgados pelos mesmos tribunais e nas mesmas condições. A dimensão constitucional pode estar presente em todos os litígios e não necessita de tratamento especial: não há propriamente contencioso constitucional, assim como não existe contencioso administrativo ou judicial, não há, pois, nenhuma razão para distinguir as questões levadas perante o mesmo juiz".

111 Neste tópico, está-se referindo à transição das decisões da Suprema Corte nos casos *Dred Scott v. Sandford*, *Plessy v. Ferguson* e *Brown v. Board of Education*, que serão analisados, interpretados e contextualizados mais adiante, razão pela qual se opta por, neste momento, não tecer maiores considerações acerca deles.

No contexto das críticas que possam suceder pelo estudo de direito comparado[113] entre o Brasil e os Estados Unidos, tem-se a resposta de que se deve tentar aprender com determinadas tradições jurídicas, mesmo que imperem de muitos lados dúvidas quanto às formas com que o marco teórico escolhido se comporte diante do resto do mundo,[114] o que acabam por ser censuras, muitas vezes, desprovidas de qualquer estudo crítico. Aliás, como alertam Leandro Karnal, Sean Purdy, Luiz Estevam Fernandes e Marcus Vinícius de Morais, outros países não são alvo de crítica alguma quando se trata do mesmo tema relacionado aos Estados Unidos.[115] Diante disso, a abordagem será realizada objetivamente na tradição jurídica estadunidense, trazendo somente o que de melhor pode ser retirado das decisões advindas de sua Suprema Corte, que faz parte da história do controle mundial de constitucionalidade[116] de leis.

---

[112] ALVAREZ, Anselmo Prieto; NOVAES FILHO, Wladimir. *A Constituição dos EUA anotada*. 2. ed. São Paulo: LTr, 2008. p. 79. Trata-se da redação concedida pela 14ª Emenda que se refere aos Direitos Civis, de 1868: "Todas as pessoas nascidas ou naturalizadas nos Estados Unidos, e sujeitas à sua jurisdição, são cidadãos dos Estados Unidos e do Estado onde residirem. Nenhum Estado poderá aprovar ou fazer executar leis restringindo os privilégios ou imunidades dos cidadãos dos Estados Unidos, nem poderá privar qualquer pessoa de sua vida, liberdade ou propriedade sem o devido processo legal, nem negar a qualquer pessoa sob sua jurisdição a igualdade de proteção perante a lei".

[113] DAVID, René. *Os grandes sistemas do direito contemporâneo*. Tradução de Hermínio A. Carvalho. São Paulo: Martins Fontes, 2002, p. 18. O autor aponta três funções do direito comparado: a função e a significação do direito nas várias nações, regulação das relações internacionais e reconsideração dos direitos internos do país, sendo que, para a tese, este último é o que será, efetivamente, abordado.

[114] KARNAL, Leandro. *Estados Unidos*: a formação da nação. 4. ed. São Paulo: Contexto, 2008. p. 9. Refere o historiador que as críticas fazem parte da própria história da humanidade naquelas nações que se sobressaem em determinado momento histórico. Alerta: "Há poucos países que despertam reações tão estranhas como os Estados Unidos da América. Eles são a nação dominante neste início de século XXI. O presidente dos EUA é chamado de homem mais poderoso do mundo nos jornais. Não se pode fazer a História recente sem fazer, em grande parte, a História dos Estados Unidos. É claro que ninguém chega a esta posição sem despertar muita raiva no planeta. Foi assim com os romanos no século I da Era Cristã e foi assim com os ingleses no século XIX. Quem está 'por cima' desperta críticas que mostram tanto os pontos que consideramos negativos dos 'vitoriosos' como o que gostaríamos de ter e não temos. As críticas, às vezes, são uma das maneiras transformadas da inveja".

[115] KARNAL, Leandro *et al. História dos Estados Unidos*: das origens ao século XXI. 2. ed. São Paulo: Contexto, 2010. p. 12: Aduzem os autores: "Tomemos como exemplo a lista anterior. Quando criticamos os EUA como um país que apenas pensa em si e apenas conhece o mundo dentro de suas fronteiras, expressamos um sentimento de pesar por não sermos conhecidos/reconhecidos por eles. Nunca se ouviu, no planeta, a reclamação de que o Nepal só pensa nele e só conhece o mundo do Himalaia. É bastante provável que os nepaleses saibam menos sobre o Brasil do que os norte-americanos. Porém, reclamamos que os EUA não dominam nossa geografia e, duplo insulto, imaginam que nossa capital seja Buenos Aires. Por quê?".

[116] CLÈVE, Clèmerson Merlin. *A fiscalização abstrata da constitucionalidade no direito brasileiro*. 2. ed. São Paulo: Revista dos Tribunais, 2000. p. 66. O modelo estadunidense de controle de constitucionalidade é difuso, em contraposição ao modelo que predomina na Europa, que é o abstrato. O autor explica como se dá o julgamento por esse tipo de controle difuso: "O núcleo do modelo americano de fiscalização de constitucionalidade reside, pois, no fato de que quaquer juiz chamado a 'decidir' um caso em que seja relevante uma norma legislativa ordinária contrastante com a norma constitucional, deve não aplicar a primeira e aplicar, ao invés, a segunda. A funcionalidade do modelo, todavia, repousa no princípio do *stare decisis*, na força vinculante das decisões judiciais. Por força desse princípio, no momento em que a *Supreme Court* decide a respeito de qualquer questão constitucional, sua decisão é vinculante para todos os demais órgãos judiciais. Basta isso para que a decisão envolvendo um caso concreto, acabe por adquirir eficácia *erga omnes*. Não é por outra razão que, uma vez desaplicada pela Corte Suprema por inconstitucional, 'uma lei americana, embora permaneça *on the books*, é tornada a *dead Law*, uma lei morta'".

2.1. O advento do *common law* nos Estados Unidos da América

Antes de se adentrar nas questões inerentes à Suprema Corte, mesmo que de forma concisa, deve-se realizar uma explanação sobre o modo com que a tradição do *Common Law* se espraiou pelos Estados Unidos para que se saiba que se está trabalhando um modelo diferente do brasileiro, embora com ele o Brasil devesse se aproximar mais.

Historicamente, o país estadunidense[117] foi alvo de colonização inglesa,[118] o que influenciou em grande parte sua construção social, econômica, política[119] e, em especial, jurídica, em que pese não ser considerada uma tradição pura de *Common Law*[120] ou, ainda, não ter copiado na integralidade o sistema jurídico inglês,[121] o que

[117] FAVOREU, Louis. *As cortes constitucionais*. Tradução de: Dunia Marinho Silva. São Paulo: Landy, 2004. p. 16-17. Desde já, alerta-se que o modelo de justiça constitucional utilizado nos Estados Unidos é difuso, diferente da grande maioria dos países europeus. Essa diferença reside, conforme expõe Louis Favoreau: "No sistema estadunidense, a justiça constitucional é confiada ao conjunto do aparelho jurisdicional e não se distingue da justiça ordinária, na medida em que os litígios, de qualquer natureza, são julgados pelos mesmos tribunais e nas mesmas condições. A dimensão constitucional pode estar presente em todos os litígios e não necessita de tratamento especial: não há propriamente contencioso constitucional, assim como não existe contencioso administrativo ou judicial, não há, pois, nenhuma razão para distinguir as questões levantadas perante o mesmo juiz". Ao analisar o modelo europeu, adverte: "O modelo europeu é muito diferente. O contencioso constitucional, que distinguimos do contencioso ordinário, é da competência exclusiva de um Tribunal especialmente constituído para esse fim e que pode estabelecer preceitos, sem que possamos falar propriamente de litígios, por meio da provocação desse Tribunal pelas autoridades políticas ou jurisdicionais e até mesmo por particulares, com decisões que têm efeito absoluto de coisa julgada".

[118] DAVID, René. *Os grandes sistemas do direito contemporâneo*. Tradução de: Hermínio A. Carvalho. São Paulo: Martins Fontes, 2002. p. 449. Em linhas gerais descreve assim o historiador do direito: "Os primeiros núcleos de população inglesa no território dos Estados Unidos datam somente do século XVII: os ingleses criaram colônias na Virgínia (1607), em Plymouth (1620), em Massachusetts (1630), em Maryland (1632); a colônia de Nova Iorque, fundada pelos holandeses, torna-se inglesa em 1664; a colônia da Pensilvânia, originariamente sueca, torna-se também inglesa em 1681. Treze colônias estavam assim constituídas em 1722".

[119] YOSHIKAWA, Eduardo Henrique de Oliveira. *Origem e evolução do devido processo legal substantivo*: o controle da razoabilidade das leis do Século XVII ao XXI. São Paulo: Letras Jurídicas, 2007, p. 147. Aduz: "As treze colônias norte-americanas, como é óbvio e ocorreu em situações semelhantes, como a brasileira, moldaram suas instituições políticas, nos níveis regionais e locais, segundo o padrão da metrópole, empregando formas e práticas governamentais inglesas e grelamente reproduzindo a sua cultura política".

[120] VIEIRA, Andréia Costa. *Civil law e common law*: os dois grandes sistemas legais comparados. Porto Alegre: Sergio Antonio Fabris, 2007. p. 187: "Por toda a influência da colonização, povoamento e língua, a *Common Law* inglesa tornou-se o sistema legal dos Estados Unidos da América. Contudo, a influência francesa neste país e, em geral, romano-germânica dos ideais pregados à época, fizeram do direito norte-americano um adepto *sui generis* da *Common Law*". E finaliza: "Assim como a população dos Estados Unidos da América é formada por diferentes povos e culturas sob um mesmo solo, assim também ocorre uma espécie de heterogeneidade no sistema legal norte-americano. Como ex-colônia da Inglaterra, os Estados Unidos herdaram o sistema legal da *Common Law*, com fortes raízes no Direito dos Casos e Precedentes e no Direito dos Estatutos. Mas, não se pode negar as influências que o Direito Americano recebeu dos Direitos Espanhol-Mexicano, Italiano, Francês e Holandês. Por vezes, o Direito Americano é considerado um direito da família da *Common Law* misto. Isso se dá, principalmente, porque o Estado da Louisiana faz parte da família Romano-Germânica".

[121] DAVID, René. *Os grandes sistemas do direito contemporâneo*. Tradução de: Hermínio A. Carvalho. São Paulo: Martins Fontes, 2002. p. 447. Isso é explicado pelo jurista como algo natural na formatação do sistema copiado de um país para outro, ao dizer: "A expansão do direito inglês não se efetuou, no entanto, sem que a *common law* sofresse certas alterações necessárias para sua adaptação às condições particulares dos países em que este sistema foi admitido. Os arranjos sofridos pela *common law*, nos diversos países em que ela foi aceita, são de importância e natureza diversas, especialmente em relação aos laços mais ou menos estreitos que o país de recepção conservou

se justifica pelas condições peculiares que existiam na América do Norte, conforme lembra Jorge Miranda.[122]

Nos Estados Unidos, o *Common Law* é utilizado, salvo no Estado da Louisiana,[123] em toda sua extensão territorial, sendo que, inclusive, a tradição se mostra transfronteiriça, pois também pode ser encontrado em ordenamentos jurídicos como o da Índia,[124] do País de Gales e da Irlanda.[125]

A aplicação do direito inglês nas colônias dos Estados Unidos deu-se pelo julgamento do *Calvin's case*, em 1608, quando restou decidido que o sistema jurídico em vigor na Inglaterra seria aquele que predominaria em suas colônias inglesas[126] e, sendo os Estados Unidos formados por treze delas, o direito a ser aplicado seria o do *Common Law,* o que se dava por meio de cartas ou estatutos da Coroa, conforme historiado por Mauro Cappelletti.[127] Assim, mesmo que de forma sintética, fica esclarecida a razão pela qual os Estados Unidos mantêm como marco de seu sistema jurídico o *Common Law* em detrimento do *Civil Law*, sendo a colonização inglesa o grande estandarte da origem e da mantença desta tradição jurídica.

---

com a Inglaterra, à maior ou menor diversidade dos dados geográficos, à influência eventual de uma civilização autóctone ainda viva, ou a outros elementos de diferenciação".

[122] MIRANDA, Jorge. *Teoria do Estado e da Constituição.* Rio de Janeiro: Forense, 2007, p. 84. Refere: "O Direito constitucional dos Estados Unidos brota do sistema jurídico inglês e do pensamento político do século XVIII, postos perante as condições peculiares da América do Norte".

[123] Ibid., p. 453. Refere o historiador do direito: "Contudo, os Estados Unidos acabaram finalmente por se manter no sistema da *common law*, à exceção do território de New Orleans, que se tornou em 1812 o Estado da Louisiana".

[124] VIEIRA, op. cit., p. 107. Alerta a autora: "O sistema legal da *Common Law* é o sistema praticado nos Estados Unidos da América (com exceção do Estado da Louisiana), na Inglaterra, no Canadá (com exceção da província de Quebec), na Austrália, na Índia e em outros países outrora colônias da coroa britânica. Nada mais, além disso, é preciso mencionar para salientar a sua importância no mundo de hoje".

[125] GILISSEN, John. *Introdução histórica ao direito.* 5. ed. Tradução de: A. M. Hespanha e L. M. Macaísta Malheiros. 5. ed. Lisboa: Fundação Calouste Gulbenkian, 2008. p. 20. Refere o texto: "O *common law* tornou-se no direito de todos os países que foram dominados ou colonizados pela Inglaterra, nomeadamente o País de Gales, a Irlanda, os Estados Unidos (salvo Louisiana), o Canadá (salvo o Québec), a Austrália, a Nova Zelândia e numerosos países africanos".

[126] DAVID, op. cit., p. 450. Assim está exposto em sua obra: "A que direito estão submetidas estas colônias inglesas? Se se exigir de Londres a resposta a esta pergunta, essa resposta, em conformidade com o *Calvin's case*, julgado em 1608, será a seguinte: a *common law* inglesa é, em princípio, aplicável: os súditos ingleses levam-na com eles, quando se estabelecem em territórios que não estão submetidos a nações civilizadas. As colônias inglesas da América estão submetidas a nações civilizadas. As colônias inglesas da América incluem-se nesta situação. Por conseqüência, a *common law* foi em princípio admitida nelas, e com a *common law* as leis (*statutes*) que, anteriormente à colonização da América, podiam tê-la modificados ou complementado".

[127] CAPPELLETTI, Mauro. *O controle judicial de constitucionalidade das leis no direito comparado.* 2. ed. Reimpressão. Tradução de: Aroldo Plínio Gonçalves. Porto Alegre: Sergio Antonio Fabris, 1999. p. 61. Referiu o processualista italiano: "Estas 'Cartas' podem ser consideradas como as primeiras Constituições das Colônias, seja porque eram vinculatórias para a legislação colonial, seja porque regulavam as estruturas jurídicas fundamentais das próprias Colônias. Então, estas Constituições amiúde expressamente dispunham que as Colônias podiam, certamente, aprovar suas próprias leis, mas sob a condição de que estas fossem 'razoáveis' e, como quer que seja, 'não contrárias às leis do Reino da Inglaterra' e, por conseguinte, não contrárias à vontade do Parlamento inglês".

2.2. A Suprema Corte dos Estados Unidos da América:[128] aspectos gerais

A Suprema Corte dos Estados Unidos[129] tem um papel fundamental na construção de uma sociedade por meio do julgamento de casos que são paradigmáticos,[130] aliado ao fato de ter sido o órgão responsável pela implementação do *judicial review of legislation* pelo Poder Judiciário.[131] J. Francisco Rezek[132] aponta para essa perspectiva ao referir que a Suprema Corte estadunidense tem papel fundamental para a democracia de uma nação, e que o julgamento de casos importantes por pessoas não eleitas por votos nas urnas faz parte, também, deste processo democrático.

De antemão, é de ser alertado que se entende, na mesma esteira que trilhou Lawrence Baum,[133] que seria uma ilusão defender que a Suprema Corte dos Estados Unidos não tem em sua formação um cunho político[134] e, ao mesmo tempo, faz

---

[128] *THE SUPREME Court*: Vol. 1: one nation under law. Director: Thomas Lennon. Ambrose, 2007. 1 DVD (60 min). Color; *THE SUPREME Court*: Vol. 2. a new kind of justice. Director: Thomas Lennon. Ambrose, 2007. 1 DVD (60 min). Color; *THE SUPREME Court*: Vol. 3: a nation of liberties. Director: Thomas Lennon. Ambrose, 2007. 1 DVD (60 min.). Color e *THE SUPREME Court*: Vol. 4: The Rehnquist revoltution. Director: Thomas Lennon. Anbrose, 2007. 1 DVD (60 min.). Color. O documentário lançado "The Supreme Court", em 4 volumes, é recomendado para compreender um pouco mais da história do Tribunal.

[129] JOHNSON, Gerard W. *A Suprema Côrte dos Estados Unidos*. Tradução de: Luiz Fernando. Rio de Janeiro: Record, 1964. Ressaltando sua localidade e beleza, relata o autor: "Na cidade de Washington, próximo ao Capitólio e à Biblioteca do Congresso, ergue-se um majestoso edifício de mármore branco que, embora admirado por todos, muitas pessoas preferem apreciar da parte externa. Se entram, pisam de mansinho, quase na ponta dos pés, e falam em voz baixa; isso porque o mencionado edifício é nada mais nada menos que o Supremo Tribunal dos Estados Unidos, e aquêles que são sensatos não brincam com o Supremo Tribunal".

[130] GRECO, Leonardo. *Instituições de processo civil*. 3. ed. Rio de Janeiro: Forense, 2011. V. I. p. 6. As causas julgadas pela Suprema Corte costumam ser selecionadas por serem relevantes, o que faz com que seus julgamentos sejam marcantes, conforme relata: "A Corte Suprema americana seleciona para decidir apenas algumas questões jurídicas (em torno de cem por ano) que entende mais relevantes e que estão a exigir um pronunciamento marcante como diretriz que deverá influir na evolução da ordem jurídica nacional".

[131] SOUTO, João Carlos. *Suprema Corte dos Estados Unidos*: principais decisões. Rio de Janeiro: Lumen Juris, 2008. p. 1. Nessa linha discorre o autor: "A Suprema Corte dos Estados Unidos é responsável pelo início e desenvolvimento da primeira modalidade de controle de constitucionalidade confiado ao Poder Judiciário".

[132] BAUM, Lawrence. *A Suprema Corte americana*. Tradução de: Élcio Cerqueira. Rio de Janeiro: Forense Universitária, 1987. p. 6-7. Refere J. Francisco Rezek, no prefácio à obra: "Nenhuma instituição mais que a Suprema Corte dos Estados Unidos tem qualidade para servir de símbolo àquele modelo político. Para proverbial escândalo – hoje um tanto mais discreto – dos pregoeiros do dogma de que numa democracia não há forma alguma de legitimidade sem o suporte das urnas, ensinaram ao mundo os norte-americanos que uma parcela do poder público deve, por sua própria natureza, revestir cidadãos independentes do sufrágio político, e comprometidos tão-só com a ordem legal – cuja composição, de resto, não lhes incumbe, mas aos órgãos de representação popular".

[133] Ibid., p. 11. Sobre a questão, afirma: "Em certo sentido, é notável que um tribunal seja de tal interesse na arena política. Contudo, o interesse despertado ultimamente pela Corte Suprema não é nada novo: através da maior parte da história norte-americana desde a adoção da Constituição, a Corte tem sido importante tópico de preocupação política. Este interesse não deve surpreender, à luz do papel fundamental que a corte desempenha através de suas decisões. A Corte Suprema ajuda a resolver muitas das questões mais importantes e mais controversas nos Estados Unidos e, ao fazer isto, molda a política do Governo em áreas tão diversas como os direitos civis e a proteção do meio ambiente".

[134] SOUTO, op. cit., p. 1. Também é defendido pelo autor ao escrever: "As Corte Supremas não se reduzem a simples órgãos judiciários. São muito mais que isso, são instituições políticas, que, com suas decisões concorrem

política[135] por meio de suas decisões, não havendo, porém, qualquer tipo de submissão das decisões judiciais aos outros órgãos políticos daquele país, senão apenas sujeição à lei.[136] Para que se tenha uma ideia, basta analisar alguns casos decididos pela Suprema Corte para se ter a convicção de que lá são julgados casos que adentram na esfera política, muitas vezes concedendo uma nova roupagem à lei frente à Constituição. Entre os casos já julgados, podem ser citados: *Marbury v. Madison*; *Stuart v. Laird*;[137] *Dred Scott v. Sandford*; *Plessy v. Ferguson*; *Brown v. Board of Education of Topeka* e *Roe v. Wade*,[138] alguns deles que serão alvo de estudo específico no trans-

---

para moldar a estrutura administrativa, política e econômica de um país. A decisão de um magistrado tem efetividade *inter partes* e nos limites de sua competência. A Suprema Corte, de regra, decide para o país, é chamada para julgar, como foros de definitividade, os grandes temas de interesse nacional".

135 MASCARO, Alysson Leandro. Os horizontes filosóficos do neoconstitucionalismo. In: FRANCISCO, José Carlos. *Neoconstitucionalismo e atividade jurisdicional*: do passivismo ao ativismo judicial. Belo Horizonte: Del Rey, 2012. p. 45. O fenômeno é ainda aumentado cada vez mais pela onda de neoconstitucionalismo que se vive hoje em determinadas matrizes jurídicas. Descreve o autor: "Com o neoconstitucionalismo, o mundo do direito se torna um pouco mais político, e, para isso, na ponderação e não mais na subsunção, as energias teóricas do jurista são agora reclamadas ao limite, mas apenas para o resultado de um ajuste social médio".

136 BAUM, op. cit., p. 13. Aduz: "Acima de tudo, a Corte Suprema toma decisões dentro do quadro da Lei. As escolhas de políticas com que a Corte se defronta são enquadrados como matérias de interpretação jurídica. A este respeito, a tarefa da Corte difere daquela do Congresso e de alguns órgãos administrativos e o contexto legal no qual os juízes trabalham oferece uma contenção da qual os legisladores estão livres".

137 SOUTO, João Carlos. *Suprema Corte dos Estados Unidos*: principais decisões. Rio de Janeiro: Lumen Juris, 2008. p. 55-63. Tendo em vista que dos casos acima citados, somente o *Stuart v. Laird* não será estudado na tese, recomenda-se a leitura da obra nas páginas indicadas. Em síntese, o caso envolve uma Lei Judiciária de 1801 (*Judiciary Act of* 1801), que suprimiu a competência dos *Justices* da Suprema Corte de atuarem como *circuit judges*, o que seria um tipo de justiça itinerante, pois atuavam como juízes de primeiro grau, deslocando-se pelos Estados da Federação para julgamento de alguns casos, sendo que esta competência lhes foi conferida pela Lei Judiciária de 1789 (*Judiciacy Act of* 1789). A estranheza da lei, à época, chamava a atenção, pois não se entendia como *Justices* da mais alta Corte do país podiam atuar como magistrados de primeiro grau e como podiam ficar longe do convívio familiar por, às vezes, até seis (6) meses. Aliado a isso, a lei permitia que podiam ser revisores de seus próprios casos, explica-se: julgou em primeiro grau como *circuit judge* e depois como *Justice* na Suprema Corte se o caso lá chegasse. Chega a Lei Judiciária de 1802 (apelidada de *Republican Judiciary Act of* 1802), a qual repelia o *Judiciacy Act* de 1801 e repristinava o *Judiciary Act* de 1789. Um caso, *Stuart v. Laird*, foi julgado no meio de todo este imbróglio legislativo, sendo que, ao ser citado, posteriormente, na execução, Stuart argue que o caso não poderia tramitar perante outro juiz que não aquele que proferiu a sentença, somente restando o arquivamento do processo, pois o magistrado não mais existia, tendo em vista a reorganização judiciária. Aliado a esse fato, também alegou a inconstitucionalidade da Lei Judiciária de 1802, uma vez que, ao suprimir o órgão judiciário que havia proferido a decisão, revigora uma legislação que não encontra assento constitucional ao conceder competência à Suprema Corte para aquele tipo de decisão. Insatisfeito por ter perdido o processo, interpôs recurso que chegou à Suprema Corte. Diante disso, na p. 59, conclui João Carlos Souto: "Com as considerações parcialmente reproduzidas acima a Suprema Corte reafirmou o julgado proferido pela *Circuit Court*, rechaçou as alegações de Stuart e o mais importante, aliás, relevantíssimo, estabeleceu a constitucionalidade do *Judiciary Act of* 1802 e selou uma 'quase' paz com os republicanos".

138 FINE, Toni M. *Introdução ao sistema jurídico anglo-americano*. Tradução de: Eduardo Saldanha. São Paulo: WMF Martins Fontes, 2011. p. 62-63. Para que se entenda por quais razões os casos são catalogados desta forma, leiam-se as páginas indicadas. MENEZES, Paulo Lucena de. *A ação afirmativa (affirmative action) no direito norte-americano*. São Paulo: Revista dos Tribunais, 2001. p. 52. Explica o autor, de mesma forma, como deve se dar toda a citação do caso, assim o fazendo: "Referidas decisões são citadas segundo um determinado padrão: a) em primeiro lugar aparece o nome do autor, b) que é seguido da abreviação de *versus* (*v.*), c) do nome do réu, d) do volume da publicação citada, e) da abreviação da publicação, f) da primeira página em se inicia a decisão, e g) do ano em que foi proferida a decisão em foco. Por exemplo, a citação '*Griggs v. Duke Power Company*, 401 U.S. 424 (1971)', significa que a decisão referente ao processo movido por *Griggs*, (autor) contra a *Duke Power Company* (ré), que foi julgado em 1971, pode ser encontrada no volume 401 do *United States Reports* (que nas citações é identificado pela abreviação 'U.S'), a partir da p. 424".

correr do trabalho. Isso fez, conforme observado por Leda Boechat Rodrigues,[139] com que a Corte sempre se colocasse no centro de tempestades políticas, o que gerou, no mais das vezes, grandes controvérsias sobre o alcance de seu papel.

2.2.1. *Composição e forma de escolha dos "Justices" da Suprema Corte estadunidense*

A Suprema Corte é composta de nove *Justices*; estes, por força da Constituição, são indicados e, após a aprovação do Senado,[140] nomeados pelo Presidente dos Estados Unidos da América,[141] conforme expressamente exposto na seção II do artigo 2º,[142] que trata sobre o Poder Executivo, o que demonstra a relação de independência, mas ao mesmo tempo de complementeção existente entre os Poderes Executivo, Legislativo e Judiciário,[143] prevalecendo, portanto, a escolha política em vez do regime concursal.[144]

---

[139] RODRIGUES, Leda Boechat. *A corte de Warren*. Rio de Janeiro: Civilização Brasileira, 1991. p. 18-19. Relata a autora: "Em nenhum dos países que seguiram mais de perto ou mais de longe o modelo constitucional americano, um tribunal alcançou a notoriedade, o prestígio e a atenção generalizada que cercam a Suprema Corte dos Estados Unidos, nem, como esta, se colocou no centro de tempestades políticas tão violentas e foi objeto de tanta controvérsia".

[140] BAUM, Lawrence. *A Suprema Corte americana*. Tradução de: Élcio Cerqueira. Rio de Janeiro: Forense Universitária, 1987. p. 52. Podem existir nomeações de recesso, nas quais o Senado, posteriormente, confirma a indicação, conforme lembra o autor: "Em algumas circunstâncias, o Presidente pode fazer uma 'nomeação de recesso' para a corte, que se torna efetiva imediatamente, sem aprovação do Senado. A mais importante destas circunstâncias é quando ocorre uma vaga no último mês de uma sessão do Senado ou quando o Senado não está em sessão. O Senado conserva o poder de votar a confirmação do indicado quando volta a seus trabalhos, mas, inevitavelmente, o processo de confirmação é afetado pelo fato de que a pessoa em questão já está atuando como juiz".

[141] Ibid., p. 63. Refere o autor que este é um dos momentos em que o Presidente realmente participa da escolha pela importância da Corte e do que representam estas pessoas a serem nomeadas para tal cargo: "O Presidente desempenha pessoalmente um papel muito mais importante na escolha dos juízes da Corte Suprema. Os presidentes reconhecem a importância da Corte e da condição de membro deste tribunal. Como resultado, dão às nomeações para a Corte Suprema um grau de atenção pessoal que só encontra paralelo naquela concedida às nomeações para o Gabinete".

[142] ALVAREZ, Anselmo Prieto; NOVAES FILHO, Wladimir. *A Constituição dos EUA anotada*. 2. ed. São Paulo: LTr, 2008. p. 49. O artigo 2º, seção II, tem a seguinte redação ao apontar os poderes do Presidente dos Estados Unidos: "Ele terá poder, mediante parecer e aprovação do Senado, para celebrar tratados, desde que dois terços dos senadores presentes concordem; e poderá indicar e, após parecer e aprovação do Senado, nomear embaixadores, outros representantes diplomáticos e cônsules, juízes da Suprema Corte e todos os outros funcionários dos Estados Unidos cuja nomeação não esteja aqui prevista e venha a ser estabelecida por lei; mas o Congresso pode, por lei, atribuir ao presidente, às cortes de justiça ou aos chefes de departamentos a nomeação dos funcionários subalternos, conforme julgar mais conveniente".

[143] Ibid., p. 49. Retratam os autores: "Por fim, através da leitura do dispositivo constitucional em questão, verificamos que nos Estados Unidos, assim como aqui no Brasil, há uma centralização nas mãos do Presidente, no que tange à nomeação de vários cargos de primeiro escalão, não somente no Poder Executivo, mas também no Poder Judiciário, sempre com a necessidade de ratificação pelo Legislativo, demonstrando um verdadeiro exemplo de simbiose entre os poderes constituídos".

[144] KELLES, Márcio Ferreira. Controle de constitucionalidade no direito norte-americano. In MAGALHÃES, José Luiz Quadros de. *A supremacia da Constituição*: reforma e controle no direito comparado. Belo Horizonte: Arraes, 2011. p. 25. Segundo refere o autor: "O juiz é indicado pelo Presidente (ou Governador, se juiz estadual) com aprovação do Senado. Há uma prevalência da investidura política em detrimento da concursal, pois a investidura política pode aferir a maturidade e o caráter do candidato, o que não se obtém de forma satisfatória com a realização de concurso público, lembrando que a opinião pública deposita grande credibilidade no Judiciário".

Conforme salienta Lawrence Baum,[145] a escolha de um membro da Suprema Corte inicia pela criação de uma vaga, quando há casos de morte ou afastamento[146] de um dos *Justices*, razão pela qual as vagas ocorrem em momentos que podem ser totalmente irregulares.[147] Lembra Norman Lowe[148] que, apesar de poder ser um cargo para toda a vida, o *Justice* pode, inclusive, ser forçado a renunciar em casos de problemas de saúde ou escândalos.

Os *Justices* da Suprema Corte dos Estados Unidos, conforme abordado por Márcio Ferreira Kelles,[149] são chamados de *Associate Justices*, enquanto o seu Presidente é conhecido de *Chief Justice*,[150] sendo que este cargo tem a enorme importância de perpetuar o nome do membro para as páginas da história do país, pois, não raro, a Corte é lembrada pelo nome de seu *Chief Justice*,[151] como se pode exemplificar com as conhecidas Corte de Marshall, Corte de Warren, Corte de Burger, entre outros que lá já presidiram, sendo, atualmente, comandada pelo *Chief Justice* John Glover

---

145 BAUM, Lawrence. *A Suprema Corte americana*. Tradução de: Élcio Cerqueira. Rio de Janeiro: Forense Universitária, 1987. p. 52. "A escolha de um juiz da Corte Suprema começa com a criação de uma vaga, quando um membro da Corte morre ou se afasta deste tribunal. Inevitavelmente, as vagas ocorrem a intervalos irregulares".

146 PEIXOTO, Leonardo Scofano Damasceno. *Supremo Tribunal Federal*: composição e indicação de seus ministros. Rio de Janeiro: Forense; São Paulo: Método, 2012. p. 98. Sobre as causas de o *Justice* sair da Suprema Corte reflete o autor: "O cargo é vitalício, só podendo ser deixado por renúncia, aposentadoria, *impeachment* ou morte".

147 Isso pode ser concluído, a morte ou o afastamento, pelo disposto no artigo 3º da Constituição dos Estados Unidos da América, que dispõe sobre o "bem servir", ou seja, enquanto estiverem os juízes "bem servindo" em seus cargos, eles serão neles mantidos. Assim está redigido o artigo: "O Poder Judiciário dos Estados Unidos será investido em uma Suprema Corte e tribunais inferiores que forem oportunamente definidos e estabelecidos. Os juízes, tanto da Suprema Corte como dos tribunais inferiores, manter-se-ão nos seus cargos enquanto bem servirem e receberão por períodos determinados uma remuneração pelos seus serviços, que não poderá ser reduzida durante a sua permanência no cargo". A tradução do artigo for retirada da obra: ALVAREZ, Anselmo Prieto; NOVAES FILHO, Wladimir. *A Constituição dos EUA anotada*. 2. ed. São Paulo: Ltr, 2008. p. 53.

148 LOWE, Norman. *História do mundo contemporâneo*. 4. ed. Tradução de: Roberto Cataldo Costa. Porto Alegre: Penso, 2011. p. 473. Relatando sobre a Suprema Corte, refere que: "Consiste em nove juízes nomeados pelo presidente, com aprovação do senado. Quando é nomeado, um juiz da Suprema Corte pode permanecer no cargo por toda a sua vida, a menos que seja forçado a renunciar por problemas de saúde ou escândalos".

149 KELLES, Márcio Ferreira. Controle de constitucionalidade no direito norte-americano. In MAGALHÃES, José Luiz Quadros de. *A supremacia da Constituição*: reforma e controle no direito comparado. Belo Horizonte: Arraes, 2011. p. 23. Refere: "A presidência da Suprema Corte norte-americana é um dos postos de maior prestígio da federação. A Corte possui um presidente chamado de *Chief Justice* e os demais juízes são os *Associate Justices*".

150 JOHNSON, Gerard W. *A Suprema Côrte dos Estados Unidos*. Tradução de: Luiz Fernando. Rio de Janeiro: Record, 1964. p. 14. Lembra o autor a forma como se compõem os julgamentos com o *Chief Justice* e *Associate Justices* na Suprema Corte: "O Presidente do Tribunal senta-se à cadeira do centro, com quatro Ministros de cada lado. A cadeira à direita do Presidente do Tribunal é do mais antigo magistrado do Tribunal; a cadeira à sua esquerda pertence ao Ministro que vem logo a seguir em hierarquia. Os demais seguem a mesma ordem, de forma a que o mais recente Ministro encontre-se sempre à extrema esquerda. Quando um magistrado morre, ou se aposenta, e é designado outro para substituí-lo, funcionários retiram a última cadeira à esquerda, colocando em seu lugar a do novo juiz. Mas quando é designado um Presidente do Supremo Tribunal, senta-se ele na cadeira central desde seu primeiro dia no Tribunal".

151 KELLES, Márcio Ferreira. Controle de constitucionalidade no direito norte-americano. In MAGALHÃES, José Luiz Quadros de. *A supremacia da Constituição*: reforma e controle no direito comparado. Belo Horizonte: Arraes, 2011. p. 23. Aduz: "Tanto que a historiografia da Suprema Corte tem sido sistematizada em razão de seus *Chief Justices*, daí se falar na Corte de Marshall, na Corte de Warren, na Corte de Burger etc.".

Roberts, Jr.[152] Conforme Lawrence Baum,[153] quando essa vaga resta inocupada, o processo de escolha do nome do candidato pode-se dar de duas maneiras:

(i) pela escolha de um dos integrantes da própria Corte ou;

(ii) pela escolha de alguém de fora dela, sendo que a preferência tem sido por esta, tendo em vista existir a possibilidade de ampla alternatividade de pessoas importantes para a sociedade estadunidense, não ficando restrita a escassos oito membros restantes da Corte.

Entre os nomes que já foram *Chief Justices* da Suprema Corte podem-se citar: John Jay (1789-1795), John Rutledge (1795-1795), Oliver Ellsworth (1796-1800), John Marshall (1801-1835), Roger Brooke Taney (1836-1864), Salmon Portland Chase (1864-1873), Morrison Remick Waite (1874-1888), Melvine Weston Fuller (1888-1910), Edward Douglas White (1910-1921), Willian Howard Raft (1921-1930), Charles Evans Hughes (1930-1941), Harlan Fiske Stone (1941-1946), Fred Moore Vinson (1946-1953), Earl Warren (1953-1969), Warren Earl Burger (1969-1986), Willian Hubbs Rehnquist (1986-2005), e, atualmente, sendo presidida por John Glover Roberts, Jr.[154]

Cumpre salientar ainda que ao *Chief Justice*, conforme ressalta Paulo Lucena de Menezes,[155] não cabe apenas a atividade burocrática ou administrativa, podendo ir além, como a condução dos trabalhos dos outros *Justices* quando em sessão, sendo que a ele caberá a redação final da *opinion* da Corte quando haja votado com a maioria, o que faz com que tenha, mesmo que indiretamente, algum controle sobre sua elaboração. Na atualidade, a Suprema Corte estadunidense tem como *Associate Justices* Antonin Scalia, Anthony McLeod Kennedy, Clarence Thomas, Ruth Bader

---

152 Sobre o currículo do atual *Chief Justice* John Glover Roberts, Jr,: "Was born in Buffalo, New York, January 27, 1955. He married Jane Marie Sullivan in 1996 and they have two children – Josephine and John. He received an A.B. from Harvard College in 1976 and a J.D. from Harvard Law School in 1979. He served as a law clerk for Judge Henry J. Friendly of the United States Court of Appeals for the Second Circuit from 1979–1980 and as a law clerk for then-Associate Justice William H. Rehnquist of the Supreme Court of the United States during the 1980 Term. He was Special Assistant to the Attorney General, U.S. Department of Justice from 1981–1982, Associate Counsel to President Ronald Reagan, White House Counsel's Office from 1982–1986, and Principal Deputy Solicitor General, U.S. Department of Justice from 1989–1993. From 1986–1989 and 1993–2003, he practiced law in Washington, D.C. He was appointed to the United States Court of Appeals for the District of Columbia Circuit in 2003. President George W. Bush nominated him as Chief Justice of the United States, and he took his seat September 29, 2005". Disponível em: <http://www.supremecourt.gov/about/biographies.aspx>. Acesso em: 15 nov. 2012.

153 BAUM, Lawrence. *A Suprema Corte americana*: Rio de Janeiro: Forense Universitária, 1987. p. 52. "Quando o cargo de Presidente da Corte Suprema fica vago, o Presidente dos Estados Unidos pode nomear um juiz do tribunal para aquele posto e também nomear novo juiz ou simplesmente nomear como Presidente da Corte uma pessoa de fora dele. Na maior parte das vezes, os presidentes têm seguido a última opção, principalmente para ter um campo mais amplo para escolher este importante líder".

154 Disponível em: <http://www.supremecourt.gov/about/members.aspx>. Acesso em: 24 jul. 2012.

155 MENEZES, Paulo Lucena de. *A ação afirmativa (affirmative action) no direito norte-americano*. São Paulo: Revista dos Tribunais, 2001. 50. Aduz: "O Presidente da Corte, por outro lado, não tem uma importância meramente burocrática ou administrativa, embora possa até mesmo assumir outras tarefas fora do Tribunal. Ele conduz as votações e os trabalhos dos demais Ministros, quando em sessão, e, caso ele tenha votado com a maioria dos Ministros (incluindo ele próprio) redigirá a decisão da Corte, o que, implicitamente, não deixa de representar um controle indireto sobre o conteúdo da decisão".

Ginsburg, Stephen Gerald Breyer, Elena Kagan, Sonia Maria Sotomayor e Samuel Anthony Alito, Jr., sob a Presidência de John Glover Roberts, Jr.[156]

Todos os *Justices* da Suprema Corte, para serem escolhidos pelo Presidente, passam, pelo que Lawrence Baum[157] elenca, por um processo de critérios objetivos, dos quais enumera: a competência e a ética do candidato, a preferência política, a recompensa a associados políticos e pessoais, e a busca pelo futuro político. Após, no Senado, a votação pode durar pouco tempo, como um dia, ou, em alguns casos, quando há controvérsia sobre a nomeação, pode-se prolongar, conforme referido por Lawrence Baum,[158] ao relembrar a indicação de Louis Brandeis, que durou 122 dias até sua confirmação. Há de ser salientado ainda que o Senado pode exercer a técnica do *filibustering*[159] para que aqueles candidatos indicados pelo Presidente não sejam aceitos como *Justices* da Suprema Corte.

Também não é de ser negado que alguns *Justices* têm sido escolhidos dentre os membros do Poder Judiciário Federal, conforme alertado por Leonardo Scofano Damasceno Peixoto,[160] uma vez que já se sabe, de antemão, qual a ideologia de cada um por seus próprios julgamentos proferidos. Outro fato importante a ser trazido sobre os *Justices* e a Suprema Corte neste momento é que as decisões por lá emanadas são tomadas pelo voto da totalidade dos julgadores, sendo que estes não podem ser impedidos por alguém de votar, salvo por eles mesmos.[161]

---

[156] Disponível em: <http://www.supremecourt.gov/about/members.aspx>. Acesso em: 24 jul. 2012.

[157] BAUM, Lawrence. *A Suprema Corte americana*. Tradução de: Élcio Cerqueira. Rio de Janeiro: Forense Universitária, 1987. p. 64. Aduz: "Os presidentes fazem as escolhas baseados em ampla variedade de considerações. Estas considerações podem ser colocadas em quatro categorias gerais: critérios 'objetivos' de competência e ética, preferências por políticas, recompensa a associados políticos e pessoais e a busca de futuro apoio político".

[158] Ibid., p. 64. "Depois que o presidente nomeia alguém para uma vaga na Corte Suprema, a indicação vai para o Senado para confirmação. Comumente, a nomeação é encaminhada à Comissão de Justiça, que realiza audiências e, depois, vota sua recomendação para a ação do Senado. Depois da comissão, a nomeação é encaminhada ao plenário, onde será debatida e votada quanto à confirmação. A extensão deste processo depende do grau de controvérsia a respeito da nomeação. Se não há oposição a um indicado, as audiências podem ser *pro forma* e durar um único dia, a indicação é relatada ao Senado pleno bem rapidamente e o indicado é confirmado rapidamente e com pouco debate. No entanto, as audiências sobre a indicação de Thurgood Marshall, Clement Haynsworth e Abe Fortas duraram cinco dias ou mais e a Comissão de Justiça relatou a nomeação de Louis Brandeis 122 dias depois de ela ter sido feita".

[159] PEIXOTO, Leonardo Scofano Damasceno. *Supremo Tribunal Federal*: composição e indicação de seus ministros. Rio de Janeiro: Forense; São Paulo: Método, 2012. p. 101. Sobre o tema: "No Senado, existe a conhecida técnica do *filibustering* de forçar a retirada de nomes indesejados. Os senadores ocupam a tribuna com discursos intermináveis por toda a sessão para obstruir a votação do indicado".

[160] PEIXOTO, Leonardo Scofano Damasceno. *Supremo Tribunal Federal*: composição e indicação de seus ministros. Rio de Janeiro: Forense; São Paulo: Método, 2012. p. 99. Alude: "Na política de seleção presidencial, a ideologia é o principal fator de indicação dos *Justices*. Atualmente, há uma forte tendência na indicação de membros do Poder Judiciário Federal, pois, no exercício da magistratura, decidem as mesmas matérias de competência da Suprema Corte e evidenciam suas ideologias".

[161] MOREIRA, José Carlos Barbosa. *Temas de direito processual*: oitava série. São Paulo: Saraiva, 2004. p. 242. Leciona: "As decisões da Corte são sempre tomadas pelo voto da totalidade de seus membros. Ao contrário do que sucede em tribunais de funções análogas, como o Supremo Tribunal Federal brasileiro, não há divisão em colegiados menores. Qualquer dos *Justices* pode dar-se por impedido de participar deste ou daquele julgamento; não há, contudo, maneira alguma de forçá-lo a abster-se".

2.2.2. *Entidades que participam da escolha dos "Justices" da Suprema Corte estadunidense*

A Constituição dos Estados Unidos da América é bem específica ao trazer a quem deve ser atribuída a escolha dos *Justices* de sua Suprema Corte, sendo que o Presidente e o Senado são os legítimos outorgados pela Carta de 1787, conforme interpretação do artigo 2º, Seção II. Apesar da clareza com que escrito o texto, sabe-se que os candidatos aos cargos de *Justice* passam, sem que se esconda tal fato, por um processo de indicações e seleções internas de determinadas camadas da sociedade nos Estados Unidos. Segundo expõe Lawrence Baum,[162] têm-se, pelo menos, três importantes participantes nesse processo de escolha dos novos *Justices*, sendo:

(i) a *American Bar Association*[163] e a comunidade jurídica em geral;

(ii) os grupos de interessados não jurídicos e;

(iii) os membros da própria Corte.

A *American Bar Association* (ABA), conforme relatado por Lawrence Baum,[164] traz grande influência na escolha dos *Justices* pelo fato de ter uma comissão composta exatamente para este fim, qual seja, o de aprovar ou desaprovar os nomeados em potencial antes de feita a escolha pelo Presidente dos Estados Unidos, o que, além de dar prestígio à classe dos advogados, denota um perfil mais democrático, pelo menos, durante a indicação do nome do candidato ao cargo de *Justice*.

Seguindo o pensamento de Lawrence Baum,[165] alguns grupos de interesses setorizados também contribuem para a nomeação ou não de um candidato ao cargo de *Justice* da Suprema Corte. Conforme salienta, a Corte não só julga matérias relacionadas às liberdades civis, mas também ingressa em searas como a econômica, tratando sobre questões de antitruste e trabalhistas. Tudo isso aponta para grupos como a Associação Nacional para o Avanço de Gente de Cor (NAACP), a Organização Nacional das Mulheres (NOW), União Norte-Americana de Liberdades Civis (ACLU), grupos liberais, sindicatos, enfim, grupos que pretendem ver aliados a seus lados no combate às injustiças que acreditam chegar à Suprema Corte.

Por fim, Lawrence Baum[166] apresenta os próprios membros efetivos da Corte como pessoas ativas no processo de escolha de seu par, seja para manter a ideologia até então apresentada nos julgamentos ou meramente querer que amigos possam

---

162 BAUM, Lawrence. *A Suprema Corte americana*. Tradução de: Élcio Cerqueira. Rio de Janeiro: Forense Universitária, 1987. p. 53.

163 Para conhecer um pouco mais do trabalho desenvolvido pela *American Bar Association*, sugere-se o ingresso em seu *site*. Disponível em: <http://www.americanbar.org/>.

164 BAUM, Lawrence. *A Suprema Corte americana*. Tradução de: Élcio Cerqueira. Rio de Janeiro: Forense Universitária, 1987. p. 54.

165 Ibid., p. 56-59.

166 Ibid., p. 59-61.

vir a se tornar novos *Justices*. Os membros apresentam cartas de recomendação no mais das vezes ou até mesmo campanhas, como no caso de William Howard Taft, nos anos 20, para a nomeação de Pierce Butler.[167]

2.2.3. A Corte de Earl Warren[168] *(1953-1969)*

A história da Suprema Corte dos Estados Unidos da América é relatada por cortes, conforme expõe Lawrence Baum,[169] referindo ser o primeiro entre os anos de 1790 e 1865, na qual expõe sobre sua criação, competência, seu início lento, com o julgamento de apenas 50 casos entre 1790 e 1799, o ingresso na Era Marshall, com a possibilidade do *judicial review of legislation*, e finaliza com a Corte e o Federalismo, época na qual se fortaleceram os poderes nacionais e se restringiram os poderes estaduais, como pode ser exemplificado com o julgamento do caso *Gibbons v. Ogden*, 22 U.S. 1 (1824),[170] que derrubou o monopólio estadual de transpor-

---

[167] Para conhecer um pouco mais desta nomeação, recomenda-se a leitura do artigo *Pierce Butler: A Supreme Technician*, de David R. Stras. Em trecho escolhido, refere: "While seeking Day's successor, Taft looked to others, including Justice Van Devanter, for guidance. Van Devanter mentioned Butler as a possibility, in large part because Butler had appeared more than one hundred times before the Eighth Circuit.Based on Taft's personal knowledge of Butler from the Grand Trunk Railway arbitration, he quickly agreed that Butler could be a suitable nominee. Taft found that Butler's friends and colleagues in Minnesota and elsewhere in the Midwest strongly supported His nomination. Judge Sanborn, who had known Butler since his legal apprenticeship at Pinch & Twohy, stated that Butler was 'one of the few great men of my acquaintance' and that his character was 'beyond reproach'. Former Attorney General George Wickersham, for whom Butler prosecuted the bleached flour and meatpacking cases in 1910, also viewed Butler as a very able attorney and a worthy nominee. With Davis unable to commit to the position and Manton gaining support among political elites, Taft wrote to Harding and recommended that Butler be nominated to fill the vacancy created by the resignation of Justice Day.123 According to the letter, Taft believed that Butler 'would make a great Justice' because of Butler's 'rugged character and force'." STRAS, David R. Pierce Butler: a supreme technician (August 26, 2008). *Vanderbilt Law Review*, v. 62, 2009; Minnesota Legal Studies Research Paper No. 08-35. Available at SSRN: <http://ssrn.com/abstract=1259314>. Acesso em: 15 ago. 2012.

[168] Sobre o currículo do *Chief Justice*: "EARL WARREN was born in Los Angeles, California, on March 19, 1891. He was graduated from the University of California in 1912 and went on to receive a law degree there in 1914. He practiced for a time in law offices in San Francisco and Oakland. In 1919, Warren became Deputy City Attorney of Oakland, beginning a life in public service. In 1920, he became Deputy Assistant District Attorney of Alameda County. In 1925, he was appointed District Attorney of Alameda County, to fill an unexpired term, and was elected and re-elected to the office in his own right in 1926, 1930, and 1934. In 1938, he was elected Attorney General of California. In 1942, Warren was elected Governor of California, and he was twice re-elected. In 1948, he was the Republican nominee for Vice President of the United States, and in 1952, he sought the Republican party's nomination for President. On September 30, 1953, President Dwight D. Eisenhower nominated Warren Chief Justice of the United States under a recess appointment. The Senate confirmed the appointment on March 1, 1954. Warren served as Chairman of the Judicial Conference of the United States from 1953 to 1969 and as Chairman of the Federal Judicial Center from 1968 to 1969. He also chaired the commission of inquiry into the assassination of President John F. Kennedy in 1963. He retired on June 23, 1969, after fifteen years of service, and died on July 9, 1974, at the age of eighty-three". *HISTORY of the Court*. Chief justices. Earl Warren. Disponível em: <http://www.supremecourthistory.org/history-of-the-court/chief-justices/earl-warren-1953-1969/>. Acesso em: 26 nov. 2012.

[169] BAUM, Lawrence. *A Suprema Corte americana*. Tradução de: Élcio Cerqueira. Rio de Janeiro: Forense Universitária, 1987. O primeiro corte relatado pelo autor pode ser confirmado com a leitura das páginas 37 a 40.

[170] VILE, John R. *Essential Supreme Court decisions*: summaries of leading cases in U.S. constitutional law. 15th ed. Maryland: Rowman & Littlefield Publishers, 2010. p. 2. Sobre os fatos envolvendo o caso, relata: "The state of New York gave exclusive navigation rights to all water within the jurisdiction of the state of New York to

tes de navios, e o caso *McCulloch v. Maryland,* 17 U.S. 316 (1819),[171] no qual houve a limitação do poder estadual de tributar. Num segundo corte, aponta Lawrence Baum[172] que, entre os anos de 1865 e 1937, a Suprema Corte restou conhecida por ter julgado questões relacionadas à regulamentação econômica, em especial após a década de 20, com o programa do Presidente Franklin Roosevelt[173] sobre o *New Deal,*[174] na qual se manifestou contrário[175] a algumas medidas legais,[176] enfraquecendo o próprio programa governamental, como pode ser exemplificado com a análise dos casos *Schechter Poultry Co. v. United States, 295 U.S. 495* (1935),[177] *Carter v. Carter*

R. R. Livingston and R. Fulton, who assigned Odgen the right to operate between New York City and New Jersey ports. Gibbons owned two steamships running between New York and Elizabethtown, which were licensed under act of Congress. Ogden gained an injunction against Gibbons, who appealed".

171 Ibid., p. 28. Sobre os fatos da causa, aponta: "Although the U.S. Constitution made no direct mention of the subjec, Congress incorporated the Bank of the United States, a branch of which it established in Baltimore. The state of Maryland required all banks not chartered by the state to pay a tax on each issuance of banks notes. McCulloch, the cashier of the Baltimore branch of the Bank of the United States, issue notes without complying with the state law. Action was brought on the part of Maryland to recover the penalties".

172 BAUM, Lawrence. *A Suprema Corte americana.* Tradução de: Élcio Cerqueira. Rio de Janeiro: Forense Universitária, 1987. O segundo corte descrito pelo autor pode ser confirmado com a leitura das páginas 40 a 42 e 48.

173 Franklin Delano Roosevelt presidiu os Estados Unidos da América entre os anos de 1933 a 1945.

174 LOWE, Norman. *História do mundo contemporâneo.* 4. ed. Tradução de: Roberto Cataldo Costa. Porto Alegre: Penso, 2011. p. 495-500. O New Deal, ou pacto novo, foi uma série de medidas introduzidas entre os 1933 a 1940, durante o Governo Roosevelt, para tentar dar auxílio aos milhões que foram atingidos pela pobreza, a incentivação de demandas por mercadorias, alavancando o setor econômico, diminuindo, assim, o desemprego e uma série de reformas para tentar evitar a repetição do desastre econômico.

175 SCHWARTZ, Bernard. *A history of the Supreme Court.* New York: Oxford University Press, 1993. p. 232. Discorre: "The effort to move the nation forwad came up against the restricted view of governmental power still held by the Supreme Court. The result was a series of decisions that invalidated most of the important New Deal legislation. In 1935 and 1936 cases, the Supreme Court struck down the two key New Deal antidepression measures, the National Industrial Recovery Act and the Agricultural Adjustment Act. Both measures were held beyond the reach of the federal commerce power".

176 GARCIA, Emerson. Jurisdição constitucional e legitimidade democrática. In: CAMARGO, Marcelo Novelino (Org.). *Leituras complementares de constitucional*: controle de constitucionalidade. Salvador: JusPODIVM, 2007. p. 34. Esse período foi um dos mais criticados pelos quais passou a Suprema Corte estadunidense, tendo esta, inclusive, se retraído por um tempo nos julgamentos envolvendo a constitucionalidade de leis, conforme expõe o autor: "As críticas assumiram grande intensidade por ocasião do New Deal, conjunto de medidas que buscava combater os efeitos deletérios da depressão de 1929, tendo a Suprema Corte invalidado inúmeros atos que compunham a política econômica do Presidente Roosevelt. O embate assumiu proporções institucionais, sendo largamente difundida a proposta de que o número de juízes deveria ser alterado, inclusive por lei ordinária, o que poderia conduzir a uma composição simpática às propostas do Executivo. Em seqüência, o Tribunal recuou e passou a adotar uma postura de autocontenção (*self restraint*), sendo a crise superada".

177 VILE, John R. *Essential Supreme Court decisions*: summaries of leading cases in U.S. constitutional law. 15th ed. Maryland: Rowman & Littlefield Publishers, 2010. p. 23. Sobre os fatos, narra o autor: "The A.L.A. Schechter Poultry Corp. was convicted in the U.S. District Court for the Eastern District of New York on an indictment charging violations of what was known as the 'Live Poultry Code,' established by executive order under the National Industrial Recovery Act (NIRA). The Circuit Court of Appeals sustained the conviction in the district court on sixteen counts for violation of the code, but reserved the conviction on two counts that charged violation of requirements as to minimum wages and maximum hours of labor, as these were not deemed to be within the congressional power of regulation. The NIRA provide for the setting up of codes that would establish certain standarts that were to be upheld under force of civil and criminal action. If an industry did not set up its own code, it would be up to the presidente to impose a code upon it. Schechter was a poultry dealer in New York City and disregarded the code. When tried, he was found guilty on eighteen counts. He then took the case to the Supreme Court".

Coal Co., 298 U.S. 238 (1936)[178] e *United States v. Butler* 297 U.S. 1 (1936).[179] E, como último corte, aponta o marco inicial (1937) até os dias de hoje, embora sua obra seja de 1987, que denomina de a mudança para preocupações com as liberdades civis, passando, pois, pela fase ativista da Corte de Warren, razão pela qual se fixará maior preocupação com a história da Suprema Corte neste período.

Noutra corrente, Conrado Hübner Mendes[180] aponta para uma periodicização mostrada pelo julgamento de alguns casos consoante se passa a mostrar: o início do *judicial review*, com o julgamento de *Marbury v. Madison;* o caso *Dred Scott v. Sandford*, para mostrar uma corte complacente com a escravidão; *Lochner v. New York*,[181] inovando o conceito de *due process clause; West Coast Hotel v. Parrish*,[182] quando contesta a política do *New Deal*; *Brown v. Board of Education* of Topeka, da ampliação dos direitos civis e políticos do cidadão; e fecha seu pensamento com o controvertido caso *Roe v. Wade*, com a consequente permissão do aborto.

Para Bernard Schwartz,[183] a Suprema Corte dos Estados Unidos pode ser dividida em dois grandes momentos: o primeiro na Corte de Marshall, que fundou as

---

178 *HARVARD Law Review*, v. 50, issue 2, p. 308, dec. 1936: "The *Carter* case was a stockholder's suit, in the Supreme Court of the District of Columbia, for an injunction, upon the basis that the Act was unconstitutional, both against the company paying the tax and accepting the code and against the Commissioner of Internal Revenue proceeding under the Act. The court, stating that although the labor provisions were unconstitutional those dealing with prices were separable and valid and therefore sufficient to sustain the tax, denied the injunction. Upon *certiorari*, granted pending a hearing of the appeal in the Court of Appeals for the District of Columbia, the Supreme Court reversed thedecree. The tax was conceded to be a penalty to compel ompliance with the regulatory provisions of the Act. Since the labor provisions were held to be beyond the power of Congress under the commerce clause and since the price provisions were inseparable, the whole Act failed".

179 VILE, John R. *Essential Supreme Court decisions*: summaries of leading cases in U.S. constitutional law. 15th ed. Maryland: Rowman & Littlefield Publishers, 2010. p. 42. São os fatos que deram ensejo ao caso: "In accordance with the Agricultural Adjustment Act of 1933, the secretary of agriculture ordered the payment of crop reduction benefits on cotton. To meet these, processing taxes were levied on the processors. The act provided also for the levying of taxes upon existing stocks of floor goods that would habe been subject to processing taxes had the law been effective earlier. The receiver for a Massachusetts cotton mill, the Hoosac Mills Corporation, attacked the constitutionality of these processing and floor taxes".

180 MENDES, Conrado Hübner. *Controle de constitucionalidade e democracia.* Rio de Janeiro: Elsevier, 2008. p. 16.

181 Recomenda-se a obra para leitura: MATTOS, Sérgio Luís Wetzel de. *Devido processo legal e proteção dos direitos.* Porto Alegre: Livraria do Advogado, 2009. Em especial entre as páginas 39 a 41. Sobre o caso, expõe sucintamente o que lá se tratou, na p. 39, ao escrever: "Em *Lochner v. People of State of New York*, a Suprema Corte declarou a inconstitucionalidade de uma lei de Nova York que limitava a jornada de trabalho dos padeiros, no máximo, a dez horas por dia e sessenta horas por semana, por violação à disposição do devido processo legal da 14ª Emenda, sob o aspecto substantivo, na medida em que dita lei restringia indenidamente 'a liberdade do empregador e do empregado de contratar um com o outro em relação a seu emprego'".

182 VILE, op. cit., p. 13. Narra os fatos o autor desta forma: "Washington State laws prohibited wages below a living wage and conditions of labor detrimental to the haelth and morals of women and minors. Such wages were established by the state's Industrial Welfare Commission composed of members of management, labor, and the government. Elsie Parrish brought suit to recover the difference between her wages and those established by the Industruial Welfare Commission over a period of years during which the West Coast Hotel Company had employed her".

183 SCHWARTZ, Bernard. *A history of the Supreme Court.* New York: Oxford University Press, 1993. p. 263. "There have been two great creative periods in American public law. The first was the formative are, when the Marshall Court lay down the foundations of America constitutional law, giving specific content to the broad general terms in which the Constitution is written. The judicial task at that time was to work out from the constitutional text a body of legal doctrines adapted to the needs of new nation and the new era into which it was entering". E finaliza:

bases legais para dizer o que está escrito na Constituição, e o segundo na Corte de Warren, que reescreveu parte da Constituição, sendo, conforme expõe em seu texto, os dois únicos momentos que podem ser comparados em grau de importância.

Earl Warren[184] foi indicado pelo Presidente Dwight Eisenhower[185] em 1953,[186] após o passamento do *Chief Justice* Fred Vinson,[187] exercendo a presidência da Suprema Corte até 1969, quando o então Presidente Richard Nixon[188] nomeou Warren Burger para exercer aquela atividade. Durante os anos em que presidiu a Corte, Earl Warren teve como *Justices* ao seu lado: Hugo Black, William Douglas, Felix Frankfurter, Tom Clark, Stanley Reed, Harold Burton, Robert Jackson, Sherman Minton, John Harlan, William Brennan, Charles Whittaker, Potter Steward, Arthur Goldberg, Byron White, Abe Fortas e Thurgood Marshall,[189] este o primeiro negro da história da Corte.[190] Conforme pesquisa levantada por Sergio Fernando Moro,[191]

"The second great creative period was the Warren Court are. The judicial task then was to keep step with the twentieth century's frenetic pace of societal change. To do this, the Warren Court had to perform a transforming role, usually thought of as more appropriate to the legislator than the judge. In the process it rewrote much of the corpus of American constitutional law. Indeed, in terms of creative impact on the law, the Warren Court's tenure can be compared only with that of the Marshall Court".

184 É de ser referido que Earl Warren tinha em sua veia uma vertente política, tendo sido, inclusive, Governador do Estado da Califórnia entre os anos de 1943 a 1953, ano este em que assume a presidência da Suprema Corte estadunidense.

185 Dwight David Eisenhower presidiu os Estados Unidos da América entre os anos de 1953 a 1961.

186 MOREIRA, José Carlos Barbosa. *Temas de direito processual*: oitava série. São Paulo: Saraiva, 2004. p. 241. Nas palavras do autor, a Presidência da Suprema Corte pelo *Chief Justice Real* Warren dever ter sido uma decepção ao Presidente Eisenhower, pela política progressista que se seguiu em seus julgametos, assim expondo: "O que ficou dito não exclui a eventualidade de que um Justice nomeado por Presidente de determinada tendência venha a conduzir-se, no exercício do cargo judicial, de modo diferente daquele que sua origem política faria prever. Exemplo notório é o do Chief Justice Earl Warren, nomeado para o cargo pelo Presidente Eisenhower após militância no Partido Republicano, ex-Governador do Estado da California, o qual – para decepção do velho General – viria a liderar a Corte em guinada histórica no sentido de posições vistas como progressistas".

187 STEVENS, John Paul. *Five chiefs*. New York: Little, Brown and Company, 2011, p. 83. Expõe: "CHIEF JUSTICE FRED VINSON'S death in office on September 8, 1953, gave President Eisenhower his first opportunity to fill a vacancy on the Court. On September 27, 1953, Attorney General Herbert Nbrownell flew to California to convey the president's choice in person to the man selected: Governor Earl Warren. Warren immediately agreed to accept the appontment".

188 Richard Milhous Nixon presidiu os Estados Unidos da América entre os anos de 1969 a 1974.

189 *THURGOOD*. Direção: Michael Stevens. 2011. 1 DVD (105 min). HBO Films. Color. O filme retrata a vida do advogado e depois como o primeiro *Justice* negro da Suprema Corte Thurgood Marshall. A sinopse do filme esclarece que: "Thurgood is the remarkable celebration of the life and legacy of Civil Rights advocate and Supreme Court pioneer Thurgood Marshall, the first African American appointed to the nation's highest judicial bench".

190 MORO, Sergio Fernando. *Jurisdição constitucional como democracia*. São Paulo: Revista dos Tribunais, 2004. p. 37. Sobre quem eram, quem substituiu quem e quais datas, refere o autor: "Quando assumiu o posto, a Suprema Corte era composta por Hugo Black, Willian Douglas, Felix Frankfurter, Tom Clark, Stanley Reed, Harold Burton, Robert Jacson e Sherman Minton. Ocorreram as seguintes substituições: de Jacson por John Harlan, em 1955; de Minton por William Brennan, em 1956; de Reed por Charles Whittaker, em 1957; de Burton por Potter Stewart, em 1958; de Frankfurter por Arthur Goldberg, em 1962; de Whittaker por Byron White, também em 1962; de Goldberg por Abe Fortas, em 1965; de Clark por Thurgood Marshall, em 1967".

191 Ibid., p. 37. Refere: "Historiadores norte-americanos destacam que a Presidência de Warren pode ser dividida em dois períodos, pois a partir de 1962 – com a substituição do relativamente conservador Whittaker por Byron White e com a substituição de Felix Frankfurter, principal defensor da autocontenção judicial, pelo liberal Arthur Goldberg – logrou-se formar uma sólida maioria liberal (liberal no sentido próprio da política norte-americana). A

a Corte de Warren teve dois momentos distintos: o primeiro conservador e o segundo mais liberal, quando dois *Justices* foram substituídos: Charles Wittaker por Byron White e Felix Frankfurter por Arthur Goldberg, ambos em 1962.

Eduardo Appio[192] refere que a Corte de Warren ainda teve o prerrogativa de, ao julgar o caso *Linkletter v. Walker*, 381 U.S. 618 (1965), em alargamento ao entendimento do caso *Mapp v. Ohio,* 367 U.S. 643 (1961),[193] modificar a forma de entendimento dos efeitos da decisão em sede de controle difuso, afirmando que os julgados passariam a ter efeitos prospectivos, e não mais efeitos retroativos,[194] tendo este julgamento impactado na maneira de se julgar outros casos, pois, não mais preocupada com a regulação de comportamentos passados, pôde-se dedicar ao julgamento de novos direitos, o que realmente ocorreu durante a gestão do *Chief Justice* Earl Warren, em especial nos casos envolvendo *civil rigths.*

Talvez um dos estudos mais completos realizados no Brasil envolvendo os julgamentos realizados pela Corte de Warren esteja na obra *Ativismo ou Altivez?: o Outro Lado do Supremo Tribunal Federal*, de Saul Tourinho Leal.[195] Na pesquisa, a qual talvez venha a confirmar o exposto por Eduardo Appio, o autor aponta uma série

---

maioria liberal, também composta por Black, Douglas, e Brennan, e pelo próprio Warren, foi reforçada em 1967 com a nomeação de Thurgood Marshall, o primeiro negro a compor a Suprema Corte norte-americana".

192 APPIO, Eduardo. *Controle difuso de constitucionalidade*: modulação dos efeitos, uniformização de jurisprudência e coisa julgada. Curitiba: Juruá, 2009. Entre as páginas 73 a 75 o autor defende esse ponto de vista.

193 VILE, John R. *Essential Supreme Court decisions*: summaries of leading cases in U.S. constitutional law. 15th ed. Maryland: Rowman & Littlefield Publishers, 2010. p. 321. Sobre os fatos, relata: "Cleveland police officers requested admission to a home to seek a fugitive who was reportedly hiding there. They had also received information that a large amount of police paraphernalia was hidden in the house. Without a warrant, the police forced their way into the house. They found obsece materials, wich they used to convict Ms. Mapp in the state courts".

194 KELSEN, Hans. *Jurisdição constitucional.* Tradução do alemão de: Alexandre Krug; tradução do italiano de: Eduardo Brandão; tradução do francês de: Maria Ermantina Galvão; introdução e revisão técnica de: Sérgio Sérvulo da Cunha. São Paulo: Martins Fontes, 2003. No capítulo da obra intitulado de "o controle judicial da constitucionalidade (um estudo comparado das constituições austríaca a americana)", apontava, como uma de suas principais críticas ao modelo estadunidense, que tinha esta o poder de, ao declarar inconstitucional uma lei, a considerar nula *ab initio*, o que, na Corte de Warren, acaba sendo definido o termo *a quo* dos efeitos da lei inconstitucional. Refere Hans Kelsen nas págs. 208-209: "Também é controverso se uma lei declarada inconstitucional pela Suprema Corte deve ser considerada como nula *ab initio*. Uma interpretação nesse sentido da decisão da Suprema Corte significaria que tal decisão anula a lei de maneira geral e com força retroativa, abolindo-se assim todos os seus efeitos anteriores. Dentro de um sistema de direito positivo, porém, não existe nulidade absoluta. Não é possível caracterizar como inválido *a priori* (nulo *ab initio*) um ato que se apresenta como legal. Somente a anulação de tal ato é possível; ele não é nulo, mas anulável, eis que não é possível afirmar que um ato é nulo sem que se responda a questão sobre quem tem competência para estabelecer tal nulidade. Uma vez que a ordem legal – a fim de evitar a anarquia – dá a certas autoridades o poder de definir se um ato é nulo, tal definição tem sempre um caráter constitutivo, e não declaratório. O ato somente é 'nulo' se a autoridade competente assim o declarar. Essa declaração é uma anulação, uma invalidação. Antes dela o ato não é nulo, pois ser 'nulo' significa legalmente inexistente, e o ato precisa existir legalmente para poder ser objeto de julgamento por uma autoridade. A anulação pode ser retroativa e o ordenamento pode autorizar todo indivíduo a estabelecer a nulidade do ato, isto é, anulá-lo com força retroativa. Normalmente, porém, apenas certos órgãos da comunidade jurídica são autorizados a estabelecer a 'nulidade' de atos que se apresente como legais".

195 LEAL, Saul Tourinho. *Ativismo ou altivez?* O outro lado do Supremo Tribunal Federal. Belo Horizonte: Fórum, 2010. Entre as páginas 67 a 93, o autor trabalha 26 casos de ativismo judicial na Corte de Warren, os quais divide em "o devido processo legal para os acusados em processos criminais", "o direito ao devido processo democrático", "limites às comissões parlamentares de inquérito" e sobre "liberdade de imprensa".

de casos julgados durante a Presidência de Earl Warren, os quais coloca em um momento que chama de *judicial activism*, sendo alguns deles: Mapp *v.* Ohio;[196] Griffin *v.* Califórnia;[197] Miranda *v.* Arizona;[198] United States *v.* Mississipi[199] e New York Times Co. *v.* Sullivan.[200]

Diante do já abordado, pode-se, sem receio, defender que a Era Warren foi realmente a mais importante em termos de julgamentos relacionados às liberdades civis nos Estados Unidos da América, ou da criação de *isolados direitos positivos*, como refere Malla Pollack,[201] mostrando a real independência que deve existir de um membro de uma Corte Superior com os demais Poderes,[202] não causando surpresa

---

[196] LEAL, Saul Tourinho. *Ativismo ou altivez?* O outro lado do Supremo Tribunal Federal. Belo Horizonte: Fórum, 2010. p. 67. "Em *Mapp v. Ohio*, a Suprema Corte americana pacificou o entendimento de que o mandando de busca e apreensão somente poderia ser emitido por autoridade judicial, afastando a utilização de provas obtidas por meios ilícitos, em face do direito ao devido processo legal preconizado pela 14ª Emenda Constitucional dos Estados Unidos".

[197] Ibid., p. 74. "Ao apreciar o caso *Griffin v. California*, a Suprema Corte anulou a condenação de Griffin, em virtude de o juiz ter ressaltado perante o júri o fato de que o acusado se recusara a testemunhar na fase instrutória do processo criminal".

[198] Ibid., p. 75. "Em *Miranda v. Arizona*, assentou-se que declarações incriminatórias obtidas em interrogatório policial só poderiam ser admitidas como prova se o acusado fosse previamente informado de seu direito de permanecer calado, de que qualquer coisa que dissesse poderia ser usada contra ele, de que teria o direito à presença de um advogado e de que, se não pudesse pagar ao advogado, teria direito a um fornecido pelo Estado".

[199] Ibid., p. 84. "Ao apreciar *United States v. Mississipi*, a Suprema Corte reconheceu o direito de voto de negros no estado do Mississipi".

[200] Ibid., p. 91. "No julgamento do caso *New York Times Co. v. Sullivan*, a Suprema Corte consagrou o direito à liberdade de imprensa ao jornal The New York Times, uma vez que não foram caracterizados indícios de dolo ou malícia na veiculação das informações".

[201] POLLACK, Malla. O alto custo de não ter direitos positivos, uma perspectiva dos Estados Unidos. In: SARLET, Ingo Wolfgang; TIMM, Luciano Benetti (org.). *Direitos fundamentais*: orçamento e "reserva do possível". 2. ed. Porto Alegre: Livraria do Advogado, 2010, p.341-342. Expõe: "Em 1953, Earl Warren tornou-se presidente da Suprema Corte dos Estados Unidos (*Chief Justice*). Na sua presidência, a Suprema Corte sistematicamente começou a empurrar a Constituição dos Estados Unidos em direção dos direitos individuais e integração de fato. Talvez seu caso mais famoso seja o agora saudado Brown v. Board of Education of Topeka, Kansas que considerou que as escolas racialmente segregadas eram fundamentalmente desiguais (independentemente de outros critéios objetivos). Diante de uma forte resistência (especialmente, mas não somente, no sul), as escolas públicas se voltaram para a integração racial. Uns poucos julgados do Supremo comandado por Warren criou isolados 'direitos positivos' contra os estados: os estados eram obrigados a fornecer a réus criminais pobres advogados pagos pelo governo e transcrições dos julgamentos gratuitas para que eles pudessem apelar de suas condenações; pobres não poderiam ser impedidos de obter divércio. A doutrina da ação do estado foi alargada para impedir que os tribunais obrigassem que se cumprissem convênios raciais restringindo a venda de terras".

[202] FACCHINI NETO, Eugênio. O Poder Judiciário e sua independência – uma abordagem de direito comparado. *Direitos Fundamentais & Justiça*, Porto Alegre: HS, Programa de Pós-Graduação, Mestrado e Doutorado em Direito da PUCRS, n. 8, p. 137, jul./set. 2009. Inicia, afirmando: "Em comparação com outros *policy-makers*, como os legisladores ou os juízes das instâncias inferiores, os magistrados da Suprema Corte possuem uma enorme liberdade judiciante, em virtude da estrutura vaga e lacunosa da Constituição Federal, que não fornece parâmetros muito rígidos de julgamento". E continua: "Isso permite aos Justices (como são chamados os membros da *Supreme Court*) adotar certos posicionamentos que eventualmente divirjam daqueles esposados pela opinião pública. As decisões tomadas pela Suprema Corte sobre os direitos civis dos negros, ao longo dos anos cinqüenta e início dos anos sessenta, são ilustrativas a esse respeito. Naquele período, os representantes políticos dos Estados do sul do país, ainda que eventualmente o desejassem, não se sentiam em condições de apoiar as justas reivindicações dos negros, em virtude da enorme oposição dos seus eleitores. Os membros sulistas do Congresso certamente seriam derrotados nas eleições seguintes (lembrando-se que o mandato de deputado é de apenas dois anos), se por acaso viessem a votar a favor de uma legislação que promovesse os direitos civis das pessoas de cor. Também os juízes federais

ter, em 1954, julgado o mais importante caso de sua história, com *Brown v. Board of Education of Topeka*, que mudou a concepção do que vem a ser uma decisão judicial efetiva, e que será alvo de análise em momento oportuno.

2.3. A inauguração do *judicial review of legislation*

Foi num julgamento oriundo da Suprema Corte dos Estados Unidos[203] da América que o *judicial review of legislation* encontrou morada para o seu nascimento, acompanhando um momento cultural no país que a autorizava a se imiscuir em competências de outros Poderes da federação, perto da época de sua independência,[204] o que, de fato, aconteceu em 1803, no célebre caso *Marbury v. Madinson*. A seguir, serão analisados os motivos pelos quais o *leading case*[205] do controle de constitucionalidade de leis foi levado a julgamento pela Suprema Corte estadunidense e, principalmente, se realmente havia um momento cultural[206] propício no país para que se realizasse esse tipo de controle judicial das leis.

---

dos distritos do sul do país sentiam dificuldade em julgar a favor dos negros. Embora usufruindo da garantia da vitaliciedade, posicionamentos liberais certamente os colocariam em situação difícil perante seus amigos e vizinhos. Tal provável ostracismo não deveria afstar um verdadeiro magistrado de seu dever de julgar com isenção, imune a pressões, atuando como verdadeiro guardião dos direitos fundamentais. Naquele momento histórico, porém, nem todos se comportavam desta forma". E conclui: "Por outro lado, os juízes da Suprema Corte, embora alguns deles também fossem provenientes do sul, além de possuir cargos vitalícios, exerciam suas funções em local fisicamente distante do sul. Como resultado, sentiam-se relativamente livres para endossar seu apoio à causa da promoção dos direitos civis dos negros. A decisão unânime no caso Brown, por exemplo, incluiu juízes provenientes de Kentucky, Texas e Alabama, três Estados sulinos onde era fortemente sentida a discriminação racial".

[203] SÉROUSSI, Roland. *Introdução ao direito inglês e norte-americano*. Tradução de: Renata Maria Parreira Cordeiro. São Paulo: Landy, 2006. p. 84. Apesar de ter sido lá o embrião do judicial review, é de se considerar que os Estados Unidos, historicamente, não deixam de ser um país jovem, o que não interfere na formatação de um país com tradição jurídica, como refere o autor: "Jovem nação, os Estados Unidos têm, no entanto, uma rica história jurídica e, por conseguinte, judiciária. Em pouco mais de dois séculos, os Estados Unidos conseguiram integrar os princípios gerais da common law, separá-los quando se julgava útil por intermédio da codificação e de legislações de Estados e, sobretudo, preservar a unidade nacional graças à Constituição federal".

[204] SARLET, Ingo Wolfgang; MARINONI, Luis Guilherme; MITIDIERO, Daniel. *Curso de Direito Constitucional*. São Paulo: Revista dos Tribunais, 2012. p. 707. Em trecho do capítulo escrito por Luiz Guilherme Marinoni, este afirma: "É importante frisar que o controle judicial de constitucionalidade das leis surgiu nos Estados Unidos muito tempo antes de surgir na Europa continental, já no século XX. O controle judicial da constitucionalidade é praticamente simultâneo à independência dos Estados Unidos, embora não esteja previsto em sua Constituição, tendo sido delineado pr Hamilton nos Federalist Papers e sedimentado por ocasião do caso Madison v. Marbury, em que o juiz Marshall teve extraordinário papel".

[205] ANDREWS, Neil. *O moderno processo civil*: formas judiciais e alternativas de resolução de conflitos na Inglaterra. 2. ed. Tradução do autor. Orientação e revisão da tradução: Teresa Arruda Alvim Wambier. São Paulo: Revista dos Tribunais, 2012. p. 22. Apenas para não ficar sem conceituação, na obra existe um glossário no qual o autor assim conceitua o termo: "Um *leading case* é uma primeira controvérsia, submetida à apreciação do Poder Judiciário, normalmente girando em torno de matéria relevante, cuja decisão passa a ser seguida por todos os órgãos judiciantes. Trata-se de conceito harmônico com sistemas de *civil law* e de *common law*, talvez em 'intensidades' diferentes".

[206] HAMILTON, Alexander; JAY, John; MADISON, James. *O federalista*. Tradução de: Ricardo Rodrigues Gama. 3. ed. Campinas: Russel, 2009. p. 479. Não se está somente falando em momento cultural propício por uma ou outra manifestação doutrinária, mas em seu conjunto. Por exemplo, se fôssemos apenas ler o ensaio de n. 78 de Alexandre Hamilton, diríamos que não há dúvidas de que a Suprema Corte deve realizar o controle de constitucionalidade das leis. Mas deve-se entender que os artigos (cartas) publicados(as) no federalista eram documentos de

2.3.1. Marbury v. Madison, 5 U.S. 137 (1803).

É quase assente na doutrina que o caso *Marbury v. Madison* tenha sido aquele que inaugurou mundialmente o sistema do *judicial review of legislation* nos Estados Unidos, em sua modalidade difusa, no ano de 1803, pela Suprema Corte estadunidense, ou seja, pouco mais de dez anos após sua primeira sessão pública,[207] sob a presidência do *Chief Justice* John Marshall.[208] A própria Constituição estadunidense[209] é que garante, de forma não muito clara, a possibilidade do *judicial review*,[210] em seu artigo 6º,[211] ao evidenciar a *supremacy clause*,[212] em que pese Fábio Konder

campanha, com o intuito de ratificar a Constituição dos Estados Unidos da América de 1787. Note-se, nas palavras de Alexandre Hamilton, a naturalidade que o Poder Judiciário deveria ter para declarar nulas normas inconstitucionais: "A integral independência das cortes de justiça é particularmente em uma Constituição limitada. Ao qualificar uma Constituição como limitada, quero dizer que ela contém certas restrições específicas à autoridade legislativa, tais como, por exemplo, não aprovar projetos de confiscos, leis ex post facto e outras similares. Limitações dessa natureza somente poderão ser preservadas na prática através das cortes de justiça, que têm o dever de declarar nulos todos os atos contrários ao manifesto espírito da Constituição. Sem isso, todas as restrições contra os privilégios ou concessões particulares serão inúteis".

207 SCHWARTZ, Bernard. *A history of the Supreme Court.* New York: Oxford University Press, 1993. p. 15. Refere o autor: "When, on February 2, 1790, the Supreme Court met in its first public session in the Royal Exchange, at the foot of Broad Street in New York City, the Justices did not wear wigs".

208 Nesta linha, pode ser confirmada a afirmativa com as leituras de: MORO, Sergio Fernando. *Jurisdição constitucional como democracia.* São Paulo: Revista dos Tribunais, 2004. p. 20: "Marbury *v.* Madison, célebre decisão proferida pela Suprema Corte norte-americana em 1803, sob a presidência de John Marshall, inaugura a jurisdição constitucional". BARROSO, Luís Roberto. *O controle de constitucionalidade no direito brasileiro.* 5. ed. São Paulo: Saraiva, 2011. p. 27: "Marbury v. Madison foi a primeira decisão na qual a Suprema Corte afirmou seu poder de exercer o controle de constitucionalidade, negando aplicação a leis que, de acordo com sua interpretação, fossem inconstitucionais". SOUTO, João Carlos. *Suprema Corte dos Estados Unidos*: principais decisões. Rio de Janeiro: Lumen Juris, 2008. p. 4: "O voto (*opinion*) de John Marshall no caso Marbury v. Madison inaugurou, no limiar do século XIX, o controle judicial (*judicial review*) de constitucionalidade das leis, estabelecendo um sistema que viria a ser produzido na grande maioria das democracias ocidentais". APPIO, Eduardo. *Direito das minorias.* São Paulo: Revista dos Tribunais, 2008. p. 55. Afirma que: "O sistema de revisão da validade das leis e atos administrativos pelo Judiciário nos Estados Unidos foi construído a partir de uma cultura judicial que tem como marco histórico o caso *Marbury v. Madison* (1803)".

209 BEARD, Charles A. *A Suprema Côrte e a constituição.* Tradução de: Paulo Moreira da Silva. Rio de Janeiro: Forense, 1965. Para uma visão mais crítica sobre se a Constituição dos Estados Unidos outorga esse poder de revisão ao Poder Judiciário, recomenda-se a leitura da obra, em especial o capítulo 1 sobre "ataques ao controle pelo judiciário".

210 MENDES, Conrado Hübner. *Controle de constitucionalidade e democracia.* Rio de janeiro: Elsevier, 2008. p. 15. Em posição contrária, entende o autor: "A história constitucional norte-americana ocorreu em paralelo. A revisão judicial não nasceu de uma previsão expressa da Constituição, à diferença de outros países que o adotaram décadas depois. Os pais fundadores tiveram a criatividade de, numa norma escrita, discernir dois tempos políticos e decisórios: o da política ordinária e o da política constituinte. Nada disseram sobre controle de constitucionalidade. A menção de que a Constituição é a lei suprema e que cabe ao judiciário velar por ela abriu uma possibilidade interpretativa. Foi Marshall, num contestado exercício de lógica a partir destas duas premissas, quem tomou a iniciativa de decidir contra o legislador".

211 ALVAREZ, Anselmo Prieto; NOVAES FILHO, Wladimir. *A Constituição dos EUA anotada.* 2. ed. São Paulo: Ltr, 2008, p. 63. O artigo 6º, 2, traz: "Esta Constituição e as leis dos Estados Unidos feitas em sua conformidade, e todos os tratados celebrados ou por celebrar sob a autoridade dos Estados Unidos, constituirão a lei suprema da nação; e os juízes de todos os Estados a ela estarão sujeitos, ficando sem efeito qualquer disposição em contrário na Constituição ou leis de quaisquer dos Estados".

212 PEIXOTO, Leonardo Scofano Damasceno. *Supremo Tribunal Federal*: composição e indicação de seus ministros. Rio de Janeiro: Forense; São Paulo: Método, 2012. p. 23. Sobre a supremacy clause: "O mencionado dispo-

Comparato[213] expor que não existe esta possibilidade no texto constitucional. A controvérsia sobre estar na Constituição ou não a possibilidade do *judicial review* é relativizada quando se entende, como Shane Mountjoy,[214] que já existia uma conformidade na época com o fato de que nenhum ato do legislativo pode contrariar a Constituição, antes mesmo dela ser ratificada, sendo que leitura dos ensaios realizados para dar suporte a ela já traziam essa orientação.

Apenas para tornar a questão um pouco mais polêmica, até pelo fato de que esta pesquisa tenta traçar um plano cultural nas decisões emanadas pelas Cortes Supremas, Mark Tushnet,[215] na introdução da obra organizada por ele, denominada de *Arguing Marbury v. Madison*, afirma que num dos capítulos do livro, de autoria de Suzanna Sherry, esta se esforça em demonstrar que esta concepção se encontra equivocada, uma vez que as Cortes ao redor do país já haviam,[216] ao seu modo, realizado o referido controle judicial de constitucionalidade das leis, o que é também alvo de alerta, em diferentes contextos, por Bernard Schwartz,[217] Elival da Silva Ramos,[218] Roger Stiefelmann Leal[219] e Leonardo Scofano Damasceno Peixoto,[220]

---

sitivo consagra a *supremacy clause*: a Constituição se apresenta como fundamento de existência e validade de todas as demais normas jurídicas, ou seja, existe uma relação de conformidade de todos os atos dos poderes públicos com a Constituição".

213 COMPARATO, Fábio Konder. *Rumo à justiça*. São Paulo: Saraiva, 2010. p. 278. Refere: "É sabido que a Constituição norte-americana não previu a competência do Judiciário para o julgamento da inconstitucionalidade de leis ou decretos do Poder Público".

214 MOUNTJOY, Shane. *Marbury v. Madison*: establishing Supreme Court power. New York: Chelsea House, 2007. p. 119. Expõe: "One of the ongoing criticisms of the Marbury decision lies in the fact that the U.S. Constitution does not specifically state that the Suprme Court has the power of judicial review. How could the Court assume and exercise that power? The answer lies in a variety of places, all of which include discussions and practices that occurred before the Constitution was ratified. One source is The Federalist Papers, the series of essays written by Alexander Hamilton, James Madison, and John Jay in support of the new constitution after it was drafted in 1787. Hamilton wrote in Number 78 that 'no legislative act' contrary to the Constitutional, can be valid".

215 TUSHNET, Mark. *Arguing Marbury v. Madison*. California: Stanford Law and Politics, 2005, p. 1. Assim refere o jurista: "*Marbury v. Madison*, decided in February 1803, is conventionally taken as the origin of judicial review in the United States. As Suzanna Sherry's chapter here shows, scholars have taken known for years that this understanding is wrong. The Constitution's framers assumed that the national courts would have the power to overturn laws that the judges found were inconsistent with the limitations the Constitution placed on government power. In the decades before *Marbury* state courts around the country exercise the power of judicial review as well".

216 SHERRY, Suzanna. The intellectual background of Marbury v. Madison. In: TUSHNET, Mark. *Arguing Marbury v. Madison*. California: Stanford Law and Politics, 2005. p. 54. Visualiza a autora ao expor assim seu entendimento acerca do tema: "If judges were the keepers of the law, and 'the law' included natural law, we would expect to find examples of courts striking down legislation on the ground that it violated natural law. And, indeed, in at least six cases in sate courts between 1780 and 1803, that is exactly what we find. These courts claimed – and exercised – the power to invalidate statutes as inconsistent with *unwritten* fundamental law. Both state and federal courts continued to do so well into the nineteenth century, in some states even up to the eve of the Civil War. Courts invalidated legislation involving property rights, jury trials, *ex post facto laws*, and other fundamental principles even were such protections were not present in any clause of the written Constitution".

217 SCHWARTZ, Bernard. *A history of the Supreme Court*. New York: Oxford University Press, 1993. p. 22. Diz: "Between the Revolution and Marbury v. Madison, state courts asserted or exercised the power in at least twenty cases".

218 RAMOS, Elival da Silva. *Controle de constitucionalidade no Brasil*: perspectivas de evolução. São Paulo: Saraiva, 2010. p. 105. Refere o constitucionalista, embora não abra mão de considerar Marbury v. Madison o caso que realmente inaugurou o *judicial review*: "Não parece haver dúvida, de toda sorte, que, anteriormente a 1803 (ano em que foi julgado Marbury v. Madison), a Suprema Corte já houvera declarado inconstitucional legislação estadual,

isto sem que se relembre, no século XVII, do caso *Bonham*,[221] na Inglaterra. Nesse caso,[222] foi aceita a tese de que o *Common Law* estaria em hierarquia superior aos atos do parlamento inglês. Em estudo aprofundado sobre o *Bonham's Case*, Fernando Rey Martínez[223] alude que o precedente não é genuinamente de um controle constitucional das leis, mas, de outro lado, é de se levar em conta que é nele reside o processo embrionário do que, posteriormente, viria a ser o *judicial review* nos Estados Unidos. Talvez um dos trabalhos históricos de maior fôlego para que se afirme ser o caso *Marbury v. Madison* aquele que realmente inaugurou o *judicial review* esteja na obra de Mauro Cappelletti intitulada, *O Controle Judicial de Constitucionalidade das Leis no Direito Comparado*, sendo o processualista italiano categórico ao afirmar que,

---

registrando-se enunciações precedentes do *judicial* review, outrossim, no âmbito das cortes estaduais e das cortes federais inferiores, em relação a leis estaduais e federais reputadas contrárias a normas constitucionais estaduais ou federais. Não obstante a jurisprudência das cortes estadunidenses em relação ao princípio do *judicial review* possa ter-se iniciado anteriormente ao caso *Marbury v. Madison*, o certo é que, quer pela amplitude e consistência da fundamentação apresentada pelo *Chief Justice Marshall*, quer pela repercussão alcançada, esse deve ser considerado o *leading case* do controle de constitucionalidade das leis nos Estados Unidos da América".

219 LEAL, Roger Stiefelmann. O exercício da jurisdição constitucional pelo poder judiciário. In: HORBACH, Carlos Bastide; ALMEIDA, Fernando Dias Menezes de; AMARAL JÚNIOR, José Levi Mello do; LEAL, Roger Stiefelmann (Coord.). *Direito constitucional, Estado de direito e democracia*: homenagem ao Prof. Manoel Gonçalves Ferreira Filho. São Paulo: Quartier Latin, 2011. p. 581.

220 PEIXOTO, Leonardo Scofano Damasceno. *Supremo Tribunal Federal*: composição e indicação de seus ministros. Rio de Janeiro: Forense; São Paulo: Método, 2012. p. 23. O autor refere em casos: "Antes mesmo da Constituição dos Estados Unidos de 1787, houve precedentes dos tribunais norte-americanos sobre o controle de leis estaduais em face da Constituição do Estado, servindo como exemplos os seguintes casos: *Holmes v. Walton* (Nova Jersey, 1780); *Commonwealth v. Caton* (Virgínia, 1782); *Rutgers v. Waddington* (Nova York, 1784); *Trevitt v. Weedon* (Rhode Island, 1786) e *Bayard v. Singleton* (Carolina do Norte, 1787)".

221 SARLET, Ingo Wolfgang; MARINONI, Luis Guilherme; MITIDIERO, Daniel. *Curso de Direito Constitucional*. São Paulo: Revista dos Tribunais, 2012. p. 708. Refere Luiz Guilherme Marinoni que "no final da primeira metade do século XVII, no igualmente célebre caso Bonham, Edward Coke declarou que as leis estão submetidas a um direito superior, o *common law*, e que, quando elas o desrespeitam, são nulas e destituídas de eficácia". NEVES, André Luiz Batista. *Introdução ao controle de constitucionalidade*. Salvador: JusPODIVM, 2007. p. 24-26. Historiando o caso, refere assim o autor: "Em 1610, na qualidade de *Chief Justice da Court of Common Pleas*, Coke decide o célebre *Dr. Bonham's case*. A Corporação dos Médicos (*College of Physicians*) detinha, por força de um ato do Parlamento, a prerrogativa de conceder, com exclusividade, autorizações para os médicos que quisessem trabalhar em Londres. Thomas Bonham graduara-se em medicina na Universidade de Cambridge, e começou a praticar seus misteres na capital inglesa no ano de 1606. Foi reprovado no exame de qualificação da referida corporação, mas continuou a trabalhar, mesmo após ter sido multado pela corporação. O presidente e censores do *College*, acompanhados de dois empregados, arrestaram Bonham, que, por seu turno, processou-os por prisão indevida (*false imprisionment*)". E conclui: "Expressamente se reconheceu, pela primeira vez na era moderna, competência aos magistrados para afastar a aplicabilidade das normas repugnantes à razão ou à *Common Law*, mesmo contra Rei. Estava inaugurada a possibilidade de verificação da compatibilidade, por parte dos juízes, das normas jurídicas *sub examine* frente a outras de escalão superior". Na mesma linha: PAULO NETO, Carlos Romero Lauria. *A decisão constitucional vinculante*. Rio de Janeiro: Forense; São Paulo: Método, 2011. p. 61.

222 LEAL, Roger Stiefelmann. *O efeito vinculante na jurisdição constitucional*. São Paulo: Saraiva, 2006. Sobre o caso *Bonham*, ler a página 19 da obra.

223 REY MARTINEZ, Fernando. El "Dr. Bonham's case" y su aporte a la creación de la judicial review. In: MANILI, Pablo Luis (Coord.). *Marbury v. Madison*: reflexiones sobre una senteccia bicentenaria. México: Editorial Porrúa, 2011. p. 20. Conclui o autor: "Resulta difícil, por tanto, valorar hasta qué punto el dictum 'constitucional' de Coke puede considerares como un genuino precedente del control judicial de las leyes. Más bien, parece haberse tenido en cuenta (y no demasiado, además) en el proceso de gestación del constitucionalismo norteamericano (en concreto, de la creación de la judicial review) totalmente fuera del contexto en el que fue afirmado y de la intención del Chief Justice Coke".

no que concerne à decisão oriunda do caso, esta teve um caráter importante e inovador,[224] embora não descarte que outros casos sejam lembrados no transcorrer da história.[225]

Pode-se ainda trazer o pensamento de Lenio Luiz Streck,[226] que defende ser genuinamente o caso inglês o inaugurador do moderno controle de constitucionalidade de leis, ou de Nathalie Kuczura Nedel,[227] que acena para alguns julgamentos ocorridos na Antiguidade romana, em que pese defender que nenhum deles se compara, em importância, a *Marbury v. Madison*. Porém, o grande problema desse tipo de defesa em regressões históricas é que se pode encontrar algum caso no qual uma lei foi contestada frente à outra,[228] quer seja divina, natural ou de criação humana, e defender ser o nascedouro do controle de constitucionalidade de leis, quando, evidentemente, não é.

Dessa forma, mesmo que alguns casos tenham sido julgados, ora em país diverso, ora dentro dos Estados Unidos por meio de suas Cortes Estaduais, realizando uma forma de *judicial review* antes mesmo de *Marbury v. Madison*, assim como

---

224 CAPPELLETTI, Mauro. *O controle judicial de constitucionalidade das leis no direito comparado*. 2. ed. Reimpressão. Tradução de: Aroldo Plínio Gonçalves. Porto Alegre: Sergio Antonio Fabris, 1999. p. 48. Refere: "A opção do Chief Justice Marshall, com a proclamação da supremacia da Constituição sobre as outras leis e com o conseqüente poder dos juízes de não aplicar as leis inconstitucionais, certamente representou então, repito, uma grande e importante inovação".

225 Ibid. Apesar de afirmar que seriam numerosos os exemplos a serem trazidos, refere: nas páginas 49-50 o exemplo do direito ateniense entre o *nómos* e o *pséfisma*; no segundo exemplo, nas páginas 51-57, traz o exemplo na Idade Média entre o direito natural e o direito positivado; por fim, ingressa na tradição inglesa e a doutrina de Edward Coke, citando o célebre Bonham's case de 1610, nas páginas 57-60.

226 STRECK, Lenio Luiz. *Jurisdição constitucional e hermenêutica*: uma nova crítica ao direito. 2. ed. Rio de Janeiro: Forense, 2004. p. 306. Refere: "Mas é a sentença do caso Bonham que, certamente, é a mais famosa e a mais discutida, uma vez que a ela *credita-se a moderna instituição do controle de constitucionalidade das leis por parte do Poder Judiciário*".

227 NEDEL, Nathalie Kuczura. *Controle de constitucionalidade*: uma análise do caso Marbury *versus* Madison e da *judicial review*. Porto Alegre: Núria Fabris, 2013. p. 15-29. Alerta a autora para alguns casos que teriam sido julgados em Roma, na Antiguidade, para dar conforto às teses embrionárias do que hoje se conhece por *judicial review*, mas acaba, ao final, por defender o posicionamento de que é em *Marbury v. Madison* que realmente se deu a confirmação deste tipo de controle pelo ineditismo da fundamentação do *Chief Justice* John Marshall.

228 SÓFOCLES. *Antígona*. Tradução de Donaldo Schüler. Porto Alegre: L&PM, 2011. p. 33-35. Poder-se-ia defender que Sófocles já alertava para um tipo de controle das leis no diálogo entre Creonte e Antígona, mas nem de perto se pode chegar ao controle de constitucionalidade de leis inaugurado por *Marbury v. Madison*, uma vez que, Constituição, na acepção moderna, é inaugurada com a estadunidense em 1787 apenas. Para confirmar o que se quer dizer, leia-se o diálogo: *CREONTE*: E tu, tu que baixas a cabeça, admites ou negas que procedeste assim? *ANTÍGONA*: Admito, não nego nada. *CREONTE*: Tu, podes retirar-te para onde queres; de acusações condenatórias estás livres; E tu, declaras sem rodeios, sinteticamente; Sabias que eu tinha proibido essa cerimônia? *ANTÍGONA*: Sabia. Como poderia ignorá-lo? Falaste abertamente. *CREONTE*: Mesmo assim ousaste transgredir minhas leis? *ANTÍGONA*: Não foi, com certeza, Zeus que as proclamou; nem a justiça com trono entre os deuses dos mortos as estabeleceu para os homens; Nem eu supunha que tuas ordens tivessem o poder de superar as leis não escritas, perenes, dos deuses, visto que és mortal; Pois elas não são de ontem nem de hoje, mas são sempre vivas, nem se sabe quando surgiram; Por isso, não pretendo, por temor às decisões de algum homem, expor-me à sentença divina; Sei que vou morrer; Como poderia ignorá-lo? E não foi por advertência tua. Se antes da hora morremos, considero-o ganho; Quem vive num mar de aflições iguais às minhas, como não há de considerar a morte lucro? Defrontar-me com a morte não me é tormento. Tormento seria, se deixasse insepulto o morto que procede do ventre de minha mãe. Tuas ameaças não me atormentam; Se agora te pareço louca, pode ser que seja louca aos olhos de um louco.

existindo outros casos em que a própria Suprema Corte julgou com mais intensidade questões sobre a constitucionalidade de uma lei federal[229] alguns anos após o *leading case*, como o caso *Hylton v. United States*,[230] o real e verdadeiro caso que consagrou o nascimento do *judicial review* é, inegavelmente, aquele datado de 1803, que traz uma história singular a ser desvelada.

2.3.2. A história envolvendo o caso Marbury v. Madison

Ocorria mais uma eleição para Presidente dos Estados Unidos. De um lado, os federalistas, representados por John Adams, e, de outro, os republicanos, representados por Thomas Jefferson, tendo este, no final de 1800, se sagrado vencedor. O receio da perda do poder era demasiado para os federalistas,[231] que, tendo a maioria no Congresso, em 13 de fevereiro de 1801, aprovaram o *the Circuit Court Act*, reduzindo o número de *Justices* da Suprema Corte,[232] impedindo a nomeação de novos pelo Presidente eleito, assim como criando dezesseis cargos de juiz federal, todos ocupados por federalistas ligados a John Adams.

Dias após, em 27 de fevereiro, com a aprovação do *the Organic Act of the District of Columbia*, o Presidente detinha a possibilidade de nomeação de juízes de paz, no número de quarenta e dois, todos validados pelo Senado, em 3 de março do mesmo ano. Tendo subscrito os atos de investidura dos juízes nomeados, a outorga dos mesmos ficou a cargo do então Secretário de Estado John Marshall, que,

---

[229] SCHWARTZ, Bernard. *A history of the Supreme Court.* New York: Oxford University Press, 1993. p. 23. Aduz: "It was not, to be sure, until Marbury v. Madison that the Court came down categorically in favor of such a review power. It was, however, in Hilton v. United States almost a decade befora Marshall's classic opinion, thet the Court first ruled on the constitutionality of a federal law".

[230] Ibid., p. 23. O caso Hilton v. United States trazia a seguinte questão: "In Hilton v. United States, it was argued that a fixed federal tax on all carriages used for the conveyance of persons was a direct tax and hence invalid, because it was not apportioned among the states according to population. The Court unanimously held that the tax at issue was not a direct tax within the meaning of article I, section 9. According to the opinions rendered, since the Direct-Tax Clause constitutes an exception to the general taxing power of Congress, it should be strictly construed. No tax should be considered 'direct' unless it could be conveniently apportioned".

[231] AQUINO, Rubim Santos Leão de. *História das sociedades americanas.* 12. ed. Rio de Janeiro: Record, 2008. p. 275. Sobre a criação dos partidos Federalista e Republicano, leciona o historiador: "A Constituição da nova República era apenas um esboço daquilo que viria a ser e não contava com o apoio da opinião pública organizada. Persistia o antagonismo entre os dois partidos recém-formados: o Federalista (do qual se originou o atual Partido Republicano), que incluía comerciantes, banqueiros e industriais, defendia um forte governo central, favorável aos interesses econômicos urbanos, e admirava a Inglaterra; e o Antifederalista, ou Republicano (antepassado do atual partido Democrata), congregando operários, pequenos negociantes e proprietários rurais – simpáticos à França revolucionária –, que defendia os direitos dos Estados e o regime agrário. O governo necessitava de mecanismos próprios, não havia Marinha e o Exército começava a ser organizado".

[232] SLOAN, Cliff; MCKEAN, David. *The great decision*: Jefferson, Adams, Marshall, and the battle for the Supreme Court. New York: PublicAffairs, 2009. p. 54. Este ato ficou conhecido como a primeira onda do Adams's midnigth judges: "The first wave of Adams's 'midnight judges' was a result of the Judiciary Act of 1801. It reduced the size of the Supreme Court to five at the next vacancy, created a new system of appellate courts between the trial courts and the Supreme Court, and eliminated the controversial obligation of Supreme Court justices to ride circuit; the new appellate judges would assume this responsibility".

posteriormente, viria a ser *Chief Justice*[233] da Suprema Corte estadunidense.[234] Como tudo foi realizado às pressas, não houve tempo hábil para que todos os juízes de paz recebessem o ato de investidura; entre eles estava William Marbury.

Com a posse do novo Presidente, Thomas Jefferson, e a nomeação de James Madison como seu Secretário de Estado, este, por ordem daquele, não outorgou o ato de investidura a William Marbury, que, em dezembro de 1801, propôs um *writ of mandamus* para ter reconhecido seu direito de ser nomeado juiz de paz. Nesse meio tempo, a nova composição do Congresso, agora com a sua maioria republicana, invalidou o *the Circuit Court Act* que fora aprovado na Presidência de John Adams, extinguindo-se, por evidente, os cargos de juiz de paz anteriormente criados.[235] Tentando demonstrar a belicosidade da época, Luís Roberto Barroso[236] refere que o ambiente criado para que a Suprema Corte julgasse o caso *Marbury v. Madison* era extremamente hostil, mas, em 1803, reunidos, acabaram por julgar o caso que faria a história do *judicial review of legislation*.

---

233 BARROSO, Luís Roberto. *O controle de constitucionalidade no direito brasileiro*: exposição sistemática da doutrina e análise crítica da jurisprudência. 5. ed. São Paulo: Saraiva, 2011. p. 31. Este fato, inclusive, gerou críticas à sua atuação no caso em concreto, conforme explana o autor: "A decisão proferida pela Suprema Corte sujeitou-se a críticas diversas, muitas respaldadas por argumentos sólidos. Vejam-se algumas delas. Por haver participado direta e ativamente dos fatos que deram origem à demanda, Marshall deveria ter se dado por impedido de participar do julgamento".

234 APPIO, Eduardo. *Direito das minorias*. São Paulo: Revista dos Tribunais, 2008. p. 62. Refere o autor: "No ano de 1800, os federalistas perderam o poder por uma série de razões, o que levou Jefferson a ganhar as eleições, devendo assumir em 04.06.1801. Até a posse de Jefferson, o presidente federalista Adams exerceu de forma intransigente todas as suas prerrogativas legais, inclusive a de nomear o novo Presidente da Suprema Corte, o que efetivamente foi feito em dezembro de 1800, com a nomeação do próprio secretário de Estado do Presidente Adams, o agora *Chief of Justice* na Suprema Crte John Marshall".

235 DIMOULIS, Dimitri; LUNARDI, Soraya. *Curso de processo constitucional*: controle de constitucionalidade e remédios constitucionais. São Paulo: Atlas, 2011. p. 33-34. Em apertada síntese, relatam os autores: "O caso era politicamente delicado. Em 1800, o Presidente dos EUA, John Adams, chefe do Partido Federalista, perdeu as eleições para o seu adversário Thomas Jefferson, chefe do Partido Republicano. Adams tentou controlar o Judiciário, nomeando aliados políticos para cargos importantes. Em 13-2-1801, pouco antes do fim de seu mandato, foi aprovada uma lei para a reorganização do Judiciário federal que, entre outras coisas, reduzia o número de Ministros da Suprema Corte, para impedir que o seu sucessor, Jefferson, nomeasse novos ministros após a aposentadoria dos atuais. A mesma lei criou 16 cargos de juiz de circuito para os quais o já derrotado) Presidente Adams nomeou amigos políticos. Finalmente, Adams determinou que o seu secretário de Estado, John Marshall, se tornaria presidente da Suprema Corte". Continuam os autores: "Em 27-2-1801, uma nova lei criou dezenas de cargos de juízes, entre os quais 42 juízes de paz. Os nomes indicados foram confirmados pelo Senado em 3-3-1801, pouco antes da posse de Thomas Jefferson. John Adams assinou os atos de investidura no último dia de seu governo. O Secretário de Estado de Adam, John Marshall, deveria providenciar a entrega dos diplomas de investidura aos juízes de paz". E finalizam: "Em razão da pressão de tempo nos últimos dias do mandato, muitos interessados não receberam os diplomas de investidura. Tendo assumido a presidência, Jefferson resolveu não reconhecer essas nomeações. O novo secretário de Estado, James Madison, recusou-se a entregar os diplomas de investidura aos que não os haviam recebido, entre eles o juiz de paz William Marbury. Marbury pediu que fosse confirmada sua nomeação, propondo um *writ of mandamus* perante a Suprema Corte, que, era presidida pelo antigo Secretário de Estado John Marshall". (*sic*)

236 BARROSO, op. cit., p. 27. Refere o constitucionalista da UERJ: "Foi nesse ambiente politicamente hostil e de paixões exacerbadas que a Suprema Corte se reuniu em 1803 para julgar Marbury v. Madison, sem antever que faria história e que este se tornaria o mais célebre caso constitucional de todos os tempos".

2.3.3. O paradoxo da Suprema Corte estadunidense no julgamento do caso Marbury v. Madison: era o momento cultural propício para o "judicial review of legislation"?

O paradoxo envolvendo o caso *Marbury v. Madison,* que deveria ser julgado pela Suprema Corte dos Estados Unidos da América, ficava evidente quando analisado de uma forma mais detalhada.

John Adams perde a eleição para Thomas Jefferson e, no calar da noite, para evitar um poder exacerbado do novo Governo, toma medidas de urgência, como a diminuição do número de *Justices*, nomeação de juízes federais e de juízes de paz, assim como retira seu Secretário de Estado John Marshall da função, colocando-o como *Chief Justice* da Suprema Corte estadunidense.

Em contrapartida, Thomas Jefferson nomeia como seu Secretário de Estado James Madison, o qual, num de seus primeiros atos, nega a investidura àquelas vagas faltantes dos juízes de paz. Entre elas estava a de William Marbury que, por sua vez, acreditando ter ao seu lado o direito de ser nomeado, impetra um *writ of mandamus* diretamente na Suprema Corte, esta presidida pelo então *Chief Justice* John Marshall, antigo Secretário de Estado de John Adams, o que, no entender de Eduardo Appio, fez com que um conflito político restasse estabelecido entre republicanos e federalistas.[237] O dilema envolvendo a Suprema Corte era o de que se realmente julgasse o mérito do caso *Marbury v. Madison* em favor de William Marbury, o Chefe do Executivo Thomas Jefferson cumpriria aquilo que foi decidido ou, não o fazendo, transformaria a decisão e a própria Corte em motivo de piada, enfraquecendo suas bases pouco tempo depois de sua criação?

As palavras de Luís Roberto Barroso[238] são exatamente nessa linha de pensamento ao auferir que a decisão no caso *Marbury v. Madison* jamais seria aceita com passividade pelo então governante da época, Thomas Jefferson, assim como pelos republicanos que estavam no Congresso, motivo pelo qual preferiu a Suprema Corte, ao julgar o caso, afastar-se do mérito para dar privilégios a formalidades.[239]

---

[237] APPIO, Eduardo. *Direito das minorias*. São Paulo: Revista dos Tribunais, 2008. p. 63. Discorre: "Bem por isso, acabou sendo processado por William Marbury perante a Suprema Corte – agora 'chefiada' por Marshall, do que resta evidente a existência de um conflito político com forte colorido partidário entre Marshall e Marbury (ambos federalistas) e Madison/Jefferson (ambos republicanos)".

[238] BARROSO, Luís Roberto. *O controle de constitucionalidade no direito brasileiro*: exposição sistemática da doutrina e análise crítica da jurisprudência. 5. ed. São Paulo: Saraiva, 2011. p. 31. Refere: "É indiscutível que o voto de Marshall reflete, intensamente, as circunstâncias políticas de seu prolator. Ao estabelecer a competência do Judiciário para rever os atos do Executivo e do Legislativo à luz da Constituição, era o seu próprio poder que estava demarcando, poder que, aliás, viria a exercer pelos trinta e quatro longos anos em que permaneceu na presidência da Corte. A decisão trazia, no entanto, um toque de inexcedível sagacidade política. É que as teses nela veiculadas, que em última análise davam poderes ao Judiciário sobre os outros dois ramos de governo, jamais seriam aceitas passivamente por Jefferson e pelos republicanos do Congresso. Mas, como nada lhes foi ordenado – pelo contrário, no caso concreto foi a vontade deles que prevaleceu –, não tinham como descumprir ou desafiar a decisão".

[239] LEAL, Saul Tourinho. *Controle de constitucionalidade moderno*. 2. ed. Niterói: Impetus, 2012. p. 154. Aduz o autor: "O clássico caso da jurisprudência norte-americana, *Marbury v. Madison 5 U.S. 137 (1803)* fixou o judicial review nos Estados Unidos, criando o chamado controle difuso de constitucionalidade. Uma lei foi declarada inconstitucional. Contudo, afastou-se do caso concreto deixando a parte a ver navios, tudo isso se valendo de formalidades".

Para que isso ocorresse, John Marshall interpretou que o artigo 13 da Lei de 1789,[240] na qual William Marbury baseava seu *writ of mandamus,* era inconstitucional, sendo, pois, impedido que este alcançasse[241] a Suprema Corte do modo como o fez.[242] Mas, mesmo se esquivando em conceder ao impetrante seu direito, o voto do *Chief Justice* John Marshall é no sentido de que, quando uma lei federal entra em conflito com a Constituição dos Estados Unidos, sempre há de prevalecer esta, pois aí está o poder soberano do povo, devendo o Poder Judiciário então interpretar e aplicar as normas constitucionais, declarando a nulidade daquelas leis que conflituem com ela.[243]

Num balanço final realizado sobre a situação em se colocava a Suprema Corte dos Estados Unidos no julgamento do caso *Marbury v. Madison*, extrai-se que, embora tenha havido a esquiva do julgamento do mérito do *writ of mandamus*, concorda-se com a posição de André Luiz Batista Neves[244] no sentido de que John Marshall encontrou a saída mais honrosa pelo ambiente politicamente hostil criado pelo julgamento e sua história, pois o momento cultural não era o mais propício

240 CASTRO, João Bosco Marcial. *O controle de constitucionalidade das leis e a intervenção do Senado Federal.* Porto Alegre: Nuria Fabris, 2008. p. 24. Refere o autor: "No caso Marbury VS. Madison (1803), John Marshall declarou a inconstitucionalidade do artigo 13 da Lei de 1789, afirmou a incompetência do Tribunal para o exame do caso em concreto e estabeleceu que as partes interessadas buscassem o direito pretendido perante uma das Cortes de Distrito. Em grau de recurso, se cabível, a questão seria submetida à Suprema Corte. Assentava-se, dessa maneira, o métido de controle 'difuso' de constitucionalidade, no qual todos os órgãos judiciários, inferiores ou superiores, federais ou estaduais, têm o poder e o dever de não aplicar as leis inconstitucionais nos casos concretos submetidos a seu julgamento".

241 São trechos do voto de Marshall que atacam o meio utilizado por Marbury: Inicia:"It has been stated at the bar that the appellate jurisdiction may be exercised in a variety of forms, and that if it be the will of the legislature that a mandamus should be used for that purpose, that will must be obeyed. This is true; yet the jurisdiction must be appellate, not original". Continua: "It is the essential criterion of appellate jurisdiction, that it revises and corrects the proceedings in a cause already instituted, and does not create that case. Although, therefore, a mandamus may be directed to courts, yet to issue such a writ to an officer for the delivery of a paper, is in effect the same as to sustain an original action for that paper, and therefore seems not to belong to appellate, but to original jurisdiction. Neither is it necessary in such a case as this, to enable the court to exercise its appellate jurisdiction". E finaliza: "The authority, therefore, given to the supreme court, by the act establishing the judicial courts of the United States, to issue writs of mandamus to public officers, appears not to be warranted by the constitution; and it becomes necessary to inquire whether a jurisdiction, so conferred, can be exercised". Disponível em: <http://laws.lp.findlaw.com/getcase/us/5/137.html>. Acesso em: 13 set. 2012.

242 APPIO, Eduardo. *Direito das minorias.* São Paulo: Revista dos Tribunais, 2008. p. 64. Diz: "Este conflito entre lei federal e a Constituição norte-americana, segundo Marshall, impedia que William Marbury tivesse acesso à ação de mandamus (equivalente ao nosso mandado de segurança), uma vez que se amparava em lei inconstitucional".

243 APPIO, Eduardo. *Direito das minorias.* São Paulo: Revista dos Tribunais, 2008. p. 64: Refere: "Marshall assegurou, em sua fundamentação, que um conflito entre lei federal e a Constituição norte-americana deveria ser resolvido em favor desta última, uma vez que o povo de uma nação tem o direito de estabelecer limites e princípios para o futuro, tendo o povo optado por uma Constituição que conferia poderes limitados ao Congresso norte-americano. Assim sendo, insistia Marshall, constitui-se em incumbência do Poder Judiciário interpretar e aplicar a Constituição, motivo pelo qual deve declarar a nulidade de leis federais que conflitem com aquela".

244 NEVES, André Luiz Batista. *Introdução ao controle de constitucionalidade.* Salvador: JusPODIVM, 2007. p. 29. Refere: "O Chief Justice John Marshall saiu-se o mais honrosamente que pôde dessa situação adversa. Iniciou a fundamentação de seu voto em Marbury v. Madison aparentemente concordando com os argumentos do impetrante, seu aliado político. Mas, para não lhe deferir o direito à investidura, em um ambiente politicamente hostil, declarou a inconstitucionalidade do §13 do mencionado Judiciary Act, argumentando que as hipóteses de competência originária da Suprema Corte poderiam apenas ser previstas por norma constitucional".

para a análise do mérito do caso *Marbury v. Madison,* mas o que não impediu que se inaugurasse o *judicial review of legislation.*

2.4. Os casos envolvendo questões raciais: Dred Scott *v.* Sandford, Plessy *v.* Ferguson e Brown *v.* Board of Education of Topeka

A Suprema Corte dos Estados Unidos enfrentou, de forma diversa, por no mínimo três oportunidades de grande repercussão, casos envolvendo questões raciais,[245] nos quais negros defendiam direitos que acreditavam ter e que construíram, em parte, a história da própria Corte estadunidense e da comunidade negra no país. As decisões fazem parte, conforme será demonstrado, de um momento cultural existente na própria sociedade, razão pela qual, espelhando sua realidade, ou parte dela, a Suprema Corte acabou por julgar os casos envolvendo questões raciais diferentemente no transcorrer dos anos.

Nesse contexto, serão analisados alguns casos paradigmáticos que foram julgados pela Suprema Corte dos Estados Unidos, sendo eles: *Dred Scott v. Sandford, Plessy v. Ferguson* e *Brown v. Board of Education,* e comparadas suas decisões, seus momentos históricos e as repercussões dos julgamentos, alertando para o fato de que todos foram determinantes para o crescimento da sociedade estadunidense dentro do momento cultural que se vivenciava, em especial quando se julgou o caso Brown, o qual, nas palavras de Rui Magalhães Piscitelli,[246] foi uma evolução construída pelo transcorrer do tempo, ao narrar um pouco da história dos negros nos Estados

[245] LIMA, Oliveira. *Nos Estados Unidos*: impressões políticas e sociais. Brasília: Senado Federal, Conselho Editorial, 2009. p. 67. Uma das razões pela qual se escolheu casos envolvendo questões de raça para a pesquisa foi pelo motivo apontado pelo autor da semelhança do sistema de escravização existente nos Estados Unidos e no Brasil, ao assim escrever: "A SITUAÇÃO, da raça negra representa não só uma questão que há suscitado as mais acerbas paixões na história política dos Estados Unidos e de outros países do Novo Mundo, como uma das que mais particularmente nos devem interessar. Fomos até bem poucos anos uma nação onde a escravidão era reconhecida. Mediante ela exerceu os portugueses da obra de colonização e os filhos dos portugueses sua obra de exploração agrícola. Somo nas classes inferiores pelo menos, um povo de mestiços. Tudo concorre, pois, para tornar especialmente interessante para nós o problema do futuro social dos africanos e deus descendentes nos dois grandes países do continente americano, que, além das Antilhas, foram justamente os que maior quinhão receberam desta imigração forçada".

[246] PISCITELLI, Rui Magalhães. *O Estado como promotor de ações afirmativas e a política de cotas para o acesso dos negros à universidade.* Curitiba: Juruá, 2009. p. 23-24. Refere: "Diferentemente, todavia, foi a colonização das colônias norte-americanas. Para lá imigraram ingleses com suas famílias, os quais desejavam, por motivos religiosos e econômicos, construir uma nova sociedade em terras americanas, mantendo o modelo de seus lares, no que podemos chamar de um colonialismo de povoamento. O negro, quando introduzido ao trabalho escravo, o foi já segregado, inclusive institucionalmente pelo Estado. Vemos isso, claramente até quase o final do séulo XX, quando negros e brancos, em muitos Estados norte-americanos, tinham de ter sistemas de transporte e educacional, dentre outros, separados. Como veremos ao tratar do modelo norte-americano de cotas raciais, a manutenção de estudantes negros e brancos ne mesma escola foi uma evolução construída com o tempo. A questão do ódio interracial explica-se por esses fatos, então. Grupos violentos como a KuKlux Klan e os Black Power têm formação muito sólida em uma sociedade na qual o próprio Estado se encarregou de legislar, promovendo a discriminação racial em prejuízo dos negros. Assim, o critério racial tão-somente se justifica nessa sociedade, visto que tanto os negros ricos ou pobres eram submetidos a essa escravidão".

Unidos e a forma com que o Estado os segregou desde quando foi introduzido o trabalho escravo.

2.4.1. Dred Scott v. Sandford, 60 U.S. 393 (1857)

O primeiro dos casos analisados, *Dred Scott v. Sandford,* é considerado por alguns escritores como um momento negativo[247] na história da Suprema Corte dos Estados Unidos da América, havendo quem defenda ter sido a pior decisão judicial em sede de jurisdição constitucional da história.[248] Mas o que faz deste caso um dos ou o pior de todos os já julgados pela Suprema Corte estadunidense?

Para que se tente responder a esse questionamento de uma forma minimamente aceitável, deve-se retornar ao contexto histórico da época em que julgado, assim como saber qual direito material estava envolvido no julgamento. Deve-se ressaltar, sobretudo, que o julgamento data do ano de 1857, ou seja, a escravidão[249] ainda era vista como algo natural em algumas localidades nos Estados Unidos,[250] em especial no Sul[251] do país. Nas palavras de Howard Zinn,[252] entre 1790 e 1860,

---

[247] ZAFFARONI, Eugenio Raúl. *Poder judiciário*: crises, acertos e desacertos. Tradução de: Juarez Tavares. São Paulo: Revista dos Trubunais, 1995. p. 69. Relata: "Em 1857 a 'Corte Taney' pronunciou a mais aberrante decisão da Suprema Corte norte-americana, que foi o caso 'Dred Scott versus Sandford". SOUTO, João Carlos. *Suprema Corte dos Estados Unidos*: principais decisões. Rio de Janeiro: Lumen Juris, 2008. p. 87. Aduz o autor: "Abstraindo-se o contexto e a época em que foi proferido, trata-se, o caso Dred Scott *v.* Sandford, de uma página negativa na história da Suprema Corte, porquanto o tribunal julgou inválida lei aprovada pelo Congresso Nacional que assegurava aos escravos, em situações específicas, o direito à liberdade".

[248] MORO, Sergio Fernando. *Jurisdição constitucional como democracia.* São Paulo: Revista dos Tribunais, 2004. p. 25. Assim refere o professor paranaense: "A avaliação positiva do conjunto da produção da Corte Taney é dificultada pela decisão por ela proferida no caso Dred Scott v. Sandford, de 1857, talvez a pior de todos os tempos da jurisdição constitucional".

[249] POLLACK, Malla. O alto custo de não ter direitos positivos, uma perspectiva dos Estados Unidos. In: SARLET, Ingo Wolfgang; TIMM, Luciano Benetti (org.). *Direitos fundamentais*: orçamento e "reserva do possível". 2. ed. Porto Alegre: Livraria do Advogado, 2010, p. 339. A professora da *American Justice School of Law* refere: "A escravatura infectou a constituição dos Estados Unidos desde o nascimento. A única propriedade que aumentava a participação de seus donos no governo era a propriedade escrava. O Congresso era proibido expressamente de terminar com a importação de escravos antes de 1808; este banimento era protegido até mesmo de emenda constitucional. Ignorando as feridas morais, os Estados Unidos pagaram por essa proteção demasiada de propriedade de um grupo com a Guerra Civil".

[250] SOUTO, op. cit., p. 87. Refere: "Em meados do século XIX os Estados Unidos ainda conviviam com a escravidão em alguns estados".

[251] MENEZES, Paulo Lucena de. *A ação afirmativa (affirmative action) no direito norte-americano.* São Paulo: Revista dos Tribunais, 2001. p. 68. O autor expõe algumas leis que delineavam o que os negros não podiam fazer: "Já nos Estados do sul, as diferenças impostas aos negros livres ainda eram mais gritantes. Em Maryland (1806), eles não podiam sequer possuir um cachorro. Na Geórgia, eles não podiam possuir, usar ou portar armas de fogo, sendo que o Código Penal do Estado (1833) considerava crime 'ensinar qualquer escravo, negro ou pessoa de cor livre a ler, tanto caracteres escritos quanto impressos'. Na Carolina do Sul (1800), era ilegal para 'qualquer número de escravos negros livres, mulatos ou mestiços, mesmo em companhia de pessoas brancas, reunir-se com o propósito de obter instrução intelectual ou de culto religioso, fosse entes de o sol nascer, fosse depois de o sol se pôr".

[252] ZINN, Howard. *A people's history of the United States.* New York: HarperCollins Publishers, 2005. p. 171. Refere o autor: "The United States government's support of slavery was based on an overpowering practicality. In 1790, a thousand tons of cotton were being produced every year in the South. By 1860, it was a million tons. In the same period, 500,000 slaves grew to 4 million".

os escravos passaram de quinhentos mil (500.000) para quatro milhões (4.000.000), pois a colheita de algodão, na mesma época, aumentou de uma tonelada para milhões de toneladas. Diante de tais constatações, é possível concluir que a sociedade escravagista tratava os negros de forma cruel ainda nos séculos XVII e XVIII.[253]

Dred Scott era um escravo que trabalhava para a família de Sandford em territórios onde era permitida a escravidão. Contudo, ao longo dos anos, trabalhou em territórios nos quais havia uma lei (*Missouri Compromisse*), datada de 1820, que proibia o sistema escravocrata numa determinada latitude nos Estados Unidos,[254] lei esta que pode ser atribuída ao modo diferente de colonização que se deu ao Norte[255] e ao Sul do país,[256] o que resultou, em seu entendimento, numa possibilidade de não ser mais considerado escravo, assim como sua família, dando razão ao ingresso de duas ações: a primeira, em 1847,[257] contra Emerson, e a segunda, em

[253] LIMA, Oliveira. *Nos Estados Unidos*: impressões políticas e sociais. Brasília: Senado Federal, Conselho Editorial, 2009. p. 69. Refere o autor alguns modos de como o negro era tratado nos Estados Unidos: "O tratamento dado aos negros na América do Norte chegava simplesmente à barbaridade. Os laços do casamento não se respeitavam, nada significavam; donde a impossibilidade de constituir família e portanto a impossibilidade de levantar-se o nível moral da raça. Defeso o ensinar ao escravo ler e escrever; defeso ao pobre pária alforriado o ganhar sua vida comerciando, que não pelo grosseiro trabalho braçal. Em juízo eram tão freqüentes nas plantações como as hipotecas. Um feroz código negro imperava, proibindo a gente de cor de reunir-se em *meetings*, privando os escravos até da liberdade dos seus passos, dando faculdade de açoutar os que fossem encontrados vagueando sós, sem acompanharem seus senhores como esses cachorros de sangue – *bloodhounds* – que os caçavam nas florestas, quando fugidos, rasgando-lhes as carnes magras sob as vestes esfarrapadas".

[254] SCHWARTZ, Bernard. *A history of the Supreme Court*. New York: Oxford University Press, 1993. Relata o autor sobre a latidute: "Then, in 1820, came the Missouri Compromisse, by which, it was hoped, the question of slavery in the territories had finally been settled. It prohibited slavery in the remainder of the territory included in the Lousiana Purchase North of a prescribed line, 36°30' of North latitude. As it turned out, this provision did not really resolve the issue of the extension of slavery. All it did was establish a temporary armistice in the growing conflict between the pro-and antislavery forces".

[255] HOBSBAWM, Eric J. *História social do jazz*. Tradução de: Angela Noronha. 6. ed. 3. reimp. São Paulo: Paz e Terra, 2011. p. 71. A migração para o norte é referida pelo historiador: "A emancipação dos escravos e a migração para o norte produziram um proletariado negro, tecnicamente livre para escolher seu próprio entretenimento. Basta uma olhada nos números indicativos da população urbana negra em 1900 – 87 mil em Washington D.C., 78 mil em New Orleans, 61 mil em Nova York e Filadélfia, 79 em Baltimore e de 30 a 50 mil em várias outras cidades – para concluir que eles já compunham um público modesto".

[256] KAUFMANN, Roberta Fragoso Menezes. *Ações afirmativas à brasileira*: necessidade ou mito? Uma análise histórico-jurídico-comparativa do negro nos Estados Unidos da América e no Brasil. Porto Alegre: Livraria do Advogado, 2007. p. 128. Entre as páginas 125 a 129 a autora explica o modo diferenciado de colonização existente no Norte e no Sul, mas na página 128 esclarece resumidamente desta forma: "Com efeito, a colonização efetuada nas províncias do norte em muito se distinguiu da realizada no sul. Como vimos, as condições geográficas e climáticas fizeram com que, naquela região, prevalecesse o cultivo de produtos similares aos europeus, o que explicou a relativa falta de interesse da Inglaterra naquela parte da América. Por outro lado, àqueles que emigraram com o intuito de explorar, o sul se mostrava um grande atrativo, porque lá predominou o sentido da colonização mercantilista, a partir da produção de mercadorias tropicais, como o açúcar, o tabaco, o algodão. Diferentemente do que aconteceu na América setentrional, nas colônias tropicais surgiu uma sociedade inteiramente nova, constituída pela aristocracia rural, cujo sistema econômico em muito se assemelhou à colonização portuguesa no Brasil. No sul, a inexistência de uma camada intermediária entre os senhores e os escravos dificultou sobremaneira a existência do comércio e da manufatura. Não houve a formação de um mercado interno que promovesse o escoamento da produção. Pacto colonial, latifúndio, monocultura, escravidão: eis os elementos desse sistema que fora tão familiar".

[257] VILE, John R. *Essential Supreme Court decisions*: summaries of leading cases in U.S. constitutional law. 15th ed. Maryland: Rowman & Littlefield Publishers, 2010. p. 401-402. Há discordância das datas apresentadas, tendo John R. Vile, ao narrar os eventos que deram ensejo ao processo: "In 1834, Dr. Emerson, a surgeon in the U.S. Army,

1853,[258] contra Sandford, agora na Corte Federal, para que fosse declarado cidadão livre.

A análise de Tim McNeese[259] historiando o caso *Dred Scott v. Sandford* é manifesta ao expor que o autor havia processado seu proprietário por ele tê-lo levado para trabalhar em terras do Norte dos Estados Unidos, nas quais a escravidão não mais existia, o que é confirmado com a leitura de Stephen Breyer.[260] Não só isso, Dred Scott foi, num primeiro momento, juntamente com sua família, vitorioso numa Corte de Missouri, decisão esta cassada pela Corte Estadual. Diante desta reforma, foi interposto recurso para a Suprema Corte dos Estados Unidos,[261] sendo

---

took Dred Scott, a black slave, to Rock Island, Illinois, where slavery was prohibited by statute. In 1836, Emerson took Scoot to Fort Snelling, in the territory of Louisiana, wich was north of the line of (36°30'), and consequently an area in which the Missouri Compromisse had forbidden slavery. In 1838, Scoot was brought back to Missouri, and in 1847 he brought suit in the Missouri Circuit Court to recover his freedom, basing his action on previous decisions that residence in free territory conferred freedom. Before the commencement of this suit, Scott was sold to sandford, incorrecty spelled Sandford, a citizen of New York, thus giving the Court jurisdiction under its diversity of citizenship requirements".

258 MORO, Sergio Fernando. *Jurisdição constitucional como democracia.* São Paulo: Revista dos Tribunais, 2004. p. 26. A situação é relatada pelo autor da seguinte forma: "Por volta de 1850, a principal questão sobre a escravidão dizia respeito à competência do Congresso Nacional para proibi-la ou não nos novos territórios anexados aos Estados Unidos, uma nação em processo de expansão". E continua: "Segundo a lei denominada Missouri Compromisse, de 1820, foi proibida a escravidão em novos territórios existentes acima de determinada latitude nos Estados Unidos". E conclui: "Em 1853, Dred Scott ingressou na Corte Federal com uma ação contra seu proprietário, alegando que tinha adquirido a liberdade por ter trabalhado em território no qual a escravidão havia sido proibida pelo Missouri Compromisse, embora já houvesse voltado para o estado do Missouri, no qual a escravidão era permitida".

259 McNEESE, Tim. *Dred Scott v. Sandford.* New York: Chelsea House, 2007. p. 10. "Scott's suit against his master claimed that because he had been taken north from a slave state to free states and territories, where slavery did not exist, he should be granted his freedom. Originally, hi filed suit in Missouri. There, in 1850, a lower court decided in Scott's favor and ordered the Missouri-held slave freed. Two years later, however, the Missouri Supreme Court ruled against Scott. Having appealed his case to the highest court in the land, Scoot and his family were possibly now in unsympathetic hands. For those who knew the makeup of the Supreme Court and the backgrounds of the nine justices, the future of the Scoots did not look promising. Chief Justice Taney, wealthy southerners, had always been a supports of slavery. He had even engaged in buying and selling slaves as a young man. Four additional justices were also proslavery southerners. Two more were northerners known as 'doughfaces', who supported slavery. Only one justice among the nine on the court had ever declared himself an opponent of slavery".

260 BREYER, Stephen. *Making our democracy work*: a judge's view. New York: Vintage Books, 2010, p. 32. "IN THE DRED SCOTT decision, the Court held that a former slave was not a citizen entitled to sue in federal court, and it held that a slave could not become free simply because his owner took him into a free state or territory".

261 KAUFMANN, Roberta Fragoso Menezes. *Ações afirmativas à brasileira*: necessidade ou mito? Uma análise histórico-jurídico-comparativa do negro nos Estados Unidos da América e no Brasil. Porto Alegre: Livraria do Advogado, 2007. p. 131. A autora assim discorre sobre o caso: "Nascido na Virgínia, 1799, Dred Scott era um escravo negro de St. Louis, Missouri, que havia sido levado pelo dono para Ilinois e, de lá, para Wisconsin. Em tais lugares, a escravidão era proibida. O dono de Dred morreu em 1843, mas o escravo continuou trabalhando para a esposa do dono, a senhora Emerson. Em 1846, ao retornarem ao estado de origem, Missouri, onda era permitida a escravidão, Scott ingressou com uma ação judicial pleiteando que lhe fosse reconhecida a liberdade, já que residira em solo livre, baseando-se, para tanto, na determinação que previa: *once free, always free* – uma vez livre, sempre livre. O caso foi julgado pela primeira vez em 1847, mas, por o convencimento do juiz ter sido baseado em um testemunho indireto sobre os fatos, a decisão foi anulada e deu ensejo a um novo julgamento, ocorrido em 1850, desta feita garantindo a liberdade ao escravo". E continua: "Esse lapso temporal entre o primeiro e o segundo julgamento foi determinante para o desenrolar da causa. Durante os três anos em que não ficara decidido se Dred era ou não um homem livre, os salários que obteve dos serviços prestados a terceiros ficaram sob depósito judicial. Nesse meio tempo, a senhora Emerson se casou novamente e se mudou para a região conhecida como Nova Inglaterra, transferindo ao irmão John Stanford a gestão dos negócios. Este, então, objetivando a propriedade dos valores guardados, apelou à Corte estadual, visando a reverter a decisão de primeiro grau em que concedera liberdade

que, conforme continua narrando Tim McNeese, para quem conhecia a sua composição, já imaginava, antecipadamente, o insucesso do recurso movido pelo escravo.

Diante de referida lição, resta evidenciado que o caso defendido por Dred Scott está no fato de que não queria mais ser considerado escravo, assim como seus familiares,[262] tendo em vista que esteve trabalhando em locais diversos daqueles nos quais instituída a escravidão. Infelizmente, conforme aduzido por Tim McNeese nas palavras acima, encontrou na Suprema Corte dos Estados Unidos um ambiente não propício ao seu direito alegado, tendo em vista a formação dos *Justices* que lá integravam a Corte dos quais já se previa que oito seriam favoráveis à continuidade do regime de escravidão de Dred Scott e sua família e, apenas um, contrário.

Essa linha de raciocínio que estava impregnada na vida dos *Justices*, assim como em parcela da sociedade estadunidense, certamente, influenciou o julgamento no caso *Dred Scott v. Sandford*, no qual foi negado o direito daquele e de sua família de serem considerados livres perante seu senhor. Dentre os argumentos utilizados para negar o direito à liberdade, o que mais causa estranheza até os dias atuais é aquele no qual restou consignado que, segundo a Constituição, os negros não poderiam se tornar cidadãos dos Estados Unidos, não obstante outros contextos tenham sido utilizados.[263]

Mas o epicentro do problema acerca do caso *Dred Scott v. Sandford* é que se analisa o mesmo pelo contexto atual, devendo o intérprete entender que o julgamento se deu numa sociedade totalmente diversa da que hoje existe. Para entender os motivos da decisão, deve-se entender a cultura estadunidense em 1857. Paul Finkelman, em artigo intitulado "Was Dred Scott correcty decided? An 'expert report' for the defendant", afirma que, sem querer realizar uma defesa ao *Chief Justice* Taney, ou ainda, tampouco querendo realizar qualquer manifestação a favor do racismo, relata que, antes de criticar uma decisão, deve-se visualizar a sociedade à época do julgamento,[264] o que deveria ser uma regra básica antes de antecipar uma

---

ao escravo. A Corte Estadual concedeu-lhe o ganho de causa". E finaliza: "Desta decisão, recorreu Dred Scott à Suprema Corte. Stanford contra-argumentou, afirmando que o escravo não era cidadão, e que, portanto, não teria o direito de interpor recursos no âmbito federal".

262 McNEESE, Tim. *Dred Scott v. Sandford.* New York: Chelsea House, 2007. p. 9-10. Segundo o autor Dred Scott "[...] was suing for his freedom, as well as the freedom of his wife, Harriet, and their two daughters, Eliza and Lizzie".

263 MORO, Sergio Fernando. *Jurisdição constitucional como democracia.* São Paulo: Revista dos Tribunais, 2004. p. 27. Aduz o jurista que três foram os principais pontos levantados pelo *Chief of Justice* Taney para negar a liberdade: "[...] a) os negros, mesmo os livres ou libertos, não eram e não podiam tornar-se cidadãos dos Estados Unidos, segundo a Constituição; [...]". Depois elenca: "[...] b) Dred Scott não tinha se tornado um homem livre apenas por ter residido em território no qual a escravidão havia sido proibida pelo Missouri Compromisse, uma vez que o Congresso não tinha competência para dispor dessa forma sobre a matéria; [...]". E finaliza: "[...] c) Dred Scott não era um homem livre, pois o seu *status* era regulado pela lei do estado no qual se encontrava, o Missouri, no qual era permitida a escravidão".

264 FINKELMAN, Paul. Was Dred Scott Correctly Decided? An "Expert Report" for the Defendant (2008). *Lewis & Clark Law Review*, v. 12, n. 4, 2008. Available at SSRN: <http://ssrn.com/abstract=1327776>. Acesso em: 06 set. 2012. Já no início do seu texto, refere: "This Article offers as 'expert report' for the defendant in Dred Scott, and argues that 'given the history of the Constitution, the importance of slavery to the American economy, the specific protections for slavery found in the Constitution, and the politics of the era', the 'decision upholding

crítica a determinado momento histórico/cultural da sociedade com os atos tomados por determinadas pessoas naquele ambiente. Apenas a título de exemplificação, essa posição de respeito às culturas de uma determinada época é defendida por Michele Taruffo,[265] ao afirmar que os ordálios[266] poderiam ser vistos como normais ao ambiente cultural que predominava na Europa no medievo, assim como por Danilo Knijnik.[267]

Mas, mesmo que se acabe por um lado não taxando a decisão do caso Dred Scott de racista para o ambiente cultural da época por alguns, é inegável que por outros ela foi um marco tão importante contra a abolição da escravidão que, como lembram Stephen Breyer,[268] José Alfredo de Oliveira Baracho Júnior[269] e Rodrigo

---

Dred Scott's status as a slave was surely inevitable'. However, from 'he perspective of modern scholarship it is not unreasonable to ask if the case was in fact correctly decided. To ask this question is not to defend [Chief Justice] Taney's racism' or to argue 'in favor of slavery'. Instead, this Article suggests 'how the Court might have reached the same result that Chief Justice Taney reached – and why perhaps the result was constitutionality correct – without relying on racism or aggressively proslavery thought".

265 TARUFFO, Michele. *La semplice verità*: il giudice e la costruzione dei fatti. Roma-Bari: Laterza, 2009. p. 5-6. "È un luogo comune, confermato ad esempio dall'autorità di Levy-Bryhl, la considerazione delle ordalie come mezzi di prova *irrazionali*. Nel significato moderno del termine esse erano certamente irrazionali, essendo fondate su un atto di fede relativo all'intervento divino, ma questa valutazione rischia di essere inficiata dalla *Rückschluss*, ossia dal consueto errore consistente nell'interpretare eventi passati secondo criteri moderni. In realtà le ordalie possono apparire come *culturalmente* razionali nel senso che esse erano coerenti con la cultura dei contesti sociali circostani. In quei tempi la vita quotidiana della gente era dominata dal sangue e dalla violenza, ed era profondamente immersa in un mondo mistico popolato di miracoli, di santi, di demoni, streghe e maghi: in una cultura di questo genere, dominata dall'*enchantment*, il convincimento che il divio potesse svolgere un ruolo importante nel determinare la vita degli esseri umani poteva apparire profondamente giustificato".

266 OLIVEIRA, Carlos Alberto Alvaro de. *Do formalismo no processo civil*: uma proposta de formalismo valorativo. 4. ed. São Paulo: Saraiva, 2010, p. 37. Sobre o tema, expõe o autor: "Também o processo primitivo das populações germânicas, em vigor na Europa durante a Alta Idade Média, embora dominado pela publicidade e oralidade, pois realizado em assembleia, não se exímia de caráter bastante atrasado e arbitrário, notadamente ao ângulo do sistema probatório, relegado aos chemados 'julgamentos de Deus' ou ordálios. Esse sistema, como se verificará mais detalhadamente no Capítulo III, é considerado a mais extrea manifestação da teoria chamada prova legal, perpassado por inexcedível rigor formal. Como toda atividade dirigida à invocação de poderes mágicos ou divinos, semelhante procedimento tendia à obtenção de sentença 'justa' desde o ponto de vista material, por meio do caráter irracional e sobrenatural dos meios processuais de decisão".

267 KNIJNIK, Danilo. *A prova nos juízos cível, penal e tributário*. Rio de Janeiro: Forense, 2007, p. 7. Refere o autor: "As práticas probatórias não são axiologicamente neutras. Bem ao contrário, elas revelam tanto características culturais da sociedade – ou seja, evidenciam o modelo cognoscitivo das pessoas – como o próprio modelo de Estado em vigor".

268 BREYER, Stephen. *Making our democracy work*: a judge's view. New York: Vintage Books, 2010, p. 32. Expõe: "We shoul be aware that the Dred Scott decision has long been considered one of the Court's worst. It may well have helped to bring about a war, which was the very political result in hoped to avoid".

269 BARACHO JÚNIOR, José Alfredo de Oliveira. A interpretação dos direitos fundamentais na Suprema Corte dos EUA e no Supremo Tribunal Federal. In: SAMPAIO, José Adércio Leite (Coord.). *Jurisdição constitucional e direitos fundamentais*. Belo Horizonte: Del Rey, 2003. p. 319-320. "Dred Scott foi um dos fatores que conduziram à guerra civil que, encerrada com a vitória dos Estados do norte, resultou na promulgação de três emendas: a décima terceira, a décima quarta e a décima quinta". E finaliza: "A décima terceira emenda foi ratificada em 1865, logo após o término da Guerra Civil. Ela proibiu a escravidão ou o trabalho involuntário nos Estados. Sua ratificação foi, entretanto, seguida pela edição de vários códigos raciais nos Estados vencidos, o que conduziu à aprovação do Civil Rights Act, em 1966. Essa lei, entretanto, mostrou-se inoperante em face dos códigos raciais, facilitando a edição da décima quarta emenda, cuja ratificação foi negada por alguns Estados, até que Lincoln ameaçou buscar a aprovação de uma proposta qiue negasse a representação daqueles Estados no Congresso. Diante dessa ameaça, a décima quarta emenda foi finalmente ratificada, em 1868".

Brandão,[270] após o julgamento do caso inicia a Guerra Civil[271] estadunidense[272] com a vitória dos Estados no Norte e com a promulgação de três emendas à Constituição dos Estados Unidos: a décima terceira, a décima quarta e a décima quinta, sendo que aquela proibiu a escravidão ou o trabalho involuntário nos Estados Unidos, embora haja vozes que afirmam que a Guerra Civil americana, ou teve como estopim não o caso Dred Scott, mas questões de subordinação racial como um todo,[273] ou não houve qualquer questão relacionada a ela para o início da Guerra, como afirma John D. Wright.[274]

2.4.2. Plessy v. Ferguson, 163 U.S. 537 (1896)

O segundo caso analisado em relação ao julgamento de questões raciais pela Suprema Corte dos Estados Unidos é *Plessy v. Ferguson*. Narra o evento que deu início ao julgamento de um dos casos mais polêmicos já decididos na Corte que, em 7 de junho de 1892, um jovem de 20 anos estava para entrar nas páginas da história ao, por vontade própria, ingressar e tentar viajar num dos vagões destinados às pessoas brancas.[275] No lirismo que a história de Homer Plessy passa para quem a

---

270 BRANDÃO, Rodrigo. *Direitos fundamentais, cláusulas pétreas e democracia*. Rio de Janeiro: Renovar, 2008. p. 185. Refere: "Da análise do aludido caso, vê-se que um processo de emenda excessivamente rígido cumulado com um ativismo da Suprema Corte na tutela de normas veiculadoras de privilágios odiosos suscitou uma guerra civil, porquanto impediu que a maioria política à época cassasse um 'direito constitucional de propriedade sobre seres humanos', causando sérios atritos com uma sociedade em constante desenvolvimento".

271 LOWE, Norman. *História do mundo contemporâneo*. 4. ed. Tradução de Roberto Cataldo Costa. Porto Alegre: Penso, 2011. p. 469. "A Guerra Civil (1861-1865) entre o sul e o norte pôs fim à escravidão no país e deu liberdade aos escravos, mas muitos brancos, principalmente no sul, relutavam em reconhecer os negros (afro-americanos) como iguais e fizeram tudo o que podiam para privá-los de seus novos direitos. Isso levou ao início do Movimento pelos Direitos Civis, embora este tenha tido muito pouco sucesso até a segunda metade do século XX".

272 *TEMPO de glória*. Diretor: Edward Zwick. 1989. 1 DVD (117 min). Color. Título original: Glory. Recomenda--se o filme que narra a história do primeiro regimento negro em luta pelo Norte na Guerra Civil Americana.

273 POLLACK, Malla. O alto custo de não ter direitos positivos, uma perspectiva dos Estados Unidos. In: SARLET, Ingo Wolfgang; TIMM, Luciano Benetti (org.). *Direitos fundamentais*: orçamento e "reserva do possível". 2. ed. Porto Alegre: Livraria do Advogado, 2010, p. 341. Aduz: "Retornando ao cerne do problema que levou a Guerra Civil – subordinação racial – a Suprema Corte moderna tem interpretado a doutrina da ação do estado de uma maneira que abriga o renascimento da segregação racial".

274 WRIGHT, John D. *História da Guerra Civil americana*. Tradução de: Roger Maioli dos Santos. São Paulo: M. Books do Brasil, 2008. p. 7. Refere o historiador: "A escravidão no Sul gerou uma economia irrisória, movida pelo algodão e comandada por uma elite cujas raízes remontavam às ilhas britânicas. O Norte, por outro lado, havia abolido, de modo geral, a escravidão e estava florescendo, com sua economia diversificada e abastecida pelo famoso cadinho de operários oriundos de muitas nações. Esse contraste levou as duas regiões a se distanciarem e desentendimentos acerca da escravidão e dos direitos dos estados geraram os antagonismos que provocaram a guerra". E continua: "Entretanto, não foi nenhum incidente relacionado à escavidão que levou ao início dos confrontos. Tampouco o fizeram os atos de secessão dos estados sulistas. Muitos no Norte julgavam que o sul não compensava a dor de cabeça e que o governo federal devia simplesmente deixar que as 'irmãs queixosas' se fossem. De sua parte, o novo presidenmte confederado, Jefferson Davis, jurou: 'Não propomos nenhuma invasão do Norte e nenhum ataque contra eles; só pedimos que nos deixem em paz". E conclui: "A guerra teve início porque os novos estados independentes se acharam no direito de se apossar de fortes, bases navais e arsenais dos Estados Unidos dentro de seus territórios".

275 McNEESE, Tim. *Plessy v. Ferguson*: separate but equal. New York: Chelsea House Publishers, 2007. p. 8-9. Refere o autor: "On this Day, June 7, 1892, one of the would-be passangers was a Young Louisiana native, a man in his late

estuda, está o sentimento de que, diferentemente das 20.000 pessoas que viajavam naquele trem todos os anos, Plessy tinha um propósito diferente de todos: o de testar a constitucionalidade da lei da Louisiana que separava os vagões para brancos e negros.[276] A lei era denominada de *Louisiana's Separate Car Act*, com uma redação bem singela ao aludir que todas as companhias ferroviárias que transportam passageiros deviam providenciar acomodações iguais, mas separadas, para pessoas brancas e negras.[277]

Quando Homer Plessy ingressou naquele vagão reservado somente a brancos, embora as babás negras de crianças brancas também pudessem usufruir,[278] sabia da lei que segregava a sua raça da outra, mas estava disposto a enfrentar as penas que eram determinadas por tal conduta ilícita na época, que poderia ser pagar U$$ 25 ou permanecer 20 dias preso.[279] Ao ser descoberto no vagão que não era de pessoas de sua cor, foi-lhe ordenado que fosse ao vagão das pessoas negras[280]

20s who was hearsing for the pages of history. The youn man was preparing to board a train for reasons quite different from everyone else. He had specific instructions, and He was basically following a script. The instructions He had been given were simple, almost mundane: He was to buy a ticket at the depot and board the first-class carriage of the Queen and Crescent Line of the East Louisiana Railroad. This Passanger's plan had third and fourth steps, however. Onde the boarded the train's first-class car, the man was to get himself arrested and taken to jail, where He was to be booked for the crime of being Black and attempting to ride in a whites-only railcar".

276 Ibid., p. 9. Historiando os fatos relata: "As He stood on the depot platform, however, Homer Plessy did not appear any different from the other men and women waiting for the train. After all, 20,000 people rode on the East Louisiana Railroad every year. Despite his appearance, however, Plessy's purpose for being there that Day, ticket in hand, was extremely different from that of his fellow passangers. They had bought tickets as commuters, workers who rode avery Day from their homes outside New Orleans to their Jobs in the big city. Others rode this train, buying excursion tickets for one dollar to ride across the lake to enjoy the beaches along Lake Pontchartrain. Plessy had a greater purpose that Day. He wasn't a commuter or a tourist. He was there to test a Louisiana law and its constitutionality".

277 Ibid., p. 9. A redação da lei se consubstanciava em: "All railway companies carrying passangers in their coaches in this state shall provide equal but separate accommodations for the white, and colored races, by providing two or more passangers coaches for each train. No person or persons shall be permitted to occupy seats in coaches, other than the ones assigned to them, on account of the race they belong to".

278 COTTROL, Robert J.; DIAMOND, Raymond T.; WARE, Leland B. *Brown v. Board of Education*: caste, culture, and the Constitution. Kansas: University Press of Kansas, 2003. p. 29: Assim relatam os autores: "This system of state-mandated segregation would gain the support of the nation's highest court in 1896. That year the Supreme Court handed down its decision in Plessy v. Ferguson (1896). Plessy was a case thet originated in Louisiana. In 1890 the legislature of that state passed a stature requiring separate railroad cars for whites and blacks. The stature specified that the facilities were to be of equal quality. The statute also prescribed fincs or imprisonment for passangers Who Sat in the cars reserved for members af another race. The law did permit one exception to the rule of rigid segregation. Servants attending children could sit in cars reserved for those of another race. This exception was made to accommodate Black nannies of White children".

279 McNEESE, Tim. *Plessy v. Ferguson*: separate but equal. New York: Chelsea House Publishers, 2007. p. 8-9. A pena consistia: "The statute required railroad officials, includind train conductors, to enforce the law. Those Who did not were subject to punishment: Anyone caught violating the law was subject to a $25 fine or 20 days in jail. Homer Plessy knew the risks He was taking that Day".

280 VILE, John R. *Essential Supreme Court decisions*: summaries of leading cases in U.S. constitutional law. 15th ed. Maryland: Rowman & Littlefield Publishers, 2010. p. 404. Historiando os fatos, narra o autor: "In 1892, a citizen of Louisiana, having seven-eighths Caucasian and one-eighth African blood, boarded a train from New Orleans to Covington in the same state. The conductor ordered him to sit in the car for black passangers. When Plessy refused to obey the order, he was forcibly jailed by a policeman and charged with violating a state statute (contemporaneously called a 'Jim crow' law) of July 10, 1890, which required separate accommodations for white and

e, ao recusar-se, foi então preso,[281] mesmo sendo 7/8 (sete oitavos) branco caucasiano e apenas 1/8 (um oitavo) negro.[282] Nas palavras de Tim McNeese,[283] por aparentar ser branco com descedência negra, Homer Plessy era um *trojan horse* naquele vagão.

A importância do caso *Plessy v. Ferguson* é esclarecida por Tim McNeese[284] ao referir que, quando Homer Plessy admitiu ser negro naquele vagão, embora pudesse passar despercebido, uma série de eventos foram desencadeados nos anos que se seguiram em virtude daquele fato, tornando-se este, que seria algo meramente corriqueiro, uma célebre causa julgada pela Suprema Corte dos Estados Unidos. O caso Plessy foi finalmente julgado em 1896[285] pela Suprema Corte, que tinha como seu *Chief Justice* Melville Fuller, sendo composta ainda pelos *Associate Justices* George Shiras, Jr, Horace Gray, Rufus W. Peckham, Eduard D. White, John M. Harlan, Henry B. Brown, David J. Brewer e Stepen J. Field,[286] sendo o *Associate Justice* Harlan uma voz só contra seus pares no julgamento, conforme lembra Osmond K. Fraenkel.[287]

---

black passangers. Plessy was convicted of violating the law, and he filed a demurrer agaisnt Ferguson, judge of the Criminal District Court. Plessy appealed when the state court denied relief".

[281] COTTROL, Robert J.; DIAMOND, Raymond T.; WARE, Leland B. *Brown v. Board of Education*: caste, culture, and the Constitution. Kansas: University Press of Kansas, 2003. p. 29. Referem: "Plessy became part of the Court's and the nation's history when one Homer Adolphus Plessy of New Orlean was arrested on June 7, 1892, for attempting to ride in the first-class coach reserved for white passangers. When told that he must move to the coach reserved for colored passangers, he refused. He was arrested. The case was on".

[282] Ibid., p. 29-30. Sobre 7/8 branco-caucasiano e 1/8 negro os autores atestam: "Before we discuss Plessy the case, a few words about Plessy the man are in order. That Plessy was considered black at all can tell us much about caste and race in American culture. Plessy was an octoroon – a term most of us today scarcely remember, except perhaps for those of us who are devotees of a certain kind of melodramatic novel that popular in the nineteenth and early part of the twentieth century. Plessy had one-eighth African ancestry; the rest of his ancestry was white. Racial discrimination, especially racial discrimination by law, requires racial classification. American law and custom had long dictated that if a person had virtually any traceable African ancestry, that person was a Negro. This view stands in market contrast to the view that has been held in other societies. In most of Latin America, for example, blacs and people of mixed race are often considered distinct groups. Also in most of Latin America, many individual are classified as white who have some acknowledged African ancestry, indeed often relatively recent African ancestry. Not so in the United States, where most jurisdictions have held by law that even highly attenuated African ancestry will make an individual black".

[283] McNEESE, op. cit., p. 11. "As Homer Plessy readied to board the train that afternoon, he drew no attention. He was just another white passanger, a well-dressed man wearing a business suit and hat. No might have passed for a gentleman of means-he was, after all, traveling first class. Homer Plessy was not what seemed to be, however. He was a Trojan Horse. This young gentleman appeared white, but, because the equivalente of one of his eight great-grandparents hab been black, he was considered black by louisiana law".

[284] McNEESE, Tim. *Plessy v. Ferguson*: separate but equal. New York: Chelsea House Publishers, 2007. p. 12. "By admiting he was black, Homer Plessy set in motion a chain of events that would unfold over the next four years. What began as a minor infraction of Lousiana law would end as a cause célèbre, an explosive case that would land on the docket of the United States Supreme Court".

[285] Ibid., p. 109. "On May 18, 1896, the justices on the Supreme Court announced their decision. Nearly four years had passad since Homer Plessy had boarded a whites-only passanger car on the East Louisiana Railroad. Whith a count of seven to one, the majority of the court decided against Homer Plessy and in favor of the Separate Car Law, as well as other similar laws. The decision appeared to legitimize Jim Crow laws across the country".

[286] McNEESE, Tim. *Plessy v. Ferguson*: separate but equal. New York: Chelsea House Publishers, 2007. p. 106.

[287] FRAENKEL, Osmond K. *The Supreme Court and civil liberties*. Second edition. New York: Oceana Publications, 1963. p. 22. Relata o autor: "In 1896, in Plessy v. Ferguson, the Supreme Court, over the sole dissent of Justice Harlan, adopted the theory that state laws compelling racial segregation in transportation did not violate the constitutional command of equal protection so long as the faciliteis afforded both races were the same".

Segundo relata Gerard W. Johnson,[288] a lei reconhecida como constitucional pela Suprema Corte no caso *Plessy v. Ferguson*, que trazia o *slogan separate but equal*, durou 58 anos, não ficando adstrita apenas às ferrovias, mas espraiando-se para outros segmentos da sociedade, em especial nas escolas públicas.

O interessante é analisar o crescimento cultural do povo estadunidense com o julgamento do próximo caso a ser estudado, *Brown v. Board of Education of Topeka*, que erradicou a doutrina do *separate but equal,* que havia sido fortificada desde Plessy. Em que pese existir quem defenda que *Plessy v. Ferguson*, assim como *Dred Scott v. Sandford*, terem sido momentos negativos na história da Suprema Corte dos Estados Unidos, lembra Raoul Berger[289] que Plessy foi julgado em uma época de *harsh reality*, sendo que, por isso, o resultado negativo pode ser visto mais como um monstro de nossa imaginação do que realmente foi o julgamento para a época.

2.4.3. Brown v. Board of Education of Topeka,[290] *347 U.S. 483 (1954)*[291]

Conforme já aventado, a Suprema Corte dos Estados Unidos[292] havia julgado, em 1896, o caso *Plessy v. Ferguson*, no qual admitia a segregação racial baseada

---

[288] JOHNSON, Gerard W. *A Suprema Côrte dos Estados Unidos*. Tradução de: Luiz Fernando. Rio de Janeiro: Record, 1964. p. 26-27. Refere: "Por exemplo, em 1986 o Tribunal declarou ser perfeitamente constitucional obrigar as ferrovias a transportarem brancos e negros em vagões separados, contanto que fôssem exatamente iguais. Esta foi a doutrina 'separado mas igual' no caso que os advogados denominam Plessy contra Ferguson, ou, mais comumente, apenas Plessy, e durante cinqüenta e oito anos foi aplicada não só às ferrovias, mas a muitos outros casos, incluindo escolas. Efetivamente a Décima-Quarta Emenda (a qual é a parte da Constituição que se baseou a legislação) não diz nada sobre 'separado mas igual', de uma forma ou de outra, a favor ou contra. Mas tinha-se de proceder a alguma regulamentação, portanto quando o Tribunal declarou que 'separado mas igual' deveria ser a lei, isso passou a constituir lei, pelo menos até que o Tribunal, ou o Congresso, ou o povo, fizesse uma declaração contrária".

[289] BERGER, Raoul. *Government by judiciacy*: the transformation of the fourteenth amendment. Second edition. Indianapolis: Liberty Fund, 1997. p. 149. Lembra o autor: "That observation and the foregoing history counsel us to reevaluate Plessy v. Ferguson. Plessy has become a symbol of evil, but that is because we impose 'upon the past a creature of our imagining' instead of looking to 'contemporaries of the events we are studying'. 'Separate but equal' was rooted in a harsh reality [...]".

[290] AASENG, Nathan. *You are the Supreme Court justice*. Minneapolis: The Oliver Press, 1994. p. 39. A resposta do motivo pelo qual Topeka foi a cidade de Brow está no fato de que no Kansas havia uma lei que cidades com mais de 15000 habitantes poderia escolher segregar ou não as escolas. Topeka escolheu a segregação. Segundo o autor: "The laws of the state of Kansas provide that any city with a population greater than 15,000 can choose to have either integrated elementary schools or separated but-equal schools for black and white studentes. The city of Topeka has opted for racially separate schools".

[291] *WITH all deliberate speed*: a look at the landmark Brown vs. The Board of Education. Direção: Peter Gilbert. Anchor Bay, 2004. 1 DVD (111 min). Color. Recomenda-se assistir ao documentário para entender o impacto do caso na sociedade, sendo lembrado, constantemente, até os dias de hoje. Esta a sinopse da película: "*HISTORY IGNORED IS HISTORY REPEATED*. On May, 17, 1954, the U.S. Supreme Court ruled in the case of Brow vs. Board Of Education that the concept of 'separate but equal' school segregation was unconstitutional. But in this landmark ruling, the Justices used a four-word phrase that many believe has delayed the process of change for over 50 years: 'With All Deliberated Speed'".

[292] FINE, Toni M. *Introdução ao sistema jurídico anglo-americano*. Tradução de: Eduardo Saldanha. São Paulo: WMF Martins Fontes, 2011. p. 37. "A Suprema Corte é a corte mais alta do Poder Judiciário. Ela possui nove juízes: o juiz-chefe e oito juízes associados. Está organizada *en banc,* e todos os nove juízes participam de todos os casos que porventura sejam examinados por ela, a não ser que um deles se declare impedido visando, por exemplo,

na doutrina *separate but equal*.[293] Pouco mais de 50 anos[294] depois, a mesma Corte[295] deparou-se com um dos seus casos mais importantes, no qual encerrou essa doutrina considerada racista pela comunidade afro-americana,[296] concedendo aos negros o direito de frequentar as mesmas escolas que os brancos, numa interpretação correta da Décima Quarta Emenda da Constituição dos Estados Unidos da

---

evitar um possível conflito de interesses. A jurisdição da Suprema Corte pode ser dividade em original e recursal. Esta, por sua vez, pode ser dividida em jurisdição recursal obrigatória e discricionária, também conhecida como jurisdição a *certiorari*".

[293] McNEESE, Tim. *Plessy v. Ferguson*: separate but equal. (Great Supreme Court decisions). New York: Chelsea House Publishers, 2007. p. 109. Referindo sobre o julgamento do caso, o autor afirma: "On May 18, 1896, the justices on the Supreme Court announced their decision. Naerly four years had passed since Homer Plessy had boarded a whites-only passanger caro n the Eats Lousiana Railroad. With a count of seven to one, the majority of the court decided against Homer Plessy and in favor of the Separate Car Law, as well as other similar laws. The decision appeared to legitimize Jim Crow laws across the country".

[294] LEAL, Saul Tourinho. *Ativismo ou altivez?* O outro lado do Supremo Tribunal Federal. Belo Horizonte: Fórum, 2010. p. 49. Não esquecer que antes mesmo de *Plessy v. Ferguson* a Corte dos Estados Unidos já havia se manifestado sobre questão racial no caso *Dred Scott v. Sandford*, no qual foi concluído pela Suprema Corte dos Estados Unidos que não havia capacidade civil do autor da ação para demandar judicialmente em razão de sua condição étnica, assim referindo Saul Tourinho Leal sobre o contexto em que o caso foi levado ao Poder Judiciário: "O caso Dred Scott v. Sandford foi decidido pela Suprema Corte americana em 1857 e tinha por objeto o reconhecimento do direito à liberdade de um ex-escravo. Sem dúvida, o mais dramático caso julgado pela Suprema Corte dos Estados Unidos. Viu-se numa postura ativa, mas para negar direitos. O resultado, como veremos, dividiu um país". Continua referindo o autor sobre o que vinha a ser pedido no caso: "Dred Scott era um escravo africano que morava em Missouri. Em 1833, mudou-se juntamente com seu proprietário, Dr. John Emerson, para o estado de Illinois, e depois para Wiscosin. Tanto num como noutro estado, a escravidão havia sido abolida, por força do Compromisso de Missouri de 1820". Continua: "Em outubro de 1837, Emerson foi removido para Saint Louis, em Missouri, mas deixou Scott e sua família em Wisconsin trabalhando ainda como escravo. Posteriormente, em novembro de 1837, Emerson foi novamente transferido para Louisiana e, após algum tempo, casou-se com Irene Marie Sandford. Foi então que, em 1840, Dr. Emerson foi recrutado para servir o exército na guerra civil da Flórida, deixando sua esposa e seus escravos, os Scotts, em Saint Louis". Assinala ainda que: "Ao retornar da Flórida, Dr. Emerson foi residir em Iowa, deixando a família Scoot em Missouri, novamente, para realização de serviços escravos. Ele faleceu no ano de 1843, permanecendo a família Scott em trabalho escravo por mais três anos, sob o mando da viúva Irena Marie Sandford". Por fim, assinala o tipo de pedido de Scott: "Diante dessa situação, em fevereiro de 1846 Scott ajuizou uma ação objetivando o reconhecimento de sua liberdade de Irene Emerson, sob o fundamento de que, como havia residido em Illinois e Wisconsin, estados livres, nos quais a escravidão era proibida, teria adquirido o direito à liberdade, não podendo voltar a ser escravo no Estado de Missouri". Pode-se também ler sobre o caso Dred Scott v. Sandford: MORO, Sergio Fernando. *Jurisdição constitucional como democracia*. São Paulo: Revista dos Tribunais, 2004. p. 24-29.

[295] McCLOSKEY, Robert G. *The modern Supreme Court*. Cambridge, Massachusetts: Harvard University Press, 1972. p. 160. O caso foi de tamanha envergadura que, após o julgamento, pensou-se que a Corte definiria seu poder que acordo como ela bem quiser, o que pode ser confirmado com a sehuinte leitura: "And in 1954, most impressive of all, came the Public School Segregation decision which, its merits apart, involved a breathtaking assumption of judicial responsibility. Evidently the impulse to mount the heights of Power was not wholly scotched by the chastening experiences of the 1930's and the sobering advice of a generation of judicial and non-judicial critics. For always in the background there is the beguiling illusion that a tribunal entrusted with defining its own power may define iyt as it likes".

[296] SOUTO, João Carlos. *Suprema Corte dos Estados Unidos*: principais decisões. Rio de Janeiro: Lumen Juris, 2008. p. 121: "Na década de 50 a discriminação contra os afrodescendentes (afroamerican) era bastante acentuada na América, especialmente nos estados do sul do país. Conforme registrado nas linhas anteriores (Dred Scott v. Sanford), os negros eram considerados cidadãos se segunda classe e, com base nesse odioso entendimento, inúmeras medidas segregacionistas eram consideradas naturais até mesmo pelo Judiciário (Plessy v. Ferguson – 1892). Esse panorama começou a mudar radicalmente após o julgamento da ação judicial proposta pelo pai da estudante Linda Brown que havia tido sua matrícula recusada em uma escola pública, freqüentada unicamente por crianças brancas, em razão de ela pertencer à raça negra".

América,[297] cujo texto, no que diz respeito ao princípio da igualdade, tem alguma semelhança à Constituição Federal[298] brasileira.

Essa mudança de concepção na Suprema Corte deu-se em função da própria modificação cultural da sociedade estadunidense,[299] a qual, preparada para um novo contexto social étnico, tendo o clima político a seu favor, conforme lembra Eduardo Appio,[300] acabou por colocar termo na doutrina do *separate but equal* no famoso caso *Brown v. Board of Education.*[301] Apenas a título de referência, mesmo se o momento cultural do povo estadunidense não estivesse propício, as decisões emanadas da Suprema Corte dos Estados Unidos, salvo raros casos,[302] acabam por

---

297 A 14ª emenda tem a seguinte redação: "Todas as pessoas nascidas ou naturalizadas nos Estados Unidos, e sujeitas à sua jurisdição, são cidadãos dos Estados Unidos e do Estado onde residirem. Nenhum Estado poderá aprovar ou fazer executar leis restringindo os privilégios ou imunidades dos cidadãos dos Estados Unidos, nem poderá privar qualquer pessoa de sua vida, liberdade ou propriedade sem o devido processo legal, nem negar a qualquer pessoa sob sua jurisdição a igualdade de proteção perante a lei".

298 ALVAREZ, Anselmo Prieto; NOVAES FILHO, Wladimir. *A Constituição dos EUA anotada.* 2. ed. São Paulo: LTr, 2008. p. 80. Referem os autores ao discorrerem sobre a 14ª Emenda que: "A exemplo de como procede o *caput* do art. 5º da Constituição Federal do Brasil, há no diploma americano a igualdade de todos perante a lei, seja cidadão nato, naturalizado ou estrangeiro regularmente residente no país".

299 COTTROL, Robert J.; DIAMOND, Raymond T.; WARE, Leland B. *Brown v. Board of Education*: caste, culture, and the Constitution. Kansas: University Press of Kansas, 2003. p. 6-7. Referem os autores sobre parte desta modificação: "But by the eve of the twentieth century, White control would take a somewhat different form than had existed in the era befora the Civil War. Slavery had been abolished, the Negro's citizenship proclaimed. These were stubborn constitucional facts thath even the Redeemed South's most militant champions could not undo. These constitucional facts probably heightened the search for ways to clearly define na inferior status for African Americans. Before the Civil War, White supremacy was na unquestionable fact of American life. Slavery had made it so. Bur could White supremacy survive the constitucional changes that followed in the wake of the War of the Rebellion? Could status, could caste lines survive the Constitution's new mandate of equality before Law?"

300 APPIO, Eduardo. *Controle difuso de constitucionalidade*: modulação dos efeitos, uniformização de jurisprudência e coisa julgada. Curitiba: Juruá, 2009. p. 45. Discorre: "É grande a autonomia dos Estados-membros na república federal norte-americana, de maneira que a Suprema Corte exerce, nestes casos, o papel de ativo defensor das minorias. Note-se, contudo, que o clima político para a grande transformação social que viria a ser operada pela decisão da Suprema Corte em Brown (1954) – publicada em uma manhã de domingo – era francamente favorável à decisão, vez que os Estados Unidos, após o período da Segunda Grande Guerra, eram intensamente criticados – já durante a chamada Guerra Fria – pelo fato de que mantinham o racismo em suas escolas, apesar de defender, no plano internacional, a liberdade do indevíduo (pano-de-fundo da Segunda Guerra)".

301 COTTROL; DIAMOND; WARE, op. cit., p. 1. Diga-se famoso, pois, *Brown v. Board of Education* não foi o único caso na época a tratar sobre o mesmo assunto, conforme expõem os autores ao indicar o caso Briggs como parecido com o caso Brown. Referem: "Early in the afternoon on Tuesday, December 8, 1953, Thurgood Marshall stood before the Supreme Court of the United States and asked the central question in American history, 'Why, of all the multitudinous groups of people in this country, you have to single out Negroes and give them this separate treatment?' Marshall, who would later be the first American of African descent to serve as solicitor general and later as na associate justice of the Supreme Court, was representing Harry Briggs and other Black parents in South Carolina Who were suing state officials because state law forced their children to GO to segregated all-black schools. On thet Tuesday, Marshall was representing Briggs and the other South Carolina parents in oral argument before the nation's highest tribunal. We will discuss Briggs, the other parents, and the case that Marshall was arguing later in this book, but for now it is sufficient to say that the Briggs case was a companion case to the case more famously known as Brown v. Board of Education (1954), the case that declared legally mandated school segregation unconstitutional".

302 FAUX, Marian. *Roe v. Wade*: the untold story of the landmark Supreme Court decision that made abortion legal. New York: Cooper Square Press, 2001. p. 305: "Thet there is no appeal from the Supre Court is a fact that most Americans accept, na Supreme Court decisions generally unite the nation that divide it. For exemple, although only a minority of people believed the public schools should be desegregated before the Brown v. Board

gerar a união da nação para dar efetividade ao que lá foi julgado, razão pela qual, pronta ou não a sociedade, o julgamento sedimentaria uma nova postura cultural de seus cidadãos.

O contexto histórico do caso *Brown v. Board of Education* se confunde com o próprio contexto jurídico o qual culminou em seu julgamento pela Suprema Corte, fazendo referência sobre este fato Michael J. Klarman,[303] ao afirmar que, em virtude da política de alguns Estados do Sul, os negros, aos milhões, migraram para os Estados do Norte, em busca de maior tolerância racial, o que resultou no fortalecimento da política para os negros, assim como no aumento de seu poder, o que pode ser confirmado com a própria criação da *National Association for the Advancement of Colored People* (NAACP),[304] que iniciou uma série de movimentos para demonstrar a discriminação racial nas escolas para que elas fossem "iguais em igualdade", conforme refere Ricardo Luis Lorenzetti.[305]

Então, a migração dos negros para as cidades foi um importante fator para se chegar ao que o caso *Brown v. Board of Education of Topeka* construiu. A sua chegada aos centros urbanos fez com que não estivessem preparados para esse fator social,

---

of Education rulling, polls taken in the weeks after the Supreme Court decision ordering desegregation showed a shift in opinion that could only be attributed to a fairly widespread acceptance of the Court's ruling. Roe v. Wade, unfortunately, would provo to be the exception, a rare decision that did not unite the nation. Instead, it ignited a firestorm os controversy that still rages a decade and a half later, although ironically the majority of Americans Who favored legalization before the decision did not waver in their support despite intensive campaigning on the parto f antiabortion forces".

303 KLARMAN, Michael J. *Brown Vs. Board of Education*: Law or Politics? (December 2002). UVA School of Law, Public Law Research Paper No. 02-11. Available at SSRN: <http://ssrn.com/abstract=353361 or doi:10.2139/ssrn.353361>. p. 2. When cases challenging the constitutionality of racial segregation in public schools reached the Supreme Court in 1951-1952, the social and political context had changed dramatically since 1927, when justices last (obliquely) had considered the question. Several milion blacks had migrated from southern farms to northen cities, in search of greater economic opportunity and relative racial tolerance. One largely unintended consequence of this Great Migration was black political empowerment, as African Americans relocated from a region of pervasive disfranchisement to one of relatively unrestricted ballot access. Moreover, blacks in large northern cities frequently held the balance of power between the two major political parties.

304 *SEPARATE but equal.* Direção: George Stevens, Jr. Artisan, 1991. California. 1 DVD (193 min). Color. Recomenda-se o filme no qual Sidney Poitier interpreta Thurgood Marshall, advogado do NAACP que, posteriormente, é nomeado *Justice* da Suprema Corte. Sinopse: "The dramatic events leading from a small rural classroom to the Supreme Court decision that outlawed segregation are powerfully reenacted in this contemporary screen classic, beautifully scripted and superbly portrayed by some of Hollywood's finest actors. Sidney Poitier is Thurgood Marhall, the NAACP lawyer who took the struggle for equal rights to the highest court in the land. Burt Lancaster plays John W. Davis, the opposing counsel, and Richard Kiley is Chief Justice Earl Warren, who rallied the Court to the landmark ruling. Together they capture the complex emotional dynamics of one of this country's mos significant and inspiring achievements".

305 LORENZETTI, Ricardo Luis. *Teoria geral do direito ambiental.* Tradução de: Fábio Costa Morosini e Fernanda Nunes Barbosa. São Paulo: Revista dos Tribunais, 2010. p. 116. Refere o autor argentino: "O caso '*Brown v. Board of Education of Topeka*' foi decidido pela Suprema Corte dos Estados Unidos em 17 de maio de 1954. Este caso iniciou com o objetivo de dar por encerrada a doutrina do 'separados mas iguais', sustentada pela Corte desde o caso '*Plessy v. Ferguson*'. Durante a primeira metade do século XX, o precedente '*Plessy*' foi invocado para resolver todos os casos de segregação racial (ou de outras minorias) que se apresentavam ante os tribunais. Assim, em Topeka, Kansas, no ano de 1951, a National Association for the Advancement of Colour People (NAAACP) – organização que impulsionou a maioria dos casos vinculados à segregação racial –, começou a delinear sua estratégia e demonstrou, frente aos tribunais federais do Estado de Kansas, que a segregação condicionava a uma situação de inferioridade às crianças negras para a educação e insistiram que as escolas só seriam 'iguais em igualdade'".

fazendo com que, em muitos casos, a diferença racial fosse alvo de menor valia do negro frente ao branco. Isso se deu não só em fatores sociais, mas econômicos e políticos da mesma forma. Sobre alguns problemas enfrentados pelos negros nessa época nos Estados Unidos e de como iniciou a idealização do caso *Brown v. Board of Education*, Michael J. Klarman[306] explica que, por volta dos anos 50 do século passado, ainda eram muitas as coisas que deveriam mudar. Os negros adquiriram mais direito a voto, mesmo assim 80% ainda não poderia exercer este direito. Apesar de algumas cidades terem uma política de tolerância maior, nunca houve, por completo, um modelo sem segregação. Em que pese o ambiente, no geral, ter melhorado, a segregação racial nas escolas era um fato inconteste, o que seria alvo de avaliação pela Suprema Corte nos anos que se seguiam.

A própria importância do negros durante sua participação na Segunda Guerra Mundial é lembrada[307] como fator condicionante para que conseguissem abrir o espaço suficiente para exigir, por meio do Poder Judiciário, melhores direitos para questões relacionadas às desigualdades sociais, como as que existiam em escolas públicas dos Estados Unidos. A evolução dos negros era gradativa, pois também iniciavam a dominar até mesmo o mundo artístico, fazendo com que sua música evoluísse passo a passo no país desde sua criação, como lembra Eric J. Hobsbawm.[308]

---

306 KLARMAN, Michael J. *Brown Vs. Board of Education*: Law or Politics? (December 2002). UVA School of Law, Public Law Research Paper No. 02-11. Available at SSRN: <http://ssrn.com/abstract=353361 or doi:10.2139/ssrn.353361>. p. 3. Potent as these background forces for racial change were, by the early 1950s they had yet to produce dramatic changes in southern racial practices. Southern Black voter registration had increase from roughly 3% in 1940 to about 20% in 1952, but 80% -of southern blacks remained voteless, and many Deep South counties with Black majorities still disfranchised African Americans entirely. Many southern cities had instituted less offensive bus-seating practices, but none had desegregated. Many others had desegregated Police forces and minor league baseball teams, and disparities in public funding of Black and White schools were rapidly decreasing. In large border state cities-Baltimore, Kansas City, St. Louis, Louisville, Wilmington-segregation in public accommodations was eroding, and Catholic parochial schools were starting to integrate. Yet, racial segregation in public grade schools remained completely intact in southern and border states and the District of Columbia. Public school segregation lay near the top of White supremacists' hierarchy of racial preferences. For the Court to invalidate it was certain to generate far greater controversy and resistance than striking down the White primary or segregation in interstate transportation.

307 RODRIGUES, Leda Boechat. *A corte de Warren*. Rio de Janeiro: Civilização Brasileira, 1991. p. 20-21. "Terminada a Segunda Guerra Mundial, em que os pretos americanos tiveram bastante participação, pensaram eles ser chegada a hora de pôr termo às discriminações legais que os reduziam a cidadãos de segunda classe. Orientados principalmente pela NAACP (iniciais em inglês da Associação Nacional para a Proteção dos Americanos de Cor), e conscientes de que lhes faltavam forças para influenciar os órgãos legislativos na esfera federal e nas estaduais, resolveram agir nos tribunais, mostrando, assim, a sua crença no sistema judicial dos Estados Unidos". Ver também: MENEZES, Paulo Lucena de. *A ação afirmativa (affirmative action) no direito norte-americano*. São Paulo: Revista dos Tribunais, 2001. p. 77-80.

308 HOBSBAWM, Eric J. *História social do jazz*. Tradução de: Angela Noronha. 6. ed. 3. reimp. São Paulo: Paz e Terra, 2011. p. 75. Assim deu-se a evolução da música negra nos EUA: "O jazz nasceu. Porém a sua singularidade não está na mera existência – muitas foram as linguagens musicais locais especializadas – mas em sua extraordinária expansão, praticamente sem paralelo cultural em termos de velocidade e abrangência, a não ser pela expansão inicial do islamismo. Esse é, portanto, o próximo aspecto a considerar. Ele pode ser dividido, grosso modo, em fases: cerca de 1900-1917, quando se tornou a linguagem da música popular negra em toda a América do Norte, enquanto alguns de seus aspectos (síncope e ragtime) tornaram-se componentes permanentes de Tin Pan Alley; de 1917-1929, quando o jazz 'estrito' se expandiu muito pouco, mas evoluiu muito rapidamente, e quando uma infusão de jazz altamente diluída veio a ser a linguagem dominante na música de dança ocidental urbana e nas canções

Diante desses fatos, aos negros começavam a ser reconhecidos certos direitos nas cidades, melhorando as relações sociais, econômicas, políticas, restando, por evidente, algumas lacunas para serem preenchidas, entre elas o acesso às escolas públicas em algumas cidades dos Estados Unidos.[309] Por isso, conforme lembra Michael J. Klarman,[310] entre 1951 e 1952, cinco casos envolvendo a matéria foram distribuídos à Suprema Corte, sendo um deles *Brown v. Board of Education*.[311] A sensibilidade dos *Justices* foi tamanha que, ao analisarem os casos, deram-se conta de que três deles poderiam não ter uma efetividade desejada, pois oriundos de localidades nas quais o racismo era mais acentuado, preferindo o julgamento do caso *Brown*, o único que, em suas opiniões, poderia vir a fazer diferença na concretização da decisão emanada da Corte.

---

populares; 1929-1941, quando o jazz começou propriamente sua conquista de públicos minoritários europeus e músicos *avant-garde*, e uma forma bem mais diluída – o *swing* – entrou para a música pop de maneira permanente. Seu verdadeiro triunfo internacional, a penetração de linguagens ainda mais puras de jazz na música pop – jazz de New Orleans, jazz moderno *avant-garde* e os *blues country* e gospel – ocorreram a partir de 1941".

309 GINSBURG, Tom. *Judicial review in new democracies*: constitutional courts in asian cases. New York: Cambridge University, 2003. p. 17. Por essas razões e outras tantas, é que não se concorda com a afirmação de Tom Ginsburg, de que o julgamento do caso Brown se deu mais no plano moral do que no jurídico. Assim afirma o autor: "More accurately, observes looking for 'grand cases' that establish institutions of judicial review have in mind Brow v. Board of Education, where the Supreme Court overturned the Amarican caste system with a single blow. But Brown is another highly atypical case. First, it explicity overrules a precedent in contrast with the usual characterization of common law courts. Second, Brown's rhetoric is primarily moral rather than legal".

310 Ibid., p. 2-3. "Five cases challenging the constitutionality of public school segregation reached the Court in 1951-1952 – litigation that has come to be known as Brown v. Board of Education. Justices were unenthusiastic about confronting so quickly the question they had deliberately evaded in the 1950 university segregation cases, and the National Association for the Advancement of Colored People (NAACP) had not planned to force the issue this soon. Moreover, the Five cases were hardly representative. Three were from jurisdictions-Kansas, Delaware, and the District of Columbia-where whites were not deeply committed to segregation and judicial invalidation probably would not cause great disruption. The other two, however, came from Clarendon County, South Carolina, and Prince Edward County, Virginia, where blacks were 70% and 45% of the population, respectively. Broad forces for racial change had barely touched these counties, where judicial invalidation of segregation could jeopardize public education. NAACP secretary Roy Wilkins later confided that Clarendon County 'would be the last place I'd pick' to integrate. Yet, ironically, the NAACP's 1950 decision no longer to accept equalization cases had pushed blacks in these counties to convert grievances against inferior schools and lack of bus transportation into broad desegregation challenges. The Association would not abandon courageous blacks willing to challenge Jim Crow under oppressive conditions, but it did pressure them to attack segregation directly, wich they otherwise probably would not have done. Some civil rights leaders questioned the wisdom of pushing a desegregation suit on the Court at this time, worrying that the strategy might backfire and produce a disastrous defeat. Why run the risk, they wondered, IF narrower challenges to racial inequality were virtually certain to succeed? Even Thurgood Marshall had doubs wheter the justice were yet prepared to invalidate school segregation. As we shall see, such concerns were well-founded".

311 VILE, John R. *Essential Supreme Court decisions*: summaries of leading cases in U.S. constitutional law. 15th ed. Maryland: Rowman & Littlefield Publishers, 2010. p. 409. O que pode ser confirmado com a leitura do autor: "A series of cases went to the Supreme Court from the states ok Kansas, South Carolina, Virginia, and Delaware. Since all of the cases involved the same basic problem – African American minors, through their legal representatives, seeking the aid of the courts in obtaining admission to the public schools of their respective communities on a non-segregated basis – all where determined by one decision of the Court. The Kansas case became the nominal leading case. In the various states, the black children were of elementary or hogh school age or both. Segregation requirements were on a statutory and state constitucional basis except in Kansas where only statutory provisions were involved".

Esse o contexto histórico que também é explicado por Robe
nezes Kaufmann,[312] em que se deu o julgamento do caso *Brown v. B*
Mas, conforme acima analisado, a decisão que encerra uma segreg
si só eficaz sem que outros fatores externos auxiliem em sua efetivi
alvo de ampla discussão na Suprema Corte e que dá embasamento à
tulo posterior. O caso Brown abriu uma série de precedentes para que outros casos envolvendo discriminação racial fossem julgados, em especial entre 1954 e 1962,[313] como *Muir v. Louisville Park Theatrical Ass'n, Mayor of Baltimore v. Dawson, Hawkins v. Board of Control, Gayle v. Browder, New Orleans City Park Improvement Ass'n v. Detiege, Turner v. City of Memphis* e *Schiro v. Bynum*[314] o que pode ser confirmado com a leitura de Robert G. McCloskey.[315]

2.4.4. Brown v. Board of Education of Topeka: decisão e seus efeitos

O julgamento do caso *Brown v. Board of Education of Topeka* não aparentava facilidade de ser concretizado. Encerrar uma tradição mais que centenária numa sociedade não é algo que se pode dizer ser natural. Diante dessa constatação, alguns questionamentos eram previsíveis para os *Justices* ao julgarem o caso, entre eles:

---

[312] KAUFMANN, Roberta Fragoso Menezes. *Ações afirmativas à brasileira*: necessidade ou mito? Uma análise histórico-jurídico-comparativa do negro nos Estados Unidos da América e no Brasil. Porto Alegre: Livraria do Advogado, 2007. p. 151-158. Resumindo o capítulo, a autora nas páginas 158-159 afirma: "Como visto, inúmeras foram as manifestações favoráveis ao fim da segregação institucionalizada. Milhares de pessoas foram mortas, feridas e presas, com o objetivo de ao menos colocar em prática o princípio da igualdade formal no sentido de que todos são iguais perante a lei. As diversas organizações criadas em prol dos negros combatiam ferozmente a hemenêutica de que seria possível conjugar o princípio da igualdade com a separação institucional, conforme já havia sido decidido pela Corte Maior no caso Plessy v. Ferguson, em 1896. Finalmente, em 1954, a partir do caso Brown v. Board of Education – 347 U.S 483 – houve a reviravolta no entendimento dantes esposado". (*sic*).

[313] In a series of per curiam opinions handed down between 1954 and 1962, the Supreme Court holds unconstitutional a wide variety of Jim Crow laws, citing Brown as authority. The Court strikes down segregation in golf courses and fishing lakes in Muir v. Louisville Park Theatrical Ass'n., 347 U.S. 971 (1954) and Holmes v. City of Atlanta, 350 U.S. 879 (1955); in public beaches, bathhouses, and swimming pools in Mayor of Baltimore v. Dawson, 350 U.S. 877 (1955); in a public law school in Florida ex rel. Hawkins v. Board of Control, 350 U.S. 413 (1956); on buses in Gayle v. Browder, 352 U.S. 903 (1956); in city parks in New Orleans City Park Improvement Ass'n v. Detiege, 358 U.S. 54 (1958); and in airport restaurants and rest rooms in Turner v. City of Memphis, 369 U.S. 350 (1962). Disponível em: <http://www.yale.edu/lawweb/jbalkin/brown/1954.html>. Acesso em: 22 set. 2012.

[314] O caso *Schiro v. Bynum*, de 1964, foi sobre segregação em auditórios municipais. Disponível em: <http://www.law.cornell.edu/anncon/search/display.html?terms=marriage&url=/anncon/html/amdt14gfrag7_user.html>. Acesso em: 29 set. 2012.

[315] McCLOSKEY, Robert G. *The modern Supreme Court*. Cambridge, Massachusetts: Harvard University Press, 1972. p. 247. Expõe o autor: "Since 1954, as every schoolboy knows, the Supreme Court – and even more the lower federal courts which it supervises – has been heavily preoccupied with the problem of public school integration. After the seven-league stride of the Brown decisison, the Court has moved steadily but not hastily forward against other forms of racial discrimination. The implications of the Brown doctrine were applied in per curian holdings against segregation in such facilities as public recreation grounds and intrastate buses; the states that sought to take retributive action against the NAACP were stymied; the concept os 'state action' was extended so as to make it a little harder to maintain a discriminatory pilicy. With the possible exception of this last case, these developments might be said to be logically inherent in the broad disapproval of racial discrimination that was exemplified by the Brown dosctrine".

(i) como dar condições de possibilidade de uma afro-descendente frequentar uma escola para brancos sem que seja discriminada?

(ii) será que apenas pelo julgamento do caso pela Suprema Corte dos Estados Unidos haveria de ser cumprida a decisão?

Essas e outras tantas preocupações restaram consignadas na *opinion* da Corte no julgamento do caso.[316]

As relações sociais, políticas, econômicas e afetivas não mudam pessoas pelo simples fato de existir uma decisão judicial que direcione para tal lado,[317] tanto que outro marco existente no Poder Judiciário estadunidense dos direitos dos negros é o julgamento do caso cujo nascedouro se deu num boicote aos ônibus de Montgomery, o qual somente ocorreu pela inconformidade de uma negra, Rosa Louise McCauley Parks, ou, como ficou mundialmente conhecida, Rosa Parks,[318] ao não ceder seu lugar para um branco em um ônibus. Em 1° de dezembro de 1955, ou seja, mesmo após o julgamento do caso Brown, Rosa Parks foi presa, o que ensejou um

---

[316] A *footnote* n. 13 assim traz as preocupações emanadas pela Corte: "Assuming it is decided that segregation in public schools violates the Fourteenth Amendment (a) would a decree necessarily follow providing that, within the limits set by normal geographic school districting, Negro children should forthwith be admitted to schools of their choice, or (b) may this Court, in the exercise of its equity powers, permit an effective gradual adjustment to be brought about from existing segregated systems to a system not based on color distinctions? 5. On the assumption on which questions 4 (a) and (b) are based, and assuming further that this Court will exercise its equity powers to the end described in question 4 (b), (a) should this Court formulate detailed decrees in these cases;(b) if so, what specific issues should the decrees reach;(c) should this Court appoint a special master to hear evidence with a view to recommending specific terms for such decrees;(d) should this Court remand to the courts of first instance with directions to frame decrees in these cases and, if so, what general directions should the decrees of this Court include and what procedures should the courts of first instance follow in arriving at the specific terms of more detailed decrees?" Disponível em: <http://www.law.cornell.edu/supct/html/historics/USSC_CR_0347_0483_ZO.html#347_US_483n13ref#347_US_483n13ref>. Acesso em: 21 out. 2012.

[317] *MISSISSIPI em chamas*. Direção: Alan Parker. Fox Films, 1988. 1 DVD (128 min). Título original: *Mississippi burning*. Recomenda-se assistir à película para mostrar como o Sul dos Estados Unidos, ainda em 1964, ano em que se passa a história do filme, ainda demonstrava sinais de racismo de forma acentuada. Embora baseado em eventos reais, o filme foi muito criticado, em especial pelo historiador Howard Zinn, por trazer muita ficção à história, em especial dos agentes do FBI, que foram filmados como heróis. Mas o fato, a morte de três ativistas civis, o que já corrobora a afirmação de que, muitas vezes, uma decisão, uma lei, não muda a cultura de uma hora para outra. Segue trecho da reportagem sobre o filme e as críticas recebidas: "'Mississippi em Chamas' (*Mississippi Burning*, no original) é um filme norte-americano de 1988, do gênero drama, dirigido por Alan Parker e com roteiro de Chris Gerolmo. O filme conta de maneira fictícia a investigação que dois agentes do FBI fizeram no estado de Mississippi em 1964, quando três ativistas dos direitos civis foram brutalmente assassinados. Foi precedido em 1975 por um documentário televisivo intitulado: *Ataque ao terror: o FBI versus a Ku Klux Klan*, que narrou os mesmos eventos do filme. Em 1990 foi realizado outro especial para a televisão, chamado *Assassinato no Mississippi, aleluia,* baseando-se na mesma história em que o filme 'Mississipi em chamas' foi baseado. O filme foi criticado por muitos, incluindo o historiador Howard Zinn, já que os norte-americanos são preponderantemente empiristas, salvo Talcott Parsons, no clássico: *The Structure of Social Action* (cf. Parsons, 1949; 1970; cf. Stroh, 1972), pela sua 'ficcionalização da história real'. Enquanto os agentes do FBI são apresentados como os heróis do filme, na realidade o FBI e o Departamento de Justiça mal protegeram os civis ameaçados da pequena cidade e, alegadamente, observaram pessoas sendo espancadas sem intervir. Em 21 de junho de 2005, 41 anos após os assassinatos, Edgar Ray Killen (na ocasião com 80 anos) foi condenado a sessenta anos de prisão pelo assassinato dos três civis cujas histórias são contadas no filme." Disponível em: <http://www.estudosviquianosblogspotcom.dihitt.com.br/n/violencia/2012/08/10/a-particularidade-do-racismo-norte-americano->. Acesso em: 13 out. 2012.

[318] *THE ROSA Parks Story*. Direção: Julie Dash. Xenon, 2002. 1 DVD (97 min). Color. O filme retrata a vida de Rosa parks, interpretada por Angela Basset.

dos mais longos boicotes[319] da história dos Estados Unidos, saindo a comu negra vitoriosa nas Cortes de Justiça[320] e ascendendo como líder do movimento ne gro Martin Luther King Jr. Aliás, muitas vezes, a imposição de uma decisão judicial acaba, por si só, trazendo prejuízos ao plano social, por não estar o cidadão ainda preparado para o cumprimento daquele determinado comando decisional.[321] Isso pode ser observado com a própria história do julgamento do caso *Brown*, no qual a Suprema Corte escolheu um dos cinco casos que lá foram demandados, tendo em vista que em três deles as condições de efetivação seriam mais difíceis do que nos outros dois. Então, não é somente função da Corte Superior decidir aquele determinado caso daquela forma, mas sim, decidir de um modo pelo qual essa decisão, no plano concreto, tenha reais e efetivas condições de ser exercida.

Não é de se estranhar que a decisão *Brown v. Board of Education of Topeka* é considerada por alguns[322] como a mais importante e efetiva da Suprema Corte dos Estados Unidos em matéria de direitos civis, tendo, inclusive, o condão de modificar o próprio comportamento do cidadão estadunidense.[323] Nathan Aaseng[324] aponta para o fato de que, talvez, a decisão tenha sido mais simbólica que prática, pois o recado havia sido dado. Conforme ressalta Pablo Luis Manili,[325] toda decisão

---

319 *BOYCOTT*. Direção: Clark Johnson. HBO, 2001. 1 DVD (118 min). Color. O filme retrata a história do ocorrido com Rosa Parks, o boicote e o movimento negro realizado na época para dar sustentação aos seus direitos.

320 A inconformidade de Rosa Parks deu ensejo ao caso *Browder v. Gayle,* que foi julgado na Suprema Corte dos Estados Unidos, encerrando o sistema de segregação racial nos ônibus de Montgomery, Alabama. Disponível em: <http://www.rosaparksfacts.com/browder-vs-gayle.php>. Acesso em: 01 nov. 2012.

321 *ADIVINHE quem vem para jantar*. Direção de Santley Kramer. Columbia Pictures, 1967. 1 DVD (108 min). Color. Título original: *Guess who's coming to dinner*. A abordagem social realizada no filme, que marcou época, traz essa concepção que a aceitação, pelo contato, às vezes é mais produtiva que por uma simples imposição. A sinopse retrata esse contexto: "Joanna (Katharine Houghton), a bela filha do editor liberal Matthew Drayton (Tracy) e de sua esposa aristocrata, Christina (Hepburn), retorna para casa com seu novo namorado, John Prentice (Sidney Poitier), um ilustre médico. Christina aceita a decisão de sua filha de se casar com John, mas Matthew está chocado com a união inter-racial, bem como os pais do médico. Para acertar as coisas, as famílias devem sentar frente a frente e examinar os seus níveis de tolerância. Em *ADIVINHE QUEM VEM PARA JANTAR*, o diretor Stanley Kramer criou um estudo magistral dos preconceitos sociais".

322 FISS, Owen M. *Troubled beginnings of the modern state, 1888-1910*. (History of the Supreme Court of the United States, vol. VIII). New York: Cambridge University Press, 2006. p. 392. Segundo o autor, foi o caso que marcou sua geração: "Then in 1954, in Brown v. Board of Education – a case that has inspired my generation [...]".

323 SOUTO, João Carlos. *Suprema Corte dos Estados Unidos*: principais decisões. Rio de Janeiro: Lumen Juris, 2008. p. 125: "Essa decisão unânime da Suprema Corte causou enorme impacto na sociedade norte-americana, contribuindo para modificar, com profundidade poucas vezes vista, o comportamento de uma nação no presente e futuro".

324 AASENG, Nathan. *You are the Supreme Court justice*. Minneapolis: The Oliver Press, 1994. p. 58. Aduz: "Despite the problems, complaints, and violence surrounding the Brown case, the decision is widely considered 'one of the most humane acts in our history', one historian has said. The importance of the Brown decision was perhaps more symbolic than practical. By declaring an and to governmental support of segregation, the ruling gave an important boost to the civil rights movement that went on to develop during the 1960s. The decision held out the promise of equality for blacks and gave Congress the courage to enact laws that would help to fulfill those promises".

325 MANILI, Pablo Luis. El rol político de las cortes supremas y de los tribunales constitucionales. In: —— (Coord.). *Marbury v. Madison*: reflexiones sobre una senteccia bicentenaria. México: Editorial Porrúa, 2011. p. 138-139. Refere: "Toda decisión de un TS, aún en los países donde éstas tienen efectos sólo para el caso concreto, repercute sobre el resto de la sociedad. El ejemplo más palmario de ello es el caso 'Dred Scott vs. Sandford' resuelto por la Corte Suprema norteamericana en 1857 y que fue una de las principales causas de la guerra civil desatada en

de um Tribunal Superior tem efeitos não só para o caso em concreto, mas repercute em toda a sociedade, sendo que o exemplo trazido pelo jurista argentino para corroborar sua assertiva são os julgamentos dos casos *Dred Scott v. Sandford* e *Brown v. Board of Education*.

A decisão do caso, julgado na Corte de Warren, cuja *opinion* rechaçou de vez aquela ultrapassada doutrina do *separate but equal*, que havia ganhado força com o julgamento do caso *Plessy v. Ferguson*, abarcou a tese de que as oportunidades educacionais deveriam ser iguais para brancos e negros, em que pese estarem num sistema escolar que os segregava desde a partida do ônibus escolar, até os corredores das escolas, com a separação dos bebedouros d´água e banheiros. Estar em situação de igualdade, mas ao mesmo tempo separados, traz alguma possibilidade de uma pessoa se sentir menosprezada? Parece que a resposta na década de 50 do século passado é afirmativa, tendo a Suprema Corte se baseado, dentre outros fatores, nos testemunhos de psicólogos sociais que alertaram para o impacto psicológico que aquele tipo de segregação trazia, conforme alude Ricardo Luis Lorenzetti.[326]

O rompimento com o passado no caso Brown foi tamanho que a Suprema Corte dos Estados Unidos, no corpo da *opinion*[327] do caso, consignou que o Tribunal novamente se reuniria para ver a real evolução do que foi decidido. Segundo

---

1863, por haberles negado el carácter de ciudadanos a las personas de raza negra. En el mismo sentido, coando esa Corte resolvió 'Brown vs. Board of Education of Topeka' en 1954 sabía que estaba resolviendo mucho más que el caso concreto del Sr. Brown, estaba regulando todo el sistema educativo norteamericano y decidiendo sobre el grave problema de la segregación racial en las escuelas; tanto es así que diez años despues se sancioná la ley de integración racial, bazada en ese fallo".

326 LORENZETTI, Ricardo Luis. *Teoria geral do direito ambiental*. Tradução de: Fábio Costa Morosini e Fernanda Nunes Barbosa. São Paulo: Revista dos Tribunais, 2010. p. 116-117. Relembra o autor: "Quando o caso – junto com outros quatro – chegou à Suprema Corte, esta pôs de lado a doutrina do 'separados mas iguais'. Assim, recorrendo a uma interpretação dinâmica da XIV emenda da Constituição dos Estados Unidos, tendo em conta os valores e princípios regentes neste momento e não segundo a intenção que tiveram em conta os constituintes, a Corte concluiu que a segregação das crianças nas escolas públicas, baseada na raça, privava os afetados da igual proteção da lei, garantida pela mencionada emenda. O argumento utilizado pelo Presidente da Corte, Earl Warren – que emitiu a opinião da Corte – consistiu em que a doutrina do 'separado mas iguais' – além de ter tido sua aparição em 1896 em '*Plessy*', um caso vinculado com o transporte – não podia ter lugar já que as instalações educacionais separadas eram inerentemente desiguais. Isso porque, fossem iguais as escolas para brancos e negros, a segregação imposta pela lei e baseada somente na raça privava as crianças do grupo minoritário de ter iguais oportunidades educacionais, como os benefícios que receberiam em um sistema escolar racionalmente integrado. Para chegar a essa conclusão, a Corte outorgou um papel categórico aos testemunhos dos psicólogos sociais, que se haviam dado conta do impacto psicológico que a segregação produzia".

327 Trecho da *opinion* de Brown v. Board of Education: "Because these are class actions, because of the wide applicability of this decision, and because of the great variety of local conditions, the formulation of decrees in these cases presents problems of considerable complexity. On reargument, the consideration of appropriate relief was necessarily subordinated to the primary question – the constitutionality of segregation in public education. We have now announced that such segregation is a denial of the equal protection of the laws. In order that we may have the full assistance of the parties in formulating decrees, the cases will be restored to the docket, and the parties are requested to present further argument on Questions 4 and 5 previously propounded by the Court for the reargument this Term. The Attorney General of the United States is again invited to participate. The Attorneys General of the states requiring or permitting segregation in public education will also be permitted to appear as *amici curiae* upon request to do so by September 15, 1954, and submission of briefs by October 1, 1954". Disponível em: <http://www.law.cornell.edu/supct/html/historics/USSC_CR_0347_0483_ZO.html#347_US_483n14#347_US_483n14>. Acesso em: 03 out. 2012.

relata John R. Vile,[328] a Corte se reuniu, em 1955, para reargumentar o caso, que ficou conhecido como *Brown v. Board of Education II*, para analisar as resistências oferecidas quanto à implementação do que foi decidido, em especial às oferecidas no Sul do país.[329]

Conforme Desirê Bauermann,[330] em estudo comparando o cumprimento de obrigações de fazer e não fazer entre as tradições dos Estados Unidos e do Brasil, o caso Brown foi o *leading case* do que ela entende ser as "ações estruturais",[331] consubstanciadas em visar ao atendimento das deliberações judiciais, garantindo-se, assim, a dignidade do Poder Judiciário, pressionando o devedor ao cumprimento da decisão sob penalidades. Relata, ainda, que a realização dessas determinadas atividades ou abstenções almeja a melhoria de direitos constitucionalmente agredidos, como a de não sofrer discriminação, respeito à dignidade de presos e doentes mentais, moradia, entre outros.

Com isso, pode ser verificado que há uma evolução cultural da sociedade estadunidense[332] ao longo dos anos em que a Suprema Corte dos Estados Unidos

---

328 VILE, John R. *Essential Supreme Court decisions*: summaries of leading cases in U.S. constitutional law. 15th ed. Maryland: Rowman & Littlefield Publishers, 2010. p. 410. Refere: "After the Supreme Court's historic decision in Brown v. Board of Education (1954), the Court ordered rearguments on how this ruling should be implemented. The U.S. attorney general as well as attorneys general of several states participated in oral arguments".

329 Ibid., p. 411. Aduz: "Brown v. Board of Education faced a policy os 'massive resistance' throughout the South. Some scholars have argued that the phrase 'with all deliberate speed' (added at the suggestion oj Justice Felix Frankfurter) encouraged states to resist, but, given the volatility of the desegregation issue, such resistance would likely have with or without this particular phrase".

330 BAUERMANN, Desirê. *Cumprimento das obrigações de fazer ou não fazer*: estudo comparado: Brasil e Estados Unidos. Porto Alegre: Sergio Antonio Fabris, 2012. p. 53-54. Ressalta a autora: "Como referido na introdução do presente trabalho, o direito norte-americano há décadas aplica formas as mais variadas para garantir o atendimento de decisões judiciais, sobretudo as que não se limitam a impor o pagamento de uma soma em dinheiro ao autor para que o seu direito reste atendido, mas, sim, que exijam a realização de determinadas atividades ou a abstenção do obrigado para atingir esse escopo". E continua "Naquele país a preocupação com o cumprimento específico intensificou-se principalmente após a propositura de processos que visavam afastar violação a direitos constitucionalmente garantidos, como não sofrer discriminação, respeitar a dignidade humana de presos e doentes mentais internados em instituições destinadas ao seu cuidado, receber moradia adequada, entre outros, que não seria devidamente compensada com o pagamento de indenização por perdas e danos, exigindo-se o seu cumprimento específico". Seguindo, relata que: "Nessa perspectiva, e também visando sempre ao atendimento das deliberações judiciais como forma de garantir a dignidade da Justiça e o respeito ao próprio Poder Judiciário, desenvolveu-se um sistema específico tanto para pressionar o devedor a cumprir a obrigação pessoalmente como para puni-lo caso não o faça; da mesma forma, buscou-se solução para afastar a violação ao direito na prática quando o devedor se recusava a cumpri-la pessoalmente, a despeito da efetiva aplicação desses mecanismos". E finaliza, afirmando que: "Todo esse movimento teve início com o julgamento do caso Brown v. Board of Education, leading case das chamadas 'ações estruturais', cujo estado se faz necessário aqui em decorrência de sua grande repercussão, sobretudo, nas seguintes áreas: i) na forma de julgar dos tribunais americanos; ii) na alteração de paradigmas da sociedade como um todo; iii) na aplicação de meios executórios inovadores para dar cumprimento a valores garantidos constitucionalmente, mas não cumpridos tanto pelos governantes em geral como pela própria população, inaugurando a época de vasta utilização dos auxiliares do juízo e, por consequência, da intervenção judicial, especialmente no campo da elaboração de políticas públicas e de reestruturação de instituições públicas".

331 Aqui manteve-se a tradução da autora em sua tese de doutorado.

332 POLLACK, Malla. O alto custo de não ter direitos positivos, uma perspectiva dos Estados Unidos. In: SARLET, Ingo Wolfgang; TIMM, Luciano Benetti (org.). *Direitos fundamentais*: orçamento e "reserva do possível". 2. ed. Porto Alegre: Livraria do Advogado, 2010, p. 342. Mas, de mesma forma, foram respeitados aspectos culturais,

julgou, desde *Dred Scott v. Sandford*, passando por *Plessy v. Ferguson* e, finalmente, *Brown v. Board of Education*, culminando com a decisão que aboliu a ilusão de que pessoas de raças diferentes, em condições iguais, mas separadas, têm as mesmas oportunidades na vida. Conclui-se, assim, que o momento cultural da sociedade é um importante marco referencial para que Cortes Superiores possam julgar melhor, em que pese o fato de que estas não podem somente acompanhar o que ocorre na sociedade, sob pena de virarem reféns dela. Existem momentos nos quais o Poder Judiciário deverá julgar contra o que ela anseia, ou parcela dela, e, como foi demonstrado, a efetividade do que foi decidido não se dará por si só, devendo o órgão jurisdicional ditar as formas pelas quais aquela decisão será efetiva, pois imbuído de poderes para tanto.

2.5. Roe *v.* Wade, 410 U.S. 113 (1973)

Desviando da linha de estudo relacionada ao julgamento dos casos envolvendo questões raciais, tem-se necessária a abordagem de um dos mais controvertidos[333] julgamentos até hoje realizados pela Suprema Corte dos Estados Unidos, consubstanciado no assunto envolvendo a possibilidade de escolha pela mulher gestante da prática do procedimento de aborto,[334] no polêmico caso *Roe v. Wade*, que envolvia o direito à privacidade de uma cidadã estadunidense do Texas[335] e que, até hoje, é um dos casos na qual a decisão é questionada a todos os *Justices*

mantendo-se a autonomia da vontade em alguns casos específicos, conforme alertta a autora: "Segregação em escolas públicas foi uma área fortemente impactada pela mudança dos juízes [da Suprema Corte]. Em 1954, a Suprema Corte considerou que as escolas racialmente segregadas eram fundamentalmente desiguais, por conseguinte, em violação à Cláusula de Proteção Igual da Emenda 14. Em 1955, a Corte ordenou que as escoilas públicas da nação que desagregassem 'com todo discurso deliberado'. Alguma integração aconteceu, mas nos anos 70, a Corte distinguiu a segregação inconstitucional, estabelecida legalmente (*de jure*) daquela separação de raças aceitável, causada por escolhas indiiduais (*de facto segregation*); a Corte não permitou que 'remédios' para a segregação *de jure* cruzassem a linha jurisdicional adentrando em comunidades segregadas apenas por escolhas individuais. Em 1988, quase 45% dos estudantes negros de escolas públicas que frequentavam escola de maioria branca; em retrospectiva, este foi o pico da integração escolar".

333 SOUTO, João Carlos. *Suprema Corte dos Estados Unidos*: principais decisões. Rio de Janeiro: Lumen Juris, 2008. p. 150. Refere o autor: "Brown v. Board of Education é de importância capital na conquista de espaço e na busca da construção da igualdade para a minoria negra e, por isso, é considerado um dos casos mais relevantes julgados pela Suprema Corte. Não supera, todavia, Roe v. Wade no quesito controvérsia".

334 HITCHCOCK, Susan Tyler. *Roe v. Wade*: protecting a woman's right to choose. New York: Chelsea House, 2007. p. 23. Sobre o que vem a ser o aborto, explica: "Abortion occurs when an embryo or fetus growing inside a pregnant woman leaves the uterus, severing its biological tiés with the mother's body and ending its development. Many abortions happen naturally. Deliberate abortion – the intentional manipulation of the embryo or fetus with a goal of ending the pregnancy – can accomplish chemically or mechanically".

335 VILE, John R. *Essential Supreme Court decisions*: summaries of leading cases in U.S. constitutional law. 15th ed. Maryland: Rowman & Littlefield Publishers, 2010. p. 383. Em breve síntese do caso: "Texas statutes prohibited abortions except by advice for the purpose of saving the life of the mother. A woman proceeding under the pseudonym of Jane Roe instituted a federal class action against the district attorney of Dallas County challenging the validity of the statutes. Because the pregnancy did not threaten her life, she could not obtain a legal obortion in Texas".

nomeados à Suprema Corte para que opinem[336] sobre o que foi determinado no julgamento.

Jane Roe, cujo verdadeiro nome era Norma McCorvery,[337] na década de 70, grávida e solteira, tendo sua gestação sido ocasionada por estupro,[338] questionou uma lei que proibia em seu próprio Estado a prática abortiva, embora pudesse, como incontáveis outras mães fazem, realizar o ato clandestinamente. Ao preferir enfrentar um processo judicial que autorizasse essa prática, entrou para as páginas da história dos Estados Unidos e do mundo com seu caso.[339]

O objeto do caso arguido era, basicamente, declarar que a lei texana contra o aborto era inconstitucional, em especial pela vagueza de sua redação, que aludia ao fato de que a mulher deixava de receber tratamento médico adequado em situações nas quais decidiu não continuar com a gravidez. O caso foi apresentado contra Henry Wade, o então *district attorney* eleito na cidade de Dallas, segundo relata Susan Tyler Hitchcock[340] na obra *Roe v. Wade: protecting a woman's right to choose.* O julgamento foi realizado pela Suprema Corte estadunidense no dia 22 de janeiro

---

336 UROFSKY, Melvin I. *Supreme decisions*: great constitutional cases and their impact. Philadelphia: Westview Press, 2012, p. 325. Refere: "THERE HAVE BEEN FEW CASES in the Supreme Court's history that have arounsed such passionate and sustained criticism as the 1973 decision holding that, as part of her right to privacy, a woman had a constitutionally protected right to secure an abortion. Nearly four decades after Justice Harry Blackmun wrote the 7-2 opinion, it is still at the center of controversies over the extent of the Court's powers, constitutional interpretatiton, and judicial activism. Every nominee to the Supreme Court in the last thirty years has been questioned on his or her opinion on the case, and all of them have evaded giving a straight-forward answer. Despite efforts by state legislatures to get around the holding and by conservative presidents to appoint justices willing to overrule Roe v. Wade, it remains on the books, shorthand for other issues involved in the culture wars, particularly feminism's demand for equal rights for women".

337 SOUTO, João Carlos. *Suprema Corte dos Estados Unidos*: principais decisões. Rio de Janeiro: Lumen Juris, 2008. p. 153. Na nota explicativa n. 93 o autor assim descreve sobre o verdadeiro nome da autora da ação: "*Jane Roe* era o nome fictício de Norma MacCorvey. Temendo a repercussão do caso, que poderia, fosse qual fosse o resultado, afetar sua vida futura, além do *social estigma* relacionado com o fato de ser uma mãe solteira, McCorvey, logo no início do processo, protocolou uma petição requerendo fosse identificada (*request to speak with*) como Jane Roe, e assim foi deferido. Anos depois MacCorvey revelou sua identidade para o público. Entretanto, todos os registros referentes ao caso constam como *Roe v. Wade*".

338 AASENG, Nathan. *You are the Supreme Court justice.* Minneapolis: The Oliver Press, 1994. p. 93. Inicia relatando: "In August 1969, Norma McCorvey told police that she had been a victim of a violent crime. In police headquarters, McCorvey, who worked in a traveling carnical, described what she said happened late one night when she was walking back to her motel outside Augusta, Georgia: Three men followed her, taunting and jeering. After McCorver angrily spoken back to the men, they raped and beat McCorvey, who eventually fell unconscious", e finaliza: "When the local police openly doubted her story, McCorvey returned to her home state of Texas. The divorced McCorvey stay in her trailer. It was there that McCorvey discovered she was pregnant. But she did not want the baby – which she said was the product of rape. She could not even care for her five-year-old daughter, who was living with McCorvey's mother. In fact, Naorma McCorvey could barely afford to buy enough food for herself".

339 *ROE v. Wade.* Direção: Gregory Hoblit. NBC, 1989. 1 DVD (100 min). Color. O caso ganhou a versão para a TV com a atriz Holly Hunter interpretando o papel de Jane Roe.

340 HITCHCOCK, Susan Tyler. *Roe v. Wade*: protecting a woman's right to choose. New York: Chelsea House, 2007. p. 49-50. Aduz: "The legal grounds on witch they made these claims had to do with the vague and unconstitutionally broad language used in the Texas abortion laws, which kept women from receiving adequate medical advice, jeopardized their fundamental right to decide whether to bear children, and compromised their rights to life and privacy. Coffee and Wedding specially requested a three-judge court, witch was an option when a lawsuit claimed that the state law contradicted federal law. They presented the lawsuit against Henry Wade, who had been Dallas County's elected district attorney (DA) for 35 years".

de 1973, concedendo o direito de aborto à Jane Roe. No julgamento, concluiu-se que o artigo 1.196[341] da lei texana, que proibia a prática de aborto, era inconstitucional, sendo que os *Justices* alargaram o âmbito geográfico da decisão para todos os Estados que tinham uma lei contra o aborto.[342]

José Carlos Barbosa Moreira,[343] comentando o caso, aponta para o fato de a Suprema Corte ter elaborado um verdadeiro calendário para as leis futuras que regulamentassem a prática do aborto, no qual restou concluído que a sua realização seguiria uma progressão trimestral, ou seja, quanto mais perto do início, mais respeitada seria a opção da gestante e, quanto mais perto do final, menor sua vontade interferiria no caso, conforme ainda demonstram Sérgio Fernando Moro[344] e John R. Vile.[345]

Por todos esses fatos que estavam pulsantes antes, durante e depois, o julgamento de *Roe v. Wade*, em especial, em razão de que a decisão trouxe desconforto para determinados segmentos da sociedade estadunidense que não estavam prontas para a legalização do aborto, é que, ainda hoje, o caso ainda não está bem

---

341 A redação do artigo 1196 da lei do Texas: "By medical advice: Nothing in this chapter applies to an abortion procured or attempted by medical advice for the purpose of saving the life of the mother". Disponível em: <http://www.law.cornell.edu/supct/html/historics/USSC_CR_0410_0113_ZO.html#410_US_113n1>. Acesso em: 23 out. 2012.

342 HITCHCOCK, op. cit., p. 69. "At 10 a.m. on Monday, January 22, 1973, the Supreme Court released its verdict in the case Roe v. Wade. The news sped over the wires. The Court found in favor of the appellee, Jane Roe. 'Our conclusion that Art. 1196 [the Texas statute forbidding abortion] is unconstitutional means, of course, that the Texas abortion statutes, as a unit, must fall', the court decision read. In fact, the decision meant that the laws against abortion in nearly every state in the Union had been deemed unconstitutional and therefore without any holding power".

343 MOREIRA, José Carlos Barbosa. *Temas de direito processual*: oitava série. São Paulo: Saraiva, 2004. p. 240. Refere: "Outra decisão extremamente polêmica foi a do caso Roe v. Wade, de 1973, em que a Corte, além de declarar a inconstitucionalidade de lei estadual, que restringia severamente a admissibilidade do aborto, editou autêntica regulamentação da matéria. Chegou ao ponto de adotar uma divisão do tempo de gestação em trimestres, para cada um dos quais fixou regime próprio: a lei que pretendesse estabelecer restrições ao aborto poderia fazê-lo, com crescente intensidade, a partir do segundo trimestre, mas teria de respeitar a decisão da gestante no primeiro".

344 MORO, Sérgio Fernando. *Jurisdição constitucional como democracia*. São Paulo: Revista dos Tribunais, 2004. p. 62-63. As razões que levaram a Corte a realizar este tipo de calendário é explicado pelo autor: "O interesse estatal pela proteção da saúde da mulher tornava-se preponderante apenas ao final do terceiro trimestre de gravidez. Antes deste período, as estatísticas demonstravam que a mortalidade presente na prática abortiva era inferior à mortalidade decorrente de partos normais. Portanto, só a partir do primeiro trimestre o Estado poderia estabelecer exigências médicas especiais para a prática do aborto, mas apenas com o fim de proteção à saúde da mulher, exigindo, por exemplo, qualificações especiais para o profissional responsável pela operação médica". E finaliza: "No que se refere ao interesse pela proteção à vida em potencial, o *compelling point* ocorreria somente a partir de sua 'viabilidade', ou seja, após vinte e oito semanas, quando a vida do feto fora do útero torna-se viável. A partir deste ponto, seria lícita, inclusive, a proibição total da prática do aborto, salvo quando ele fosse necessário para preservar a vida e saúde da mãe".

345 VILE, John R. *Essential Supreme Court decisions*: summaries of leading cases in U.S. constitutional law. 15th ed. Maryland: Rowman & Littlefield Publishers, 2010. p. 384. Refere: "Pregnency can be divided into three-month periods – trimesters. During the first period there is no agreement as to the fetus being a person and risks to women from abortion are not greater than the risks of childbirth, so the discretion rests with the woman and her physician. During the second trimester, the health risks to woman from abortion increase sufficiently to justify state regulations of the procedure to protect such health. During the final trimester, when the fetus is viable and can sustain life outside the womb, the state may even proscribe abortions, except when necessary to preserve the life or health of the mother".

resolvido,[346] sendo a cada ano contestada a decisão para que seja revista, por meio de piquetes de grupos *pro life* e de manifestações realizadas diretamente à Suprema Corte.[347]

Nas palavras de Gerard W. Johnson,[348] quando a Suprema Corte dos Estados Unidos julga de modo equivocado, contrário ao que as pessoas julgam ser certo, a decisão não perdurará por muito tempo,[349] uma vez que o próprio Tribunal irá rever seu posicionamento, conforme afirmam Marian Faux[350] e Linda Greenhouse[351] ou mesmo o Congresso elaborará uma lei retificando o entendimento da Corte. Abre-se, então, um novo questionamento: quando a decisão judicial não alcança seus melhores resultados, pois contrário ao momento cultural existente da sociedade ou parcela dela, deve o Poder Judiciário retroceder na sua posição ou tomar medidas para que a nova realidade jurídica seja efetivada?

Para a resposta, deve-se entender a pesquisa até esse momento, em especial com a imensa diferença existente entre o julgamento de *Brown v. Board of Education* e de *Roe v. Wade.* No primeiro, a quebra do paradigma passado não foi de forma abrupta, mas gradual, tendo em vista toda a história da raça negra nos Estados Unidos da América, o que, inclusive, embora legislativamente, encontra similitude

---

346 FAUX, Marian. *Roe v. Wade*: the untold story of the landmark Supreme Court decision that made abortion legal. New York: Cooper Square Press, 2001. p. X. Relata a autora: "The story of Roe v. Wade has never been told before, and despite the Supreme Court decision, the abortion issue has never been resolved. Every year antiabortion forces fight a more aggressive battle to undo the abortion decision. They have begun to make inroads in some states and have repeatedly brought before the Supreme Court cases designed to chip away at the abortion right. Only in the past few years have the pro-choice reformers awakened to the need to continue their struggle".

347 MORO, Sérgio Fernando. *Jurisdição constitucional como democracia.* São Paulo: Revista dos Tribunais, 2004. p. 63. Sobre a questão, expõe: "A decisão foi severamente vriticada. Cartas de protesto foram enviadas à Suprema Corte em quantidade sem precedente, não devendo também ser olvidados os piquetes de grupos norte-americanos".

348 JOHNSON, Gerard W. *A Suprema Côrte dos Estados Unidos.* Tradução de: Luiz Fernando. Rio de Janeiro: Record, 1964. p. 27.

349 MORO, op. cit., p. 64. Na lição do autor, embora ainda não tenha o precedente sido revisto, já existiram decisões que limitaram o alcance de *Roe v. Wade*, como *Maher v. Roe* (abortos necessários podem ser custeados pelo Estado e os voluntários não) e *Webster v. Missouri* Reproduction Services (declarou constitucional lei estadual que proibiu aborto em instituições públicas)".

350 HITCHCOCK, Susan Tyler. *Roe v. Wade*: protecting a woman's right to choose. New York: Chelsea House, 2007. p. 94-95. O que também pode ser confirmado com a leitura da autora ao narrar quão apertadas são as novas votações da Suprema Corte nos casos envolvendo aborto: "With each new Supreme Court hearing related to *Roe v. Wade*, advocates for and against legalized abortion paid close attention to the way each justice cast a vote. There was a sense that among the justices, as among the general public, private beliefs would influence their response to abortion issues. In *Roe*, seven justices decided in favor of broadened access to abortion, and two voted against it. In several abortion cases coming before the court soon after *Roe*, Chief Justice Warren Burger seemed to switch sides. Many decisions on abortion cases were decided by a 6 to 3 vote, and the balance was tipping. A case testing the constitutionality of the Hyde Amendment in 1980 brought a decision of five to four in favor of the legislative ban on using Medicaid funds to pay for abortions other than those that would save the woman's life".

351 GREENHOUSE, Linda. *The U.S. Supreme Court*: a very short introduction. New York: Oxford University Press, 2012, p. 79. Aduz: "This was the context in which the Court, on the eve of the 1992 presidential election, confronted a challeng to a restrictive Pennsylvania abortion law. The case, it was clear to all, was a potential vehicle for overturning *Roe v. Wade.* The votes appeared to be there. Yet the Court, to the surprise of nearly everyone, declined to take that step, instead reaffirming the 'essential holding' of the 1973 decision by a vote of 5 to 4 in *Planned Parenthood of Southeastern Pennsylvania v. Casey* (1992)".

com o que ocorreu no Brasil, se estudadas a sequência de leis que deram cabo à escravidão,[352] sendo elas:

(i) a Lei Eusébio de Queiroz;[353]

(ii) a Lei do Ventre Livre;[354]

(iii) a Lei do sexagenário;[355] e

(iv) a Lei Áurea.[356]

Por isso, além de uma boa decisão, pois encontrava certo conforto no momento cultural vivenciado nos Estados Unidos, foi uma decisão justa, pois, seguindo o código binário,[357] injusta[358] era a manutenção da doutrina do *separate but equal*. Em *Roe v.*

---

[352] VIANA, Oliveira. *O caso do Império*. Vol. 26. Brasília: Edições do Senado Federal, 2010. Na segunda parte da obra, o historiador retrata este movimento abolicionista, em especial serve este trecho na página 67 para demonstrar o que se tentou retratar: "O pensamento antiescravista veio trabalhandoi a nossa consciência liberal desde os primeiros dias da Independência, e a muitos espítitos parecia que a independência da nacionalidade se devia acompanhar, para ser completa e também para ser lógica, da independência do homem negro. Os poderosos interesses, que lhe opunham, obrigaram, porém, a idéia abolicionista a uma marcha lenta, moderada, tardígrada mesmo durante todo o curso do Império, o que não impediu que ela adquirisse por fim, e como que de súbito, uma aceleração vertiginosa e delirante, que haveria de arrastar consigo, não só os seus opositores mais ferrenhos, como os próprios fundamentos da Monarquia".

[353] A primeira das leis, datada de 1850, proibiu o tráfico de escravos. Disponível em: http://www.historia.seed.pr.gov.br/arquivos/File/fontes%20historicas/lei_euzebio.pdf. Acesso em: 15 jan. 2013.

[354] A segunda das leis, datada de 1871, atribuía a condição de liberdade aos filhos de mulheres escravas. Disponível em: http://jij.tj.rs.gov.br/jij_site/docs/legislacao/lei+do+ventre+livre.htm. Acesso em 15 jan. 2013.

[355] A terceira das leis, datada de 1885, trazia a possibilidade de o escravo, maior de 60 anos, ser liberto. Disponível em: http://www.corregedoriageral.rn.gov.br/cbm_arquivos/menu/leis/direitoshumanos/Sexagenarios.htm. Acesso em; 15 jan. 2013.

[356] A quarta das leis, datada de 1888, aboliu definitivamente a escravidão no Brasil. Disponível em: http://www2.camara.leg.br/legin/fed/lei/1824-1899/lei-3353-13-maio-1888-533138-publicacaooriginal-16269-pl.html. Acesso em: 15 jan. 2013.

[357] BRÜSEKE, Franz Josef. *Caos e ordem na teoria sociológica*. Disponível: www.ufpa.br/naea/pdf.php?id=9, acesso em: 15 dez. 2012. Trata-se de modo de simplificação de complexidade. Aduz o autor nas p. 4-5: "O código binário traz como vantagem a redução das informações complexas a um grau mínimo de complexidade, possibilita a criação de regras claras de reflexão e elimina, dentro da comunicação codificada, qualquer dúvida. Se alguém não agiu certo, agiu errado. O que não está atrás está na frente. O que é da esquerda não é da direita. O mundo complexo divide-se assim em Leste e Oeste ou em Norte e Sul, em livre e não-livre, em pobre e rico. O que para uns é a burguesia e o proletariado, para outros é homem e mulher. Quem foge de tudo isso tem pelo menos uma certeza: uma teoria é racional ou irracional. A reflexão, em opostos desse tipo, trabalha com o código binário para ordenar os sinais caóticos que assaltam o perceptor ou o sistema comunicativo. O esquema binário dissolve em tempo mínimo, o máximo de fenômenos complexos em duplicações polares", e finaliza: "Além disso ele é, como regra de comunicação, fácil de entender, fortalecendo, por causa da sua estrutura simples, a capacidade de agir e de decidir. E nisto que se baseia o seu sucesso, se medirmos esse sucesso com o critério da leiminação. Ele também é responsável pela própria incapacidade de entender fenômenos e sistemas que não tenham estrutura binária".

[358] SEN, Amartya. *A ideia de justiça*. Tradução de: Denise Bottmann e Ricardo Doninelli Mendes. São Paulo: Companhia das Letras, 2011. p. 34. A utilização da palavra está devidamente alicerçada em determinados cuidados tendo em vista o alerta do autor: "Afirma-se às vezes que a justiça não diz respeito à argumentação racional; que se trata e ser adequadamente sensível e ter o faro certo para a injustiça. É fácil ficar tentado a pensar nessa linha. Quando deparamos, por exemplo, com uma alastrada fome coletiva, parece natural protestar em vez de raciocinar de forma elaborada sobre justiça e injustiça. Contudo, uma calamidade seria um caso de injustiça apenas se pudesse ter sido evitada, em especial se aqueles que poderiam ter agido para tentar evitá-la deixaram de fazê-lo. Qualquer que seja o raciocínio argumentativo, ele só pode intervir partindo da observação de uma tragédia e chegando ao diagnóstico da injustiça. Além disso, casos de injustiça podem ser muito mais complexos e sutis que a estimação de uma calamidade observável. Poderia haver diferentes argumentos sugerindo conclusões, e as avaliações sobre injustiças podem não

Wade, existiu um rompimento com o paradigma do direito à vida, não só na seara social, mas, também, em especial, nas questões religiosas e afetivas, aliado ao fato de que tampouco se sabe se a decisão foi boa, tampouco se sabe se ela foi justa, pois, na mesma linha, caso utilizar-se o código binário, pode-se defender, com tranquilidade, que o justo seria manter o feto vivo, o que tornaria a decisão, por este critério, injusta.

Então, é de se concluir que, quando existe uma quebra de paradigma que aparentemente vem sendo, aos poucos, digerido pela sociedade, sendo ela uma boa decisão judicial, com alguma propriedade para se acreditar em sua justiça, o Poder Judiciário deverá ter condições de criar possibilidades para sua máxima efetividade. Já em contrapartida, quando a decisão judicial quebra um paradigma de uma hora para outra, sem tempo para que a sociedade consiga raciocinar sobre o que ocorreu, tendo sido uma decisão na qual se questiona um mínimo de critério de justiça e se realmente existiu um bom critério de julgamento no caso, é de se concluir que o próprio Poder Judiciário poderá, no mais das vezes, voltar no seu posicionamento, fazendo com que a realidade passada seja a presente, ou manter a decisão, sendo que ela somente será efetiva quando trouxer condições de possibilidade para, no plano material, isso ocorrer.

Contudo, essas duas conclusões não são capazes de impedir que se tenha uma terceira: há casos em que não importa o rompimento do paradigma cultural, tampouco se questiona ser justa ou boa a decisão judicial, como no caso das eleições para Presidente dos Estados Unidos em 2000,[359] entre George W. Bush e Al Gore, que restou decidida na Suprema Corte,[360] o Poder Judiciário terá que manter a decisão pelo fato de que é nela que reside a nova ordem jurídica da sociedade, aliado ao fato de que já consumado um *status* no qual não se pode mais voltar no tempo e, em qualquer dos casos acima pensados, uma das formas da decisão judicial ser efetivada é por meio da implementação das medidas estrutrurantes.

2.6. As medidas estruturantes[361]

Segundo Owen Fiss,[362] foi numa manhã de sol em 1954 que a Suprema Corte dos Estados Unidos tornou pública a decisão tomada no caso *Brown v. Board of*

---

ser nada óbvias". Os cuidados são pelo próprio autor delimitado em seu prefácio, ao afirmar que existem injustiças que são claras, na p. 9, e é dessas que a pesquisa se refere nesse momento. O texto do autor: "O que nos move, com muita sensatez, não é a compreensão de que o mundo é privado de uma justiça completa – coisa que poucos de nós esperamos –, mas a de que a nossa volta existem injustiças claramente remediáveis que queremos eliminar".

[359] *RECONTAGEM*. Diretor: Jay Roach. Warner. 2008. 1 DVD (116 min). Color. Título original: Recount. O filme retrata o episódio do julgamento do caso pela Suprema Corte dos Estados Unidos da América.

[360] Pode-se relembrar o caso envolvendo a eleição para Presidente dos Estados Unidos da América George W. Bush, et al., Petitiones v. Albert Gore, Jr., et al. Disponível em: <http://www.law.cornell.edu/supct/html/00-949.ZPC.html>. Acesso em: 18 out. 2012.

[361] Neste momento, por conta da pesquisa, troca-se a expressão inglesa *structural reform* por *medidas estruturantes*, o que já foi alvo de alerta na introdução da tese.

[362] *Sterling* Professor na Universidade de Yale, em New Haven. Seu currículo pode ser analisado pelo *site* da Universidade que leciona, detendo nele vários estudos do autor à disposição do público: Disponível em: <http://www.law.yale.edu/faculty/OFiss.htm>. Acesso em: 07 jun. 2012.

Education, que encerrou com a doutrina do sistema de segregação racial conhecido como *separate but equal*,[363] o qual já percorria dois séculos da história do país, sendo que, naquele julgamento, emergiu, para o Professor de Yale, uma nova forma de *adjudication*,[364] a qual denominou de *structural reform*[365] ou medidas estruturantes. Essa será a base para que, no capítulo seguinte, seja defendido que existe a possibilidade de, em casos de parecido teor e dependendo do momento cultural da sociedade brasileira, existir a mesma forma de intervenção do Poder Judiciário, por meio do Supremo Tribunal Federal, na efetividade de determinados direitos não alcançados pelos demais Poderes do Estado.

2.6.1. A doutrina de Owen Fiss[366] sobre medidas estruturantes: uma nova forma de "adjudication"[367]

Owen Fiss é um dos grandes pensadores da teoria geral do processo civil de sua época nos Estados Unidos da América e a trabalha numa perspectiva progres-

---

[363] Parte da *opinion* de C. J. Warren, *Chief Justice* da época em que julgado *Brown v. Board of Education*, que rechaça a doutrina do *separate but equal*, afirmando ela não ter mais lugar na sociedade, assim afirnando: "we conclude that, in the field of public education, the doctrine of "separate but equal" *has* no place. Separate educational facilities are inherently unequal. Therefore, we hold that the plaintiffs and others similarly situated for whom the actions have been brought are, by reason of the segregation complained of, deprived of the equal protection of the laws guaranteed by the Fourteenth Amendment. This disposition makes unnecessary any discussion whether such segregation also violates the Due Process Clause of the Fourteenth Amendment". Disponível em: <http://www.law.cornell.edu/supct/html/historics/USSC_CR_0347_0483_ZO.html> Acesso em: 04 out. 2012.

[364] FISS, Owen M.; RESNIK, Judith. *Adjudication and its alternatives*: an introduction to procedure. New York: Foundation Press, 2003. p. 287-288. Embora seja nas próximas linhas o conceito de adjudication trabalhado em obras do autor já troduzidas, neste momento apresenta sua conceituação em sua mais conhecida obra, no vernáculo do autor: Inicia: "Adjudication is the process by which the values embodied in an authoritative legal texte, such as the Constitution, are given concrete meaning and expression. In my judgement, this has always been the function of adjudication, clearly embraced and legitimated by Article III of the Constitution, and continuous with the role of courts under the common Law, but within recent decades a new form of adjudication has emerged", e continua: "This new form of adjudication is largely defined by two characteristics. The first is the awareness that the basic thret to our constitutional values is posed not by individuals, but by the operations of large-scale organizations, the bureaucracies of the modern state. Secondly, this new mode of litigation reflects the realization that, unless the organizations that threaten these values are restructured, these threats to constitutional values cannot and will not be eliminated. For this reconstructive endeavor, the traditional universe of legal remedies – the damage judgement or the criminal prosecution – are inadequate. The injunction is the favored remedy. It is not used, however, as a device for stopping some discreet act, as it might have been in other time, but instead is used as the formal medium through which the judge directs the reconstruction of a bureaucratic organization", e finaliza: "This new mode of litigation, which I call 'structural reform', represents an important advance in the understanding of modern society and the role od adjudication. The bureaucratic character of the modern state and the public dimensions of the judicial power are properly acknowledge".

[365] FISS, Owen M. Two models of adjudication. In: DIDIER JR, Fredie; JORDÃO, Eduardo Ferreira. *Teoria geral do processo*: panorama doutrinário mundial. Salvador: JusPODIVM, 2007. p. 761. Refere o jurista estadunidense: "On a bright morning in 1954, the Supreme Court of the United States handed down this decision Brown v. Board of Education. As a purely technical matter, the Court ruled unconstitutional the system by which students were assigned to school on a racially segregated basis. More fundamentally, it compelled the liquidation of a racial caste system that scarred the United States for over two centuries and it placed the federal judiciary at the helm of this reconstructive endeavor. What emerged was a new form of adjudication – what I have called structural reform".

[366] FISS, Owen M. *Troubled beginnings of the modern state, 1888-1910.* (History of the Supreme Court of the United States, vol. VIII). New York: Cambridge University Press, 2006. p. xviii. Segundo relata Stanley N. Katz, Owen Fiss é um dos melhores professores de direito do país: "Owen M. Fiss is the Sterling Professor of Law at the Yale

sista, conforme ressalta Carlos Alberto de Salles.[368] Inegável expor, desde ce pensa o processo numa ótica de resultados práticos, o que converge com o pen to defendido nesta pesquisa. A ideia do processualista estadunidense sobre o qu vem a denominar de medidas estruturantes, encontra em sua obra um prévio conceito de Carlos Alberto de Salles,[369] o qual as identifica como sendo uma nova expressão do processo, que abarca o fenômeno do ativismo judicial iniciado entre as décadas de 50 a 70 do século passado no Poder Judiciário dos Estados Unidos, visando à reformulação de determinadas instituições para dar maior concretude às decisões judiciais.

As ideias de Owen Fiss, pela sua importância no plano teórico e prático, serão o marco referencial para a tese defendida, em especial o que entende por medidas estruturantes, expressão advinda do poder de *adjudication* que existe em seu país. Refere Owen Fiss[370] que nesse modelo de *adjudication*[371] há o envolvimento de

---

Law School. A Harvard Law graduate, he clerked first for them Judge Thurgood Marshall on the United States Court of Appeals for the 2nd Circuit, and subsequently for Justice William J. Brennan of the United States Supreme Court. He has also served in the Civil Rights Division of the Justice Department and as profesor of law at the University of Chicago. As any of his students will tell you, Owen is also one of the best – and most demanding – law teachers in this country".

367 Id. *Um novo processo civil*: estudos norte-americanos sobre jurisdição, Constituição e sociedade. Tradução de: Daniel Porto Godinho da Silva e Melina de Medeiros Rós, Coordenação da tradução de: Carlos Alberto de Salles. São Paulo: Revista dos Tribunais, 2004. p. 26. *Adjudication* é a forma usual na literatura de língua inglesa para designar a atividade realizada pelo Judiciário na solução de conflitos. Não obstante o vocábulo correspondente em português seja mais utilizado nas relações de posse e propriedade (e.g., a "adjudicação compulsória"), é correta na sua extensão para o sentido utilizado na língua inglesa. O juiz, ao julgar um determinado caso, aplica a norma ao caso concreto adjudicando – isto é, atribuindo – uma solução, entre outras possíveis, para a controvérsia em questão.

368 Ibid., p. 5. Na apresentação geral da obra refere o processualista brasileiro: "O presente livro traz para o leitor brasileiro uma seleção dos principais artigos do Professor Owen Fiss, da Universidade de Yale, dos Estados Unidos. A obra do autor, pela primeira vez apresentada em português ao público brasileiro, é uma das mais influentes, entre as de vários professores norte-americanos, a tratar, sob uma perspectiva progressista, de uma Teoria do Processo Civil. Esse tipo de visão teórica do fenômeno processual propõe-se a discutir as premissas teóricas necessárias à compreensão do papel, das funções e das implicações sociais dos mecanismos judiciais de solução de controvérsias".

369 Ibid., p. 7. A chamada reforma estrutural traz em si esse novo processo. Essa expressão é proposta por Fiss para designar uma faceta do fenômeno do ativismo judicial, que marcou a atuação do Judiciário norte-americano, principalmente a partir de meados da década de 1950 até a década de 1970, promovendo uma reformulação na estrutura de várias instituições sociais, como escolas, presídios, hospitais psiquiátricos etc. A novidade, nesse sentido, não está apenas na função desempenhada pelo processo, mas, também, na maneira como ele passa a se organizar. A correlação entre função e forma processual tem implicações recíprocas e profundas.

370 FISS, Owen M. *Um novo processo civil*: estudos norte-americanos sobre jurisdição, Constituição e sociedade. Tradução de: Daniel Porto Godinho da Silva e Melina de Medeiros Rós, Coordenação da tradução de: Carlos Alberto de Salles. São Paulo: Revista dos Tribunais, 2004. p. 26-27. "A chamada reforma estrutural – o assunto desse artigo – é um tipo de adjudicação, distinto pelo caráter constitucional dos valores públicos e, principalmente, pelo fato de envolver um embate entre o Judiciário e as burocracias estatais. O juiz tenta dar significado aos valores constitucionais na operacionalização dessas organizações. A reforma estrutural reconhece o caráter verdadeiramente burocrático do Estado moderno, adaptando formas de procedimentos tradicionais para a nova realidade social". E finaliza: "A reforma estrutural é baseada na noção de que a qualidade de nossa vida social é afetada de forma significativa pela operação de organizações de grande porte e não somente por indivíduos, agindo dentro ou fora dessas organizações. É também baseada na crença de que os valores constitucionais norte-americanos não podem ser totalmente assegurados, sem que mudanças básicas sejam efetuadas nas estruturas dessas organizações. O processo judicial de caráter estrutural é aquele no qual um juiz, enfrentando uma burocracia estatal no que tange aos valores de âmbito constitucional, incumbe-se de reestruturar a organização para eliminar a ameaça imposta a tais valores pelos arranjos institucionais existentes. Essa *injunction* é o meio pelo qual essas diretivas de reconstrução são transmitidas".

371 Id. Por qué el Estado? In: CARBONELL, Miguel (Org.). *Teoría del neoconstitucionalismo*: ensayos escogidos. Madrid: Trotta, 2007. p. 108. "La Constitución no es un documento testamentario que distribuye a las generaciones

um debate entre o Poder Judiciário e as burocracias[372] estatais, com o juiz sendo o intérprete dos valores elencados na Constituição, devendo dar operacionalização às organizações burocráticas. Em síntese, defende que os valores constitucionais assegurados devem ser condição de possibilidade de reestruturação nas edificações organizacionais burocráticas, devendo enfrentar essa burocracia para a eliminação de qualquer possibilidade de não concretização daquilo que está descrito na Constituição. Essas reestruturações, que iniciaram com o julgamento do caso *Brown v. Board of Education*, e que, em suas palavras,[373] remodelaram a ordem constitucional estadunidense, assim como sua filosofia política, cingia-se, no caso concreto, apenas às escolas,[374] mas foi, ao passar do tempo, alargada para outras instituições, como prisões e sanatórios, conforme expõe.[375] Para que a burocracia não tome o espaço dos valores constitucionalmente assegurados, o instrumento da *injunction*[376]

futuras trozos de propiedad en forma de derechos. Más bien, es una carta de buen gobierno que establece las instituciones de gobierno y las normas, estándares y principios que deben controlar tales instituciones. El *Bill of Rights* supone que las instituciones de gobierno ya han sido establecidas y procede a fijar como autoritativo un conjunto de valores o ideales sociales. La adjudicación es uno de los procedimientos por los cuales estos ideales abstractos reciben significado y expresión concretos y son, de ese modo, traducidos en derechos".

[372] BOBBIO, Norberto; MATTEUCCI; Nicola; PASQUINO, Gianfranco. Burocracia. In: ——. *Dicionário de política.* 13. ed. Tradução de: Carmen C. Varriale *et al.* Brasília: Universidade de Brasília, 2007. V. 1. p. 124. "Embora os próprios autores reconheçam a existência de mais conceitos ligados à palabra burocracia, expõe as três mais conhecidas dessa forma; Estas três acepções do termo – disfuncionalidade organizativa, antidemocraticidade dos aparelhos dos partidos e dos Estados, técnica da administração pública – confluíram no vocabulário das ciências sociais modernas, originando uma extraordinária proliferação conceitual".

[373] FISS, Owen M. *A ironia da liberdade de expressão*: estado, regulação e diversidade na esfera pública. Tradução de: Gustavo Binenbojm e Caio Mário da Silva Pereira. Rio de Janeiro: Renovar, 2005. p. 38. Refere: "De modo decisivo, a ordem constitucional norte-americana e sua filosofia política dominante foram remodeladas por Brown v. Board of Education e as transformações que se seguiram".

[374] FISS, Owen M. *Troubled beginnings of the modern state, 1888-1910.* (History of the Supreme Court of the United States, vol. VIII). New York: Cambridge University Press, 2006. p. 394. Refere: "The affirmative duty of the state to combat racism was first announced in public education. As the Warren Court put it, the sate is required to transform dual school systems into unitary, non-racial ones, where schools are considered neither black nor white, but just schools".

[375] Id. Two models of adjudication. In: DIDIER JR, Fredie; JORDÃO, Eduardo Ferreira. *Teoria geral do processo*: panorama doutrinário mundial. Salvador: JusPODIVM, 2007. p. 761. Refere: "Adjudication is the process by which the values embodied in an authoritative legal text, such as the Constitution, are given concrete meaning and expression in our daily lives. Structural reform partakes of this same public purpose, but recognizes that in contemporary society the threat to constitutional values is primarily posed not by individuals but the operations of large-scale bureaucratic organizations. The public school system was the subject of the Brown suit, but in time structural reform was broadened to include the Police, prisons, mental hospitals, institutions of mentally retarded, public housing authorities, and social welfare agencies. Structural reform reached as far as the modern bureaucratic state".

[376] Id. *Um novo processo civil*: estudos norte-americanos sobre jurisdição, Constituição e sociedade. Tradução de: Daniel Porto Godinho da Silva e Melina de Medeiros Rós, Coordenação da tradução de: Carlos Alberto de Salles. São Paulo: Revista dos Tribunais, 2004. p. 27, nota de rodapé 3. Carlos Alberto Salles aponta sobre o conceito de injunction: "O termo não encontra correspondente exato no sistema brasileiro. No sistema norte-americano, a *injunction* consiste em uma ordem judicial que proíbe o réu de praticar, ou determina que ele pratique determinado ato. Geralmente, tal medida judicial possui caráter preventivo, visto que não se destina à reparação de ilícitos passados, mas a evitar danos futuros".

entrou em cena como forma de, por meio do juiz, existir a possibilidade de re trução das organizações burocratizadas,[377] conforme entende.[378]

A construção para que o Poder Judiciário possa intervir dessa forma nestas instituições parece ser lógica, uma vez que, conforme relata,[379] a Constituição já estabelece a estruturação do Estado, criando seus órgãos, funções e relações, sendo que os valores já instituídos no documento constitucional necessitam de um significado para sua operacionalização. Então, se tudo está estruturado na Constituição dos Estados Unidos, devendo apenas ser preenchidos os valores que a sustentam, quem é que deverá realizar este preenchimento das lacunas existentes? Owen Fiss[380] responde a indagação de forma cristalina ao expor que cabe aos Poderes Legislativo e Executivo tais funções, assim como às instituições privadas, mas não admite que os juízes não possam participar deste debate público. Então, todos têm voz no processo de preenchimento das lacunas deixadas pelos valores constitucionais nesse novo modelo de *adjudication*, que significa ser um processo no qual os juízes realmente concedem significado a determinados valores públicos.[381]

O *leading case* no qual utilizada as medidas estruturantes é *Brown v. Board of Education*, no qual ações deveriam ser implementadas para que a decisão judicial

---

377 NEVES, André Luiz Batista. *Introdução ao controle de constitucionalidade*. Salvador: JusPODIVM, 2007. p. 37. Aqui refere o autor ser instrumento que encarrega o agente público a não fazer a aplicação de lei inconstitucional, assim o dizendo: "Por outro lado, a possibilidade de manejo da ação de *injunction*, na qual é demandado diretamente o agente público encarregado da aplicação da lei inconstitucional a não o fazer, sob pena de *contempt of court*, bem como a faculdade de ajuizamento de ações declaratórias, mitigam, para alguns doutrinadores, a idéia de que o controle somente pode ser feito *a posteriori*".

378 FISS, Owen M. Two models of adjudication. In: DIDIER JR; JORDÃO, op. cit., p. 761. Escreve: "This new mode of litigation is premised on the Idea that the threat that bureaucratic organizations pose to constitutional values cannot be eliminated unless those organizations are reconstructed. For this reconstructive endeavor, the injunction – as opposed to the criminal prosecution or damages – became the favored remedy. The injunction was not, however, used as in time past to stop some discrete act, but rather became the medium by which the judge directed the reconstruction of an ongoing bureaucratic organization".

379 Id. *Um novo processo civil*: estudos norte-americanos sobre jurisdição, Constituição e sociedade. Op. cit., p. 25. "A Constituição estabelece a estrutura do Estado, posto que cria órgãos e determina suas respectivas funções e seu inter-relacionamento. Identifica também os valores que informarão e limitarão essa estrutura. Os valores presentes na Constituição norte-americana – a liberdade, a igualdade, o devido processo legal, a liberdade de expressão, a religião, o direito à propriedade, o cumprimento integral das obrigações contratuais, a segurança do indivíduo, a proibição de formas cruéis e incomuns de punição – são ambíguos, pois dão margem a um grande número de interpretações diferentes, via de regra conflitantes. Há, portanto, uma necessidade constitucional: dar-lhes um significado específico, definindo seus respectivos conteúdos operacionais, a fim de possibilitar a definição das prioridades a serem consideradas em caso de conflito".

380 FISS, Owen M. *Um novo processo civil*: estudos norte-americanos sobre jurisdição, Constituição e sociedade. Tradução de: Daniel Porto Godinho da Silva e Melina de Medeiros Rós, Coordenação da tradução de: Carlos Alberto de Salles. São Paulo: Revista dos Tribunais, 2004. p. 26. Todos nós, quer como indivíduos, quer como atores institucionais, temos um papel nesse processo. Na sociedade moderna, caracterizada pela onipresença estatal, esses valores determinam a qualidade da nossa existência social – eles pertencem, verdadeiramente, ao domínio público – e, conseqüentemente, o número de vozes que lhes confere significado é tão vasto quanto o próprio público. Os Poderes Legislativo e Executivo, como também as instituições privadas, têm uma voz; da mesma forma deveriam ter as cortes. Os juízes não possuem o monopólio na tarefa de dar significado aos valores públicos da Constituição, mas não há motivos para que silenciem. Eles também podem contribuir para as discussões e debates públicos.

381 Ibid., p. 26. Refere: "O processo social por meio do qual os juízes dão significado aos valores públicos".

que admitisse uma negra numa escola pública para brancos, sem a possibilidade de segregação, fosse não uma utopia, mas uma realidade. Relembra o caso Owen Fiss,[382] ressaltando que, para que a decisão fosse dotada de efetividade, haveria de ser feito um esforço radical para a transformação da realidade social da época.[383] Owen Fiss[384] relata sobre as mudanças realizadas para que fosse concretizada a decisão judicial no caso *Brown v. Board of Education*, sendo que, entre as determinações estavam: a exigência de novos procedimentos para a escolha dos docentes, novos critérios para construção das escolas e a modificação do sistema de transportes – ou seja, haveria a Suprema Corte de tratar de modificar elementos culturais de uma sociedade burocratizada para que houvesse a almejada efetividade de sua decisão.

As transformações elencadas pelo professor de Yale faz pensar que o ativismo judicial utilizado de uma forma correta pode trazer benefícios extremos ao cumprimento das decisões emanadas das Cortes superiores. Basta que os argumentos estejam vinculados diretamente com o caso colocado perante ela, e que os mandamentos oriundos da decisão estejam em conformidade com a Constituição de seu país, o que está de acordo a própria *supremacy clause* positivada em seu artigo sexto.

Owen Fiss refere existir dois grandes modelos de *adjudication* nos Estados Unidos: o primeiro, que denomina de *dispute resolution,* e o segundo, que alcança as medidas estruturantes por meio do *structural litigation.* O professor de Yale elenca algumas diferenças entre ambos, destacando:

---

382 FISS, Owen M. *Um novo processo civil*: estudos norte-americanos sobre jurisdição, Constituição e sociedade. Tradução de: Daniel Porto Godinho da Silva e Melina de Medeiros Rós, Coordenação da tradução de: Carlos Alberto de Salles. São Paulo: Revista dos Tribunais, 2004. p. 27-28. Como um gênero de litígio constitucional, a reforma estrutural tem suas raízes nos anos 50 e 60 do século passado, quando a Suprema Corte norte-americana estava sob a presidência de Earl Warren e realizou-se um extraordinário esforço para colocar em prática a decisão no caso Brown v. Board of Education. Esse esforço exigiu das cortes uma transformação radical do *status quo*, na verdade, uma reconstrução da realidade social. As cortes tiveram de superar a mais intensa resistência e, ainda mais problematicamente, precisavam intervir e reestruturar organizações de grande porte, os sistemas de educação pública. O imaginário era rural e individualista – a criança negra entrando em uma escola composta inteiramente por crianças brancas –, mas a realidade era claramente burocrática, especialmente em meados dos anos 60, quando o foco, e a nação, de um modo geral, mudou para os centros urbanos.

383 JOHNSON, Gerard W. *A Suprema Côrte dos Estados Unidos*. Tradução de: Luiz Fernando. Rio de Janeiro: Record, 1964. p. 27. Nas palavras do autor, foi mais difícil mudar o hábito da sociedade do que a lei.

384 FISS, Owen M. *Um novo processo civil*: estudos norte-americanos sobre jurisdição, Constituição e sociedade. Tradução de: Daniel Porto Godinho da Silva e Melina de Medeiros Rós, Coordenação da tradução de: Carlos Alberto de Salles. São Paulo: Revista dos Tribunais, 2004. p. 29. Brown exigia nada menos que a transformação dos "sistemas duais de escolas", com escolas separadas para negros e brancos, em "sistemas unitários de escolas, não-raciais", o que implicava uma reforma organizacional profunda. Tal transformação exigia novos procedimentos para a escolha de alunos, novos critérios para a construção de escolas, a substituição dos corpos docentes, a revisão do sistema de transportes para acomodar novas rotas e novas distâncias, nova alocação de recursos entre escolas e atividades, a modificação do currículo, o aumento de verbas, a revisão dos programas desportivos das escolas, novos sistemas de informação para monitorar o desempenho de organização, e muito mais. Entendeu-se, a tempo, que o fim daquela segregação era um processo de transformação total, no qual o juiz encarrega-se da reconstrução de uma instituição social existente. A eliminação da segregação exigia uma revisão das concepções formadas sobre a estrutura de partes, novas normas de controle de comportamento judicial e novas maneiras de observar a relação entre direitos e medidas judiciais.

(i) o mundo da *dispute resolution* é composto quase sempre de indivíduos, não espaço para entidades sociológias ou minorias, o que existe em abundância no *suit*;[385]

(ii) a *dispute resolution* abarca todos os valores, enquanto na *structural litigation* os valores públicos são os mais visados;[386]

(iii) no *dispute resolution* a ideia é de que a *adjudication* serve para a restauração do *status quo* daquele caso, enquanto no *structural suit* há uma negação de que este *status* possa ser justo;[387] e,

(iv) o modelo de *dispute resolution* isola o Judiciário dos demais poderes, enquanto no *structural litigation* o Poder Judiciário integra uma parte do governo.[388]

John Hart Ely aponta para o equívoco de se pensar o debate constitucional pela ótica de, ou dar ênfase à Constituição e os seus autores, realizando um regresso ao pensamento daqueles que a idealizaram, ou apontar para uma autoridade dos tribunais que controlem a legislação que não se adapta à Constituição, reavaliando e corrigindo a mesma. Pensa o autor que uma terceira opção é de ser ressaltada, qual seja, de que os tribunais sejam instrumentos de realização da Constituição,[389]

---

385 FISS, Owen M. *Um novo processo civil*: estudos norte-americanos sobre jurisdição, Constituição e sociedade. Tradução de: Daniel Porto Godinho da Silva e Melina de Medeiros Rós, Coordenação da tradução de: Carlos Alberto de Salles. São Paulo: Revista dos Tribunais, 2004. Two models of adjudication. In: DIDIER JR, Fredie; JORDÃO, Eduardo Ferreira. *Teoria geral do processo*: panorama doutrinário mundial. Salvador: JusPODIVM, 2007. p. 762: "First, the world of dispute resolution is sociologically impoverished. It is composed entirely of the individuals. It has no room for the sociological entities that play a pervasive role in contemporary society. Social groups like inmates of a prison, patients in a hospital, or a racial minority do not appear in the dispute resolution story. Nor does dispute resolution acknowledge the existence of bureaucratic institutions such as the public school system, the prison, the mental hospital, or the housing authority".

386 Ibid., p. 762-763: "Second, dispute resolution, like the market, privatizes all values. In the hypothetical state of nature, there are no public values, only the private desires of individuals – in this instance, the desire for property. The dispute resolution story postulates that the stranger turned into the judge settle the dispute between the two neighbors but it does not reveal how the dispute is to be resolved, only that it is resolved. According to this scheme, the judge could even settle the dispute by flipping a coin. The public value served by the judiciary need only be the minimal one of avoiding violence though the use of a settlement mechanism. The judge may resolve the dispute according to any set of rules that would in the future minimize disputes and maximize the satisfaction of private ends".

387 Ibid., p. 763. "A third supposition of the dispute resolution story is that without the intervention of courts or the state, society is in a condition of natural harmony. As suggested by the concept of the dispute itself, the story assumes that the subject of adjudication is an abnormal event that disrupts an otherwise satisfactory wold. It presumes that the function of adjudication is to restore the status quo". E finaliza: "The structural suit denies the assumption that the status quo is just. It is instead premised on skepticism about the distribution of power and privilege in American society".

388 Ibid., p. 764. "Finally, the dispute resolution model isolates the judiciary – obscuring the fact that the judiciary is an integral part of government – and thus fails to reflect the reality of the modern state. The quarreling neighbors ask the stranger, any stranger, to resolve the dispute. This mythical account of the process by which courts are created implies that courts can be understood as apart from the larger system of government. It also implies, once again mistakenly, that the legitimacy of courts is derived from the consent of the citizens in an institutional specific sense".

389 ELY, John Hart. *Democracia e desconfiança*: uma teoria do controle judicial de constitucionalidade. Tradução de: Juliana Lemos. São Paulo: WMF Martins Fontes, 2010. p. IX. Ressalta o autor em seu prefácio: "Atualmente, o debate constitucional está dominado por uma falsa dicotomia: um lado afirma que devemos nos ater firmemente aos pensadores daqueles que escreveram os trechos essenciais de nossa Constituição e considerar ilegais apenas

por ser mais lei que as outras,[390] devendo estar de acordo com aquela, embora o próprio John Hart Ely tenha sofrido várias críticas, inclusive de Owen Fiss.[391] A tese procedimentalista defendida pelo autor traz, nas palavras de Sergio Fernando Moro,[392] valiosos argumentos para uma abordagem funcional da jurisdição, com posturas de autocontenção e de ativismo judicial, embora discorde dele como meio de limitação da jurisdição constitucional aos casos de má função da democracia.

Em palestra proferida em 13 de junho de 2005, no salão nobre da Fundação Getúlio Vargas, cujo título é "*Models of Adjudication*", Owen Fiss[393] refere que o Brasil está num momento mais do que propício para a implementação das medidas estruturantes do que elas, no contexto atual, ser reinseridas em seu país, haja vista

---

as práticas que eles julgavam inconstitucionais, enquanto o outro assevera que, para que os tribunais possam controlar a legislação, eles devem ter autoridade para corrigir e reavaliar as opções valorativas do legislativo. Cada um dos lados está interessado em sustentar a ideia de que essas são as únicas opções possíveis. No jogo da retórica, cada um deles marca pontos quando expõe a inadmissibilidade da alternativa contrária; sendo o debate definido desta maneira, essa tarefa não é difícil – para ambas as partes, e pela mesma razão. Afinal, nenhuma das teorias professadas – nem aquela que daria aos membros nomeados de nosso Judiciário a soberania sobre as escolhas de valores substantivos da sociedade, nem a que deixaria tais escolhas sujeitas às crenças de pessoas que faleceram há mais de um século – é, em última análise, compatível com os pressupostos democráticos implícitos em nosso sistema. Neste livro, tenciono elaborar uma terceira teoria do controle judicial de constitucionalidade. Defendo a ideia de que tal teoria é coerente com esses pressupostos implícitos; na verdade, ela é estruturada de modo que faça com quem os tribunais sejam instrumentos que ajudam a tornar tais pressupostos uma realidade.

[390] LASSALE, Ferdinand. *A essência da Constituição.* 6. ed. Prefácio de Aurélio Wander Bastos. Rio de Janeiro: Lumen Juris, 2001. p. 7. Tal afirmativa não é nenhuma novidade, tendo já Ferdinand Lassale, em 1863, constado isso em conferência, ao referir assim a questão: "Uma Constituição, para reger, necessita de aprovação legislativa, isto é, tem que ser também lei. Todavia, não é uma lei como as outras, uma simples lei: é mais do que isso. Entre os coisa conceitos existem somente afinidades; há também dessemelhanças. Estas fazem com que a Constituição seja mais do que simples lei e eu poderia demonstrá-las com centenas de exemplos".

[391] FISS, Owen M. *Troubled beginnings of the modern state, 1888-1910.* (History of the Supreme Court of the United States, vol. VIII). New York: Cambridge University Press, 2006. p. 11. Refere: "Ely accepted legislative supremacy but created a broad exception for laws that corrupted or distorted the political process or adversely affected groups who were unable to participate fully and fairly in that process".

[392] MORO, Sergio Fernando. *Jurisdição constitucional como democracia.* São Paulo: Revista dos Tribunais, 2004. p. 149. Aponta: "Embora também não se possa concordar com as teorias procedimenatais quanto à limitação da jurisdição constitucional a casos de mau funcionamento da democracia, fornecem elas valiosos argumentos para uma abordagem funcional de tal jurisdição, especialmente para a construção de um controle judicial de diferentes intensidades. Com efeito, a necessidade de adequação da jurisdição constitucional ao regime democrático pode justificar a adoção de postura de autocontenção em certos casos e de ativismo judicial em outros, como se verá".

[393] Durante a conferência, numa das indagações do público, feita por Carlos Alberto de Salles, relatou o jurista estadunidense: "But I acknowledge that structural reform is relevant for the situation of Brazil. Indeed, it may be that Brazil is a better historical moment to implement structural reform than the U.S. With the election of Lula, it may be that there is a special opportunity here that does not exist in the U.S. As you know, Carlos, I am a member of an academic conference that is meeting this Thursday through Sunday. One of the papers for that conference is by a youn professor in Argentina. In that paper, she tries to explain the relevance of structural reform for Argentina. She sees in a number of cases of the last 4 or 5 years an attempt of the Argentinean judiciary to confront the inadequacies of their bureaucratic organizations, particularly in the context of health care, and to reorganize those institutions along structural lines". E finaliza: "This is not a very happy moment in the U.S. for the judiciary. Since the mid '70s the Supreme Court of the U.S. has been largely, though not exclusively, staffed by justices who see as their mission the undoing of legacy of Brown v. Board of Education and the Warren Court". Disponível em: <http://bibliotecadigital.fgv.br/dspace/handle/10438/2810>. Acesso em: 10 out. 2012.

seu enfraquecimento nos Estados Unidos[394] recentemente, principalmente após a década de 70,[395] quando afirma que os *Justices* parecem querer derrubar[396] o legado deixado pelo julgamento do caso *Brown v. Board of Education.*

Em fechamento a um dos seus artigos publicado em obra brasileira sobre teoria geral do processo, Owen Fiss[397] deixa uma mensagem ao narrar a história da luta dos cidadãos negros para modificar o entendimento de homens brancos, republicanos em sua maioria e elitizados, cujo transcorrer do tempo fez deles herois em vez de conservadores, modificando o entendimento até então sobre aquele tipo de caso. O professor de Yale, ao final, se questiona se seria irrazoável esperar que um tipo de processo como esse voltasse? A pesquisa, obviamente, aponta e defende que esse é o modelo ideal de jurisdição.

---

394 BINENBOJM, Gustavo. *A nova jurisdição constitucional brasileira*: legitimidade democrática e instrumentos de realização. 3. ed. Rio de Janeiro: Renovar, 2010. p. 94. Explica o autor o recrudescimento do ativismo judicial pela Suprema Corte dos Estados Unidos: "Nos Estados Unidos, após dois períodos em que a Suprema Corte ostentou um perfil nitidamente progressista, com vasta utilização do método de interpretação construtivo – que, na doutrina contemporânea, tem em Ronald Dworkin um de seus expoentes –, articula-se, a partir dos anos oitenta, um amplo movimento de reação conservadora. Difundem-se, nesse contexto, idéias antagônicas ao ativismo judicial, que consideram antidemocráticas as construções jurisprudenciais feitas para além do texto literal da Constituição. Segundo a crença de seus expositores, o construtivismo do Tribunal Constitucional acaba por estabelecer um governo de 'guardiões platônicos' – numa alusão aos reis-filósofos de Platão – que substituem a vontade dos representantes do povo pelas suas próprias convicções".

395 FISS, Owen M. *Troubled beginnings of the modern state, 1888-1910.* (History of the Supreme Court of the United States, vol. VIII). New York: Cambridge University Press, 2006. p. 394. O que também se confirma com a leitura de seu tomo sobre a Suprema Corte, ao expor: "But since the mid-1970s, the development of constitucional doctrine has taken a dramatic new turn, making it impossible to continue to speak in evolutionary terms or to picture *Brown* as the culmination of this process".

396 POLLACK, Malla. O alto custo de não ter direitos positivos, uma perspectiva dos Estados Unidos. In: SARLET, Ingo Wolfgang; TIMM, Luciano Benetti (org.). *Direitos fundamentais*: orçamento e "reserva do possível". 2. ed. Porto Alegre: Livraria do Advogado, 2010, p. 342. O que pode também ser confirmado pela leitura do trecho: "Em 1969, Warren E. Burger substituiu Earl Warren como presidente da Suprema Corte. Os juízes (*Justices*) que faziam parte da Corte presidida por Warren gradualmente morreram ou se aposentaram, terminando com Thurgood Marshall em 1991. De 1986 a 2005, o antigo presidente da Suprema Corte William H. Rehnquist presidiu uma Suprema Corte fundamentalmente diferente – uma Corte dedicada aos direitos do estado em detrimento dos direitos individuais. Enquanto as participações dos antigos casos pró-direitos individuais permaneceu (em leituras bem estritas), sua lógica não era mais aceita".

397 Id. Two models of adjudication. In: DIDIER JR, Fredie; JORDÃO, Eduardo Ferreira. *Teoria geral do processo*: panorama doutrinário mundial. Salvador: JusPODIVM, 2007. p. 767. "Political developments in the United States, and perhaps elsewhere, have caused many to become skeptical of the Power of public reason and its capacity to guide the judiciary to justice. But a historical perspective may be appropriate. When Brown was decided in 1954, the task of eradicating the racial caste system fell primarily on federal judges in the southern states of the United States. These men were all white, a good number of them were Republicans, and all of them came from the same type of elite background that characterized other Southern leaders. A few of the judges had held positions in government while others had worked as corporate lawyers. Many of these judges' early work was extremely disappointing – their decisions fell far short of justices. But black citizens kept returning to the courts and documenting their claims of injustice. The judges had to confront these claims time and time again and were forced to write opinions articulating a principled justification. Over the course of a decade, not in a week and not in a year, but over the course of a decade, the judicial process transformed these conservative people into heroes of a decidedly different type. Ir is unreasonable to expect that this process might one day recur?".

2.7. Balanço final dos casos julgados pela Suprema Corte dos Estados Unidos da América: a necessidade do ativismo judicial[398] equilibrado[399] pelas medidas estruturantes

O principal embate que envolve esse primeiro foco da pesquisa é saber se se pode considerar o ativismo judicial que, diga-se de passagem, não é o mesmo fenômeno que a judicialização,[400] embora, nas palavras de Luís Roberto Barroso,[401] sejam primos, como algo inerente ao julgador em determinados casos, ou deve-se repelir a possibilidade de o mesmo agir dessa maneira durante a prolação de uma sentença normativa, mantendo-se numa linha conhecida como *self restraint*[402] judicial, embora não haja vedação para que em determinados momentos ele seja mais ativo e noutros menos.[403]

---

398 GREEN, Graig. An intellectual histoty of judicial activism. *Emory Law Journal*, v. 58, issue 5, p. 1197, 2009. Nos Estados Unidos os estudos sobre o ativismo judicial chegam a tamanha proporção que: "A Westlaw search revealed that the terms 'judicial activist' and 'judicial activism' appeared in 3,815 law review articles during the 1990s and in 1,817 more articles between 2000 and 2004".

399 LANES, Júlio Cesar Goulart. *Audiências*: conciliação, saneamento, prova e julgamento. Rio de Janeiro: Forense, 2009. p. 371. Retira-se a expressão "ativismo judicial equilibrado" da ideia exposta na obra em comento sobre a atividade do juiz durante a instrução do processo, o qual o autor refere ter o magistrado um "ativismo probatório equlibrado".

400 TASSINARI, Clarissa. *Jurisdição e ativismo judicial*: limites da atuação do Judiciário. Porto Alegre: Livraria do Advogado, 2013. p. 27-35. A autora diferencia o ativismo judicial da judicialização da política.

401 Afirma o constitucionalista: "A judicialização e o ativismo judicial são primos. Vêm, portanto, da mesma família, freqüentam os mesmos lugares, mas não têm as mesmas origens. Não são gerados, a rigor, pelas mesmas causas imediatas. A judicialização, no contexto brasileiro, é um fato, uma circunstância que decorre do modelo constitucional que se adotou, e não um exercício deliberado de vontade política. Em todos os casos referidos acima, o Judiciário decidiu porque era o que lhe cabia fazer, sem alternativa. Se uma norma constitucional permite que dela se deduza uma pretensão, subjetiva ou objetiva, ao juiz cabe dela conhecer, decidindo a matéria. Já o ativismo judicial é uma atitude, a escolha de um modo específico e proativo de interpretar a Constituição, expandindo o seu sentido e alcance. Normalmente ele se instala em situações de retração do Poder Legislativo, de um certo descolamento entre a classe política e a sociedade civil, impedindo que as demandas sociais sejam atendidas de maneira efetiva. BARROSO, Luís Roberto. *Judicialização, ativismo e legitimidade democrática*. Disponível em: <http://www.plataformademocratica.org/Publicacoes/12685_Cached.pdf>. Acesso em: 25 nov. 2012.

402 Ibid. Afirma o autor: "O oposto do ativismo é a *auto-contenção judicial*, conduta pela qual o Judiciário procura reduzir sua interferência nas ações dos outros Poderes. Por essa linha, juízes e tribunais (i) evitam aplicar diretamente a Constituição a situações que não estejam no seu âmbito de incidência expressa, aguardando o pronunciamento do legislador ordinário; (ii) utilizam critérios rígidos e conservadores para a declaração de inconstitucionalidade de leis e atos normativos; e (iii) abstêm-se de interferir na definição das políticas públicas. Até o advento da Constituição de 1988, essa era a inequívoca linha de atuação do Judiciário no Brasil. A principal diferença metodológica entre as duas posições está em que, em princípio, o ativismo judicial procura extrair o máximo das potencialidades do texto constitucional, sem contudo invadir o campo da criação livre do Direito. A auto-contenção, por sua vez, restringe o espaço de incidência da Constituição em favor das instâncias tipicamente políticas".

403 CAPPELLETTI, Mauro. *Juízes legisladores?* Tradução de: Carlos Alberto Alvaro de Oliveira. Porto Alegre: Sergio Antonio Fabris. 1999, p. 132-133. O autor aborda a questão de, em certos momentos, ser o juiz mais ativista e noutros mais conservador: "O verdadeiro perigo a prevenir está, portanto, em que os juízes sejam criadores do direito e como tais se apresentem, mas que seja pervertida a característica formas essencial, isto é, o 'modo' do processo jurisdicional. Decerto esse modo, embora represente, como se viu, a única força e a grande 'virtude' da função jurisdicional, pode ao mesmo tempo ser considerado também a causa, ou oportunidade, de 'limitações' ou 'debilidade' de tal função. Já discutimos amplamente essas qualidade antagônicas, reais ou potenciaisi, do fenômeno jurisdicional e muito se poderia dizer a respeito. Basta observar agora que, onde prevalecem ou mais se acentuem tais 'debilidades', mais conveniente se tornará maior dose de 'self-restraint' do judiciário e provavelmente também de maior cuidado em tornar manifesta essa atitude de reserva e prudente abstenção dos juízes. Uma maior dose de ativismo se recomendará, ao invés, na hipótese contrária".

Para início do debate, relembra-se a audiência do dia 04.03.1898, no Tribunal de Château-Tierry, presidido por M. Magnaud, tendo este decidido o caso envolvendo a jovem Louise Ménard[404] de uma forma a tivista,[405] uma vez que, embora

---

[404] VITOVSKY, Vladimir Santos. Activismo judicial: só pecados e virtudes? Contribuições para uma teoria sociojurídica. In: OLIVEIRA, Umberto Machado de; ANJOS, Leonardo Fernandes dos. *Ativismo judicial*. Curitiba: Juruá, 2010. p. 90-91. A tradução da decisão foi retirada do artigo em comento, preferindo-se que a original em francês ficasse também no corpo do trabalho, embora o candidato não domine a língua-mãe da decisão. Segue em francês: "Présidence de M. Magnaud Le Tribunal, Attendu que la fille Ménard, prévenue de vol, reconnaît avoir pris un pain dans la boutique du boulanger Pierre, qu'elle exprime sincèrement ses regrets de s'être laissé aller à commettre cet acte; Attendu que la prévenue a à sa charge un enfant de deux ans pour lequel personne ne lui vient en aide, et que, depuis un certain temps, elle est sans travail malgré ses recherches pour s'en procurer; qu'elle est bien notée dans la commune et passe pour laborieuse et bonne mère; qu'en ce moment, elle n'a pour toute ressource que le pain de deux kilos et les deux livres de viande que lui délivre chaque semaine le bureau de bienfaisance de Charly, pour elle, sa mère et son enfant; Attendu qu'au moment où la prévenue a pris un pain chez le boulanger Pierre, elle n'avait pas d'argent et que les denrées qu'elle avait reçues étaient épuisées depuis trente-six heures; que ni elle, ni sa mère n'avaient mangé pendant ce laps de temps, laissant pour l'enfant les quelques gouttes de lait qui étaient dans la maison; qu'il est regrettable que dans une société bien organisée, un des membres de cette "société", surtout une mère de famille, puisse manquer de pain autrement que par sa faute; que lorsqu'une pareille situation se présente et qu'elle est, comme pour Louise Ménard, très nettement établie, le juge peut, et doit, interpréter humainement les inflexibles prescriptions de la loi; Attendu que la faim est susceptible d'enlever à tout être humain une partie de son libre arbitre et d'amoindrir en lui, dans une grande mesure, la notion du bien et du mal; Qu'un acte ordinairement répréhensible perd beaucoup de son caractère frauduleux, lorsque celui qui le commet n'agit que poussé par l'impérieux besoin de se procurer un aliment de première nécessité, sans lequel la nature se refuse à mettre en oeuvre notre constitution physique; Que l'intention frauduleuse est encore bien plus atténuée lorsqu'aux tortures aiguës résultant d'une longue privation de nourriture, vient se joindre comme dans l'espèce, le désir si naturel chez une mère de les éviter au jeune enfant dont elle a la charge; Qu'il en résulte que tous les caractères de la préhension frauduleuse librement et volontairement perpétrée ne se retrouvent pas dans le fait accompli par Louise Ménard qui s'offre à désintéresser le boulanger Pierre sur le premier travail qu'elle pourra se procurer; Que si certains états pathologiques, notamment l'état de grossesse, ont souvent permis de relaxer comme irresponsables les auteurs de vols accomplis sans nécessité, cette irresponsabilité doit, à plus forte raison, être admise en faveur de ceux qui n'ont agi sous l'irrésistible impulsion de la faim; Qu'il y a lieu en conséquence, de renvoyer la prévenue des fins de poursuites, sans dépens et ce, par application de l'article 64 du Code Penal. Par ces motifs, le tribunal renvoie Louise Ménard des fins de poursuites, sans dépens. (original du jugement aux Archives de l'Aisne, fonds du Tribunal de première instance de Château-Thierry 25 U 61)". Disponível em: <http://www.la-fontaine-ch-thierry.net/socmagn.htm>. Acesso em: 10 ago. 2012. Segue a tradução: "Considerando que a jovem Ménard acusada de roubo, reconhece ter pego um pão na padaria de Pedro, e que manifesta o seu sincero arrependimento por ter se deixado levar a cometer o ato; Considerando que a arguida tinha um filho de dois anos para o qual ninguém tem dado assistência, e que, desde algum tempo, ela está sem trabalho apesar de sua procura, e que ela é bem falada na cidade e é considerada trabalhadora e boa mãe; Considerando que neste momento os dois quilos de pão e dois quilos de carne que lhe são dados pela Casa de Caridade Charly não têm sido suficientes para alimentar sua mãe e seu filho; Considerando que quando a ré pegou um pão do padeiro Pedro, ela não tinha dinheiro e que os alimentos que tinha recebido já tinham acabado há trinta e seis horas, e que nem ela nem sua mãe tinham comido durante este tempo, deixando a criança algumas gotas de leite que estavam na casa; Considerando que é lamentável que em uma sociedade bem organizada, um membro desta sociedade, especialmente uma mãe, possa faltar um pão que não por sua culpa; Considerando que quando esta situação ocorre, como é o caso de Louise Ménard, muito claramente estabelecido, o juiz pode e deve interpretar humanamente as rígidas inflexões da lei; Considerando que a fome é susceptível de privar qualquer ser humano de uma parte de seu livre arbítrio e de prejudicar, em grande medida, a noção de bem e do mal; Um ato repreensível normalmente perde grande parte de sua natureza fraudulenta, quando aquele que comete o ato por imperiosa necessidade de se obter um alimento de primeira necessidade, sem o que a natureza se recusa a manter nossa constituição física; Que a intenção fraudulenta é ainda mais atenuada, em face da tortura, resultante do tempo de privação de alimento, basta juntar como no presente caso, um desejo tão natural em uma mãe de evitar que seu filho passe necessidades e privações; Daqui resulta que todos os elementos da conduta fraudulenta perpetrada livremente e voluntariamente não se encontram presentes no ato perpetrado por Louise Ménard, que se oferece a pagar o padeiro Pedro com o dinheiro do primeiro emprego que conseguir; E certas condições patológicas, como a gravidez, autorizam a afastar a responsabilidade de roubos, com mais razão deve ser afastada em

a lei fosse favorável à sua condenação pelo roubo de um pão, outras situações foram desveladas para que a ré fosse absolvida da acusação, como:

(i) estar desempregada;

(ii) ter um filho de dois anos; e

(iii) ambos estarem passando fome.

O caso da jovem Ménard seria típico de ativismo judicial. O fato criminoso, no caso traduzido por roubo, embora furto fosse no ordenamento jurídico brasileiro, tipificado está, sendo que ao juiz, se realmente fosse um mero *bouche de la loi*, bastaria a aplicação do texto legal ao caso concreto. Contudo, do texto se extrai a norma, e esta é amoldada ao caso da jovem Ménard no caso narrado. Será que o ato de Louise Ménard merece a pena prevista, tão só pela subsunção do texto em sua conduta, ou será que fatores externos, como a fome, a falta de assistência ao seu filho, o desemprego, ou seja, fatos que implicam sobremaneira em sua dignidade humana e de seu filho podem ser utilizados para que o juiz crie solução diversa ao caso que lhe é posto?

Devem existir momentos nos quais o Poder Judiciário é incumbido de mostrar o caminho que o texto legal tem, de acordo com o momento cultural[406] civilizatório vivenciado e diante dos parâmetros constitucionalizados. Causa estranheza que não possa, por exemplo, um juiz conceder valores constitucionais trazidos em 1988, a leis, por exemplo, da década de 40 do século passado, como são o Código

---

face daqueles que agiram sob o irresistível impulso da fome; É necessário, portanto, absolver a ré da acusação, sem custas, nos termos do artigo 64° do Código Penal. Por estes motivos, o tribunal absolve Louise Ménard da acusação, sem custas".

405 DELGADO, José Augusto. Ativismo judicial. O papel político do poder judiciário na sociedade contemporânea. In: JAYME, Fernando Gonzaga; FARIA, Juliana Cordeiro de; LAUAR, Maira Terra (Coord.). *Processo civil*: estudos em homenagem ao Professor Humberto Theodoro Júnior. Belo Horizonte: Del Rey, 2008. p. 320. Em que pese poder ser defendido que o caso envolvendo a jovem Ménard pudesse ser uma postura mais de um juiz alternativo do que ativista, ambos estariam equivocados, pois à época em que julgado o caso, não as falava de nenhum dos modelos de juiz, razão pela qual opta o pesquisador em utilizar o exemplo numa linha mais ativista, tendo em vista que o processo de racionalização realizado pelo magistrado que optou pela absolvição da ré em consonância com valores legalmente protegidos, como a própria dignidade humana. Na página acima identificada, pode-se ler esta concepção de ativismo: "O ativismo judicial conduz o juiz a impor um processo de racionalização do direito quando está em jogo valores componentes da dignidade humana e da cidadania. Quando empregado com ponderação e afastado de qualquer influência ideológica (de natureza política, econômica, religiosa), adequa-se aos parâmetros estabelecidos para o constitucionalismo da era atual que caracteriza-se por defender a aplicação imediata dos postulados e princípios que informam a Constituição, concretizando sua vontade".

406 PORTO, Sérgio Gilberto; USTÁRROZ, Daniel. *Lições de direitos fundamentais no processo civil*: o conteúdo processual na Constituição. Porto Alegre: Livraria do Advogado, 2009. p. 23. É o que, aparentemente, querem dizer os autores no subcapítulo destinado aos aspectos positivos do ativismo judicial, ao mencionarem: "Disso decorre a permanente oxigenação do sistema, facultando que as transformações culturais sejam apreendidas pelo direito, sem a necessidade de alterações legislativas. Os direitos fundamentais reconhecidos pela Constituição Federal revitalizaram os Códigos Processuais, permitindo que todas as suas normas, que datam de décadas, fossem analisadas à luz do espírito constitucional".

Penal,[407] o Código de Processo Penal[408] e a Consolidação das Leis do Trabalho,[409] sem fazer referência a leis em vigor desde o século XIX, como a segunda parte do Código Comercial datado de 1850,[410] em que pesem já terem todas elas passado por diversas reformas pontuais e se pensar em reformas totais na atualidade. Também é de causar espanto que leis ou atos normativos que não deveriam, sequer, estar em vigor, pois contrários ao ordenamento constitucional, não possam ser relidas, reinterpretadas e readaptadas para ter validade no espaço jurídico contemporâneo, se forem respeitados todos os trâmites elencados para tal fim.

Inegável que nos casos envolvendo questões raciais julgados pela Suprema Corte dos Estados Unidos ocorreu uma evolução nas decisões judiciais que foram, pouco ou muito, influenciadas pela cultura existente naquela sociedade em cada época dos julgamentos. Não se poderia admitir, por exemplo, que no primeiro dos casos que trazia a questão dos negros – *Dred Scott v. Sandford* – se imaginasse que o Poder Judiciário estadunidense pudesse julgar em favor de um negro em detrimento do que a decisão poderia causar na economia e na vida social de uma sociedade ainda, em grande parte, imbuída por uma noção de racismo.

Contudo, mudar uma concepção não é nada fácil. Aliás, Nicollò Maquiavel[411] já argumentava em sua mais famosa obra que o príncipe ou o rei que não soubesse respeitar o povo conquistado estava fadado a perder o seu principado ou reinado de maneira muito mais fácil do que como foi adquirido. Então, gradativamente, os Poderes que geralmente compõem uma democracia – Executivo, Legislativo e Judiciário – têm a função de trazer a nova concepção social, a qual, muitas vezes será,

---

[407] BRASIL. *Decreto-lei n. 2.848*, de 7 de dezembro de 1940. Disponível em: <http://www.planalto.gov.br/ccivil_03/decreto-lei/del2848.htm>. Acesso em: 11 nov. 2012.

[408] Id. *Decreto-lei n. 3.689*, de 3 de junho de 1941. Disponível em: <http://www.planalto.gov.br/ccivil_03/decreto-lei/del3689.htm>. Acesso em: 11 nov. 2012.

[409] Id. *Decreto-lei n. 5.452*, de 1 de maio de 1943. Disponível em: <http://www.planalto.gov.br/ccivil_03/decreto-lei/del5452.htm> Acesso em: 11 nov. 2012.

[410] Id. *Lei n. 556*, de 25 de junho de 1850. Disponível em: <http://www.planalto.gov.br/ccivil_03/leis/L0556-1850.htm>. Acesso em: 11 nov. 2012.

[411] MAQUIAVEL, Nicolás. *El príncipe*: el arte del poder. Höln: Evergreen, 2009. p. 31. "LAS DIFICULTADES se encuentran, sin embargo, en el principado nuevo. Y, primeramente, coando no es totalmente nuevo, sino un miembro añadido a un Estado anterior, lo cual origina un principado que podríamos denominar mixto. Los problemas que planeta emanan, en principio, de uma dificultad natural presente en todos los principados nuevos y consistente em que los hombres cambian de buen grado de señor con la esperanza de mejorar: esta esperanza les hace tomar las armas contra su señor, pero se angañan, pues después la experiencia les hace ver que han salido perdiendo. Ahora bien, todo esto viene determinado por outra necesidad, natural y ordinaria, la cual obliga inevitablemente a agraviar a los nuevos súbditos tanto por medio de tropas como por las otras muchas violaciones de derechos que trae consigo la nueva adquisición. Así te encuentras con que son enemigos tuyos todos aquellos a quienes has lesionado al ocupar aquel principado, mientras no puedes conservar como amigos a aquellos que te introdujeron em él, por no poderles dar satisfacción en la medida en que se habían imaginado y porque las obligaciones que con ellos has contraído te impiden usar en su contra medicinas fuertes, ya que para entrar en un país siempre se tiene necesidad, por más fuertes que Sean los ejércitos proprios, del favor de los habitantes. Por estas razones perdió Luis XII de Francia Milán con la misma rapidez con que lo había acupado; bastó para arrebatárselo en esta primera ocasión la sola fuerza de Ludovico, pues aquellos mismos pueblos que le habían abierto las puertas, sintiéndose engañados em sus planteamientos y en aquel bien futuro que se habían imaginado, no podían soportas los inconvenientes del nuevo príncipe"

no seio da sociedade, reticente de aceitação, podendo vir a rechaçar ou a cumprir os novos ditames normativos.

Mas, quando o Poder Legislativo não consegue atribuir ao povo novas leis que possam modificar esse ambiente ou quando o Poder Executivo fica inerte em seu dever de administrar, é o Poder Judiciário que deverá intervir, em ambos os casos, por meio de processos individuais ou coletivos. A esse fenômeno dá-se o nome de ativismo judicial,[412] em contraposição à autocontenção judicial,[413] o que, em alguns casos, pode trazer benefícios e em outros prejuízos, sendo que o que ora se defende é que num ativismo judicial equilibrado a tendência do acerto é maior que a do erro.

Evidente que o alerta trazido por Thays Oliveira de Britto e Walter de Moura Agra[414] sobre o problema existente num ativismo exagerado é válido, mas não se pode parar esta atividade que torna efetivo o texto constitucional em razão de alguns desvios do aplicador final do direito. Esse parece ser o entendimento de Eduardo Appio[415] ao referir que, após o julgamento de dois grandes precedentes históricos – *Brown v. Board of Education* e *Roe v. Wade* –, negros e mulheres passaram

---

[412] VITOVSKY, Vladimir Santos. Activismo judicial: só pecados e virtudes? Contribuições para uma teoria sociojurídica. In: OLIVEIRA, Umberto Machado de; ANJOS, Leonardo Fernandes dos. *Ativismo judicial*. Curitiba: Juruá, 2010. p. 91. Refere o articulista sobre a origem do termo: "Quem primeiro usou o termo foi Arthur Shclesinger Jr. em janeiro de 1947, em um artigo na Revista Fortune. As origens do ativismo judicial podem ser encontradas na jurisprudência norte-americana. Em um primeiro momento foi de natureza conservadora: foi a favor da segregação racial (como no julgado Dred Scott x Sandford, 1857), da invalidação de leis sociais em geral (era Lochner, 1905-1937). Esta situação se inverteu na década de 1950, com a presidência da Suprema Corte do juiz Warren (1953-1969) e nos primeiros anos da Corte Burger (até 1973), produziu jurisprudência progressista em matéria de direitos fundamentais, como o caso dos negros (Brow x Board of Education, 1954), dos acusados em processo criminal (Miranda x Arizona, 1966), das mulheres (Richardson x Frontiam 1973), assim com o direito de privacidade (Griswold x Connecticut, 1965), e, por último, mas não menos importante, a interrupção de gravidez (Roe x Wade, 1973)".

[413] VITOVSKY, Vladimir Santos. Activismo judicial: só pecados e virtudes? Contribuições para uma teoria sociojurídica. In: OLIVEIRA, Umberto Machado de; ANJOS, Leonardo Fernandes dos. *Ativismo judicial*. Curitiba: Juruá, 2010. p. 92. Refere: "O oposto do ativismo é a autocontenção judicial, conduta pela qual o judiciário procura reduzir sua intereferência nas ações dos outros poderes, também denominada de *judicial restraint* ou *strict construction*, e ao *judicial inactivism*, que opera para preservar o *status quo*".

[414] BRITTO, Thays Oliveira de; AGRA, Walber de Moura. Neoconstitucionalismo. In: FRANCISCO, José Carlos. *Neoconstitucionalismo e atividade jurisdicional*: do passivismo ao ativismo judicial. Belo Horizonte: Del Rey, 2012. p. 18. Referem os autores: "Em países periféricos como o nosso, o ativismo judicial pode representar uma alternativa para a concretização dos direitos fundamentais, apesar de nossa constituição ter sido promulgada, não se mostra muitas vezes capaz de dar concretude fática aos dispositivos constitucionais. O neoconstitucionalismo não postula o surgimento de um *judicial Power*, os marcos normativos devem ser obedecidos pelos poderes estatais, mas o ativismo judicial ainda pode ser uma alternativa para dar efetividade a esses direitos. O problema é a subjetividade e a insegurança que pode advir de um ativismo exacerbado".

[415] APPIO, Eduardo. *Direito das minorias*. São Paulo: Revista dos Tribunais, 2008. p. 44. "Tendo sido aceitos novos padrões de conduta moral, por meio destes dois precedentes históricos, os negros e as mulheres passaram a ter uma melhor representatividade no Congresso norte-americano, assumindo-se que estes dois temas deixaram de se constituir em tabus na sociedade dos Estados Unidos. Essas decisões da Suprema Corte dos Estados Unidos passaram a fazer parte da cultura legal na América do Norte, de tal modo que podem ser consideradas uma forma de profecia, visto que levam as demais pessoas a pensar de modo diferente determinados padrões já consolidados em um regime constitucional. Mesmo que hoje uma decisão possa ser percebida como extremada e pouco razoável, essa posição pode estar apontando para o verdadeiro sentido da Constituição que no futuro será reconhecido".

a ter, inclusive, maior representação no Congresso estadunidense, o que [illegible] que as referidas decisões se tornassem marcos culturais da sociedade.

Em finalização, para aqueles que defendem ser usurpação de poder [illegible]ciário julgar matérias com cunho normativo, sempre poderão os demais Poderes, Executivo e o Legislativo, no uso de suas atribuições, terem condutas pós-manifestação da Suprema Corte para readaptação daquela situação modificada pelo julgamento, conforme expõe Eduardo Appio[416] ao lembrar de normas elaboradas após o julgamento de casos como *Dred Scott v. Sandford* ou *Lochner v. New York*, o que torna esse tipo de manifestação enfraquecida ao proporcionar, pelos meios próprios elencados na Constituição, formas de modificação legislativa ou de administração. A isso também se presta o equilibrado ativismo judicial, servindo de alerta aos demais poderes para que estes, efetivamente, cumpram suas atribuições.

---

416 APPIO, Eduardo. *Direito das minorias*. São Paulo: Revista dos Tribunais, 2008. p. 49. "As decisões tomadas no caso *Dred Scott v. Sandford* (sobre escravidão em 1856) e no caso *Lochner v. New York* (julgando inconstitucionais as leis do *New Deal* em 1905), por exemplo, foram revistas após intensas críticas. No primeiro caso, a decisão da Suprema Corte foi revogada com a edição de emendas à Constituição dos Estados Unidos (inclusive a Emenda 14, que trata do devido processo legal e da igual proteção) e, no segundo caso, a própria Corte foi forçada pelo Presidente Roosevelt a rever seu precedente. Mesmo a importante decisão tomada no caso *Roe v. Wade* (sobre o aborto em 1973) passou a ser paulatinamente revista após 1992, restringindo-se o seu alcance prático, após duras críticas à Corte".

3. O Supremo Tribunal Federal e a viabilidade das medidas estruturantes

O estudo muda de América neste momento, passando da do Norte para a do Sul, pois abordará o Supremo Tribunal Federal e a possibilidade de ser implementado o pensamento de Owen M. Fiss e resgatado o ativismo judicial da Corte de Warren sobre as medidas estruturantes. Para isso, defender-se-á ser exequível essa possibilidade no controle de constitucionalidade de leis no Brasil, tanto pelo controle abstrato como pelo difuso quando existir repercussão geral no recurso extraordinário, que faz com que ocorra o fenômeno da objetivação deste meio de controle, o que será alvo de maiores reflexões posteriormente.

Serão defendidas novas posturas que deverão ser desempenhadas pelo Supremo Tribunal Federal,[417] pois de sua competência,[418] uma vez que pela ordem constitucional em vigor é um Tribunal legitimado democraticamente para proferir sentenças normativas, o que acabará regulando[419] novas realidades para a socie-

---

[417] FIGUEIREDO, Marcelo. El carácter contra mayoritario del poder judicial. In: MANILI, Pablo Luis (Coord.). *Marbury v. Madison*: reflexiones sobre una senteccia bicentenaria. México: Editorial Porrúa, 2011. p. 78. O autor salienta a inefetividade das decisões do Supremo Tribunal Federal ao longo de seus anos de existência, assim o fazendo: "Creado hace más de um siglo (1891), el Supremo Tribunal Federal siempre ha tenido una enorme dificultad para imponer sus decisiones, tomadas en el ámbito del control difuso de constitucionalidad, sobre las instancias judiciales inferiores. La falta de una doctrina como la del *stare decisis* del *common law*, que vinculase a los demás miembros del Poder Judicial a las decisiones del Supremo, generó una persistente fragilidad en nuestra Corte Suprema. Recién en 2005, con la adopción de la 'Súmula' [decisión] Vinculante, se completó un ciclo de concentración de poderes en las manos del Supremo, dirigido a sanar sua incapacidad de encuadrar jueces y tribunales, resistentes a sus decisiones".

[418] CASSEB, Paulo Adib. Fundamentos da forma de designação dos ministros do Supremo Tribunal Federal. In: HORBACH, Carlos Bastide; ALMEIDA, Fernando Dias Menezes de; AMARAL JÚNIOR, José Levi Mello do e LEAL, Roger Stiefelmann (Coord.). *Direito constitucional, estado de direito e democracia*: homenagem ao Prof. Manoel Gonçalves Ferreira Filho. São Paulo: Quartier Latin, 2011. p. 585. Da mesma forma como se defendeu ter a Suprema Corte dos Estados Unidos conotação política, o Supremo Tribunal Federal também o tem. São estas as palavras do autor: "O STF, embora integre o Poder Judiciário constitui, inegavelmente, um Tribunal dotado de atribuições políticas, além das meramente judiciárias".

[419] SUNDFELD, Carlos Ari; PINTO, Henrique Moota. Três desafios para melhorar a jurisdição constitucional brasileira. In: VOJVODIC, Adriana *et al.* (Org.). *Jurisdição constitucional no Brasil.* São Paulo: Malheiros, 2012. p. 41. Ao referirem os autores sobre os casos julgados no Supremo Tribunal Federal sobre a "farra do boi" e da "briga de galo", assim defendem essa função: "Esses julgados são dois exemplos de exercício, pelo STF, de função regulatória. Neles, o Tribunal concedeu soluções – a de que a farra do boi e a briga de galo são inconstitucionaiis, por submeterem os animais a crueldade, independentemente do envolvimento de aspectos culturais – a partir da atividade criativa no manejo de normas com alto grau de indeterminação – as normas constitucionais de proteção ambiental e cultural".

dade brasileira. Deverá pois, ao ser colocado em questão um ato normativo infraconstitucional frente ao texto constitucional, extrair deste a melhor norma[420] possível, o que fará com que o dispositivo violador da Constituição seja expelido do ordenamento jurídico ou reinterpretado, amoldando-o aos ditames constitucionalizados.[421] Na mesma linha deverá, quando o direito material em questão assim comportar, ter poderes para efetivar seu comando judicial para que sua decisão não chegue às fronteiras da inefetividade com o enfraquecimento, de um lado, do próprio Poder Judiciário perante a sociedade e demais Poderes estatais e, de outro, do Estado Constitucional.

3.1. Apontamentos históricos sobre a nomeação dos ministros no Supremo Tribunal Federal

Não há razão para se trabalhar uma completa historicidade do Supremo Tribunal Federal, pois já foi devidamente abordada em obras como a de Lêda Boechat Rodrigues[422] e Luís Carlos Martins Alves Jr.[423] O maior interesse neste momento acerca de sua história reside no modo de nomeação dos seus ministros, desde sua criação até os dias atuais, uma vez que este assunto, em parte, será a base de algumas das defesas sobre o poder democrático existente na nomeação dos ministros que se revela na Constituição Federal de 1988. Pode-se sintetizar o assunto trazendo uma parte do estudo de Fabiana Luci de Oliveira,[424] que trabalha a perspectiva histórica do Tribunal, sendo que receberá outras leituras para complemantar o tema.

---

[420] STRECK, Lenio Luiz. *Hermenêutica jurídica em crise*: uma exploração hermenêutica da construção do Direito. 10. ed. Porto Alegre, 2011. p. 279. Adota-se a posição de Lenio Luiz Streck sobre a diferenciação entre texto e norma: "Transportando essa questão para a hermenêutica jurídica nos parâmetros aqui propostos, fica fácil perceber que, quando quero dizer que a norma é sempre o resultado da interpretação de um texto, quero dizer que estou falando do sentido que esse texto vem a assumir no processo compreensivo. A norma de que falo é o sentido do ser do ente (texto). O texto só ex-surge na sua 'normação', valendo o mesmo raciocínio para a 'dicotomia' vigência-validade".

[421] REIS, Maurício Matins. Das interfaces não miméticas entre o controle difuso e a fiscalização concreta de constitucionalidade. *Observatório da Jurisdição Constitucional*, Brasília, a. 2, p. 3, jul. 2008. Disponível em: <http://www.portaldeperiodicos.idp.edu.br/index.php/observatorio/article/viewPDFInterstitial/241/201>. Acesso em: 13 nov. 2012. Uma das técnicas utilizadas pelo Supremo Tribunal Federal é a interpretação conforme à Constituição, que, como refere o autor, deve ser valorizada: "A interpretação conforme à Constituição pode ser caracterizada como uma modalidade intermediária – digna, já, e só por isto, de aplausos – de prudente solução a rejeitar extremada fórmula de inconstitucionalidade, ou peremptória chancela de constitucionalidade, esta última também dotada de eficácia geral e vinculante conforme ordenamento constitucional pátrio".

[422] RODRIGUES, Leda Boechat. *História do Supremo Tribunal Federal*: defesa das liberdades civis (1891-1898). 2. ed. Rio de Janeiro: Civilização Brasileira, 1991. V. I. Id. *História do Supremo Tribunal Federal*: defesa do federalismo (1889-1910). 2. ed. Rio de Janeiro: Civilização Brasileira, 1991. V. II.

[423] ALVES JR., Luís Carlos. *O Supremo Tribunal Federal nas constituições brasileiras*. Belo Horizonte: Mandamentos, 2004. O autor dedicou seu estudo de doutorado sobre o tema, defendendo sua tese no programa da Faculdade de Direito da Universidade Federal de Minas Gerais.

[424] OLIVEIRA, Fabiana Luci de. *Supremo Tribunal Federal*: do autoritarismo à democracia. Rio de Janeiro: Elsevier, 2012. A autora faz seu resumo da história do Supremo Tribunal Federal entre as páginas 33-43.

Inicia seu estudo omitindo a Constituição Imperial de 1824[425] e que, segundo aponta Luís Carlos Martins Alves Jr., estaria ali criado o órgão de cúpula do Poder Judiciário denominado de Supremo Tribunal de Justiça,[426] o qual, nas palavras de José Reinaldo de Lima Lopes,[427] jamais foi um tribunal constitucional propriamente dito. Fabiana Luci de Oliveira defende, assim como Marco Antonio Villa,[428] apenas ter o Supremo Tribunal Federal sido criado em 1890, embora defendam seu início por diferentes decretos, tendo para aquela sido o de n. 510, de 22/06/1890,[429] e para este o de n. 848, de 11 de outubro de 1890,[430] contando na época com 15 ministros, nomeados pelo chefe do Executivo Federal, passando pela aprovação do Senado, devendo ter mais de 35 anos e notável saber jurídico, sendo que o texto do Decreto foi substituído pela Constituição Republicana de 24 de fevereiro de 1891.[431] A primeira significativa modificação legal, já na Era Vargas, foi por meio

---

[425] Na Constituição Política do Império do Brasil, de 25 de março de 1824, no artigo 163 existia a alusão ao Supremo Tribunal de Justiça, com a seguinte redação: "Na Capital do Imperio, além da Relação, que deve existir, assim como nas demais Provincias, haverá tambem um Tribunal com a denominação de – Supremo Tribunal de Justiça – composto de Juizes Letrados, tirados das Relações por suas antiguidades; e serão condecorados com o Titulo do Conselho. Na primeira organisação poderão ser empregados neste Tribunal os Ministros daquelles, que se houverem de abolir". BRASIL. *Constituição da República.* Disponível em: <http://www.planalto.gov.br/ccivil_03/constituicao/constitui%C3%A7ao24.htm>. Acesso em: 17 out. 2012.

[426] ALVES JR., Luís Carlos. *O Supremo Tribunal Federal nas constituições brasileiras.* Belo Horizonte: Mandamentos, 2004. p. 125. Refere: "O órgão de cúpula do Judiciário é o Supremo Tribunal de Justiça, composto de juízes letrados, que receberiam o título de Conselheiros. Os magistrados serão nomeados pelo Imperador. O Supremo Tribunal de Justiça foi estabelecido pela Lei de 18 de setembro de 1828, composto de 17 juízes tirados dos Tribunais de Relação".

[427] LOPES, José Reinaldo de Lima (Org.). *O Supremo Tribunal de Justiça do Império (1828-1889).* São Paulo: Saraiva, 2010. p. 13. Na introdução, o historiador do direito expõe: "Primeiro, pelo próprio sistema constitucional da monarquia brasileira, o Supremo Tribunal de Justiça não se constituiu jamais em tribunal constitucional propriamente, ou seja, árbitro de conflito entre poderes, nem lhe foi dado o poder de rever a constitucionalidade dos atos do Legislativo".

[428] VILLA, Marco Antonio. *A história das Constituições brasileiras.* São Paulo: Leya, 2011. p. 132. Defende: "O Supremo Tribunal Federal (STF) foi criado pela República. O decreto 848 de 1890 deu forma inicial de organização do Poder Judiciário, que foi seguido pela Constituição de 1891".

[429] Em especial no artigo 54: "O Poder Judiciario da União terá por orgãos um Supremo Tribunal Federal, com séde na capital da Republica e tantos juizes e tribunaes federaes, distribuidos pelo juiz, quantos o Congresso crear". E no artigo 55: "O Supremo Tribunal Federal compor-se-ha de quinze juizes, nomeados na fórma do art. 47, n. 11, dentre os trinta juizes federaes mais antigos e os cidadãos de notavel saber e reputação elegiveis para o Senado". Por fim, o artigo 47 referia: "Compete privativamente ao Presidente da Republica:[...]". E os itens 11 "Nomear os magistrados federaes" e 12 "Nomear os membros do Supremo Tribunal Federal e os ministros diplomaticos, mediante approvação do Senado; podendo, na ausencia do Congresso, designal-os em commissão até que o Senado se pronuncie". BRASIL. *Decreto n. 510*, de 22 de junho de 1890 Disponível em: <http://www6.senado.gov.br/legislacao/ListaNormas.action?numero=510&tipo_norma=DEC&data=18900622&link=s> Acesso em: 17 out. 2012.

[430] Pela leitura do Decreto, mais parece que são normas de organização do Supremo Tribunal Federal do que propriamente sua criação, sendo, pois, o Decreto n. 510 o que realmente criou o Tribunal. BRASIL. *Decreto n. 848*, de 22 de junho de 1890. Disponível em: <https://www.planalto.gov.br/ccivil_03/decreto/1851-1899/d848.htm>. Acesso em: 17 out. 2012.

[431] Ficando a redação que importa neste momento no artigo 55: "O Poder Judiciário, da União terá por órgãos um Supremo Tribunal Federal, com sede na Capital da República e tantos Juízes e Tribunais Federais, distribuídos pelo País, quantos o Congresso criar". E artigo 56: "O Supremo Tribunal Federal compor-se-á de quinze Juízes, nomeados na forma do art. 48, n. 12, dentre os cidadãos de notável saber e reputação, elegíveis para o Senado". O artigo 48 expunha: "Compete privativamente ao Presidente da República: [...]". E no item 12º: "[...] nomear os membros do Supremo Tribunal Federal e os Ministros diplomáticos, sujeitando a nomeação à aprovação

do Decreto n. 19.656/1931,[432] no qual foi prevista a redução do número de ministros de 15 para 11 e a mudança do nome para Corte Suprema, o que foi mantido pela Constituição de 16 de julho de 1934.[433]

Com o Estado Novo, em 1937,[434] com a dissolução da Câmara, do Senado, das Assembleias Legislativas e das Câmara de Vereadores, o poder de nomeação ficou sob a responsabilidade do Presidente. Após, comunga a autora a tese de que, com a redemocratização do Brasil, em 1945, o Tribunal teria uma nova transformação, alcançando poderes maiores, como o de julgar autoridades da União em crimes comuns e de responsabilidade.[435]

Em 27/10/1965, com a edição do AI-2,[436] houve o aumento do número de Ministros de onze para dezesseis,[437] tudo para tentar desestruturar a linha jurispru-

---

do Senado". Id. *Constituição da República.* Disponível em: <http://www.planalto.gov.br/ccivil_03/constituicao/constitui%C3%A7ao91.htm>. Acesso em: 17 out. 2012.

432 Já no artigo primeiro estava prevista a redução: "Fica reduzido a onze o número de juizes do Supremo Tribunal Federal". BRASIL. *Decreto n. 19.656*, de 3 de janeiro de 1931. Disponível em: <http://www6.senado.gov.br/legislacao/ListaNormas.action?numero=19656&tipo_norma=DEC&data=19310203&link=s>. Acesso em: 18 out. 2012.

433 No artigo 73 encontra-se o tema: "A Corte Suprema, com sede na Capital da República e jurisdição em todo o território nacional, compõe-se de onze Ministros. § 1° – Sob proposta da Corte Suprema, pode o número de Ministros ser elevado por lei até dezesseis, e, em qualquer caso, é irredutível". Assim como no artigo 74: "Os Ministros da Corte Suprema serão nomeados pelo Presidente da República, com aprovação do Senado Federal, dentre brasileiros natos de notável saber jurídico e reputação ilibada alistados eleitores, não devendo ter, salvo os magistrados, menos de 35, nem mais de 65 anos de idade". BRASIL. *Constituição da República dos Estados Unidos do Brasil*, de 16 de julho de 1934. Disponível em: <http://www.planalto.gov.br/ccivil_03/constituicao/constitui%C3%A7ao34.htm>. Acesso em: 18 out. 2012.

434 Importante referir o artigo 97: "O Supremo Tribunal Federal, com sede na Capital da República e jurisdição em todo o território nacional, compõe-se de onze Ministros. Parágrafo único – Sob proposta do Supremo Tribunal Federal, pode o número de Ministros ser elevado por lei até dezesseis, vedada, em qualquer caso, a sua redução". E artigo 98: "Os Ministros do Supremo Tribunal Federal serão nomeados pelo Presidente da República, com aprovação do Conselho Federal, dentre brasileiros natos de notável saber jurídico e reputação ilibada, não devendo ter menos de trinta e cinco, nem mais de cinqüenta e oito anos de idade". BRASIL. *Constituição dos Estados Unidos do Brasil.* Disponível em: <http://www.planalto.gov.br/ccivil_03/constituicao/constitui%C3%A7ao37.htm>. Acesso em: 18 out. 2012.

435 Na Constituição de 18 de setembro de 1946, a previsão estava no artigo 98: "O Supremo Tribunal Federal, com sede na Capital da República e jurisdição em todo o território nacional, compor-se-á de onze Ministros. Esse número, mediante proposta do próprio Tribunal, poderá ser elevado por lei". E no artigo 99: "Os Ministros do Supremo Tribunal Federal serão nomeados pelo Presidente da República, depois de aprovada a escolha pelo Senado Federal, dentre brasileiros (art. 129, n.s I e II), maiores de trinta e cinco anos, de notável saber jurídico e reputação ilibada". BRASIL. *Constituição da República.* Disponível em: <http://www.planalto.gov.br/ccivil_03/constituicao/constitui%C3%A7ao46.htm>. Acesso em: 17 out. 2012.

436 O artigo 6° do AI2 tinha a seguinte redação: "Os arts. 94, 98, 103 e 105 da Constituição passam a vigorar com a seguinte redação". Sendo que o artigo 98 começou a ser lido assim: "O Supremo Tribunal Federal, com sede na Capital da República e jurisdição em todo o território nacional, compor-se-á de dezesseis Ministros". BRASIL. *Ato Institucional n. 2*, de 27 de outubro de 1965. Disponível em: <http://www.planalto.gov.br/ccivil_03/AIT/ait-02-65.htm>. Acesso em: 19 out. 2012.

437 Este número havia sido mantido na Constituição de 1967, em seu artigo 113: "O Supremo Tribunal Federal, com sede, na Capital da União e jurisdição em todo o território nacional, compõe-se de dezesseis ministros. § 1°: Os Ministros serão nomeados pelo Presidente da República, depois de aprovada a escolha pelo Senado Federal, dentre brasileiros, natos, maiores de trinta e cinco anos, de notável saber jurídico e reputação ilibada". Até ser modificado pelo AI 6. BRASIL. *Constituição da República Federativa do Brasil*, de 1967. Disponível em: <http://www.planalto.gov.br/ccivil_03/constituicao/constituicao67.htm>. Acesso em: 20 out. 2012.

dencial que o Tribunal tinha até então. Mas foi com o AI-5, de 1968, que a autonomia do Poder Judiciário restou abalada, com a suspensão das garantias aos juízes, como a vitaliciedade[438] e a inamovibilidade,[439] assim como foi excluída do próprio Poder Judiciário a possibilidade de rever qualquer ato do AI-5.

No AI-6,[440] uma nova intervenção no número de Ministros, que foi reduzido para onze. Em 1969, com a Emenda Constitucional n. 1, de 17 de outubro, manteve-se a mesma forma, apenas modificando a numeração dos artigos.[441] Depois da revogação do AI-5, o país rumou, mais uma vez, para sua redemocratização, com a instauração da Constituinte, no ano de 1987,[442] e a promulgação da Constituição Federal de 1988,[443] que trouxe novos rumos ao Tribunal, restabelecendo sua autonomia financeira e administrativa,[444] assim como a independência do juiz, e recompondo as garantias da inamovibilidade e vitaliciedade.[445]

Diante das sucessivas modificações, pode-se constatar o fato de que o poder de nomeação dos Ministros integrantes do Supremo Tribunal Federal oscilou entre os Poderes Executivo e Legislativo, o que se consagra na nova ordem constitucional ao conceder a ambos a possibilidade de intervenção no ato de investidura final do candidato ao cargo de Ministro.

---

438 BULOS, Uadi Lammêgo. *Curso de direito constitucional.* São Paulo: Saraiva, 2007, p. 1052. Conceitua o autor: "Vitaliciedade é a vinculação do titular ao cargo com foros de permanência e definitividade, à luz do estágio probatório de dois anos para os juízes togados de primeiro grau".

439 BULOS, Uadi Lammêgo. *Curso de direito constitucional.* São Paulo: Saraiva, 2007, p. 1052. E sobre o tema, expõe: "Inamovibilidade é a impossibilidade de designar o juiz para outro cargo, diferente daquele para o qual foi nomeado".

440 Esta a redação do artigo 113 após o AI 6 de 1969: "O Supremo Tribunal Federal, com sede na Capital da União e jurisdição em todo o território nacional, compõe-se de 11 (onze) Ministros. § 1° – Os Ministros serão nomeados pelo Presidente da República, depois de aprovada a escolha pelo Senado Federal, dentre brasileiros natos, maiores de trinta e cinco anos, de notável saber jurídico e reputação ilibada". Ibid.

441 Após a Emenda, as previsões estavam no artigo 118: "O Supremo Tribunal Federal, com sede na Capital da União e jurisdição em todo o território nacional, compõe-se de onze Ministros. Parágrafo único: "Os Ministros serão nomeados pelo Presidente da República, depois de aprovada a escolha pelo Senado Federal, dentre cidadãos maiores de trinta e cinco anos, de notável saber jurídico e reputação ilibada". BRASIL. *Emenda Constitucional n. 1*, de 17 de outubro de 1969. Disponível em: <http://www.planalto.gov.br/ccivil_03/constituicao/emendas/emc_anterior1988/emc01-69.htm>. Acesso em: 23 out. 2012.

442 SARMENTO, Daniel. A assembleia constituinte de 1987/88 e a experiência constitucional brasileira sob a carta de 88. In: TAVARES, André Ramos; LEITE, George Salomão e SARLET, Ingo Wolfgang (Org.). *Estado constitucional e organização do poder.* São Paulo: Saraiva, 2010, p. 227. Refere o autor: "A Assembléa Nacional Constituinte que se reuniu em 1° de fevereiro de 1987 era composta por 559 membros – 487 deputados federais e 72 senadores". Sendo que, posteriormente, afirma na p. 231 que: "A Assembleia Nacional Constituinte foi instalada no dia 1° de fevereiro de 1987, sob a Presidência do então Presidente do STF, Ministro José carlos Moreira Alves".

443 Redação atual do artigo 101: "O Supremo Tribunal Federal compõe-se de onze Ministros, escolhidos dentre cidadãos com mais de trinta e cinco e menos de sessenta e cinco anos de idade, de notável saber jurídico e reputação ilibada. Parágrafo único. Os Ministros do Supremo Tribunal Federal serão nomeados pelo Presidente da República, depois de aprovada a escolha pela maioria absoluta do Senado Federal". BRASIL. *Constituição da República.* Disponível em: <http://www.planalto.gov.br/ccivil_03/constituicao/constituicao.htm>. Acesso em: 17 out. 2012.

444 As autonomias administrativa e financeira estão previstas no artigo 99 da Constituição Federal.

445 As garantias estão previstas no artigo 93, incisos I, II e III, da Constituição Federal.

3.2. O Supremo Tribunal Federal e o ambiente democrático para as sentenças normativas

Conforme já alertado, um dos maiores desafios da pesquisa é tentar rebater a tese de que o Supremo Tribunal Federal não pode ter uma atuação normativa tendo em vista seu *deficit* democrático. Para Miguel Gualano de Godoy,[446] prevalece a tese de que os juízes que integram o Tribunal carecem de legitimidade democrática, tendo em vista que não são eleitos por voto popular e tampouco estão sujeitos à revisão periódica de seus mandatos, o que também transparece na escrita de Melina Breckenfeld Reck,[447] que ainda acrescenta o fato de que suas decisões sequer estão submetidas a qualquer controle democrático, salvo emendas que corrijam a jurisprudência do Tribunal.

Para que as teses sejam devidamente rebatidas, passa-se a defender uma série de motivos pelos quais se entende ser o Supremo Tribunal Federal um ambiente democrático para que possa, eventualmente, respeitando os parâmetros que são concedidos pela Constituição Federal e demais leis que abordam o controle de constitucionalidade de leis, alterar a legislação e o próprio direito pela prolação de uma sentença normativa. Diante desse fato, elencam-se doze razões pelas quais é inerente esse poder ao Supremo Tribunal Federal, sendo elas:

(i) o limite da sentença normativa está adstrito ao sentidos normativos do texto da Constituição da República Federativa do Brasil;

(ii) o Poder Judiciário somente poderá proferir sentenças normativas na omissão ou comissão dos demais poderes;

(iii) somente poderá ser ministro do Supremo Tribunal Federal um cidadão nato;

(iv) a sabatina pelo Senado é uma via indireta da democracia representativa;

(v) a nomeação pelo Executivo também é uma via indireta da democracia representativa;

(vi) existe a possibilidade de *impeachment* dos ministros do Supremo Tribunal Federal pelos membros do Poder Legislativo;

(vii) a democracia participativa está assentada no processo com a possibilidade de *amicus curiae*;

(viii) as audiências públicas são outra forma democracia participativa no processo;

---

[446] GODOY, Miguel Gualano de. *Constitucionalismo e democracia*: uma leitura a partir de Carlos Santiano Nino e Roberto Gargarella. São Paulo: Saraiva, 2012. p. 134. Defende o autor: "A legitimidade do Poder Judiciário e geral, e da Suprema Corte (no Brasil, do Supremo Tribunal Federal), em particular, para decidir sobre a constitucionalidade de uma lei não é lógica, automática, pois os juízes carecem de legitimidade democrática – eles não são eleitos pelo voto popular e não estão sujeitos a revisões periódicas de seus mandatos".

[447] RECK, Melina Breckenfeld. *Constitucionalização superveniente?* Rio de Janeiro: Renovar, 2012. p. 61. São também as críticas levantadas pela autora: "Pois bem, a contestação da legitimidade democrática da Jurisdição Constitucional decorre, principalmente, de dois aspectos: (i) as Cortes Constitucionais são compostas por juízes não eleitos – embora nomeados, em regra, pelos agentes que detêm mandato popular – que não se submetem aos controles periódicos de aferição da legitimidade de sua atuação, próprios da democracia representativa; (ii) as decisões das Cortes Constitucionais não estão submetidas, em regra, a qualquer controle democrático, salvo por meio de emendas que venham a corrigir a jurisprudência do tribunal".

(ix) existe legitimação processual nos controles difuso e abstrato que abarcam o Executivo, o Legislativo e o cidadão;

(x) existe a possibilidade de nova lei pelo Poder Legislativo após o julgamento do Supremo Tribunal Federal;

(xi) a motivação e a publicidade das decisões são outra forma de controle democrático; e

(xii) há o controle externo do Poder Judiciário pelo Conselho Nacional de Justiça.

Cada um dos motivos apontados será estudado individualmente e, em conjunto, fazem um bloco que garante ao Supremo Tribunal Federal poder democrático mais que suficiente para, eventualmente, proferir sentenças normativas, o que não retira de outras teses[448] sobre a legitimidade democrática do Tribunal as suas forças, mas, quando compatíveis, podem vir a se somar aos motivos aqui expostos.

Em termos parecidos com o que neste momento se defende, Marcelo Labanca Corrêa de Araújo[449] enumera uma série de fatores que entende plausíveis para conceder legitimidade, que chama de federativa, à jurisdição constitucional, desta forma:

(i) subjetivação do processo objetivo;

(ii) participação da vontade local na formulação da vontade da Corte Constitucional (que subdivide em: (*a*) governadores e assembleias legislativas: legitimação condicionada; (*b*) contraditório de lei ou ato normativo estadual: informações prestadas no processo objetivo; (*c*) a questão da participação dos Estados-Membros nos processos de controle abstrato na qualidade de *amicus curiae*; e (*d*) o Supremo Tribunal Federal e o uso da prerrogativa que possibilita solicitação de informações aos Tribunais de Justiça dos Estados-Membros);

(iii) participação indireta dos Estados-Membros no exercício da jurisdição constitucional e exame de PECs que alterem a forma de escolha de ministros do Supremo Tribunal Federal;

(iv) retirar a defesa, pelo Advogado-Geral da União, de norma impugnada estadual, devendo ser feita pelos procuradores-gerais dos Estados; e

(v) abrandamento do uso do princípio da simetria pelo aumento da participação dos Estados-Membros na jurisdição constitucional federal.[450]

---

448 ABREU, Pedro Manoel. *Processo e democracia*: o processo judicial como um *locus* da democracia participativa e da cidadania inclusiva no estado democrático de direito. São Paulo: Conceito, 2001. V. 3. p. 328. Traz o autor como um dos pilares desta democracia um Poder Judiciário comprometido, por meio da jurisdição e do processo, à concretização da cidadania. CORREIA, Marcus Orione Gonçalves. *Direito processual constitucional*. 4. ed. São Paulo: Saraiva, 2012. p. 145. Defende o autor a ação popular como instrumento democrático de cidadania, assim o fazendo: "Terminamos exatamente com a ação popular, na medida em que esta, em tese, representa uma das mais expressivas manifestações de cidadania passíveis de ser concretizadas por meio da provocação da tutela jurisdicional. Trata-se do exemplo mais nítido do poder de ação como elemento de reconstrução do Estado Democrático de Direito".

449 ARAÚJO, Marcelo Labanca Corrêa de. *Jurisdição constitucional e federação*: o princípio da simetria na jurisprudência do STF. Rio de Janeiro: Elsevier, 2009. p. 142. Refere: "A partir de então, passa-se a pensar em formas de se dar legitimidade federativa à jurisdição constitucional pela via procedimental, pela ampliação da participação do poder local no processo objetivo do controle de constitucionalidade".

450 ARAÚJO, Marcelo Labanca Corrêa de. *Jurisdição constitucional e federação*: o princípio da simetria na jurisprudência do STF. Rio de Janeiro: Elsevier, 2009. Entre as páginas 142 e 167 o autor se debruça ao tema que propõe para conceder maior legitimidade federativa à jurisdição constitucional.

Contudo, diferentemente de Marcelo Labanca Corrêa de Araújo, que elabora sua listagem mais sob uma ótica *de lege ferenda*, realiza-se o rol na tese, exemplificativo, com base em ordenamento jurídico já em vigor.

Cumpre ressaltar, como forma de argumentar positivamente sobre o que se passa a abordar nos próximos tópicos, na linha do que sustenta Juarez Freitas,[451] de que ser não democrático, ou como fala, antidemocrático, é exatamente a passividade de debates prioritários no Estado Democrático Constitucional, criticando a postura da cultura da inércia em razão de desculpas que comprometem a efetividade do Estado. O Supremo Tribunal Federal, nessa linha, não pode escapar de debates essenciais à sociedade e à manutenção de um Estado Constitucional, sendo oportuno defender, pois, sua legitimidade, para que realize, no mínimo, as promessas constitucionais.

3.2.1. O princípio da parametricidade[452] e o limite da criação: a Constituição da República Federativa do Brasil

Pode-se defender neste momento que a legitimidade do Supremo Tribunal Federal está relacionada ao modo de atuação da jurisdição constitucional, como

[451] FREITAS, Juarez. Direito constitucional à democracia. In: FREITAS, Juarez e TEIXEIRA, Anderson V. (Org.). *Direito à democracia*: ensaios transdisciplinares. São Paulo: Conceito, 2011. p. 29.

[452] Segundo julgamento recente do Supremo Tribunal Federal, na Rcl 10.500 AgR/SP, de relatoria do Ministro Celso de Mello, julgado em 22/06/2011, a parametricidade é a conformação das leis ao texto constitucional, podendo ser das leis diante da Constituição Federal ou da Constituição Estadual, quando, neste caso, passará ao Estado membro o poder de revisão da lei pelo controle abstrato de constitucionalidade. A ementa do julgamento é: "*Reclamação – Função constitucional do instrumento reclamatório (RTJ 134/1033 – RTJ 166/785) – Competência dos Tribunais de Justiça para exercer o controle abstrato de constitucionalidade de leis* e atos normativos estaduais e/ou municipais contestados em face da Constituição Estadual – a 'representação de inconstitucionalidade' no âmbito dos Estados-Membros (CF, art. 125, § 2º) – A questão da parametricidade das cláusulas constitucionais estaduais, de caráter remissivo, para fins de controle concentrado de leis e atos normativos estaduais e/ou municipais contestados, perante o tribunal de justiça local, em face da constituição estadual – doutrina – precedentes – Recurso de agravo improvido. – O único instrumento jurídico revestido de parametricidade, para efeito de fiscalização concentrada de constitucionalidade de lei ou de atos normativos estaduais e/ou municipais, é, tão-somente, a Constituição do próprio Estado-membro (CF, art. 125, § 2º), que se qualifica, para esse fim, como pauta de referência ou paradigma de confronto, mesmo nos casos em que a Carta Estadual haja formalmente incorporado, ao seu texto, normas constitucionais federais que se impõem à observância compulsória das unidades federadas. Doutrina. Precedentes. – Revela-se legítimo invocar, como referência paradigmática, para efeito de controle abstrato de constitucionalidade de leis ou atos normativos estaduais e/ou municipais, cláusula de caráter remissivo, que, inscrita na Constituição Estadual, remete, diretamente, às regras normativas constantes da própria Constituição Federal, assim incorporando-as, formalmente, mediante referida técnica de remissão, ao plano do ordenamento constitucional do Estado-membro. – Com a técnica de remissão normativa, o Estado-membro confere parametricidade às normas, que, embora constantes da Constituição Federal, passam a compor, formalmente, em razão da expressa referência a elas feita, o 'corpus' constitucional dessa unidade política da Federação, o que torna possível erigir-se, como parâmetro de confronto, para os fins a que se refere o art. 125, § 2º da Constituição da República, a própria norma constitucional estadual de conteúdo remissivo. Doutrina. Precedentes". BRASIL. Supremo Tribunal Federal. *Reclamação n. 10.500 AgR/SP*, relator min. Celso de Mello. Disponível em: <http://www.stf.jus.br/portal/jurisprudencia/listarjurisprudencia.asp?s1=%28rcl%24%2escla%2e+e+10500%2enume%2e%29+ou+%28rcl%2eacms%2e+adj2+10500%2eacms%2e%29&base=baseacordaos>. Acesso em: 01 dez. 2012.

fez Melina Breckenfeld Reck[453] em seus estudos, os quais apontam que a própria manutenção do Estado Democrático de Direito é manter a supremacia da Constituição, o que também encontra esteio na escrita de José Afonso da Silva,[454] José Néri da Silveira[455] e Marcelo Labanca Corrêa de Araújo,[456] devendo, inclusive, o legislador estar vinculado a ela, pois, como afirma Luís Roberto Barroso,[457] a Constituição passou a ser o centro do sistema jurídico, o que faz da própria jurisdição o meio de controle dessas leis contrárias à normatividade constitucional.[458] Ficam as palavras de Klaus Stern[459] sobre o tema, ao anunciar que o controle realizado pelos

---

453 RECK, Melina Breckenfeld. *Constitucionalização superveniente?* Rio de Janeiro: Renovar, 2012. p. 257-258. Traz a autora: "Seja qual for o esteio que se confira à legitimidade democrática da jurisdição constitucional, é insofismável que o legislador democraticamente legitimado tem de submeter-se a um ato de legitimidade democrática superior que é a Constituição, pois, enquanto aquela resulta de uma maioria conjuntural (a lei emanada do legislador democraticamente eleito num dado momento histórico), a Constituição advém de uma maioria à qual se impõe aos demais poderes constituídos, devendo ser assegurada a sua supremacia, que, reitere-se, consiste na mais eficaz proteção aos direitos fundamentais e, por conseguinte, ao Estado Democrático de Direito".

454 SILVA, José Afonso da. *O constitucionalismo brasileiro*: evolução institucional. São Paulo: Malheiros, 2011. p. 99. O que também é o entendimento do constitucionalista: "O princípio da constitucionalidade significa que, no Estado Democrático de Direito, é a Constituição que dirige a marcha da sociedade e vincula, positiva e negativamente, os atos do Poder Público. Assenta-se na técnica da rigidez constitucional, que decorre da maior dificuldade para a mudança formal da Constituição que para a alteração da legislação ordinária ou complementar".

455 SILVEIRA, José Néri da. *Controle de constitucionalidade no Brasil.* Pelotas: EDUCAT, 2001. Cadernos de Direito. V. 5. p. 9. Sobre a importância do instituto refere o jurista: "Com efeito, a supremacia da Constituição e a independência do Poder Judiciário são notas básicas do sistema americano que nos serviu de modelo com a implantação da República. Subordinam-se à Constituição todos os Poderes, que nela têm definidos os respectivos limites. O postulado da independência do Judiciário manifesta-se, por primeiro, na prerrogativa eminente de que esse Poder está revestido, pela Constituição, para proceder à revisão das leis e dos atos normativos, diante da Lei Fundamental, anulando-os quando com esta incompatível".

456 ARAÚJO, Marcelo Labanca Corrêa de. *Jurisdição constitucional e federação*: o princípio da simetria na jurisprudência do STF. Rio de Janeiro: Elsevier, 2009. p. 137. Refere: "Ocorre que entender o constitucionalismo como uma espécie de garantia da indisponibilidade dos direitos fundamentais contra maiorias que ataquem esses mesmos direitos é valorizar o papel de um Tribunal Constitucional. É corrente a ideia segundo a qual, dentro do Estado de Direito, no constitucionalismo clássico, sendo a Constituição um conjunto de normas jurídicas que se encontram no ápice do ordenamento jurídico, caberia então ao Poder Judiciário fazer prevalecer as normas constitucionais sobre todas as outras normas do ordenamento jurídico. E isto não seria ofensivo ao princípio da separação dos poderes, exatamente porque teria sido ninguém menos do que a própria Constituição quem teria previsto ao Poder Judiciário essa capacidade".

457 BARROSO, Luís Roberto. *O controle de constitucionalidade no direito brasileiro*: exposição sistemática da doutrina e análise crítica da jurisprudência. 5. ed. São Paulo: Saraiva, 2011. p. 22. Aduz: "A Constituição passou para o centro do sistema jurídico, desfrutando de uma supremacia que já não é tão somente formal, mas também material, axiológica. Tornou-se a lente através da qual devem ser lidos e interpretados todas as normas e institutos do direito infraconstitucional. Nesse contexto, o direito constitucional passou a ser não apenas um modo de olhar o direito, mas também de pensar e de desejar o mundo: baseado na busca por justiça material, nos direitos fundamentais, na tolerância e na percepção do próximo, do outro, tanto o igual como o diferente".

458 MACEDO, Elaine Harzheim. *Jurisdição e processo*: crítica histórica e perspectivas para o terceiro milênio. Porto Alegre: Livraria do Advogado, 2005. p. 287. Conforme relembra, o limite de criação judicial é o texto constitucional: "Como alternativa, a sinalização de um caminho hermenêutico, de criação do Direito, nos limites do pacto constitucional e cujas linhas mestrar encontram suas raízes nas experiências positivas e negativas que os tempos nos legaram, rendendo-se ao movimento circular que a apreensão, a interpretação e a aplicação do conhecimento representam, alimentadas pela efetiva participação do mediador cujo ser confunde-se com o ser conhecido, de modo que este só passa a existir porque o outro o conhece. Proposições, contudo, que reclamam um novo esforço investigatório, tarefa a que se desafia todos os operadores do Direito".

459 STERN, Klaus. O juiz e a aplicação do direito. In: GRAU, Eros Roberto e GUERRA FILHO, Willis Santiago (Org.). *Direito Constitucional*: estudos em homenagem a Paulo Bonavides. 1. ed. 2. tir. São Paulo: Malheiros, 2003. p. 514-515. Alude o autor: "Nas últimas décadas o significado do Direito aumentou anormemente nos

Tribunais das leis que se desviam do caminho do texto constitucional é a pedra final no edifício do Estado Democrático de Direito.

Seguindo noutra linha de raciocínio, pode-se ainda defender, como Dalton Santos Morais,[460] que não atribui qualquer *deficit* democrático a um Tribunal Constitucional, uma vez que a jurisdição constitucional está prevista expressamente nas Constituições, razão pela qual não se pode falar em falta de legitimidade democrática quando o próprio documento que representa a vontade da sociedade traz esta previsão. Mas a legitimidade do Poder Judiciário vai bem mais além do que somente esses motivos mais conhecidos, sendo que, conforme será analisado, é um ambiente propício para, democraticamente, normatizar determinadas condutas.

A legitimidade democrática do Supremo Tribunal Federal,[461] órgão integrante[462] do Poder Judiciário,[463] para dar orientação à interpretação da lei, está claramen-

---

ordenamentos sociais modernos da maioria dos países do nosso planeta. A fome de Direito, cujas origens mais profundas estão no anseio humano por justiça, não só aumentou enormemente a massa de leis, mas também, e cada vez mais, a carga de trabalho dos tribunais. A esse problema de natureza quantitativa associa-se um problema de ordem qualitativa, tendencialmente ainda mais importante. Refiro-me à pergunta pelo grau de dominância de qual Poder no Estado. Se o art. 2º da Constituição Brasileira afirma que os três Poderes são 'harmônicos entre si', essa formulação é bela, mas em última instância não mais do que um compromisso de formulação com efeito dilatório. No conflito prático coloca-se a pergunta pelo detentor da palavra final. O país em questão é um Estado legal, um Estado administrativo ou um Estado judicial? A resposta somente pode ser dada pelos grandes princípios do Estado constitucional moderno: Democracia e Estado de Direito. O princípio democrático instala uma representação eleita pelo povo, à qual é atribuída a tarefa de estabelecer as regras gerais para a organização da vida social, segundo o critério orientador da Constituição e da Justiça. Essas regras manifestam-se tradicionalmente em leis. A lei do legislador democrático pode invocar a legitimação do povo – temporalmente limitada. Mas ela não é a palavra hierarquicamente mais autorizada, nem final. Acima dela situa-se a Constituição comprometida com o Estado de Direito. Ela limita o lgislador. As suas leis devem ater-se a esse norte, [Richtmass] sobretudo ao dos direitos fundamentais e das normas restantes fixadas na Constituição. A observância desses critérios de aferição é controlada pelos tribunais, em última instância pelos supremos tribunais instituídos como tribunais constitucionais. Eles são a pedra final no edifício do Estado de Direito, mormente do direito constitucional, eles devem ter consciência da sua extraordinária responsabilidade. A figura exemplar [Leitbild] do Estado de Direito não é o 'juiz régio', mas o juiz responsável, vinculado à lei".

460 MORAIS, Dalton Santos. *Controle de constitucionalidade*: exposições críticas à luz da jurisprudência do Supremo Tribunal Federal. Salvador: JusPODIVM, 2010. p. 42. Aduz: "Assim, não há que se imputar à jurisdição constitucional, em especial àquela exercida pelos Tribunais Constitucionais, qualquer deficit de legitimidade democrática, pois o exercício de sua função é expressamente prevista na Constituição, a qual deriva da vontade da própria sociedade, através do exercício político do poder constituinte originário".

461 SANTOS, Boaventura de Sousa. *Para uma revolução democrática da justiça*. 2. ed. São Paulo: Cortês, 2008. p. 87. Cumpre relembrar as palavras do sociólogo português para diferenciar que somente é passível de se tornar um Poder Judiciário democrático se houver independência funcional e não independência corporativa. Refere: "A independência judicial é um dos bens mais preciosos das sociedades democráticas. Só que, infelizmente, em muitos países, ela se transformou numa independência corporativa. E a independência corporativa é um boicote à independência judicial democrática. A independência judicial foi criada para que o tribunal possa defender os interesses democráticos dos cidadãos, não os interesses de uma classe".

462 Artigo 93, CF: "São órgãos do Poder Judiciário: I – o Supremo Tribunal Federal".

463 ANJOS, Leonardo Fernandes dos. Expansão dos instrumentos de jurisdição constitucional no Supremo Tribunal Federal e o ativismo judicial processual. In: OLIVEIRA, Umberto Machado de; ANJOS, Leonardo Fernandes dos. *Ativismo judicial*. Curitiba: Juruá, 2010. p. 145. Relata o autor que já não se pode mais dizer que a decisão na jurisdição constitucional, por si só, gera uma ameaça à teoria da tripartição de poderes. Refere: Porém, apesar das decisões da jurisdição constitucional conterem um grau mais acentuado de criatividade judicial e ser natural que a interpretação judiciária criativa seja um *law making*, isso não implica dizer que devam constituir necessariamente uma ameaça lógica da atual doutrina de separação de poderes. p. 145.

te idealizada pela importância que se deve dar às questões relacionadas ao controle de constitucionalidade de leis,[464] o que é ressaltado por Gilmar Ferreira Mendes,[465] ao testemunhar que o Supremo Tribunal Federal é também um espaço democrático quando julga questões deste jaez, em especial quando se referiu ao caso da pesquisa científica com embrião humano, pois realiza um debate que transcende a questão meramente jurídica, sendo, como refere em suas próprias palavras, uma Casa do povo.

Também, num outro contexto, corajoso o argumento utilizado por Edil Batista Junior,[466] ao afirmar ser do Supremo Tribunal Federal o domínio sobre a forma e o conteúdo da Constituição Federal, razão pela qual sua interpretação é mais do que autêntica, realizada por instrumentos mais do que legais, controlando linguisticamente os demais órgãos do Poder Judiciário, evitando a isostenia argumentativa e a invenção, inibindo a produção do direito pelos demais juízes.

Já na concepção de Mônia Clarissa Henning Leal,[467] nem há o que se falar em usurpação do modelo tripartite de separação de Poderes, tendo em vista que a Constituição Federal é o limite hermenêutico para apreciar, em suas palavras, a constitucionalidade da política, sendo, pois, o texto constitucional, por meio do controle de constitucionalidade das leis, a condição de possibilidade de manutença da supremacia da Constituição frente às demais leis do ordenamento jurídico

---

464 VIEIRA, Renato Stanziola. *Jurisdição constitucional e os limites de sua legitimidade democrática*. Rio de Janeiro: Renovar, 2008. p. 336. O autor aponta qual o limite que entende para a atuação pela jurisdição constitucional em abordagem interessante e corajosa. Discorre: "A melhor proteção a ser conferida aos direitos constitucionais é a que pode guiar a atuação da Jurisdição Constitucional brasileira e seu critério de legitimidade. Não há fórmula precisa para diagnosticar o quão incisivas podem ser suas intervenções em atos públicos e privados, motivadores de questionamentos judiciais".

465 MENDES, Gilmar Ferreira. *Estado de direito e jurisdição constitucional* – 2002-2010. São Paulo: Saraiva, 2010. p. 67. Ademais, também o Supremo Tribunal Federal demonstrou, com aquele julgamento, que pode, sim, ser uma Casa do povo, um lugar onde os diversos anseios sociais e o pluralismo político, ético e religioso encontram guarida nos debates procedimental e argumentativamente organizados em torno de normas previamente estabelecidas. As audiências públicas, nas quais são ouvidos os expertos sobre matéria em debate, a intervenção dos *amici curiae*, como suas contribuições jurídica e socialmente relevantes, assim como a participação do Ministério Público, como representante de toda a sociedade perante o Tribunal, e das advocacias pública e privada, na defesa de seus interesses, fazem do Supremo Tribunal também um espaço democrático, aberto à reflexão e à argumentação jurídica e moral, com ampla repercussão na coletividade e nas instituições democráticas.

466 BATISTA JUNIOR, Edil. *O Supremo Tribunal Federal e o monopólio da hermenêutica constitucional no Brasil*: a interpretação como ato de poder. Curitiba: Juruá, 2011. p. 156. Refere: "O Supremo Tribunal Federal, ao deter o domínio sobre a forma e o conteúdo normativo constitucional, passa a realizar interpretações mais-que-autênticas por meio de instrumentos mais-que-legais. Com isso, controla linguisticamente as instâncias inferiores, impede o exercício da isostenia argumentativa, sufoca a inventio e inibe a produção do direito como resultado de uma estrutura modal deôntica pelos demais juízes".

467 LEAL, Mônia Clarissa Henning. *A Constituição como princípio*: os limites da jurisdição constitucional brasileira. Barueri, SP: Manole, 2003. p. 144-5. Aduz: "A Constituição é, desta feita, o topos hermenêutico que conforma a interpretação de todo o ordenamento jurídico, não se podendo desconsiderar a sua natureza política, vinculante como um todo (inclusive com relação ao legislador), de modo que se impõe a aferição dessa constitucionalidade, sem que isso implique violação do princípio da separação dos poderes ou em invasão de competências do Legislativo pelo Judiciário (uma vez que não se trata, conforme referido, de fazer política através do controle constitucional, mas sim de apreciar a constitucionalidade da política)". E conclui: "Esta possibilidade de controle constitui, por sua vez, condição de possibilidade da própria Constituição, enquanto norma, como forma de assegurar a sua supremacia hierárquica com relação às demais leis do ordenamento".

brasileiro. Como o Supremo Tribunal Federal prolatará uma sentença normativa, mesmo esta deverá estar em conformidade com a Constituição Federal, devendo ser, pois, considerada como um ato normativo, e a isto se dá o nome de princípio da parametricidade.[468]

Diante do acima defendido, atribui-se que o primeiro dos motivos para que o Supremo Tribunal Federal exerça esta *neo* função com tranquilidade e, com isto, inicie a ventilar a existência de legitimidade democrática para proferir sentenças normativas, é moldar os seus julgamentos nos limites normativos da Constituição Federal, nunca em contrariedade ou além daquilo que está constitucionalizado. Lembra-se aqui Luís Roberto Barroso,[469] que afirma que qualquer interpretação envolvendo o direito deve ser, direta ou indiretamente, ligada à Constituição Federal. Aliado a esses fatos, outros se agregam para garantir ao Supremo Tribunal Federal legitimidade democrática para a normatização de condutas, como se passa a averiguar.

3.2.2. O Supremo Tribunal Federal somente poderá atuar ativamente com sentenças normativas na omissão ou comissão dos demais Poderes

O momento em que o Supremo Tribunal Federal poderá atuar ativamente em atribuições que seriam de outros Poderes no plano concreto é uma das questões que mais lhe dá sustentabilidade democrática. Conforme expõe Carlos Romero Lauria Paulo Neto,[470] são nos desvios comissivos e omissivos dos demais Poderes que o Judiciário deve atuar, sempre nos parâmetros textualmente constitucionalizados, aplicando-os hermeneuticamente.

---

468 ALMEIDA, Gregório Assagra de. *Manual das ações constitucionais*. Belo Horizonte: Del Rey, 2007. p. 747. Refere: "Por esse princípio todas as leis e demais atos normativos devem manter conformidade com a Constituição. Com isso, o parâmetro de controle da constitucionalidade das leis e atos normativos é a Constituição. As leis e demais atos normativos devem se subordinar formal e substancialmente ao parâmetro constitucional".

469 BARROSO, Luís Roberto. *O controle de constitucionalidade no direito brasileiro*: exposição sistemática da doutrina e análise crítica da jurisprudência. 5. ed. São Paulo: Saraiva, 2011. p. 22. Refere: "À luz de tais premissas, toda interpretação jurídica é também interpretação constitucional. Qualquer operação de realização do direito envolve a aplicação direta ou indireta da Constituição. Direta, quando uma pretensão se fundar em uma norma constitucional; e indireta quando se fundar em uma norma infraconstitucional, por duas razões: a) antes de aplicar a norma, o intérprete deverá verificar se ela é compatível com a Constituição, porque, se não for, não poderá fazê-la incidir; e b) ao aplicar a norma, deverá orientar seu sentido e alcance à realização dos fins constitucionais".

470 PAULO NETO, Carlos Romero Lauria. *A decisão constitucional vinculante*. Rio de Janeiro: Forense; São Paulo: Método, 2011. p. 53. Refere: "Disso resulta que o poder judiciário, inserto no balanço interpoderes, habilita-se ao controle dos desvios comissivos e omissivos das demais funções estatais e, uma vez que estejam todos eles sujeitos à constituição, cumpre-lhe, quando provocado, interpretar e aplicar o Direito objetivo constitucional e, sob o parâmetro deste, avançar na delimitação de sentido do Direito infraconstitucional, realizando labor hermenêutico acentuadamente criativo ou constitutivo, sobretudo quando o enunciado é vago, para dele extrair a norma aplicável e para, por seu conduto, finalmente fazer valer a subordinação ao Direito de todas as esferas do poder e, ao mesmo tempo, contribuir para o desenvolvimento jurídico do Direito constitucional".

Em perspectiva interessante, Rodolfo de Camargo Mancuso[471] aponta que essa inserção do Poder Judiciário nos demais Poderes, por meio do ativismo judicial, não decorre simplesmente de uma força maior deste frente aos demais, mas sim do próprio ordenamento jurídico que franqueia à sociedade a busca de políticas públicas e demais atos e condutas, de ação ou omissão dos outros Poderes. Em suas palavras, não se pode confundir a consequência, que seria a decisão judicial, como se fosse causa, pois esta é inerente da própria democracia participativa, em suas palavras. Isso que não se está considerando para fins deste subtítulo as crises de representação envolvendo as instituições político-partidárias,[472] em especial o polêmico tema da (in)fidelidade partidária,[473] assim como os sucessivos escândalos envolvendo membros do Poder Executivo[474] como o caso nacionalmente conhecido como do "mensalão",[475] que enfraquecem tanto o Poder Legislativo como o Executivo frente à sociedade, mas tão só se está trabalhando sob uma ótica de ação ou omissão dos demais Poderes para que as portas do agir, pelo Poder Judiciário, sejam abertas.

Importa, ainda, uma última referência sobre o Senado Federal, órgão que compõe o Congresso Nacional e integra o Poder Legislativo,[476] qual seja o de que adquirem seus senadores, por meio da democracia representativa, poderes para a elaboração de determinadas leis, mas também há a relativização destes poderes quando, enfim, não atentam para os direitos garantidos no texto constitucional, os

---

[471] MANCUSO, Rodolfo de Camargo. *Acesso à justiça*: condicionantes legítimas e ilegítimas. São Paulo: Revista dos Tribunais, 2011. p. 97-98. Refere: "Para que a expressão 'ativismo judicial' não perca identidade vernacular e densidade conceitual, parece-nos que ela não pode, *sic et simpliciter* ser aplicada, indistintamente e genericamente, aos casos em que comandos judiciais provêm acerca de políticas públicas ou de atos e condutas – comissivos ou omissivos – emanados dos outros Poderes e suas instâncias hierárquicas. Na verdade é o próprio ordenamento que, seguindo as diretrizes do pluralismo nas iniciativas e da democracia participativa, franqueia à sociedade – diretamente por seus indivíduos ou através de certas entidades credenciadas, inclusive o Ministério Público – o controle dos atos e condutas do setor público (inquérito civil, ação popular, ação civil pública, ação por ato de improbidade administrativa), e por isso seria um excesso, quando não um equívoco, tomar o que é consequência – a decisão judicial – como se fora a causa, no nexo etiológico do problema que ora se vai analiusado".

[472] MEZZAROBA, Orides. A democracia representativa no contexto da reforma política brasileira. In: BOCHENEK, Antônio César; TAVARES NETO, José Querino e MEZZAROBA, Orides (Coord.). *Diálogos entre culturas*: direito a ter direito. Curitiba: Juruá, 2010. Recomenda-se a leitura do artigo para a reflexão sobre à crise das instituições político-partidárias.

[473] O tema já foi levado ao Supremo Tribunal Federal por meio do julgamento das ADIS 3999 e 4086, que mantiveram a constitucionalidade, por 9 votos a 2, da Resolução 22.610/07, do Tribunal Superior Eleitoral, que trata sobre a perda do mandato eletivo por infidelidade partidária. BRASIL. Supremo Tribunal Federal. *STF confirma constitucionalidade de Resolução do TSE sobre fidelidade partidária*. Disponível em: <http://www.stf.jus.br/portal/cms/verNoticiaDetalhe.asp?idConteudo=98954>. Acesso em: 09 nov. 2012.

[474] Que culminou no maior e mais importante processo julgado pelo Supremo Tribunal Federal: a Ação Penal 470, mais conhecida como o julgamento do "mensalão", iniciado em 2 de agosto de 2012. Entre as tantes notícias veiculadas, pode-se ler. BRASIL. Supremo Tribunal Federal. *AP 470*: fixadas as penas do ex-vice-presidente do Banco Rural José Roberto Salgado. Disponível em: <http://www.stf.jus.br/portal/cms/verNoticiaDetalhe.asp?idConteudo=223961>. Acesso em: 17 nov. 2012.

[475] Recomenda-se a leitura sobre o caso: VILLA, Marco Antônio. *Mensalão*: o julgamento do maior caso de corrupção da história política brasileira. São Paulo: Leya, 2012.

[476] A previsão está no artigo 44, CF: "O Poder Legislativo é exercido pelo Congresso Nacional, que se compõe da Câmara dos Deputados e do Senado Federal".

quais devem ser respeitados, sendo a última palavra do Poder Judiciário, por meio do controle de constitucionalidade de leis instituído pela Constituição Federal e demais leis, o que parece estar na esteira do que entende Emília Maria Velano.[477]

Note-se, por fim, que a prerrogativa não é somente do Poder Judiciário frente aos demais Poderes, mas também destes frente àquele, uma vez que, conforme reforça Rogério Gesta Leal,[478] o sistema do *Check and balances* traz a possibilidade de, quando um dos Poderes do Estado falhar, o outro ter a possibilidade de realizar as autocorreções ou correções externas nos atos que violam as normas que os vinculam.

3.2.3. Forma de escolha dos Ministros[479] *do Supremo Tribunal Federal: um brasileiro nato*

Um dos questionamentos realizados ao longo dos anos para se tentar estabelecer uma condição de democracia nas decisões emanadas do Supremo Tribunal Federal é por meio de sua composição e da escolha dos seus integrantes. A regra de composição e de forma de escolha dos Ministros é constitucional, positivada em seu artigo 101, parágrafo único,[480] sendo, na linha defendida por Fernando Machado da Silva Lima,[481] apenas três os requisitos alocados no referido artigo para que alguém se torne Ministro: idade, conhecimento e comportamento, o que também

[477] VELANO, Emília Maria. *Modulação dos efeitos da declaração de inconstitucionalidade de lei tributária.* Curitiba: Juruá, 2010. p. 59, defende: "O controle de constitucionalidade representa uma defesa das minorias de um processo político que acaba por as sufocar. A legitimidade do Parlamento, adquirida através do voto, não deve suplantar os direitos fundamentais, nem as demais normas constitucionais. Em suma, o controle de constitucionalidade das leis é um importante instrumento de defesa dos direitos e garantias fundamentais e da unidade do sistema jurídico, que preserva o princípio da supremacia da Constituição e, por isto, seu papel no quadro de funções do Estado deve sempre merecer a mais acirrada proteção".

[478] LEAL, Rogério Gesta. *O Estado-juiz na democracia contemporânea*: uma perspectiva procedimentalista. Porto Alegre: Livraria do Advogado, 2007. p. 94. Aduz o autor: "Quando um destes Poderes de Estado falha em seus misteres, o próprio sistema jurídico nacional criou mecanismos de Check and balances, autorizando que os demais Poderes realizem auto-correções ou correções externa nos atos violadores das normas que os vinculam".

[479] CICCONETTI, Stefano Maria; TEIXEIRA, Anderson Vichinkeski. *Jurisdição constitucional comparada.* Florianópolis: Conceito Editorial, 2010. p. 22. Sobre a denomição de "ministro", os autores apontam: "Desde a origem do STF – mesmo antes, quando do Supremo Tribunal de Justiça – a denominação 'Ministro' tem sido dada aos juízes constitucionais da mais alta Corte brasileira – assim como pelos membros do Superior Tribunal de Justiça – e também para manter a nossa tradição constitucional, a qual historicamente vincula a figura do Ministro ao Chefe de Estado, mediante a escolha daquele por este. Entretanto, a palavra 'Ministro' traz consigo um aspecto subliminar que transforma aquele juiz específico em um personagem ativo no exercício de uma função constitucional de Estado, razão pela qual a diferenciação terminológica tem se mantido até hoje".

[480] Art. 101. "O Supremo Tribunal Federal compõe-se de onze Ministros, escolhidos dentre cidadãos com mais de trinta e cinco e menos de sessenta e cinco anos de idade, de notável saber jurídico e reputação ilibada. Parágrafo único. Os Ministros do Supremo Tribunal Federal serão nomeados pelo Presidente da República, depois de aprovada a escolha pela maioria absoluta do Senado Federal".

[481] LIMA, Fernando Machado da Silva. *Jurisdição constitucional e controle de poder*: é efetiva a Constituição brasileira? Porto Alegre: Sergio Antonio Fabris, 2005. p. 252. Traz o autor: "A Constituição Federal de 1988, em seu art. 101, exige apenas três requisitos para a investidura no cargo de ministro do Supremo Tribunal Federal: a idade entre 35 e 65 anos, o notável saber jurídico e a reputação ilibada".

está na linha do defendido por Francisco Gérson Marques de Lima.[482] Já Leonardo Scofano Damasceno Peixoto[483] elenca no rol de requisitos objetivos que entende necessários para concorrer à vaga de Ministro do Supremo Tribunal Federal o fato de dever estar no gozo de seus direitos políticos, conforme preceitua o artigo 14, § 1°, I, da Constituição Federal.[484] Contudo, nenhum dos autores acima aponta para um dado muito importante: o Ministro do Supremo Tribunal Federal deverá ser brasileiro nato.[485] O que isso implica?

A implicação de ser um brasileiro nato implica a possibilidade de o Presidente do Supremo Tribunal Federal poder ocupar o cargo de Presidente da República[486] nos casos em que o Vice-Presidente da República, o Presidente da Câmara de Deputados e o Presidente do Senado Federal estarem impossibilitados de assumir. Se pode ele inclusive assumir a Presidência da República e, com as atribuições deste encargo, ter poderes para expedir medidas provisórias conforme permitido pelo artigo 62[487] da Constituição Federal, mais cristalina ainda é a possibilidade de, quando Ministro e entre seus pares, por meio de um controle criado para tal fim, poder normatizar condutas.

O Ministro goza, por ser um juiz, das mesmas garantias destes inseridas no artigo 95[488] da Constituição Federal, o que importa dizer que, embora tenham vi-

---

482 LIMA, Francisco Gérson Marques de. *O STF na crise institucional brasileira*: estudos de casos: abordagem interdisciplinar de sociologia constitucional. São Paulo: Malheiros, 2009, p. 64. Em apertada síntese refere o autor: "Previsto na vigente Constituição Federal (CF/1988), o Supremo Tribunal Federal (STF) pontifica a estrutura do Poder Judiciário brasileiro, compondo-se de 11 Ministros (vitalícios), escolhidos dentre cidadãos com mais de 35 e menos de 65 anos de idade, de notável saber jurírico e reputação ilibada. O Tribunal tem sede em Brasília-DF e seus Ministros são nomeados pelo Presidente da República, depois de aprovada a escolha pela maioria absoluta do Senado Federal. É o que preceituam o caput e o parágrafo único do art. 101, da CF/1988. Na verdade, a participação do Presidente da República é decisiva, restando ao Senado a chancela da indicação presidencial. Na prática, o Senado não tem rejeitado as indicações feitas pelo Presidente da República".

483 PEIXOTO, Leonardo Scofano Damasceno. *Supremo Tribunal Federal*: composição e indicação de seus ministros. Rio de Janeiro: Forense; São Paulo: Método, 2012. p. 117. "Atualmente, a Constituição cidadã de 1988 dispõe que poderão ser nomeados ministros do Supremo Tribunal Federal os cidadãoes que preencham os seguintes requisitos: a) ser brasileiro nato (artigo 12, § 3°, IV); b) estar no gozo dos direitos políticos (artigo 14, § 1°, I); c) ter mais de trinta e cinco anos e menos de sessenta e cinco anos de idade; d) reputação ilibada; e) notável saber jurídico (artigo 101). A escolha e nomeação são feitas pelo Presidente da República após a aprovação do Senado Federal, mediante prévia sabatina, por maioria absoluta (artigos 52, III; 84, XIV e 101, parágrafo único)".

484 Dispõe o artigo 14 da Constituição Federal: "A soberania popular será exercida pelo sufrágio universal e pelo voto direto e secreto, com valor igual para todos, e, nos termos da lei, mediante: § 1° – O alistamento eleitoral e o voto são: I – obrigatórios para os maiores de dezoito anos [...]".

485 Dispõe o artigo 12 da Constituição Federal: "São brasileiros: [...] § 3° – São privativos de brasileiro nato os cargos: [...] IV – de Ministro do Supremo Tribunal Federal [...]".

486 A previsão é do artigo 80 da Constituição Federal: "Em caso de impedimento do Presidente e do Vice-Presidente, ou vacância dos respectivos cargos, serão sucessivamente chamados ao exercício da Presidência o Presidente da Câmara dos Deputados, o do Senado Federal e o do Supremo Tribunal Federal".

487 Esta a redação do artigo 62, apenas fazendo a ressalva de que há matérias que não podem ser legisladas por medidas provisórias: "Em caso de relevância e urgência, o Presidente da República poderá adotar medidas provisórias, com força de lei, devendo submetê-las de imediato ao Congresso Nacional".

488 São as garantias constitucionais dos juízes pelo artigo 95: "Os juízes gozam das seguintes garantias: I – vitaliciedade, que, no primeiro grau, só será adquirida após dois anos de exercício, dependendo a perda do cargo, nesse período, de deliberação do tribunal a que o juiz estiver vinculado, e, nos demais casos, de sentença judicial transi-

taliciedade, são aposentados compulsoriamente aos 70 anos,[489] diferentemente dos *Justices* da Suprema Corte dos Estados Unidos. A escolha do presidente do Supremo Tribunal Federal também é realizada de maneira diversa do modelo estadunidense, cabendo, em solo brasileiro, um mandato de dois anos,[490] vedada a recondução.

Então, o Ministro do Supremo Tribunal Federal é um brasileiro nato,[491] que pode, sem sufrágio universal, tornar-se Chefe do Executivo interino, sendo alguém com reputação ilibada e domínio da ordem jurídica nacional e com alguma maturidade, pois somente pode iniciar esta atividade após completar 35 anos. Diante disso, inegável que esse ser humano, dotado dessas qualidades, somente pode desejar um país melhor, o que lhe confere legitimidade, como representante da própria sociedade, para poder, com seus pares e dentro de outros parâmetros, normatizar condutas.

3.2.4. A sabatina pelo Senado: uma via indireta da democracia representativa

Defende-se um modelo de democracia representativa indireta dos Ministros integrantes do Supremo Tribunal Federal para esta *novel* função normativa que lhe é atribuída nas novas democracias, em que pese haver vozes contrárias, como Dalmo de Abreu Dallari,[492] Eros Roberto Grau[493] e, como acima já estudado, André Ramos

---

tada em julgado; II – inamovibilidade, salvo por motivo de interesse público, na forma do art. 93, VIII; III – irredutibilidade de subsídio, ressalvado o disposto nos arts. 37, X e XI, 39, § 4º, 150, II, 153, III, e 153, § 2º, I".

489 Conforme determina a própria Constituição Federal em seu artigo 40: "Aos servidores titulares de cargos efetivos da União, dos Estados, do Distrito Federal e dos Municípios, incluídas suas autarquias e fundações, é assegurado regime de previdência de caráter contributivo e solidário, mediante contribuição do respectivo ente público, dos servidores ativos e inativos e dos pensionistas, observados critérios que preservem o equilíbrio financeiro e atuarial e o disposto neste artigo. § 1º Os servidores abrangidos pelo regime de previdência de que trata este artigo serão aposentados, calculados os seus proventos a partir dos valores fixados na forma dos §§ 3º e 17: [...] II – compulsoriamente, aos setenta anos de idade, com proventos proporcionais ao tempo de contribuição".

490 A previsão do tempo de duração do presidente do Supremo Tribunal Federal está inserta no artigo 12 de seu Regimento Interno, com a seguinte redação: "O Presidente e o Vice-Presidente têm mandato por dois anos, vedada a reeleição para o período imediato".

491 SILVA, José Afonso da. *Comentário contextual à Constituição*. 4. ed. São Paulo: Malheiros, 2007. p. 205. Sobre o conceito de brasileiro nato, leciona o autor: "A Constituição reputa brasileiro nato aquele que adquire a nacionalidade brasileira pelo fator 'nascimento'. É dizer: 'brasileiro nato' é quem nasce na República Federativa do Brasil. Corresponde ao titular da nacionalidade brasileira primária, para cujo reconhecimento nossas Constituições sempre adotaram o critério do *ius solis*, com ligeiras atenuações. O art. 12, I, da CF – e só ele – é quem dá os critérios e pressupostos para que alguém seja considerado necessariamente, e de direito, brasileiro nato. Por ele se vê que não só o *ius solis* é fonte da nacionalidade primária entre nós, há concessões ao princípio do *ius sanguinis* combinado com outros elementos".

492 DALLARI, Dalmo de Abreu. *O poder dos juízes*. 3. ed. São Paulo: Saraiva, 2007. p. 119. Numa linha mais parecida com a nomeação dos *Justices* nos Estados Unidos, defende o autor que diversas entidades poderiam sugerir os nomes, assim afirmando: "Seria mais razoável, e mais condizente com a democracia, permitir que entidades representativas de advogados, juízes e do Ministério Público, bem como os tribunais superiores federais e estaduais, apresentassem sugestões de nomes. Entre os três que obtivessem maior número de indicações, o Presidente da República escolheria um nome para ser submetido à aprovação do Senado".

493 GRAU, Eros Roberto. *O direito posto e o direito pressuposto*. 8. ed. São Paulo: Malheiros, 2011. p. 348-349. Refere: "E, porque esse notório saber é saber notório entre seus pares, seria talvez o caso de o Presidente da República, anteriormente à indicação de cada membro do Tribunal, ouvir o conselho da Universidade, da Ordem dos Ad-

Tavares, ao modo como os seus integrantes são nomeados, inclusive com Elival da Silva Ramos,[494] a título *de lege ferenda*, elaborando uma sugestão de como entende que deveria ser feito o processo de escolha dos Ministros do Supremo Tribunal Federal. O regime de democracia representativa exposto na Constituição Federal frente aos membros do Poder Legislativo e do Executivo faz-se de acordo com o sufrágio universal,[495] sendo, inclusive, não permitida qualquer emenda que tenda a aboli-lo.[496] No caso dos representantes do Senado Federal, está devidamente elencada sua forma de escolha no artigo 46,[497] conferindo, pois, ao povo, o direito de escolha de seus senadores.

Então, adotada a via direta do sufrágio, o cidadão tem a possibilidade de eleger seus representantes. Se é legítimo que haja esse sistema de opção de representantes, ao escolher os seus, ele deve saber de todas as atribuições que os senadores têm, expressamente elencadas no texto constitucional. Entre uma de suas tarefas, o Senado Federal tem aquela de escolher os magistrados nos casos que a própria Constituição lhes confere, conforme anunciado no inciso III, *a*, do mesmo artigo 52.[498]

Um dos casos expressamente previstos na Constituição é a de que o Senado Federal possa, em que pese Marco Antonio Villa[499] defender ser uma mera formalidade, vir a realizar a sabatina dos ministros indicados pelo Presidente da Repú-

---

vogados, de Tribunais Superiores e o próprio STF. Seria necessário refletir a respeito de como operacionalizar esse processo que, embora evidentemente complexo, poderia conduzir à formação de uma ampla lista de nomes a serem considerados pelo Presidente da República em sua escolha".

494 RAMOS, Elival da Silva. *Controle de constitucionalidade no Brasil*: perspectivas de evolução. São Paulo: Saraiva, 2010. p. 471. Arrisca o autor assim sua proposta: "Apenas a título de sugestão, poder-se-ia distribuir as indicações para o provimento dos 15 (quinze) cargos de Minsitro do STF da seguinte forma: 4 (quatro) indicações seriam feitas pelo Presidente da República; 3 (três) pelo Presidente da Câmara; 3 (três) pelo Presidente do Senado; outras 3 (três) pelo Conselho Nacional de Justiça, criado pela Emenda Constitcuional n. 45/2004 (art. 103-B), deliberando pela maioria qualificada de três quintos de seus membros; e, finalmente, 2 (as duas últimas) pelo próprio Supremo Tribunal Federal, deliberando, igualmente, por três quintos de seus integrantes".

495 A previsão está contida no artigo 14 da Constituição Federal: "A soberania popular será exercida pelo sufrágio universal e pelo voto direto e secreto, com valor igual para todos, e, nos termos da lei [...]".

496 A Constituição Federal é taxativa ao expor no artigo 60, § 4º, II a vedação: "Art. 60. A Constituição poderá ser emendada mediante proposta: [...] § 4º – Não será objeto de deliberação a proposta de emenda tendente a abolir: [...] II – o voto direto, secreto, universal e periódico".

497 "Art. 46. O Senado Federal compõe-se de representantes dos Estados e do Distrito Federal, eleitos segundo o princípio majoritário. § 1º – Cada Estado e o Distrito Federal elegerão três Senadores, com mandato de oito anos. § 2º – A representação de cada Estado e do Distrito Federal será renovada de quatro em quatro anos, alternadamente, por um e dois terços. § 3º – Cada Senador será eleito com dois suplentes.

498 "Art. 52. Compete privativamente ao Senado Federal: [...] III – aprovar previamente, por voto secreto, após argüição pública, a escolha de: a) Magistrados, nos casos estabelecidos nesta Constituição [...]".

499 VILLA, Marco Antonio. *A história das Constituições brasileiras*. São Paulo: Leya, 2011. p. 146. Refere: "Um dos problemas do STF é a forma de nomeação. O presidente indica e o Senado simplesmente referenda. A sessão da Comissão de Constituição e Justiça é meramente formal. O indicado não é sabatinado. A sessão acaba virando uma espécie de grande homenagem, como se os senadores estivessem, de antemão, adquirindo um passaporte para possíveis ações no STF. Nunca um canditado a ministro foi rejeitado. E as aprovações no plenário são por esmagadoras maiorias, com raríssimas exceções, como em 1963, quando Evandro Lins e Silva foi aprovado por 29 votos favoráveis e 23 contrários. Deve ser reconhecido que, em relação às nomeações, o problema não é do Supremo, mas sim do Senado, que não cumpre com o seu dever constitucional".

blica ao Supremo Tribunal Federal, conforme expresso no artigo 101.[500] Então, se o cidadão pode escolher, diretamente, por meio do voto, os senadores pela via direta da democracia, sendo que estes é que, posteriormente, deverão, por maioria absoluta, concordar com a escolha do Ministro integrante do Supremo Tribunal Federal, é inegável que há a participação popular, mesmo que de maneira indireta, neste processo, sendo, pois, legítimo que os Ministros estejam investidos de poderes para, eventualmente, normatizar condutas.

3.2.5. A nomeação pelo Executivo: outra via direta da democracia representativa

É também inegável que o Poder Executivo contribui, sobremaneira, na escolha do Ministro integrante do Supremo Tribunal Federal, a teor do texto inserto no artigo 84, XIV,[501] da Constituição Federal. É da competência exclusiva do Presidente da República, Chefe do Executivo,[502] a nomeação dos Ministros que integrarão o Tribunal, após a aprovação de uma das Casas do Legislativo, em que pese Fábio Konder Comparato[503] ser radicalmente contrário a esta nomeação, defendendo ser mais democrático trabalhar na independência da magistratura, realizando-se um corte no vínculo existente entre os juízes dos tribunais superiores, em especial os do Supremo Tribunal Federal ao Chefe do Executivo.

Conforme refere André Ramos Tavares,[504] o modelo adotado para a escolha dos Ministros do Supremo Tribunal Federal segue o estadunidense, devendo ao chefe do Poder Executivo a indicação, procedida de aprovação pelo Senado e,

---

500 "Art. 101. O Supremo Tribunal Federal compõe-se de onze Ministros, escolhidos dentre cidadãos com mais de trinta e cinco e menos de sessenta e cinco anos de idade, de notável saber jurídico e reputação ilibada. Parágrafo único. Os Ministros do Supremo Tribunal Federal serão nomeados pelo Presidente da República, depois de aprovada a escolha pela maioria absoluta do Senado Federal".

501 "Art. 84. Compete privativamente ao Presidente da República: [...] XIV – nomear, após aprovação pelo Senado Federal, os Ministros do Supremo Tribunal Federal e dos Tribunais Superiores, os Governadores de Territórios, o Procurador-Geral da República, o presidente e os diretores do banco central e outros servidores, quando determinado em lei."

502 Traz o artigo 76 da Constituição Federal: "O Poder Executivo é exercido pelo Presidente da República, auxiliado pelos Ministros de Estado".

503 COMPARATO, Fábio Konder. *Rumo à justiça*. São Paulo: Saraiva, 2010. p. 281. Defende: "Daí por que o aprimoramento das instituições, em matéria de jurisdição constitucional, não ´é alcançado pela busca de uma imaginária pureza democrática, mas sim pelo estabelecimento de sólidas garantias de independência da magistratura, com a consequente responsabilidade funcional dos magistrados. Nesse sentido, é indispensável cortar, de uma vez por todas, os vínculos que ligam juízes dos tribunais superiores, máxima do Supremo, ao presidente da república, tradicionalmente dotado de poder hegemônico entre nós".

504 TAVARES, André Ramos. *Manual do Poder Judiciário brasileiro*. São Paulo: Saraiva, 2012. p. 140. Refere o constitucionalista: "O modelo de escolha dos integrantes do STF segue a linha norte-americana, incorporada ao Brasil a partir da Constituição de 1891, permanecendo até os dias atuais". E finaliza: "Em consonância com esse sistema, o chefe do Poder Executivo indica, por decisão unilateral, nome para compor a Corte, submetendo-o ao escrutínio e aprovação senatorial. Após aprovação do Senado Federal, a pessoa é nomeada pelo Chefe do Executivo nacional". Na mesma linha pode ser lido: SANTOS, Gustavo Ferreira. *Neoconstitucionalismo, poder judiciário e direitos fundamentais*. Curitiba: Juruá, 2011. p. 97.

posteriormente, nomeação pelo próprio Presidente.[505] Em matéria mais recente,[506] o constitucionalista critica o modelo de escolha, afirmando ser arcaico o processo de nomeação dos Ministros, assim como defende ser o momento propício para a reavaliação deste modelo institucionalizado.

A escolha do Presidente da República, da mesma forma como a dos senadores, conforme artigo 14 da Constituição Federal, se dá via sufrágio universal, sendo, pois, o modelo democrático representativo que o cidadão tem para escolher seus representantes, o que já foi abordado quando estudado o modo como se dá a escolha dos senadores.

Então, a nomeação de um Ministro integrante do Supremo Tribunal Federal passa pela chancela do Poder Legislativo, pois sabatinados são os indicados pelo Senado Federal, assim como pelo Poder Executivo, tendo em vista que são escolhidos pelo seu maior representante: o Presidente da República. Em ambos os casos, está se falando de pessoas que, diretamente, foram escolhidas pelo povo para lhes representar, que devem saber das atribuições que aqueles têm constitucionalmente, dentre elas o dever de escolha, sabatina e nomeação dos Ministros do Supremo Tribunal Federal. Embora não haja sufrágio para a escolha dos Ministros na forma direta, ao eleger seus representantes estão lhes conferindo o poder de, por meio do povo, indicar, sabatinar e nomear os candidatos à vaga do Supremo Tribunal Federal.

Numa síntese de todo o defendido até o momento sobre a nomeação pelo Presidente da República e a sabatina pelo Senado Federal, tem-se a posição de Ana de Lourdes Coutinho Silva,[507] que, ao se questionar sobre as críticas veementes feitas por aqueles que exercem o mandato popular sobre os julgamentos contrários às leis por eles elaboradas, confirma a legitimidade dos Ministros do Supremo Tri-

---

[505] Atribuição também constante no artigo 84, XIV, da Constituição Federal: "Art. 84. Compete privativamente ao Presidente da República: I – nomear, após aprovação pelo Senado Federal, os Ministros do Supremo Tribunal Federal e dos Tribunais Superiores, os Governadores de Territórios, o Procurador-Geral da República, o presidente e os diretores do banco central e outros servidores, quando determinado em lei".

[506] TAVARES, André Ramos. O STF e o "mensalão". *Jornal Carta Forense*, São Paulo, p. A8, out. 2012. Refere: "O atual momento também seria muito propício para reavaliar a arcaica forma de nomeação dos integrantes do STF, não apenas porque já temos uma democracia constitucional relativamente experiente e confiante, mas porque há muitas cadeiras a vagarem brevemente e a ameaça – constante nos últimos anos – de que o persistente modelo arcaico irá interferir novamente na própria decisão do STF. Objetivamente falando, copiamos um modelo criado em 1878, em outro país, com um sistema social, eleitoral e políticop muito diverso, os EUA. Isto parece inaceitável e o modelo, do ponto de vista republicano e democrático, é condenável, independentemente da excelência que possa ter promovido nos anos recentes, e que só pode ser creditada à sorte e ponderação de Presidentes, não ao modelo em si".

[507] SILVA, Ana de Lourdes Coutinho. *Motivação das decisões judiciais*. São Paulo: Atlas, 2012. p. 30-31. Inicia: "A crescente intervenção do Poder Judiciário no Brasil é também alvo de críticas, principalmente quando os julgamentos contrariam decisões tomadas por aqueles que exercem mandato popular, o que, segundo alguns, levaria à falta de legitimidade do Judiciário para invalidar decisões daqueles que teriam sido escolhidos pelo povo". E confia: "A esse argumento cabe contrapor um outro, o de que a legitimidade do poder dos juízes tem exatamente a mesma fonte da legitimidade do poder dos parlamentares: a Constitução Federal." E finaliza: "A legitimidade dos ministros do Supremo Tribunal Federal ainda possui um dado adicional, que é a indicação do presidente da República, eleito diretamente pela população, e que conta com o aval do Senado, também eleito".

bunal Federal em sentido convergente com o ora apresentado. Contudo, alicerça sua fala final noutro viés, que chama de legitimidade argumentativa,[508] tendo em vista que não há eleição para a escolha dos ministros, o que, em parte, enfraquece a legitimidade por esta ótica.

3.2.6. A possibilidade de "impeachment"[509] *dos ministros do Supremo Tribunal Federal pelo Poder Legislativo*

Como já analisado, os ministros do Supremo Tribunal Federal têm vitaliciedade no cargo, com aposentadoria compulsória aos 70 anos de idade, podendo sair antes do cargo em exercício por outros motivos. Um deles se daria por meio do *impeachment*. A possibilidade de processamento e julgamento desse processo contra um dos Ministros integrantes do Tribunal é da competência exclusiva do Senado Federal, conforme exegese do artigo 52, II,[510] da Constituição Federal, com redação modificada pela Emenda Constitucional n. 45/2004, sendo, pois, um meio de jurisdição anômala, como referem José Maria Tesheiner e Mariângela Guerreiro Milhoranza.[511]

Roger Stiefelmann Leal[512] alerta sobre um fato do *impeachment* que merece ser melhor analisado: o que impede que o próprio Poder Judiciário possa, posterior-

---

508 SILVA, Ana de Lourdes Coutinho. *Motivação das decisões judiciais*. São Paulo: Atlas, 2012. p. 32. Conclui: "A legitimidade do Poder Judiciário não resulta propriamente da origem dos seus membros, que não são eleitos, mas da forma como decidem e da argumentação jurídica que apresentam para justificar as decisões por eles proferidas. Trata-se, pois, de uma legitimidade argumentativa".

509 Sobre o tema, recomenda-se: BROSSARD, Paulo. *O impeachment*: aspectos da responsabilidade política do Presidente da República. 2. ed. São Paulo: Saraiva, 1992.

510 A redação tem esta conformação após a Emenda Constitucional n. 45/2004: "Artigo 52. Compete privativamente ao Senado Federal: [...] II – processar e julgar os Ministros do Supremo Tribunal Federal, os membros do Conselho Nacional de Justiça e do Conselho Nacional do Ministério Público, o Procurador-Geral da República e o Advogado-Geral da União nos crimes de responsabilidade".

511 TESHEINER, José Maria; MILHORANZA, Mariângela Guerreiro. Jurisdição, hoje, no Brasil. *Direitos Fundamentais & Justiça*, Porto Alegre: HS, Programa de Pós-Graduação, Mestrado e Doutorado em Direito da PUCRS, a. 2, n. 5, p. 206, out./dez. 2008. Referem: "Também cabe ao Senado, processar e julgar os Ministros do Supremo Tribunal Federal, o Procurador-geral da República e o Advogado-Geral da União nos crimes de responsabilidade (Constituição Federal de 1988, arts. 51, I e 52, I e II)".

512 LEAL, Roger Stiefelmann. O exercício da jurisdição constitucional pelo poder judiciário. In: HORBACH, Carlos Bastide; ALMEIDA, Fernando Dias Menezes de; AMARAL JÚNIOR, José Levi Mello do; LEAL, Roger Stiefelmann (Coord.). *Direito constitucional, Estado de direito e democracia*: homenagem ao Prof. Manoel Gonçalves Ferreira Filho. São Paulo: Quartier Latin, 2011. p. 585-586. Refere: "O *impeachment*, nessa linha, teria o condão de inibir interferências indevidas do Poder Judiciário em virtude de submeter o comportamento dos magistrados ao controle do Poder Legislativo. A eficácia de tal medida, no entanto, depende necessariamente do grau de definitividade que se reconhece, em tais casos, às decisões proferidas em sede parlamentar". E conclui: "Cumpre, então indagar: o que garante que juízes e tribunais, provocados em demandas concretas, decidirão pelo descabimento de controle judicial em razão da ocorrência de questão política? O que efetivamente obsta que cortes de justiça, ao examinarem demandas propostas por magistrados destituídos pelo Senado de seus cargos, invoquem sua nobre missão de julgar qualquer ameaça ou lesão a direito, fazendo valer os princípios e valores consagrados na Constituição e nas leis do país?".

mente, após a finalização do processo de *impeachment* de um de seus pares, reanalisar o mérito da decisão?

Parece que a resposta está em recente manifestação da própria Corte, na qual o Ministro-Relator Ricardo Lewandowski, no julgamento do agravo regimental em mandado de segurança n. 30.672/DF,[513] que tratava de pedido de *impeachment* contra o Ministro Gilmar Ferreira Mendes, confirmou a centenária jurisprudência do Tribunal em tratar do *impeachment* como matéria eminentemente política e de cunho, portanto, da competência do Poder Legislativo. Uma outra resposta seria pelo respeito ao devido processo legal, marco referencial de uma justiça procedimental, estando no fato de que, porventura, somente caberia ao Poder Judiciário a análise, tão somente, dos aspectos que envolveram as garantias na tramitação do processo de *impeachment*.

Diante dessa constatação, soma-se aos outros critérios o cuidado que os Ministros do Supremo Tribunal Federal devem ter em suas atribuições para que não haja a possibilidade de serem processados e julgados frente ao Senado Federal. Isso somente reforça a carga ilibada que devem ter durante sua passagem frente ao Tribunal, sendo que, quando o Poder Legislativo é que detém a palavra final sobre a permanença dos Ministros no Supremo Tribunal Federal, é de se concluir que existe controle democrático sobre seus membros. E ainda, uma última reflexão pode ser neste momento realizada: se há a possibilidade de *impeachment* é porque se está falando em cargos políticos,[514] confirmando a tese da legitimidade democrática dos Ministros do Supremo Tribunal Federal.

---

513 "AGRAVO REGIMENTAL. MANDADO DE SEGURANÇA. CONSTITUCIONAL. *IMPEACHMENT*. MINISTRO DO SUPREMO TRIBUNAL FEDERAL. RECEBIMENTO DE DENÚNCIA. MESA DO SENADO FEDERAL. COMPETÊNCIA. I – Na linha da jurisprudência firmada pelo Plenário desta Corte, a competência do Presidente da Câmara dos Deputados e da Mesa do Senado Federal para recebimento, ou não, de denúncia no processo de impeachment não se restringe a uma admissão meramente burocrática, cabendo-lhes, inclusive, a faculdade de rejeitá-la, de plano, acaso entendam ser patentemente inepta ou despida de justa causa. II – Previsão que guarda consonância com as disposições previstas tanto nos Regimentos Internos de ambas as Casas Legislativas, quanto na Lei 1.079/1950, que define os crimes de responsabilidade e regula o respectivo processo de julgamento. III – O direito a ser amparado pela via mandamental diz respeito à observância do regular processamento legal da denúncia. IV – Questões referentes à sua conveniência ou ao seu mérito não competem ao Poder Judiciário, sob pena de substituir-se ao Legislativo na análise eminentemente política que envolvem essas controvérsias. V – Agravo regimental desprovido". BRASIL. Supremo Tribunal Federal. MS 30672 AgR/DF, relator min. Ricardo Lewandowski. Disponível em: <http://www.stf.jus.br/portal/jurisprudencia/listarJurisprudencia.asp?s1=%28ms%24%2escla%2e+e+30672%2enume%2e%29+ou+%28ms%2eacms%2e+adj2+30672%2eacms%2e%29&base=baseAcordaos>. Acesso em: 20 nov. 2011.

514 BROSSARD, Paulo. *O impeachment*: aspectos da responsabilidade política do Presidente da República. 2. ed. São Paulo: Saraiva, 1992, p. 75. Refere: "Entre nós, porém, como no direito norte-americano e argentino, o *impeachment* tem feição política, não se origina senão de causas políticas, objetiva resultados políticos, é instaurado sob considerações de ordem política e julgado segundo critérios políticos – julgamento que não exclui, antes supõe, é óbvio, a adoção de critérios jurídicos".

7. *A democracia participativa*[515] *no processo: o "amicus curiae"*

Em sua obra *Juízes, Legisladores e Professores*, R. C. van Caenegem[516] tenta responder a uma pergunta que a comunidade jurídica tem feito no decorrer dos anos: qual direito é o melhor: do juiz, do legislador ou do acadêmico? A resposta, conforme refere, não encontra consenso, pois a diversidade de opiniões é tão grande que hoje se perde a esperança de que um dia exista ampla aceitação de uma das teorias apresentadas. Contudo, o autor[517] deixa uma reflexão na qual desimporta a resposta, pois entende que, qualquer que seja ela, deve ser respeitado o que chama de *oito critérios do bom direito*, sendo que um deles é a participação de cidadãos comuns em tribunal aberto, o que se coaduna com este e o próximo subcapítulo referente às audiências públicas.

Cumpre alertar que troca, neste momento, de sistema democrático, tendo sido defendido, até agora, que há democracia representativa na nomeação dos Ministros do Supremo Tribunal Federal, mesmo que indireta, tendo em vista que aqueles que os nomeiam são os representantes do povo brasileiro pela forma do sufrágio universal. Agora, defende-se que existe no controle de constitucionalidade de leis, também, a democracia participativa,[518] direito fundamental de quarta dimensão,[519] embora ainda não bem difundida esta nova categoria de direitos,[520]

---

[515] FACCHINI NETO, Eugênio. O judiciário no mundo contemporâneo. In: MOLINARO, Carlos Alberto; MILHORANZA, Mariângela Guerreiro; PORTO, Sérgio Gilberto (Org.). *Constituição, jurisdição e processo*: estudos em homenagem aos 55 anos da Revista Jurídica. Sapucaia do Sul: Notadez, 2007. p. 315. Sobre este modelo de democracia, salienta: "A democracia participativa distingue-se tanto da democracia direta quanto da representativa. A distinção desta última é fácil, uma vez que essa se realiza através de institutos de tipo eleitiral, na qual o poder do cidadão resume-se praticamente à escolha de seus representantes junto ao poder público. A característica principal da atividade participativa, ao contrário, é a própria intervenção dos cidadãos, individual ou organizadamente, nos procedimentos de tomada de decisões político-administrativas".

[516] CAENEGEM, R. C. van. *Juízes, legisladores e professores*: capítulos de história jurídica europeia: palestras Goodhart 1984-1985. Tradução de: Luiz Carlos Borges. Rio de Janeiro: Elsevier, 2010. p. 110.

[517] Ibid., p. 111. Refere como o segundo dos critérios: "Participação dos cidadãos comuns, pelo menos na forma de presença em tribunal aberto e de crítica em uma imprensa livre. Esta noção expressa a ideia democrática de que a justiça pertence à comunidade inteira e é do interesse dela, não simplesmente de uma inteligência limitada, altamente instruída. Também incorpora a ideia de que o cumprimento da justiça deve ser visto".

[518] ABRAMOVAY, Pedro. *Separação de poderes e medidas provisórias*. Rio de Janeiro: Elsevier, Faculdade de Direito da FGV, 2012. p. 27-28. Note-se que, como defende o autor, o novo texto constitucional brasileiro, inclusive, aponta para uma democracia não mais em nome do povo, mas sim pelo povo, ou seja, independemente de representantes,o que faz com que a democracia contemporânea apresente novos contornos a teoria da tripartição dos Poderes.

[519] BONAVIDES, Paulo. *Curso de direito constitucional*. 27. ed. Malheiros: São Paulo: 2012. p. 590. Sobre o assunto, leciona: "São direitos da quarta geração o direito à democracia, o direito à informação e o direito ao pluralismo. Deles depende a concretização da sociedade aberta do futuro, em sua dimensão de máxima universalidade, para o qual parece o mundo inclinar-se de todas as relações de convivência".

[520] SARLET, Ingo Wolfgang. *A eficácia dos direitos fundamentais*: uma teoria geral dos direitos fundamentais na perspectiva constitucional. 10. ed. Porto Alegre: Livraria do Advogado, 2009. p. 51. Em que pese ainda não existir, propriamente, a consagração da quarta fase, nem consenso sobre o que ela abrange, conforme lembra o autor: "Ainda no que tange à problemática das diversas dimensões dos direitos fundamentais, é de se referir a tendência de reconhecer a existência de uma quarta dimensão, que, no entanto, ainda aguarda sua consagração na esfera do direito internacional e das ordens constitucionais internas".

sendo esta, nas palavras de Roberto Amaral,[521] os instrumentos de participação popular do governado, o qual exerce seu controle sobre os governantes. No controle de constitucionalidade de leis isso pode ser comprovado no *amicus curiae*, nas audiências públicas e na legitimação para o ingresso das ações no controle abstrato de constitucionalidade das leis.

Como de sabença, não há intervenção de terceiros nos processos objetivos por força do artigo 7° da Lei n. 9.868/99,[522] que trata da ação direta de inconstitucionalidade e do artigo 18 da mesma lei,[523] o qual trata sobre a ação declaratória de constitucionalidade. Isso se dá pelo fato de que, conforme lembram Fredie Didier Jr., Paula Sarno Braga e Rafael Oliveira,[524] o processo objetivo tende a não permitir violação a direito individual específico, o que é confirmado pelo próprio Supremo Tribunal Federal no julgamento da Ação Direta de Inconstitucionalidade 1.434 MC/SP.[525]

Em que pese existir a expressa vedação da intervenção de terceiros tradicional, optou o legislador por trazer outra espécie e auxílio ao processo por meio de uma intervenção: o *amicus curiae*.[526] Conforme afirmam Fredie Didier Jr., Paula Sar-

---

521 AMARAL, Roberto. A democracia representativa está morta: viva a democracia participativa! In: GRAU, Eros Roberto e GUERRA FILHO, Willis Santiago (Org.). *Direito constitucional*: estudos em homenagem a Paulo Bonavides. 1. ed. 2. tir. São Paulo: Malheiros, 2003. p. 48-49. Aduz: "A questão central da democracia participativa, direito da quarta geração, é tanto suprir a intermediação – inerente à democracia indireta – quanto, e paralela e seqüencialmente, substituir a 'representação' (que implica alienação): o voto direto no computador arquivando o voto na urna (da democracia indireta). É um processo de construção gradual que não compreende o banimento de todas as formas de representação, mas sua substituição por aqueles instrumentos de participação popular que implicam intervenção do governado na governança e seu controle sobre os governantes".

522 "Art. 7° Não se admitirá intervenção de terceiros no processo de ação direta de inconstitucionalidade".

523 "Art. 18. Não se admitirá intervenção de terceiros no processo de ação declaratória de constitucionalidade".

524 DIDIER JR., Fredie; BRAGA, Paula Sarno; OLIVEIRA, Rafael. Aspectos processuais da ADIN (Ação Direta de Inconstitucionalidade) e da ADC (Ação Declaratória de Constitucionalidade). In: DIDIER JR., Fredie (Org.). *Ações constitucionais*. 5. ed. Salvador: JusPODIVM, 2011. p. 488. Referem, ao relatar a impossibilidade da intervenção de terceiros: "Essas circunstâncias autorizam a seguinte conclusão: pretende-se que, nas ações de controle abstrato de constitucionalidade, haja uma maior estabilidade subjetiva, proibindo-se, com isso, o fenômeno interventivo. A natureza de processo objetivo impede que se possa alegar violação a qualquer direito individual específico, não havendo razão, portanto, para que haja intervenção de quem quer que seja, pela absoluta impossibilidade de prejuízo a direito subjetivo – razão de ser de toda modalidade interventiva".

525 Com relatoria do Ministro Celso de Mello, assim restou decidido: "O controle abstrato de constitucionalidade *somente* pode ter como objeto de impugnação atos normativos emanados do Poder Público. Isso significa ante a necessária *estatalidade* dos atos suscetíveis de fiscalização *in abstracto*, que a ação direta de inconstitucionalidade só pode ser ajuizada em face de órgãos ou instituições de *natureza pública*. Entidades meramente privadas, porque *destituídas* de qualquer coeficiente de estatalidade, não podem figurar como litisconsortes passivos necessários em sede de ação direta de inconstitucionalidade. *Precedentes: ADIn 575-PI (AgRg)*, Rel. Min. Celso de Mello; *ADIn 1.254-RJ (AgRg)*, Rel. Min. Celso de Mello". E depois ainda conclui: "O controle normativo de constitucionalidade qualifica-se como típico processo de caráter objetivo, vocacionado *exclusivamente* à defesa, *em tese*, da harmonia do sistema constitucional. A instauração desse processo objetivo tem por função instrumental viabilizar o julgamento da validade abstrata do ato estatal em face da Constituição da República. O exame de relações jurídicas concretas e individuais constitui matéria juridicamente estranha ao domínio do processo de controle concentrado de constitucionalidade". BRASIL. Supremo Tribunal Federal. *Ação Direta de Inconstitucionalidade n. 1.434/SP*, relator min. Celso de Mello. Disponível em: <http://redir.stf.jus.br/paginadorpub/paginador.jsp?docTP=AC&docID=347055>. Acesso em: 08 nov. 2012.

526 Trata-se de um dos poderes do relator poder admitir a pessoa do *amicus curiae*, conforme artigo 7°, § 2°, da Lei n. 9.868/99, com a seguinte redação: "O relator, considerando a relevância da matéria e a representatividade dos postulantes, poderá, por despacho irrecorrível, admitir, observado o prazo fixado no parágrafo anterior, a manifestação de outros órgãos ou entidades".

no Braga e Rafael Oliveira,[527] o *amicus curiae* trata-se de um auxiliar do juízo, sendo que sua vinda ao processo pode ser determinada pelo magistrado ou pelo próprio *amicus curiae*, que tem como objetivo criar melhores condições para que a decisão seja proferida pelo Poder Judiciário.

Talvez a obra de maior fôlego sobre a temática no direito brasileiro seja a de Cassio Scarpinella Bueno, *Amicus Curiae no Processo Civil Brasileiro: um Terceiro Enigmático*,[528] versão comercial da tese apresentada perante a Faculdade de Direito da Pontifícia Universidade Católica de São Paulo, a qual lhe rendeu o título de Livre-Docente em Processo Civil. Dentre as defesas realizadas, aponta o autor[529] para o que vem a ser a mais significante para esta tese: a de que não descarta que qualquer indivíduo possa ser admitido em processo como *amicus curiae*, concedendo ainda mais legitimidade democrática ao controle de constitucionalidade de leis, posição que foi chancelada pelo próprio Supremo Tribunal Federal no voto do Ministro Celso de Mello[530] no julgamento do agravo regimental na ação direta de inconstitucionalidade 2.130-3/SC.

Para confortar a posição adotada neste estudo, desde já resta cristalino que não é só permitida a intervenção do *amicus curiae* no controle abstrato de constitucionalidade, mas não deixa de fazer parte do controle difuso quando está em discussão um recurso extraordinário com repercussão geral, a teor do que preceitua o artigo 543-A, § 6º[531] do Código de Processo Civil brasileiro e a escrita de Luiz

---

527 DIDIER JR., Fredie; BRAGA, Paula Sarno; OLIVEIRA, Rafael. Aspectos processuais da ADIN (Ação Direta de Inconstitucionalidade) e da ADC (Ação Declaratória de Constitucionalidade). In: DIDIER JR., Fredie (Org.). *Ações constitucionais*. 5. ed. Salvador: JusPODIVM, 2011. p. 491.

528 BUENO, Cassio Scarpinella. *Amicus curiae no processo civil brasileiro*: um terceiro enigmático. 3. ed. São Paulo: Saraiva, 2012.

529 Ibid., p. 582. Refere: "O que fazemos questão de acentuar é que não descartamos que o indivíduo *uti singoli* possa ser admitido na qualidade de *amicus curiae*. Não nos esqueçamos de que ele é, desde a Constituição Federal, considerado um 'portador legítimo' de interesses ao Estado-juiz, quando seu art. 5º, LXXVII, empresta-lhe 'legitimidade' para a ação popular. E, mais amplamente, o 'direito de petição', de que trata o art. 5º, XXXIV, a, é expresso ao reconhecer a 'todos' a possibilidade de se voltar aos Poderes Públicos 'em defesa de direitos'".

530 Esses os trechos do voto do Ministro Celso de Mello que referendam o posicionamento nas p. 507-508: "No estatuto que rege o sistema de controle normativo abstrato de constitucionalidade, o ordenamento positivo brasileiro *processualizou*, na regra inscrita no art. 7º, § 2º, da Lei n. 9.868/99, a figura do *amicus curiae*, permitindo, em conseqüência, que *terceiros*, investidos de representatividade adequada, sejam *admitidos* na relação processual, para efeito de manifestação sobre a questão de direito subjacente à própria controvérsia constitucional", e continua: "A regra inscrita no art. 7º, § 2º da Lei n. 9.868/99 – *que contém* a base normativa legitimadora da intervenção processual do *amicus curiae* – tem por objetivo *pluralizar* o debate constitucional, *permitindo* que o Supremo Tribunal Federal *venha* a dispor de *todos* os elementos informativos possíveis e necessários à resolução da controvérsia", e finzaliza: "*Vê-se* que a aplicação da norma legal em causa – *que não outorga* poder recursal ao *amicus curiae* – *não só garantirá* maior efetividade e legitimidade às decisões deste Tribunal, mas, sobretudo, *valorizará*, sob uma perspectiva eminentemenete pluralística, o sentido essencialmente democrático dessa participação processual, *enriquecida* pelos elementos de informação e acervo de experiências que esse mesmo *amicus curiae* poderá transmitir à Corte Constitucional, notadamente em um processo – *como o de controle abstrato de constitucionalidade* – cujas implicações políticas, sociais, econômicas, jurídicas e culturais são de *irrecusável* importância e de *inquestionável* significação". BRASIL. Supremo Tribunal Federal. *Ação Direta de Inconstitucionalidade 2.130-3/SC*, relator min. Celso de Mello. Disponível em: <http://redir.stf.jus.br/paginadorpub/paginador.jsp?docTP=AC&docID=363431>. Acesso em: 18 nov. 2012.

531 "Art. 543-A. O Supremo Tribunal Federal, em decisão irrecorrível, não conhecerá do recurso extraordinário, quando a questão constitucional nele versada não oferecer repercussão geral, nos termos deste artigo. [...] § 6º O Relator poderá admitir, na análise da repercussão geral, a manifestação de terceiros, subscrita por procurador habilitado, nos termos do Regimento Interno do Supremo Tribunal Federal".

Guilherme Marinoni e Daniel Mitidiero,[532] ao afirmarem qua a interpretação da Constituição Federal deve ser a mais plural possível, o que é alcançado com a possibilidade do *amicus curiae* no caso de repercussão geral em recurso extraordinário.

Enfim, é da natureza do próprio *amicus curiae* ser uma forma de intervenção popular no controle de constitucionalidade de leis, auxiliando na democracia, conforme aponta Rodrigo Murad do Prado[533] em sua obra, a qual desde o título anota por este posicionamento, inclusive, defendendo que será mais necessária sua admissão ao processo, após a vedação legal às intervenções de terceiro convencionais impostas legalmente, em que pesem posicionamentos contrários, como o de Isabel da Cunha Bisch,[534] que defende até poder vir a ser o instituto em detrimento da democracia.

3.2.8. As audiências públicas: outra forma de democracia participativa[535] *no processo*

Outro interessante instrumento colocado à disposição da sociedade é a possibilidade das audiências públicas no controle de constitucionalidade de leis, que vêm corroborar o espaço democrático com que o Supremo Tribunal Federal trabalha

---

532 MARINONI, Luiz Guilherme; MITIDIERO, Daniel. *Repercussão geral no recurso extraordinário.* São Paulo: Revista dos Tribunais, 2007. p. 39-40. Referem: "A fim de que concretize o ideal de uma 'sociedade dos intérpretes da Constituição, possibilita-se, nos termos do Regimento Interno do Supremo Tribunal Federal, a participação de terceiros a fim de que se dê um amplo debate a respeito da existência ou não de relevância da questão debatida (art. 543-A, § 6º, do CPC). Cuida-se da possibilidade da intervenção de *amicus curiae* na fase a apreciação do recurso extraordinário perante o Supremo Tribunal Federal, tal como se dá igualmente em sede de controle concentrado aqui (art. 7º, § 2º, da Lei 9.868 de 1999) e alhures (por exemplo, § 27a, Lei do Tribunal Constitucional Federal alemão). A Constituição é um documento democrático; sua interpretação tem de ser plural".

533 PRADO, Rodrigo Murad do. *A participação popular no controle abstrato de constitucionalidade*: amigo da corte. Porto Alegre: Sergio Antonio Fabris, 2010. p. 143. Refere: "A participação direta da sociedade no processo de controle abstrato de constitucionalidade das leis e atos administrativos, através do amigo da corte, mostra-se cada vez mais necessária em razão do aprimoramento e flexibilização da rigidez que a lei 9.868, de novembro de 1999, em seu artigo 7º, propõe ao vedar todas as hipóteses de intervenção de terceiros e, apenas, propiciar, a critério do relator do processo, considerando a relevância da matéria e a representatividade dos postulantes, a admissão da manifestação de outros órgãos ou entidades para elucidar questões pertinentes à matéria discutida".

534 BISCH, Isabel da Cunha. *O amicus curiae, as tradições jurídicas e o controle de constitucionalidade*: um estudo comparado à luz das experiências americana, europeia e brasileira. Porto Alegre: Livraria do Advogado, 2010. p. 159. Na concepção da autora, podem as intervenções até mesmo ser prejudiciais à democracia, assim afirmando: "A intervenção de tantos órgãos e entidades na esfera do Poder Judiciário, foi referido, é encarada por muitos autores americanos como instrumento de atuação dos grupos de pressão. É bem visível que o *amicus curiae* à brasileira vem assumindo, na grande parte de suas atuações, essa conotação. Basta conferir a natureza dos principais colaboradores e as causas pelas quais demonstram interesse em aconselhar a Corte. Importante referir, até para fazer contraponto ao posicionamento unânime do STF, que a intervenção de tantos grupos de interesse pode, antes de favorecer a democracia, prejudicar a mesma. Foi analisado que não faltam críticas à representação de interesses e a atuação dos grupos de pressão sobre os poderes públicos, que podem induzir os responsáveis pela elaboração, aplicação e interpretação de leis a uma visão meramente restrita, até agoística do Direito. A necessidade de privilegiar o interesse público e o bem comum, muitas vezes, caminha no sentido contrário ao atendimento de interesses de grupos sociais, que estão sempre em ebulição no Estado Social Contemporâneo".

535 Recomenda-se a leitura do capítulo: FERRARI, Regina Maria Macedo Nery. Participação democrática: audiências públicas. In: GRAU, Eros Roberto; CUNHA, Sergio Sérvulo da (Coord.). *Estudos de direito constitucional em homenagem a José Afonso da Silva.* São Paulo: Malheiros, 2003. p. 325-351. Em especial a partir da página 377, na qual propicia a relatar a audiência pública como forma de participação democrática.

durante este controle. As audiências públicas têm sido alvo de debates envolvendo setores da sociedade que pretendem que a decisão prolatada pelo Tribunal vá ao encontro de seus interesses, o que demonstra a atmosfera democrática que toma conta deste tipo de manifestação em demandas que exigem determinada complexidade[536] para o julgamento final.

Nas palavras de Diogo Rais,[537] conceituando as audiências públicas, refere ser um instrumento pelo qual um determinado público, especializado ou dotado de experiência em uma determinada matéria, expõe à Corte, a fim de esclarecimentos aos ministros, sobre alguma matéria ou fato objeto da ação que será, futuramente, julgada. Não se está a historiar nesta tese a evolução legislativa das audiências públicas no Brasil, tendo em vista que o próprio Diego Rais[538] já o fez em sua obra ao elencar as bases normativas que deram origem ao instituto, mas, para fins de complemento do que se está a relatar, cumpre referir que no controle de constitucionalidade de leis a possibilidade de elas existirem está expressa na Lei 9.868,[539] de 10 de novembro de 1999, e na Lei 9.882,[540] de 3 de dezembro de 1999.

---

[536] VALLE, Vanice Regina Lírio do (Coord.). *Audiências públicas e ativismo*: diálogo social no STF. Belo Horizonte: Fórum, 2012. A obra, escrita pela coordenadora e mais José Ribas Vieira, Alfredo Canellas Guilherme da Silva, Cecília de Almeida Silva, Francisco Moura e Igor Ajouz, em seu capítulo 3, no qual não apresenta autor específico, traz um estudo da complexidade das causas submetidas às audiências públicas, em especial informando que já foram utilizadas na Adin n. 3.510 (Uso terapêutico de células tronco embrionárias), ADPF n. 101 (importação de pneus), ADPF n. 54 (antecipação terapêutica do parto de feto anencefálico), ADPF n. 186 (ações afirmativas) e traz também o debate sobre a audiência pública da judicialização da saúde, baseada em prerrogativa regimental.

[537] RAIS, Diogo. *A sociedade e o Supremo Tribunal Federal*: o caso das audiências públicas. Belo Horizonte: Fórum, 2012. p. 48. Refere: "Audiência pública no âmbito do Supremo é o instrumento pelo qual essa Corte ouve o público especializado ou dotado de experiência na matéria para esclarecer questões ou circunstâncias de fato, com repercussão geral ou de interesse público relevante, com a finalidade de esclarecer aos Ministros sobre a matéria ou circunstâncias de fato, além de criar oportunidades para se debater simultaneamene as teses opostas e com fundamentos variados, ampliando e fomentando o debate dentro e fora da Corte, ampliando a transparência e a publicidade das atividades do Supremo Tribunal Federal e trazendo maior pluralidade ao processo constitucional, além de aproximar a sociedade da Corte e, ainda, possibilitar a aferição de efeitos do julgado, realizando um prognóstico do comportamento social diante da decisão a ser tomada".

[538] Ibid. Entre as páginas 23 e 34, o autor aprofunda o tema.

[539] A previsão das audiências públicas encontra-se no artigo 9°, § 1°, da lei, com a seguinte redação: "Art. 9° Vencidos os prazos do artigo anterior, o relator lançará o relatório, com cópia a todos os Ministros, e pedirá dia para julgamento. § 1° Em caso de necessidade de esclarecimento de matéria ou circunstância de fato ou de notória insuficiência das informações existentes nos autos, poderá o relator requisitar informações adicionais, designar perito ou comissão de peritos para que emita parecer sobre a questão, ou fixar data para, em audiência pública, ouvir depoimentos de pessoas com experiência e autoridade na matéria". BRASIL. *Lei n. 9.868*, de 10 de novembro de 1999. Disponível em: <http://www.planalto.gov.br/ccivil_03/leis/L9868.htm>. Acesso em: 13 set. 2012.

[540] A previsão das audiências públicas encontra-se no artigo 6°, § 1°, da lei, com a seguinte redação: "Art. 6° Apreciado o pedido de liminar, o relator solicitará as informações às autoridades responsáveis pela prática do ato questionado, no prazo de dez dias. § 1° Se entender necessário, poderá o relator ouvir as partes nos processos que ensejaram a argüição, requisitar informações adicionais, designar perito ou comissão de peritos para que emita parecer sobre a questão, ou ainda, fixar data para declarações, em audiência pública, de pessoas com experiência e autoridade na matéria". BRASIL. *Lei n. 9.882*, de 3 de dezembro de 1999. Disponível em: <http://www.planalto.gov.br/ccivil_03/Leis/L9882.htm>. Acesso em: 13 set. 2012.

A audiência pública, conforme entende Carolina Elisa Suptitz,[541] é uma das maneiras de conceder ao Supremo Tribunal Federal um meio de superação da própria democracia representativa, tendo em vista que os participantes do que vem a denominar de *audiência pública jurisdicional* legitimam interesses de outros representados, garantindo, assim, uma maior participação popular no processo, embora defenda ainda não corresponder integralmente aos intuitos democráticos das teorias políticas contemporâneas.[542]

Jânia Maria Lopes Saldanha e Angela Araújo da Silveira Espíndola[543] defendem que a audiência pública realizada na Ação Direta de Inconstitucionalidade n. 3.510, a qual tratava do caso da lei de biossegurança, melhor analisado adiante, foi um marco naquilo que chamam de processo pós-burocrático,[544] o que trouxe grande democratização ao processo ao abrir o diálogo com a sociedade e coletivizar a responsabilidade final pelo que iria ser decidido.[545] Nas palavras de Paulo Adib Casseb,[546] sintetizando tanto a figura do *amicus curiae* como as audiências públicas, nota-se a tendência em salientar que, cada vez mais, tem-se a participação da sociedade

---

541 SUPTITZ, Carolina Elisa. Audiência pública jurisdicional: avanços e limites democráticos do poder judiciário brasileiro. In: MARIN, Jeferson Dytz (Coord.). *Jurisdição e processo*. Curitiba: Juruá, 2009. V. III. p. 172-173. Refere: "A audiência pública jurisdicional promove uma importante democratização social, mesmo que incidente em apenas um dos poderes de Estado, o Poder Judiciário, já que supera o modelo de democracia representativa, que indiretamente também o atinge, em que os representantes, no entanto, não são políticos eleitos, mas os julgadores que integram seus quadros funcionais. A superação da democracia representativa tradicional promovida pela audiência pública é decorrência da aproximação da comunidade do centro de poder, no caso o STF, o que é feito ainda através de representantes – os participantes da audiência pública –, os quais, porém, atuam de forma vinculada aos interesses dos representados, o que garante a estes que suas pretensões sejam realmente defendidas".

542 Ibid., p. 184. Defende: "A importância da audiência pública não pode ser cegamente negada. É imprescindível reconhecer a oportunidade concedida à comunidade não jurídica de intervir nos julgamentos da mais alta Corte do país. Sob o enfoque político-democrático, entretanto, não resta alternativa a dizer que, apesar dos avanços, a audiência pública jurisdicional, na forma como concretizada, não corresponde integralmente aos intuitos democráticos tratados pelas teorias políticas contemporâneas, apresentando limites no que diz respeito aos modelos de democracia plural, deliberativa e substancial".

543 SALDANHA, Jânia Maria Lopes; ESPINDOLA, Angela Araújo da Silveira. A jurisdição constitucional e o caso da ADIN 3.510: do modelo individual – e liberal – ao modelo coletivo – e democrático – de processo. In: MARIN, Jeferson Dytz. *Jurisdição e processo*: efetividade e realização da pretensão material. Curitiba: Juruá, 2008. p. 70. Referem: "É justamente dessa possibilidade que se forja o que se pode denominar de processo pós-burocrático. Pressupondo a limitação cognitiva de quem julga, abre-se à sociedade trazendo democratização ao processo, mas, ao mesmo tempo, mantém a obrigação de o julgador permanecer engajado o diálogo processual, ouvindo não só as partes do processo mas também outros interessados para fundamentar sua decisão final, assumindo a responsabilidade coletiva pela decisão".

544 Neste momento, as autoras defendem o processo pós-burocrático invocando o que entende Owen Fiss sobre o que vem a ser as instituições burocratizadas.

545 No fechamento do artigo, ainda não havia sido decidida a ADI n. 3.510, sendo a mesma julgada improcedente, conforme se verá em capítulo próprio.

546 CASSEB, Paulo Adib. Fundamentos da forma de designação dos ministros do Supremo Tribunal Federal. In: HORBACH, Carlos Bastide; ALMEIDA, Fernando Dias Menezes de; AMARAL JÚNIOR, José Levi Mello do e LEAL, Roger Stiefelmann (Coord.). *Direito constitucional, estado de direito e democracia*: homenagem ao Prof. Manoel Gonçalves Ferreira Filho. São Paulo: Quartier Latin, 2011. p. 587. Refere: "Atualmente, com a intensificação das audiências públicas no STF e a participação cada vez maior da figura do amicus curiae em ação direta de inconstitucionalidade, ação declaratória de constitucionalidade, arguição de descumprimento de preceito fundamental e prevista até no procedimento de criação, revisão e cancelamento de súmulas vinculantes, infere-se, claramente, que o processo constitucional conta com a participação ativa da sociedade".

no processo constitucional, o que converge com o pensamento de Boaventura de Sousa Santos,[547] ao expor que os tribunais e a sociedade devem caminhar juntos para o aprofundamento da democracia.

3.2.9. A legitimação processual nos controles difuso e abstrato: o Executivo, o Legislativo e o cidadão legitimados

Ainda no que concerne à defesa do Supremo Tribunal Federal para a normatização de condutas quando instado a decidir *erga omnes* no controle de constitucionalidade de leis, deve-se falar sobre a legitimidade para a proposição das ações que visam à constitucionalidade e à inconstitucionalidade de uma lei ou ato normativo.

Inicia-se com a redação do artigo 103[548] da Constituição Federal ao elencar um rico rol de legitimados para o ajuizamento das ações diretas de inconstitucionalidade e declaratórias de constitucionalidade. Os incisos do referido artigo atribuem ao Presidente da República, à Mesa do Senado Federal, à Mesa da Câmara dos Deputados, à Mesa de Assembleia Legislativa ou da Câmara Legislativa do Distrito Federal, ao Governador de Estado ou do Distrito Federal, ao Procurador-Geral da República, ao Conselho Federal da Ordem dos Advogados do Brasil e às Confederações Sindicais ou às entidades de classe de âmbito nacional a legitimidade para proporem as referidas ações, ou seja, conforme expõe Cássius Guimarães Chai,[549] há uma participação plural no processo do *decision-making* como *law-making*.

Como se pode notar, a participação do Poder Legislativo e do Poder Executivo é inerente ao controle abstrato de constitucionalidade de leis, uma vez que são legitimados ao ajuizamento das ações do referido controle, assim como se abre a possibilidade de entidades que representam parcelas da sociedade também o fazerem, o que torna ainda mais democrática a via eleita para a normatização de condutas. É de ainda relembrar que, ajuizada uma ação por um dos legitimados,

---

547 SANTOS, Boaventura de Sousa. *Para uma revolução democrática da justiça*. 2. ed. São Paulo: Cortês, 2008. p. 86. Refere: "Numa sociedade info-democrática, a administração da justiça será tanto mais legitimada pelos cidadãos quanto mais conhecida e reconhecida for por eles. Os tribunais e a comunicação social são essenciais para o aprofundamento da democracia, pelo que é fundamental estabelecer formas de coabitação no mesmo espaço social. Tal aproximação poderá fomentar programas de cunho pedagógico, debates sobre temas jurídicos importantes para a sociedade e diálogos entre os órgãos da justiça e os vários actores sociais".

548 "Art. 103. Podem propor a ação direta de inconstitucionalidade e a ação declaratória de constitucionalidade: I – o Presidente da República; II – a Mesa do Senado Federal; III – a Mesa da Câmara dos Deputados; IV a Mesa de Assembléia Legislativa ou da Câmara Legislativa do Distrito Federal; V o Governador de Estado ou do Distrito Federal; VI – o Procurador-Geral da República; VII – o Conselho Federal da Ordem dos Advogados do Brasil; VIII – partido político com representação no Congresso Nacional; IX – confederação sindical ou entidade de classe de âmbito nacional."

549 CHAI, Cássius Guimarães. *Descumprimento de preceito fundamental*: identidade constitucional e vetos à democracia. Belo Horizonte: Mandamentos, 2004. p. 113. Refere: "Seguindo esse afunilamento quanto à participação plural no processo do *decision-making* como *law-making*, a Lei n. 9.868 legalizou toda a prática procesual e procedimental, até então, construída jurisprudencialmente relativa ao controle concentrado. Ademais, inseriu a figura do *amicus curiae* do direito americano no sistema brasileiro".

poderá qualquer outro vir a intervir no processo como *amicus curiae*, tendo em vista a impossibilidade de intervenção de terceiros conforme já referido, sem mencionar no fato de que, no projeto original, constava esta intervenção aos demais legitimados,[550] o que, hoje, após a inserção do artigo 12-E, § 1° na Lei 9.868/99,[551] com redação dada pela Lei 12.063/99, está previsto para ser feito na ação direta de inconstitucionalidade por omissão.

Dalton Santos Morais[552] defende a hipótese de que não há lógica em não dar aplicação ao artigo 12-E, § 1°, que trata da ação direta de inconstitucionalidade por omissão à ação direta, pois, ao expor em seu *caput* uma relação recíproca entre as leis, por qual razão não estariam ambas se beneficiando uma da outra? Parece razoável a interpretação realizada pelo autor. Fechando as lacunas do controle abstrato de constitucionalidade, a Lei 9.882/99, que aborda a arguição de descumprimento de preceito fundamental, também traz como legitimados aquele rol de pessoas elencadas no artigo 103 da Constituição Federal ao positivar esta hipótese em seu artigo 2°.[553]

Interessante opinião tem Thamy Pogrebinschi[554] em sua obra *Judicialização ou Representação? Política, Direito e Democracia no Brasil*, cujo estudo, apoiado pela Funda-

[550] Na redação original constava: "Art. 7° Não se admitirá intervenção de terceiros no processo de ação direta de inconstitucionalidade. § 1° Os demais titulares referidos no art. 2° poderão manifestar-se, por escrito, sobre o objeto da ação e pedir a juntada de documentos reputados úteis para o exame da matéria, no prazo das informações, bem como apresentar memoriais".

[551] Esta a redação do artigo 12-E, § 1°: "Aplicam-se ao procedimento da ação direta de inconstitucionalidade por omissão, no que couber, as disposições constantes da Seção I do Capítulo II desta Lei".

[552] MORAIS, Dalton Santos. *Controle de constitucionalidade*: exposições críticas à luz da jurisprudência do Supremo Tribunal Federal. Salvador: JusPODIVM, 2010. p. 227. Refere: "Dizendo de forma simplificada, após a modificação da Lei n. 9.868/99 pela Lei n. 12.063/2009, não nos parece crível que a disposição permissiva de intervenção dos demais legitimados na ação direta de inconstitucionalidade por omissão não possa ser aplicada em ação direta que impugna a conduta inconstitucional comissiva do legislador". E conclui: "Se o próprio art. 12-E da referida lei modificada deixa evidenciada a plausibilidade de aplicação recíproca de institutos compatíveis em ambas as ações diretas, inexiste fundamento para crer que a abertura e a acessibilidade do processo constitucional de controle abstrato de normas fornecida pelo art. 12-E, § 1° seja cabível somente para a ação direta de inconstitucionalidade por omissão e não o seja para a ação direta de inconstitucionalidade por comissão, pois ambas as ações são espécies do mesmo gênero de ação direta permissiva do controle abstrato e jurisdicional de constitucionalidade".

[553] Esta a redação do artigo 2°, I, da Lei n. 9.882/99: "Podem propor argüição de descumprimento de preceito fundamental: I – os legitimados para a ação direta de inconstitucionalidade § 1° Os demais titulares referidos no art. 2° desta Lei poderão manifestar-se, por escrito, sobre o objeto da ação e pedir a juntada de documentos reputados úteis para o exame da matéria, no prazo das informações, bem como apresentar memoriais".

[554] POGREBINSCHI, Thamy. *Judicialização ou representação?* Política, direito e democracia no Brasil. Rio de Janeiro: Elsevier, 2011. p. 176-177. Aduz: "Os efeitos *erga omnes* das decisões das cortes constitucionais no exercício do controle abstrato de constitucionalidade tornam inevitável o compartilhamento das consequências de tal atividade judicial. Uma vez que as cortes apenas agem quando provocadas e, uma vez que aqueles competentes a fazê-lo no caso de controle abstrato de constitucionalidade são agentes eleitos ou entes representativos da sociedade civil, é razoável supor que a mudança de *status quo* propiciada pela contestação de uma lei corresponde às demandas presentes na sociedade, mesmo que de forma não necesariamente majoritária. De outro modo, atores da sociedade civil organizada – em particular os próprios partidos políticos – não levariam às cortes as demandas que consideram não satisfeitas pelo processo legislativo ordinário. Ou então as decisões judiciais não seriam estatisticamente mais respeitadas do que as leis obedecidas, quando a sanção pelo descumprimento de ambas é potencialmente a mesma. O simples caráter de legislador negativo das cortes constitucionais já responde por seu papel político, assim como o mero compartilhamento das consequências de suas decisões responde por seu caráter potencialmente representativo".

ção Konrad Adenauer e escrito na Alemanha quando a autora estava na condição de pesquisadora visitante do *Ibero-Amerikanisches Institut* de Berlim, traz uma conclusão que concede força a este tema. Entende que se as cortes superiores, como a brasileira, somente agem quando provocadas e, tendo no controle abstrato um elenco de legitimados eleitos ou representativos da sociedade civil, é de se concluir que a mudança legislativa pugnada pelos processos corresponde aos anseios da própria sociedade.[555] Claro que a obra da autora vai além, pois, como mesmo aponta, sua tese poderia ser rebatida com a defesa de que se pode considerar esta atividade jurisdicional então socialmente representativa, mas não politicamente representativa, sendo que para que objete esta arguição parte de outro fato, qual seja de que deverá existir uma ressignificação do que vem a ser representação política[556] no Brasil.[557]

Concluindo o raciocínio inicial da legitimidade democrática participativa do Supremo Tribunal Federal para a normatização de condutas, resta saber se qualquer cidadão poderia alcançar o Tribunal, fechando, assim, um rol amplo de legitimados para a tutela coletiva de direitos. A resposta dá-se com o controle difuso, por meio do recurso extraordinário com repercussão geral.[558] Qualquer jurisdicionado que, apresentando sua inconformidade perante o Poder Judiciário, demonstrar que sua causa transcende seu direito subjetivo, aliado a outros fatores, poderá interpor um recurso extraordinário com repercussão geral para que o Supremo Tribunal Federal possa julgar aquele direito violado que poderá vir a ser seguido pelos demais órgãos do Poder Judiciário ou se tornar uma súmula vinculante, o que os vincularia sob pena de sofrerem reclamação.

Com isso, fecha-se o amplo rol democrático de legitimados conforme defendem Vasco Della Giustina[559] e Ivo Dantas,[560] que podem propor, via Poder Judi-

---

555 Tese que vai ao encontro do artigo 1°, parágrafo único, da Constituição Federal: "Todo o poder emana do povo, que o exerce por meio de representantes eleitos ou diretamente, nos termos desta Constituição".

556 Sobre o tema da representação política, recomenda-se: MIRANDA, Jorge. *Formas e sistemas de governo*. Rio de Janeiro: Forense, 2007. A leitura do capítulo IV sobre a participação política interessa ao debate de como o indivíduo pode fazer parte deste processo.

557 POGREBINSCHI, op. cit., p. 177. Refere: "A essas informações se pode facilmente opor o argumento de que as decisões resultantes da atividade jurisdicional podem, de acordo com o exposto, ser consideradas socialmente representativas, porém não politicamente válidas ou legítimas. É por isso que, conforme argumentei em um momento anteiro deste capítulo, a ressignificação da representação política depende da reconsideração de suas condições de validade e legitimidade".

558 Não se descarta que possa no controle difuso, por meio de outras ações, também o fazer, mas como a tese trabalha na ótica da objetivação deste tipo de controle, apenas há a referência ao recurso extraordinário no texto.

559 DELLA GIUSTINA, Vasco. *Controle de constitucionalidade das leis*: ação direta de inconstitucionalidade: Tribunal de Justiça e município: doutrina e jurisprudência. 2. ed. Porto Alegre: Livraria do Advogado, 2006. p. 34. Parece que essa constatação é o que sintetiza o autor nesta frase: "O sistema constitucional de 1988 consagra tanto a iniciativa direta do cidadão junto ao Poder Judiciário, não dependendo de pessoas ou entidades legitimados por lei, quanto o controle concentrado".

560 DANTAS, Ivo. *O valor da Constituição*: do controle de constitucionalidade como garantia da supralegalidade constitucional. 2. ed. Rio de Janeiro: Renovar, 2001. p. 121. Refere: "Conforme já afirmamos, a vigente Constituição Federal de 1988 consagra algumas importantes inovações no Controle da Constitucionalidade por via de Ação Direta, sendo de destacar-se a questão da ampliação da Legitimação ativa que, se por um lado tem democratizado o acesso ao Supremo Tribunal Federal, por outro tem provocado um sensível aumento das Ações Diretas junto àquele pretório".

ciário, a modificação de uma lei, o que se coaduna com a tese defendida de que o ambiente criado no Supremo Tribunal Federal é democrático para que possa vir a normatizar condutas dentro dos parâmetros delineados constitucionalmente no Brasil.

3.2.10. *A possibilidade de modificação da lei pelo Poder Legislativo após o julgamento do Supremo Tribunal Federal*

Mesmo após o julgamento das ações pelo controle abstrato de constitucionalidade ou pelo controle difuso nos recursos extraordinários com repercussão geral, ainda resta outra alternativa democrática ao legitimar o Poder Legislativo a legislar sobre a matéria novamente, incorporando a ela a realidade constitucional ditada pelo Supremo Tribunal Federal, uma vez que este poder é da competência primeira do Congresso Nacional,[561] ainda mais pelo amplo rol de matérias constitucionalmente atribuídas a ele,[562] cabendo ao Poder Judiciário, como já defendido, a atuação nos desvios omissivos e comissivos daquele.

Na linha de argumentação elaborada por Carlos Romero Lauria Paulo Neto[563] existe uma possibilidade de reação final do legislador ao que foi decidido pelo Supremo Tribunal Federal, pois, como bem refere, não pode o Tribunal vincular o futuro legislador, podendo este reiterar a norma alvo do controle jurisdicional. Contudo, não se pode confundir poder de legislar novamente com a realidade constitucional ditada e na mesma realidade anterior ao julgado pelo Supremo Tribunal Federal, o que poderia trazer ao Poder Judiciário um mero caráter secundário, sendo isto inadmissível na escrita de André Ramos Tavares,[564] que ainda atesta não ser possível o legislador sobrepor-se à declaração de um Tribunal Constitucional simplesmente reeditando uma lei.

---

561 Conforme determina o artigo 44 da Constituição Federal: "O Poder Legislativo é exercido pelo Congresso Nacional, que se compõe da Câmara dos Deputados e do Senado Federal".

562 Somente a título de exemplo, pode ser lido o artigo 22 da Constituição Federal, que traz a competência da União para legislar sobre determinadas matérias, o que será realizado por meio do Congresso Nacional.

563 PAULO NETO, Carlos Romero Lauria. *A decisão constitucional vinculante.* Rio de Janeiro: Forense; São Paulo: Método, 2011. p. 220-221. Refere: "Como vimos, as vinculações e habilitações que tocam ao tribunal constitucional e ao poder legislativo remetem-se imediata e exclusivamente à constituição. Consequência disso é que, ordinariamente, não cabe ao tribunal constitucional vincular para o futuro o legislador, não sendo capaz de evitar a reiteração de norma legislativa anteriormente controlada por sua jurisdição, e tampouco o contrário, isto é, o legislador reprogramar a interpretação constitucional do tribunal, uma vez que nova iniciativa legislativa estará sujeita a nova e livre apreciação por parte da justiça constitucional".

564 TAVARES, André Ramos. Justiça constitucional: superando as teses do "legislador negativo" e do ativismo de caráter jurisdicional. *Direitos Fundamentais & Justiça*, Porto Alegre: HS, Programa de Pós-Graduação, Mestrado e Doutorado em Direito da PUCRS, a. 3, n. 7, p. 173, abr./jun. 2009. "A doutrina peca, nesse ponto, por considerar a possibilidade de que o legislador sobreponha-se à declaração do Tribunal Constitucional simplesmente reeditando ato de idêntica forma e conteúdo. Ocorre que, quando do exercício desta função estruturante, seria inadequado admitir que o legislador pudesse editar nava lei com o mesmo conteúdo daquela já eliminada por incompatibilidade com o sistema pelo Tribunal Constitucional. Isso torna esse Tribunal secundário, numa espécie de ataque aos sintomas da doença e não propriamente à enfermidade".

Cumpre ressaltar que também existe previsão legal para que exista processo legislativo por via da iniciativa popular,[565] razão pela qual pode, ainda, o cidadão organizado trazer elementos para a elaboração de processo legislativo, respeitados os parâmetros elencados na Lei 9.709, de 18 de novembro de 1998, que regulamenta o artigo 14, incisos I, II e III, da Constituição Federal, em especial os requisitos do artigo 13[566] da Lei, legitimando ainda mais o Estado Democrático de Direito e a atuação dos três Poderes.

Aliado a este fato, o artigo 52, X,[567] da Constituição Federal, esclarece que também é atribuição do Senado Federal suspender a execução da lei cuja declaração de inconstitucionalidade foi determinada pelo Supremo Tribunal Federal, em seu todo ou em parte dela, quando há definitividade na decisão. Sobre a importância do artigo em comento, assim como do poder que tem o Senado Federal após a declaração de inconstitucionalidade, refere Oswaldo Luiz Palu[568] que não serve o dispositivo para apenas a Casa do Legislativo dar publicidade ao julgamento do Tribunal, mas sim para este atribuir efeitos *erga omnes* ao que foi, efetivamente, julgado.

A escrita de Luiz Guilherme Marinoni aniquila a tese esgrimada por Oswaldo Luiz Palu. Entende o processualista paranaense[569] que, num primeiro momento, quando não se pensava o que seria eficácia vinculativa, até que a ideia de o Senado Federal dar esta eficácia à decisão, o que restou derrubado após a elaboração da dogmática da eficácia *erga omnes* nas decisões em ação direta de inconstitucionalidade. Esvaziando a prerrogativa do Senado Federal, este passou a ter este poder no controle difuso,[570] o que também para o autor se tornou desnecessário, uma vez

---

565 DUARTE NETO, Jose. *A iniciativa popular na Constituição Federal*. São Paulo: Revista dos Tribunais, 2005. Recomenda-se a leitura da obra nas páginas 132 a 141 sobre o tema.

566 Dispõe o texto do artigo 13: "A iniciativa popular consiste na apresentação de projeto de lei à Câmara dos Deputados, subscrito por, no mínimo, um por cento do eleitorado nacional, distribuído pelo menos por cinco Estados, com não menos de três décimos por cento dos eleitores de cada um deles". BRASIL. *Lei n. 9.709*, de 18 de novembro de 1998. Disponível em: <http://www.planalto.gov.br/ccivil_03/leis/l9709.htm>. Acesso em: 13 nov. 2012.

567 "Art. 52. Compete privativamente ao Senado Federal: X – suspender a execução, no todo ou em parte, de lei declarada inconstitucional por decisão definitiva do Supremo Tribunal Federal."

568 PALU, Oswaldo Luiz. *Controle de constitucionalidade*: conceitos, sistemas e efeitos. 2. ed. São Paulo: Revista dos Tribunais, 2001. p. 151. "O ato do Senado Federal (CF/88, art. 52, X), ademais, atribui efeitos *erga omnes* ao julgado do STF; ao que parece, não iriam os Constituintes atribuir tal prerrogativa ao Senado Federal, que, como vimos, advém da Constituição de 1934, onde tinha posição ímpar e preeminente na organização dos poderes, para que este fosse limitado, simplesmente, a dar publicidade ao ato inconstitucional, ou apenas examinar aspectos formais, como *quorum*, prazos etc.".

569 MARINONI, Luiz Guilherme. *Precedentes obrigatórios*. São Paulo: Revista dos Tribunais, 2010. p. 460-461. Aduz: "Quando não se imaginava sequer o que seria eficácia vinculante dos fundamentos determinantes da decisão, já se percebia a necessidade de se dar eficácia contra todos às decisões de inconstitucionalidade proferidas no controle concentrado. Para tanto, penso-se, inicialmente, na atuação do Senado Federal, mas a razão para esta interefência logo se tornou vazia diante da elaboração dogmática da coisa julgada erga omnes, válida para as decisões proferidas em sede de ação direta de inconstitucionalidade".

570 Ibid., p. 461. Alerta: "A necessidade de atuação do Senado Federal, assim, passou a ter relação com as decisões proferidas pelo Supremo Tribunal Federal em controle difuso. Raciocinava-se que, como a coisa julgada da decisão proferida no controle difuso atinge apenas as partes, não seria possível dar a esta decisão uma eficácia geral,

que atualmente existe efeito vinculante nas decisões em sede de recurso extraordinário. Embora consiga admitir que ainda que se defenda ter o Senado Federal esse poder, inimaginável que a decisão do Supremo Tribunal Federal deixará de produzir efeitos no silêncio do Senado Federal.[571]

Numa linha diversa e contrária ao pensado por Luiz Guilherme Marinoni, em defesa do artigo 52, X, Carlos Romero Lauria Paulo Neto[572] aborda a questão de o referido dispositivo ter sobrevivido à Emenda Constitucional n. 45/2004, que concedeu o efeito vinculante ao controle difuso de constitucionalidade pela via do recurso extraordinário com repercussão geral. Contudo, a mantença do texto do artigo não quer dizer sua aplicação, em que pese ser interessante o argumento elaborado pelo autor, ainda mais pela simples razão de que, sobrevivendo à Emenda referida, em nada obsta que o Senado Federal atribua força ao artigo 52, X, concedendo a publicidade necessária para que todo cidadão conheça a nova realidade normatizada.

3.2.11. A motivação das sentenças normativas e a publicidade dos atos do Poder Público como forma de controle da democracia

Tem-se no conjunto de doutrinas destinadas ao processo constitucional algumas que já trabalham a perspectiva dos princípios processuais constitucionais de forma abrangente, motivo pelo qual não há espaço para elencar e conceituar aqueles que fazem parte do seleto rol de princípios, mas tão somente apontar algumas obras que trabalham o tema de uma forma mais completa, como o recente *Curso de direito constitucional*, de Ingo Wolfgang Sarlet, Luiz Guilherme Marinoni e Daniel Mitidiero,[573] ou *Princípios do processo na Constituição Federal*, de Nelson Nery

semelhante àquela oriunda da decisão proferida em ação direta". E continua o autor: "A atuação do Senado Federal não só passou a ser relacionada unicamente com o controle difuso, como também deixou de ser vista como obrigatória ou vinculada em face da decisão de inconstitucionalidade do Supremo Tribunal Federal. De modo que, em determinadas situações, a norma já declarada inconstitucional pelo Supremo Tribunal Federal poderia ser aplicada por juízes e tribunais hierarquicamente inferiores".

[571] MARINONI, Luiz Guilherme. *Precedentes obrigatórios*. São Paulo: Revista dos Tribunais, 2010. p. 462. Finaliza o autor: "Se as decisões proferidas pelo Supremo Tribunal Federal, em sede de recurso extraordinário, têm eficácia vinculante, torna-se completamente impróprio e desnecessário reservar ao Senado Federal o poder para atribuir efeitos gerais às decisões de inconstitucionalidade. Ainda que se imagine que o Senado possa ter este poder, o fato de esta casa legislativa não atuar não pode conduzir à conclusão de que a decisão do Supremo Tribunal Federal não produziu – ou deixou de produzir – eficácia vinculante. A omissão do Senado não pode se contrapor à eficácia vinculante da decisão do Supremo Tribunal Federal".

[572] PAULO NETO, Carlos Romero Lauria. *A decisão constitucional vinculante*. Rio de Janeiro: Forense; São Paulo: Método, 2011. p. 175-176. "Ademais, a recente Emenda Constitucional n. 45/2004 empreendeu extensa atualização normativa do sistema brasileiro de justiça constitucional, inclusive ampliando expressamente a incidência do efeito vinculante, antes restriito à ação declaratória de constitucionalidade (ADC), também para a sentença em ADI, mas mantendo o silêncio quantoo às sentenças do controle concreto. Esse silêncio há de fornecer algum subsídio para a interpretação do art. 52, X, que, por sinal, foi preservado".

[573] SARLET, Ingo Wolfgang; MARINONI, Luis Guilherme; MITIDIERO, Daniel. *Curso de Direito Constitucional*. São Paulo: Revista dos Tribunais, 2012. O capítulo 4 da obra, intitulado "direitos fundamentais processuais", escrito por Luiz Guilherme Marinoni e Daniel Mitidiero, é uma das obras que se recomenda a leitura.

Júnior,[574] ou, ainda, *Lições de direitos fundamentais no processo Civil*, de Sérgio Gilberto Porto e Daniel Ustárroz.[575] Também não é de se desconsiderar a importância que cada um desses princípios tem dentro do Estado Constitucional, concedendo a forma[576] como o processo deverá ser direcionado, mas, a título de manter a coerência da tese, apenas serão abordados aqueles cujos maiores desideratos estão em conceder ao cidadão algum tipo de controle do que se decide no Poder Judiciário, sendo eles: a motivação das decisões judiciais e a publicidade dos atos do Poder Público, ambos positivados no artigo 93, IX,[577] da Constitução Federal, em que pese este estar alocado em mais dispositivos constitucionais, conforme adiante será referido.

Em um primeiro momento, aponta-se o princípio processual da motivação das decisões judiciais para embasar a legitimidade democrática do Supremo Tribunal Federal para proferir suas sentenças normativas, tendo, nas palavras de Cristina Reindolff da Motta[578], em sua tese de doutorado, guarida ao dizer que é por meio da fundamentação que as partes e os demais cidadãos podem controlar, externamente, o Poder Judiciário. Esse posicionamento parece ter sido o guia da pesquisa realizada por Hugo Filardi,[579] que, da mesma forma, defende ser a ideia da motivação das decisões judiciais o que legitima um Poder Judiciário mais democrático, com a participação do jurisdicionado, o que acaba atuando perante a sociedade civil.

Um fato é importante salientar quando se trata deste princípio: não é qualquer motivação,[580] em especial esse novo clichê na matéria, que apenas aponta para

---

574 NERY JUNIOR, Nelson. *Princípios do processo na Constituição Federal*: processo civil, penal e administrativo. 9. ed. São Paulo: Revista dos Tribunais, 2009.

575 PORTO, Sérgio Gilberto; USTÁRROZ, Daniel. *Lições de direitos fundamentais no processo civil*: o conteúdo processual na Constituição. Porto Alegre: Livraria do Advogado, 2009.

576 OLIVEIRA, Carlos Alberto Alvaro de. *Do formalismo no processo civil*: proposta de um formalismo-valorativo. 4. ed. São Paulo: Sariva, 2010. p. 285. Ao longo do texto da obra e, em especial em suas conclusões, o autor defende: "Verificou-se que o formalismo, ou forma em sentido amplo, constitui a própria estruturação e organização interna do processo por coordenar a atividade dos sujeitos processuais, integrado ainda pela forma em sentido estrito e pelas formalidades necessárias para o curso e desenvolvimento do procedimento". E finaliza: "Trata-se de disciplinar a desordem e emprestar previsibilidade ao procedimento".

577 Esta a redação que abarca ambos os princípios no artigo 93: "Lei complementar, de iniciativa do Supremo Tribunal Federal, disporá sobre o Estatuto da Magistratura, observados os seguintes princípios: IX todos os julgamentos dos órgãos do Poder Judiciário serão públicos, e fundamentadas todas as decisões, sob pena de nulidade, podendo a lei limitar a presença, em determinados atos, às próprias partes e a seus advogados, ou somente a estes, em casos nos quais a preservação do direito à intimidade do interessado no sigilo não prejudique o interesse público à informação".

578 MOTTA, Cristina Reindolff da. *A motivação das decisões cíveis*: como condição de possibilidade para a resposta correta. Porto Alegre: Livraria do Advogado, 2012. p. 143. Aduz: "O direito fundamental à fundamentação extirpa a possibilidade da população ficar a mercê de um judiciário sem critérios, uma vez que garante/impõe limites ao julgador, bem como possibilita controle externo por parte das partes e dos demais cidadãos, em relação as decisões proferidas".

579 FILARDI, Hugo. *Motivação das decisões judiciais e o estado constitucional*. Rio de Janeiro: Lumen Juris, 2012. p. 135.

580 TARUFFO, Michele. La motivazione della sentenza. In: MARINONI, Luiz Guilherme. *Estudos de direito processual civil*. São Paulo: Revista dos Tribunais, 2005. p. 174. O que também importa dizer que não há necessidade de a motivação ser excessiva para ser ideal, como vem ocorrendo nas decisões do Supremo Tribunal Federal, podendo ser concisa e, ao mesmo tempo, alcançar seu desiderato. Nas palavras do autor: "Posto che la motivazione non

o fato de o juiz não estar vinculado a todas as alegações da parte,[581] o que é enfraquecido por uma simples leitura de Ronaldo Brêtas de Carvalho Dias,[582] mas sim, de uma que seja adequada ao Estado Constitucional, na qual não deve faltar a individualização das normas aplicáveis, o acertamento dos fatos, a qualificação jurídica do suporte fático e suas consequências jurídicas, tudo isso dentro dos enunciados de escolha do juiz ao caso. Também não poderão faltar os nexos de implicação e coerência entre os enunciados e suas justificativas, para que seja possível a verificação se o juiz fez a escolha mais racional ao caso, conforme expõe Daniel Mitidiero.[583]

O processualista italiano Michele Taruffo[584] apresenta a ótica de que a importância da motivação das decisões judiciais é tamanha que elenca dois tipos de fun-

---

può non essere completa nel senso che si è tentato di specificare, la concisione dipende dalla capacità del singolo giudice di esprimere in forma chiara e sintetica le argomentazioni che giustificano la decisione: si tratta, in sostanza, di uma questione di stile, non di um problema che riguardi il contenuto della motivazione".

[581] Como o trecho deste julgado, somam-se incontáveis outros na mesma linha argumentativa: "*ADMINISTRATIVO E PROCESSUAL CIVIL. FORNECIMENTO DE ÁGUA E ESGOTO. REPETIÇÃO DE INDÉBITO. EXAME DE NORMA DE DIREITO LOCAL. INVIABILIDADE. SÚMULA 280/STF.* 1. É cediço que o juiz não fica obrigado a manifestar-se sobre todas as alegações das partes, nem a ater-se aos fundamentos indicados por elas, ou a responder, um a um, a todos os seus argumentos quando já encontrou motivo suficiente para fundamentar a decisão. Cabe ao magistrado decidir a questão de acordo com o seu livre convencimento, utilizando-se dos fatos, provas, jurisprudência, aspectos pertinentes ao tema e da legislação que entender aplicável ao caso concreto. 2. Conforme dispõe o art. 131 do Código de Processo Civil, "o juiz apreciará livremente a prova, atendendo aos fatos e circunstâncias constantes dos autos, ainda que não alegados pelas partes; mas deverá indicar, na sentença, os motivos que lhe formaram o convencimento". 3. Não é cognoscível o pleito da parte agravante, uma vez que, para aferir a procedência de suas alegações, seria necessário proceder à interpretação de norma local. Ademais, eventual violação de lei federal seria reflexa, e não direta, porque no deslinde da controvérsia seria imprescindível a interpretação dos Decretos n. 41.446/96, descabendo, portanto, o exame da questão em sede de recurso especial. Precedentes. Agravo regimental improvido". BRASIL. Superior Tribunal de Justiça. *AgRg no AREsp 142048*, Relator Ministro Humberto Martins. Disponível em: <http://www.stj.jus.br/SCON/servlet/BuscaAcordaos?action=mostrar&num_registro=201200208202&dt_publicacao=02/05/2012>. Acesso em: 05 nov. 2012.

[582] DIAS, Ronaldo Brêtas de Carvalho. *Processo constitucional e estado democrático de direito.* Belo Horizonte: Del Rey, 2010. p. 131-132. Sobre o cerne do que entende por fundamentação, expõe o autor: "Atentos a essas formulações teóricas, na tentativa de se estabelecer distinção técnica entre argumentos e questões e suas correlações com os princípios do contraditório e da fundamentação, chegamos à conclusão de que, no processo, as razões de justificação (argumentos) das partes, constituirão base para as razões da decisão, e aí encontramos a essência do dever de fundamentação, permitiundo a geração de um pronunciamento decisório participado e democrático".

[583] MITIDIERO, Daniel. Fundamentação e precedente: dois discursos a partir da decisão judicial. In: MITIDIERO, Daniel e AMARAL, Guilherme Rizzo (Coord.); FEIJÓ, Maria Angélica Echer (Org.). *Processo Civil:* estudos em homenagem ao professor doutor Carlos Alberto Álvaro de Oliveira. São Paulo: Atlas, 2012. p. 87-88. Refere: "A motivação da decisão no Estado Constitucional, para que seja considerada completa e constitucionalmente adequada, requer em sua articulação mínima, em síntese: (i) a enunciação das escolhas desenvolvidas pelo órgão judicial para: (i.i) individualização das normas aplicáveis; (i.ii) acertamento das alegações de fato; (i.iii) qualificação jurídica do suporte fático; (i.iv) consequências jurídicas decorrentes da qualificação jurídica do fato; (ii) o contexto dos nexos de implicação e coerência entre tais enunciados; e (iii) a justificação dos enunciados com base em critérios que evidenciam ter a escolha do juiz ter sido recionalmente correta. Em 'i' devem constar, necessariamente, os fundamentos arguidos pelas pelas partes, de modo que se possa aferir a consideração séria do órgão jurisidicional a respeito das razões levantadas pelas partes em suas manifestações processuais".

[584] TARUFFO, Michele. La motivazione della sentenza. In: MARINONI, Luiz Guilherme. *Estudos de direito processual civil.* São Paulo: Revista dos Tribunais, 2005. p. 166. Refere sobre a função endoprocessual: "La funzione endoprocessuale è quella che la motivazione della sentenza, intesa come requisito tecnico del provvedimento giurisdizionale, svolge all'interno del processo".

ções que ela encerra: a função endoprocessual, que garante a técnica ao provimento jurisdicional, e a que mais se coaduna com a tese, a função extraprocessual,[585] que garante o controle externo das decisões e que está vinculada à democracia.

Em linha oposta, José Maria Rosa Tesheiner[586] defende ser frouxa a exigência de motivação das decisões judiciais, abrindo-se a porta ao arbítrio judicial, tendo em vista que o constitucionalismo contemporâneo aumenta sobremaneira os poderes do juiz, podendo este, nas palavras do processualista, decidir como quer. Já para Sérgio Gilberto Porto,[587] a ideia de fundamentação é tão importante que contribui até mesmo nessa função criadora do Poder Judiciário, pois esposa a teoria de que, ao não estar disciplinada uma determinada matéria, ou mesmo estar inadequada, surge este poder normativo, que deve ser realizado sem a ausência de arbítrio, o que se consegue quando há presença de fundamentação.

A publicidade, por sua vez, é o princípio que traz a transparência, não só das decisões judiciais, mas de tudo que envolve o Poder Judiciário brasileiro, pois, nas palavras de Carlos Ari Sundfeld,[588] toda a razão de ser do Estado é externa, e não íntima, sendo que a publicidade é essencial ao Estado Democrático de Direito.[589] Com isso, o cidadão interessado em fazer parte desse controle pode realizá-lo, pois

---

585 TARUFFO, Michele. La motivazione della sentenza. In: MARINONI, Luiz Guilherme. *Estudos de direito processual civil.* São Paulo: Revista dos Tribunais, 2005. p. 167-168. Aduz: "La funzione extraprocessuale della motivazione si riconnette direttamente alla dimensione costituzionale e alla natura garantistica del relativo obbligo, e al contempo ne spiega e giustifica l'assoluta *generalità* e la conseguente impossibilità di intenderlo come derogabile *ad libitum* dal legislatore ordinario (e tanto meno come derogabile *ad libitum* del giudice o delle parti). Tele funzione non si pone ovviamente in alternativa alla funzione endoprocessuale appena descritta, ma si aggiunge ad essa, collocandosi peraltro ad un livello diverso e do maggiore rilevanza politico-istituzionale. Essa consiste essenzialmente nel fatto che la motivazione è destinata a rendere possibile um controllo esterno (ossia non limitato al contesto del singolo processo nel quale la sentenza viene pronunciata, e non limitato alle parti e al giudice dell'impugnazione) sulle ragioni che fondano la decisione giudiziaria. In questo senso l'obbligo di motivazione viene inteso como una espressione importante (ovviamente non l'única) della concezione democratica del potere, ed in particolare del potere giudiziario, in base alla quale una condizione essenziale per il correto e legittimo esercizio del potere consiste appunto nella necessità che gli organi lo esercitano si sottopongano ad un controllo esterno, in che può avvenire soltanto fornendo le ragioni per quali quel potere è stato esercitato in quel modo".

586 TESHEINER, José Maria. Processo e constituição – algumas reflexões. In: MOLINARO, Carlos Alberto; MILHORANZA, Mariângela Guerreiro; PORTO, Sérgio Gilberto (Org.). *Constituição, jurisdição e processo*: estudos em homenagem aos 55 anos da Revista Jurídica. Sapucaia do Sul: Notadez, 2007. p. 424. Defende: "O constitucionalismo contemporâneo aumentou enormemente os poderes do juiz, desligando-se das amarras da lei, submetendo-o a princípios que, além de extremamente flexíveis, opõem-se uns aos outros, de sorte que, em última análise, o juiz pode decidir como quer. A exigência de motivação constitui amarra muito frouxa para coibir o arbítrio judicial. À semelhança dos antigos sofistas, o bacharel em direito demonstra qualquer tese, ainda que sem convicção íntima".

587 PORTO, Sérgio Gilberto. *Ação rescisória atípica*: instrumento de defesa da ordem jurídica. São Paulo: Revista dos Tribunais, 2009. p. 208. Assim, os pressupostos para aplicação da criação jurisdicional encontram-se na necessária ausência de disciplina expressa e/ou adequada. Na contemplação interpretativa da ordem jurídica existente. Exige-se, para tanto, fundamentação compatível com a medida da criação e seus limites estão balizados pela ausência de arbítrio, ou seja, tentativa de solução compatível com a causa posta à apreciação, através de argumentos aptos a atestar a construção, e não o arbítrio.

588 SUNDFELD, Carlos Ari. *Fundamentos de direito público.* 5. ed. 3. tir. São Paulo: Malheiros, 2012. p. 177.

589 Ibid., p. 178 Refere: "Importa, então, deixar estabelecido que a ampla publicidade no aparelo estatal é princípio básico e essencial ao Estado Democrático de Direito, que favorece o indispensável controle, seja em favor de direito individual, seja para a tutela impessoal dos interesses públicos".

tem, ao seu alcance, dados e meios para fazê-lo. A publicidade alcançou margens tão elevadas que, por meio da Resolução n. 151, de 5 de julho de 2012,[590] ficou instituído que deve existir uma divulgação nominal da remuneração percebida por membros, servidores e colaboradores do Poder Judiciário na *internet*. Tudo isso o cidadão encontra se acessar o *site* do Conselho Nacional de Justiça, assim como outras informações relevantes sobre o Poder Judiciário brasileiro.

Apesar de o princípio da publicidade do processo estar positivado no artigo 93, IX, da Constituição Federal, é de referir que a publicidade em si, em face do Poder Público, é de tamanha importância que encontra maior alcance no próprio texto constitucional, ao estar prevista no art. 5°, XXXIII,[591] no art. 37, § 3°, II,[592] e no art. 216, § 2°,[593] assim como, recentemente, existir nova legislação federal[594] disciplinando a matéria.

Hassan Magid de Castro Souki[595] assinala ser o princípio da publicidade uma possibilidade de efetiva participação daqueles que não só estão envolvidos no processo, mas de todos que têm interesse nele, razão pela qual se constitui o princípio num instrumento democrático.

Em fechamento, traz ao texto os pensamentos de Elival da Silva Ramos[596] e Roberto José Ferreira de Almada,[597] que compreendem que ambos os princípios,

---

590 Esta a nova redação da Resolução n. 102, após a aprovação da Resolução n. 151: "Art. 1° O inciso VI do artigo 3° da Resolução n. 102, de 15 de dezembro de 2009, do Conselho Nacional de Justiça, passa a vigorar com a seguinte redação: [...] VI – as remunerações, diárias, indenizações e quaisquer outras verbas pagas aos membros da magistratura e aos servidores a qualquer título, colaboradores e colaboradores eventuais ou deles descontadas, com identificação nominal do beneficiário e da unidade na qual efetivamente presta os seus serviços, na forma do Anexo VIII". BRASIL. Conselho Nacional de Justiça. *Resolução n. 151*, de 5 de julho de 2012. Disponível em: <http://www.cnj.jus.br/atos-administrativos/atos-da-presidencia/resolucoespresidencia/20161-resolucao-n-151-de-05-de-julho-de-2012>. Acesso em: 05 nov. 2012.

591 Esta a redação do inciso XXXIII do artigo 5°: "Todos têm direito a receber dos órgãos públicos informações de seu interesse particular, ou de interesse coletivo ou geral, que serão prestadas no prazo da lei, sob pena de responsabilidade, ressalvadas aquelas cujo sigilo seja imprescindível à segurança da sociedade e do Estado".

592 A previsão do § 3°, II, do artigo 37 tem a seguinte previsão: "A lei disciplinará as formas de participação do usuário na administração pública direta e indireta, regulando especialmente: [...] II – o acesso dos usuários a registros administrativos e a informações sobre atos de governo, observado o disposto no art. 5°, X e XXXIII".

593 Institui o artigo 216, § 2°. "Constituem patrimônio cultural brasileiro os bens de natureza material e imaterial, tomados individualmente ou em conjunto, portadores de referência à identidade, à ação, à memória dos diferentes grupos formadores da sociedade brasileira, nos quais se incluem: § 2° – Cabem à administração pública, na forma da lei, a gestão da documentação governamental e as providências para franquear sua consulta a quantos dela necessitem".

594 BRASIL. *Lei Federal n. 12.527*, de 18 de novembro de 2011. Disponível em: <http://www.planalto.gov.br/ccivil_03/_ato2011-2014/2011/lei/l12527.htm>. Acesso em: 02 nov. 2012.

595 SOUKI, Hassan Magid de Castro. Princípio constitucional da publicidade. TAVARES, Fernando Horta (Coord.). *Constituição, direito e processo*. Curitiba: Juruá, 2008. p. 210. Refere: "Ainda, o princípio da publicidade, que se infere do princípio da ampla defesa, possibilita a efetiva participação dos envolvidos no processo e de terceiros interessados, constituindo-se em um instrumento garantidor da democracia nas decisões judiciais, seja no direito interno dos Estados, seja no Direito Internacional".

596 RAMOS, Elival da Silva. *Controle de constitucionalidade no Brasil*: perspectivas de evolução. São Paulo: Saraiva, 2010. p. 466. Defende: "Os instrumentos de participação nos processos de controle e a motivação e publicidade das decisões neles produzidas constituem antídotos poderosos ao isolamento esquizofrênico, sob o prisma democrático-constitucional, das Cortes Constitucionais".

publicidade e motivação, são indispensáveis, tanto à legitimidade da jurisdição constitucional, como da democracia e da legalidade, pois tornam visíveis as atitudes dos agentes do Poder Judiciário, havendo uma relação de complementariedade entre ambos, o que a escrita de Humberto Dalla Bernardina de Pinho[598] parece transparecer, ao afirmar que é por meio da publicidade que se torna efetivada a participação das decisões judiciais.

3.2.12. O controle externo do Poder Judiciário: o Conselho Nacional de Justiça

A Emenda Constitucional n. 45/2004 consolidou o entendimento de que o Poder Judiciário é um órgão que deve ser controlado, o que restou chancelado pelo próprio Supremo Tribunal Federal recentemente no julgamento do dia 02.02.2012,[599] razão pela qual, no artigo 103-B[600] da Constituição Federal restou reservado para a idealização daquilo que se denomina de Conselho Nacional de

---

[597] ALMADA, Roberto José Ferreira de. *A garantia processual da publicidade*. São Paulo: Revista dos Tribunais, 2005. p. 33. Refere: "É impossível, portanto, não perceber a destacada importância que assume a publicidade dos atos praticados no processo pelo juiz, de modo a afstar a possibilidade das decisões se fundarem em motivos inconfessáveis. Ao lado da motivação das sentenças, a publicidade se põe a socorrer a democracia e a legalidade, estampando e tornando visíveis as atitudes dos agentes estatais delegados responsáveis pela jurisdição, particularmente dando eficácia aos direitos fundamentais associados à moralidade, à impessoalidade e à legalidade das condutas da Administração que, tanto quanto se passa no âmbito da exteriorização geral das condutas do Estado, aplicam-se igualmente à atividade pública da jurisdição".

[598] PINHO, Humberto Dalla Bernardina de. *Direito processual civil contemporâneo*: teoria geral do processo. 4. ed. São Paulo: Saraiva, 2012. V. 1. p. 100. Refere: "Há uma íntima relação entre os princípios da publicidade e da motivação das decisões judiciais, na medida em que a publicidade torna efetiva a participação no controle das decisões judiciais".

[599] Nessa data, o Supremo Tribunal Federal julgou, em apertada votação (6 X 5), o referendo à liminar concedida pelo Ministro Marco Aurélio, na ação direta de inconstitucionalidade 4638/DF, ajuizada pela Associação dos Magistrados Brasileiros (AMB), Associação dos Magistrados da Justiça do Trabalho (Anamatra) e Associação dos Juízes Federais do Brasil (Ajufe), que visava restringir o poder de investigação do Conselho Nacional de Justiça pelas irregularidades cometidas por magistrados, o que serviu para dar maior notoriedade ao Conselho frente à sociedade, sainda ainda mais fortalecida sua força após o julgamento. BRASIL. Supremo Tribunal Frederal. *STF conclui julgamento que apontou competência concorrente do CNJ para investigar juízes*. Disponível em: <http://www2.stf.jus.br/portalStfInternacional/cms/destaquesClipping.php?sigla=portalStfDestaque_pt_br&idConteudo=200022>. Acesso em: 04 nov. 2012.

[600] Apesar de o artigo 103-B ser mais amplo, aqui só se transcrevem os incisos de quem são os conselheiros para dar maior credibilidade à tese: "O Conselho Nacional de Justiça compõe-se de 15 (quinze) membros com mandato de 2 (dois) anos, admitida 1 (uma) recondução, sendo: I – o Presidente do Supremo Tribunal Federal; II – um Ministro do Superior Tribunal de Justiça, indicado pelo respectivo tribunal; III – um Ministro do Tribunal Superior do Trabalho, indicado pelo respectivo tribunal; IV – um desembargador de Tribunal de Justiça, indicado pelo Supremo Tribunal Federal; V – um juiz estadual, indicado pelo Supremo Tribunal Federal; VI – um juiz de Tribunal Regional Federal, indicado pelo Superior Tribunal de Justiça; VII – um juiz federal, indicado pelo Superior Tribunal de Justiça; VIII – um juiz de Tribunal Regional do Trabalho, indicado pelo Tribunal Superior do Trabalho; IX – um juiz do trabalho, indicado pelo Tribunal Superior do Trabalho; X – um membro do Ministério Público da União, indicado pelo Procurador-Geral da República; XI – um membro do Ministério Público estadual, escolhido pelo Procurador-Geral da República dentre os nomes indicados pelo órgão competente de cada instituição estadual; XII – dois advogados, indicados pelo Conselho Federal da Ordem dos Advogados do Brasil; XIII – dois cidadãos, de notável saber jurídico e reputação ilibada, indicados um pela Câmara dos Deputados e outro pelo Senado Federal". BRASIL.

Justiça, em que pese a aguerrida resistência da magistratura nacional quanto a sua criação, conforme expõe Luís Roberto Barroso.[601]

Em complementação ao elenco de outros motivos pelos quais o Supremo Tribunal Federal detém o que se pode denominar de poder de proferir sentenças normativas, em especial pelo ambiente democrático criado ao seu redor, tem, acima dele, um órgão a quem caberá a fiscalização pela observância do artigo 37[602] da Constituição Federal, em especial se os demais órgãos do Poder Judiciário estão de acordo com os princípios lá instituídos da legalidade, impessoalidade, moralidade, publicidade e eficiência, os quais, se respeitados, tendem a pacificar a sociedade perante a administração pública, trazendo maior credibilidade para elas, em especial ao Poder Judiciário.

Na mesma linha de defesa de outros tópicos acima, pelo menos por dois motivos o Conselho Nacional de Justiça pode ser visto como um ambiente democrático para a realização de um controle externo ao Poder Judiciário, sendo que, para José Adércio Leite Sampaio, isto dá-se pelo fato do amplo rol de membros[603] diversificados que faz parte do Conselho e do modo, também diverso, da forma de indicação[604] destes membros. O anseio de Fábio Konder Comparato[605] para que exista um controle externo eficiente aos magistrados para que exerçam melhor a jurisdição constitucional parece ter encontrado uma moradia segura no Conselho Nacional de Justiça. A esses fatos agregam-se as palavras de Boaventura de Sousa

---

601 BARROSO, Luís Roberto. Constitucionalidade e legitimidade da criação do Conselho Nacional de Justiça. In: WAMBIER, Teresa Arruda Alvim et al. (Coord.). *Reforma do judiciário*: primeiras reflexões sobre a emenda constitucional n. 45/2004. São Paulo: Revista dos Tribunais, 2005. p. 425. Refere: "Desde a primeira hora, a idéia da criação de um órgão de controle social de funcionamento da Justiça, integrado por pessoas externas à magistratura, enfrentou aguerrida resistência".

602 Dispõe o caput do artigo 37, CF: ""A administração pública direta e indireta de qualquer dos Poderes da União, dos Estados, do Distrito Federal e dos Municípios obedecerá aos princípios de legalidade, impessoalidade, moralidade, publicidade e eficiência [...]".

603 SAMPAIO, José Adércio Leite. *O Conselho Nacional de Justiça e a independência do judiciário*. Belo Horizonte: Del Rey, 2007. p. 265. Escreve: "Há, por inspiração democrática, pluralismo de representações e indicações. Pela primeira, tem-se a presença de várias profissões jurídicas, ausência notável e sentida pela academia, e da sociedade: nove magistrados, dois membros do parquet, dois advogados e dois cidadãos, oficiando ainda no Conselho o procurador-geral da República".

604 Ibid., p. 265. Conclui: "Pela segunda, há multiplicidade de fontes de indicações: três são indicados pelo Supremo Tribunal Federal, sendo um ministro do respectivo tribunal, um desembargador do Tribunal de Justiça e um juiz estadual; três pelo Superior Tribunal de Justiça, um ministro seu, um juiz de Tribunal Regional Federal e um juiz federal; três pelo Tribunal Regional do Trabalho, um ministro seu, um juiz do Tribunal Regional do Trabalho e um juiz do trabalho; totalizando nove magistrados; dois indicados pelo procurador-geral da República, um pertencente ao Ministério Público da União e outro ao Ministério Público dos Estados, indicados pelo órgão competente de cada instituição estadual, em regra o Conselho Superior; dois advogados, indicados pelo Conselho Federal da Ordem dos Advogados do Brasil; e dois cidadãos, de notável saber jurídico e de reputação ilibada, indicados um pela Câmara dos Deputados e outro pelo Senado Federal. Caso tais indicações não sejam efetuadas no prazo legal, a escolha é transferida para o Supremo Tribunal Federal (art. 5º, § 1º, da EC n. 45/2004)".

605 COMPARATO, Fábio Konder. *Rumo à justiça*. São Paulo: Saraiva, 2010. p. 281. Refere: "Imperioso, da mesma forma, construir um eficiente sistema de controle externo da magistratura, do qual não possam se eximir nem mesmo (e sobretudo) os Ministros do Supremo Tribunal Federal, pois, como reza a máxima clássica, quanto maior o poder maior a responsabilidade".

Santos,[606] ao afirmar que a independência do Poder Judiciário é um dos bens mais preciosos numa sociedade democrática de direitos, o que não impede que ele seja controlado, o que até mesmo lhe trará uma maior legitimidade democrática.

A leitura que se pode realizar do acima referido é de que mais reforçada encontra-se a legitimidade do Supremo Tribunal Federal, pois conta com controle externo com o qual ele mesmo concorda, sendo este controle realizado por vários segmentos da sociedade jurídica do país, contando com magistrados, advogados, membros do Ministério Público e, para ainda ter maiores contornos democráticos, conta com o auxílio de dois cidadãos, nomeados, cada um, por cada uma das Casas do Legislativo no Congresso Nacional, sendo que nas palavras de Ilton Norberto Robl Filho,[607] há, neste órgão, poderes de *accountabilities*[608] judiciais institucional e comportamental.

3.3. Tutela coletiva de direitos: a morada das medidas estruturantes no direito brasileiro

A pesquisa objetiva rediscutir o tratamento concedido à efetividade das decisões na tutela coletiva de direitos,[609] pois esta abarca uma coletividade que também

---

606 SANTOS, Boaventura de Sousa. *Para uma revolução democrática da justiça*. 2. ed. São Paulo: Cortês, 2008. p. 87. "A independência judicial 'é um dos bens mais preciosos das sociedades democráticas. Só que, infelizmente, em muitos países, ela se transformou numa independência corporativa. E a independência corporativa é um boicote à independência judicial democrática. A independência judicial foi criada para que o tribunal possa defender os interesses democráticos dos cidadãos, não os interesses de uma classe. Para isso há outros mecanismos, há sindicatos, associações. Ao contrário do que se pensa em alguns meios judiciários, a independência judicial democrática pode exigir o controle externo do poder judiciário".

607 ROBL FILHO, Ilton Norberto. *Conselho Nacional de Justiça*: Estado democrático de direito e accountability. São Paulo: Saraiva, 2013, p. 268. Expõe o autor: "O Conselho Nacional de Justiça constitui-se em órgão do Poder Judiciário, composto por 60 por cento de magistrados, com poderes de *accountabilities* judiciais institucional e comportamental. Desse modo, o CNJ é um agente estatal de *accountability* judicial instituicional interno. A atuação do CNJ promove principalmente um redesenho parcial das relações de poder administrativo, disciplinar, orçamentário e financeiro no seio do Judiciário, retirando poder, principalmente, das direções dos Tribunais. Esse redesenho causou, com a ADI n. 3367 sobre inconstitucionalidade do Conselho e com a discussão das competências do CNJ – por exemplo na ADI n. 4638, confrontos entre membros da magistratura. Há elementos de *accountability* judicial institucional externa em razão de quarenta por cento dos conselheiros não serem magistrados e devido ao fornecimento de maiores informações à população sobre o Judiciário, permitindo o exercício de *accountability* judicial institucional social".

608 ROBL FILHO, Ilton Norberto. *Conselho Nacional de Justiça*: Estado democrático de direito e accountability. São Paulo: Saraiva, 2013, p. 18. Sobre a expressão *accountability*, Fabrício Ricardo de Limas Tomio, ao prefaciar a obra, refere: "A primeira questão que os leitores podem se defrontar ao ter essa obra nas mãos envolve o próprio termo que compõe o seu título: *accountability*. Noção sem tradução razoável para o português, *accountability* expressa, ao mesmo tempo, controle, responsabilização e prestação de contas. Também costuma descrever o desejo da autoridade (eleita ou não) em ser *accountable*, isto é, de ser responsável e de prestar contas. Neste último sentido, *accountability* parece estar relacionado a outro termo sem tradução: *responsiveness* (responsividade ou interesse em ser responsivo, em prestar contas, em responder por seus atos a outro). *Accountability* envolve, portanto, uma relação jurídica e política entre atores, instituições e atores/instituições".

609 ZAVASCKI, Teori Albino. *Processo coletivo*: tutela de direitos coletivos e tutela coletiva de direitos. 2. ed. São Paulo: Revista dos Tribunais, 2007. p. 61. Para defender que o controle de constitucionalidade de leis se trata de tutela coletiva de direitos, utilizar-se-á do marco referencial do autor que assim descreve o que entende pelo tema: "Esta peculiar forma de processo, inteiramente desprendida de uma específica situação conflituosa e, por isso mesmo, não amoldada às estruturas desenhadas no regime geral do Código de Processo, deu margem a que

pode ser representada pelas ações do modelo abstrato de controle de constitucionalidade das leis, conforme lembram Luís Roberto Barroso,[610] Jânia Maria Lopes Saldanha e Angela Araújo da Silveira Espíndola,[611] tendo, inclusive, no pensamento de Gregório Assagra de Almeida,[612] encontrado nomenclatura própria: *direito processual coletivo especial*.

A releitura de certos institutos da tutela coletiva de direitos imediatamente fará irradiar efeitos aos mais diversos institutos do direito processual, em especial ao da efetividade da decisão judicial, trazendo ao cidadão maiores garantias no plano de suas relações jurídicas, econômicas e sociais, pois ciente, desde o julgamento das ações oriundas do processo objetivo, quais serão as medidas estruturantes para a efetivação da sentença normativa emanada do Supremo Tribunal Federal.[613] Não

---

se duvidasse de sua natureza jurisdicional. Há quem pensa, com efeito, que a decisão proferida nos processos de controle concentrado de constitucionalidade é 'apenas formalmente jurisdicional', sendo, 'materialmente, de natureza legislativa'. A afirmação, todavia, não tem procedência, por várias razões, entre as quais esta: as sentenças de mérito proferidas nas ações de controle concentrado de constitucionalidade têm não apenas a eficácia direta de tutelar a ordem jurídica, mas também, indiretamente, de autorizar ou desautorizar a incidência da norma, objeto da ação, sobre os fatos jurídicos, confirmando ou negando a existência dos direitos subjetivos individuais. Ora, considerando essa circunstância, e, ainda mais, que ditas sentenças têm eficácia *ex tunc*, do ponto de vista material, e *erga omnes*, na sua dimensão subjetiva, não há como negar que o sistema de controle concentrado de constitucionalidade constitui, mais que modo de tutelar a ordem jurídica, um poderoso instrumento para tutelar, ainda que indiretamente, direitos subjetivos individuais, tutela que acaba sendo potencializada em elevado grau, na sua dimensão instrumental, pela eficácia vinculante das decisões". Após, conclui o autor: "Por este prisma, é adequado classificar e incluir as ações de controle concentrado de constitucionalidade entre os instrumentos de tutela coletiva de direitos".

[610] BARROSO, Luís Roberto. *O controle de constitucionalidade no direito brasileiro*: exposição sistemática da doutrina e análise crítica da jurisprudência. 5. ed. São Paulo: Saraiva, 2011. p. 69. Entende o autor por modelo concentrado: "No sistema concentrado, o controle de constitucionalidade é exercido por um único órgão ou por um número limitado de órgãos criados especificamente para esse fim ou tendo nessa atividade sua função principal. É o modelo dos tribunais constitucionais europeus, também denominado de sistema austríaco. Foi adotado pela primeira vez na Constituição da Áustria, de 1920, e aperfeiçoado por via de emenda, em 1929".

[611] SALDANHA, Jânia Maria Lopes; ESPINDOLA, Angela Araújo da Silveira. A jurisdição constitucional e o caso da ADIN 3.510: do modelo individual – e liberal – ao modelo coletivo – e democrático – de processo. In: MARIN, Jeferson Dytz. *Jurisdição e processo*: efetividade e realização da pretensão material. Curitiba: Juruá, 2008. p. 59. Aduzem as autoras: "Mas a jurisdição constitucional brasileira, no que diz respeito ao controle concentrado, abre a via à perspectiva coletiva de processo, seja pelos entes legitimados à propositura da ação, seja pelos efeitos das decisões que profere".

[612] ALMEIDA, Gregório Assagra de. *Manual das ações constitucionais*. Belo Horizonte: Del Rey, 2007. p. 728. Refere: "Por outro lado, o *direito processual coletivo especial* teria como objeto material o controle concentrado e abstrato da constitucionalidade. Seria mais a tutela jurisdicional exclusivamente o direito objetivo. É a tutela concentrada em abstrato de *interesse coletivo objetivo* legítimo, o que se dá pela via, *v.g.*, da ação direta com pedido declaratório de inconstitucionalidade, da ação direta com pedido declaratório de inconstitucionalidade por omissão, da argüição de descumprimento de preceito fundamental e da ação direta com pedido declaratório de constitucionalidade".

[613] ZAVASCKI, Teori Albino. *Eficácia das sentenças na jurisdição constitucional*. 2. ed. São Paulo: Revista dos Tribunais, 2012. p. 13-14. Refere o autor que a inconstitucionalidade não é só referente à norma, assim como não é do Supremo Tribunal Federal apenas o controle via jurisdição constitucional, o que se concorda, apenas a tese sendo delimitada perante este Tribunal para fins de irradiação dos efeitos da decisão pelo controle abstrato, não tendo o controle difuso esta força. São as palavras do processualista: "É equivocada, destarte, a ideia de que a inconstitucionalidade é apenas a incompatibilidade da norma com a Constituição, ou, em outras palavras, que apenas o legislador comete ofensa à Carta Magna. Na verdade, as 'inconstitucionalidades' podem derivar de vários agentes e ser perpetradas por diversos modos. Inconstitucional será o ato ou a omissão do particular não compatível com o catálogo dos deveres que a Constituição lhe impõe ou com os direitos que assegura a outrem. Inconstitucional será também o ato ou a omissão do administrador público, quando não observar os mandamentos e princípios da

se concebe mais hoje a dependência, quase que exclusiva, de um sistema que opte pelo julgamento da causa individualmente posta sem direcionar melhor seu sentido para a efetividade de processos cuja decisão tenha efeitos *erga omnes*.[614] O Supremo Tribunal Federal, ao julgar as ações do controle de constitucionalidade de leis, tendo em vista essa eficácia, assim como a possibilidade de modulação dos efeitos da decisão,[615] deverá prever em sua decisão as formas de, no plano material, estruturar condições de possibilidade para um resultado prático dela mesma.

Com o transcorrer dos anos, o Supremo Tribunal Federal passa a confirmar cada vez mais sua autoridade de guardião da Constituição brasileira,[616] sendo que

---

boa administração ou não atender aos direitos subjetivos públicos previstos na Carta Constitucional. Inconstitucional será o ato do juiz que desrespeitar, no comando do processo, as garantias e prerrogativas dos litigantes. E assim por diante". E finaliza: "Qualquer que seja o modo como se apresenta o fenômeno da inconstitucionalidade ou o seu agente causador, ele está sujeito a controle pelo Poder Judiciário. A atuação desse Poder do Estado na interpretação e aplicação da Constituição constitui o que se denomina jurisdição constitucional. É atividade que não se restringe, portanto, ao controle de constitucionalidade das leis e nem é exercida apenas pelo STF. Ela congrega todos os órgãos do Poder Judiciário e compreende o conjunto das atribuições jurisdicionais que digam respeito à salvaguarda e à efetividade das normas constitucionais. É a Constituição mesma que assegura a todos os cidadãos o direito de demandar em juízo as providências necessárias para ver afastada a ameaça ou ver sanada a lesão decorrente de ações ou omissões inconstitucionais praticadas por particulares ou por autoridades públicas. A possibilidade de acesso ao Judiciário para obtenção de tutela em face de 'lesão ou ameaça a direito', notadamente de direito de natureza constitucional, está inscrita no rol das garantias fundamentais (art. 5º, XXXV, da CF/1988). Observadas as normas de distribuição das competências, todos os juízes estão habilitados a apreciar alegações dessa natureza, conferindo a necessária tutela jurisdicional nas hipóteses em que, concretamente, estejam ameaçados ou violados os direitos individuais ou coletivos constitucionalmente assegurados. O poder-dever de controle de constitucionalidade assim conferido aos órgãos jurisdicionais envolve a possibilidade de apreciação de qualquer ato ou omissão inconstitucional, a qualquer que seja o agente infrator".

[614] É o que está expresso na Lei n. 9.882/99 no seu artigo 10: "Julgada a ação, far-se-á comunicação às autoridades ou órgãos responsáveis pela prática dos atos questionados, fixando-se as condições e o modo de interpretação e aplicação do preceito fundamental". "§ 3º A decisão terá eficácia contra todos e efeito vinculante relativamente aos demais órgãos do Poder Público". E na Lei n. 9.868/99, em seu art. 28: "Dentro do prazo de dez dias após o trânsito em julgado da decisão, o Supremo Tribunal Federal fará publicar em seção especial do Diário da Justiça e do Diário Oficial da União a parte dispositiva do acórdão. Parágrafo único: A declaração de constitucionalidade ou de inconstitucionalidade, inclusive a interpretação conforme a Constituição e a declaração parcial de inconstitucionalidade sem redução de texto, têm eficácia contra todos e efeito vinculante em relação aos órgãos do Poder Judiciário e à Administração Pública federal, estadual e municipal".

[615] PINHEIRO, Cláudia Tran Pitta. A Lei n. 9.868/99 e o sistema de controle concentrado de constitucionalidade no Brasil. In: OLIVEIRA, Carlos Alberto Alvaro de (Org.). *Processo e Constituição.* Rio de Janeiro: Forense, 2004. p. 343. A autora conceitua o que vem a ser a modulação de efeitos na lei da ADPF, não podendo ser esquecido que na Lei n. 9.882/99 também está prevista a mesma possibilidade. Diz ela: "A Lei n. 9.868/99 permite que a decisão proferida na própria ação direta produza efeitos somente a partir de seu trânsito em julgado, ou de outro momento que venha a ser fixado, por razões de segurança ou excepcional interesse social, com o voto de 2/3 dos membros do Tribunal. Assim, à primeira vista, ficou autorizada ao Tribunal não apenas a declaração com efeitos ex tunc, mas também a prorrogação da eficácia da decisão a momento posterior ao trânsito em julgado da sentença". Na mesma linha: GÖSSLING, Maurício Manica. Argüição de descumprimento de preceito fundamental. In: OLIVEIRA, Carlos Alberto Alvaro de (Org.). *Processo e Constituição.* Rio de Janeiro: Forense, 2004. p. 383. Discorre o autor: "Com o advento das Leis n. 9.868/99 (art. 27) e 9.882/99 (art. 11), a orientação jurisprudencial supra analisada, no sentido de flexibilizar o dogma da nulidade da norma inconstitucional, incorporou-se ao direito positivo pátrio. Os novos diplomas legais permitem que o STF, ao declarar a inconstitucionalidade de lei ou ato normativo, restrinja os efeitos da declaração ou decida que ela só tenha eficácia a partir de seu trânsito em julgado ou de outro momento que venha a ser fixado. Para isso, exigem quorum qualificado (maioria de 2/3 dos membros) e que o ato seja motivado por razões de segurança jurídica ou de excepcional interesse social".

[616] É o que preceitua o artigo 102 da Constituição da República Federativa do Brasil ao dispor que "[...] compete ao Supremo Tribunal Federal, precipuamente, a guarda da Constituição".

este fato não foi escondido desde o início da pesquisa, razão pela qual se optou em não adentrar na polêmica entre Hans Kelsen e Carl Schmit sobre o tema, apenas realizando-se uma nota sobre o assunto. Então, quer quando julgue pelo controle abstrato de constitucionalidade, quer pelo controle difuso,[617] casos que influenciam a vida de todos os cidadãos brasileiros,[618] de acordo com os ditames constitucionais, está exercendo sua função, pois é de sua competência a guarda dos direitos constitucionalizados. Ao realizar tal incumbência, o órgão do Poder Judiciário acaba por, em algumas oportunidades, fundamentar em demasia seus acórdãos,[619] restando muito pouco para se trabalhar na esfera prática do direito. O excesso de fundamentação tem dificultado a vida no plano do direito material, o que acaba sendo alvo de, no plano do direito processual, ocorrer ações que seriam evitadas, caso o Supremo Tribunal Federal tivesse melhor esclarecido e ditado desde já, em seu julgado, os alcances, limites e mandamentos da sua decisão.

Diante disso, o controle de constitucionalidade das leis, que seria uma poderosa arma para que os demais órgãos do Poder Judiciário pudessem percorrer um caminho de um processo mais tempestivo,[620] com o entendimento pelo cidadão daquilo que já foi julgado pelo seu órgão judiciário máximo em matéria constitucional dentro do país, acaba tendo que encontrar casos idênticos no Brasil inteiro

---

617 MITIDIERO, Daniel. *Colaboração no processo civil*: pressupostos sociais, lógicos e éticos. 2. ed. São Paulo: Revista dos Tribunais, 2011. p. 60. Aponta o processualista para a importância do modelo difuso de controle de constitucionalidade assim dizendo: "Sem o controle difuso de constitucionalidade dos atos estatais o Estado Constitucional brasileiro estaria fortemente ameaçado, não seria possível pensar em um processo civil na perspectiva dos direitos fundamentais como algo inerente a toda e qualquer demanda jurisdicional, o que impõe o seu reconhecimento como algo inerente à nossa tradição cultural. A construção de nosso Estado Constitucional depende de nosso 'sentimento constitucional', de vivenciá-lo e cultivá-lo a cada passo de nossa vida jurídico-social".

618 O Brasil mantém um sistema híbrido de controle de constitucionalidade de leis, pois julga tanto pelo sistema difuso, como pelo abstrato. O primeiro, oriundo do sistema estadunidense, e o segundo do sistema europeu. Para saber a diferença, leia-se: MARTINS, Ives Gandra da Silva; MENDES, Gilmar Ferreira. *Controle concentrado de constitucionalidade*: comentários à lei n. 9.868, de 10-11-1999. 3. ed. São Paulo: Saraiva, 2009. Refere Gilmar Ferreira Mendes: "O controle de constitucionalidade judicial desenvolveu-se a partir de diferentes concepções filosóficas e de experiência históricas diversas. Tal sistema continua dividido; porém, para fins didáticos, em modelo difuso ou americano e modelo concentrado ou europeu. O primeiro (difuso) confere, em princípio, a todo órgão judicial, a competência para, em caso concreto, examinar a compatibilidade entre a lei aplicável e a Constituição; o segundo outorga essa competência a um órgão especializado – a Corte Constitucional – seja para o controle concreto seja para o controle abstrato", p. 1. E assim finaliza: "Enquanto o modelo difuso é apresentado como aquele que contém um self-restraint implícito, porque autoriza a intervenção judicial apenas no exame do caso concreto, o modelo concentrado é tido como aquele que suscita maiores controvérsias e indagações de índole política, tendo em vista a possibilidade de exame da constitucionalidade não apenas no caso concreto (incidente), mas também de forma abstrata. Essas concepções aparentemente apodíticas acabaram por ensejar o surgimento dos modelos mistos, com combinações de elementos dos dois sistemas básicos (v.g., o sistema brasileiro e o sistema português)".

619 Apenas para referir alguns casos, a ADI n. 3.510, que tratou sobre as pesquisas de células-tronco ultrapassa 500 laudas, enquanto que a decisão sobre a liminar no caso dos fetos com anencefalia, ADPF n. 54, passa de 300 laudas.

620 Elege-se no presente estudo o paradigma temporal para defender que se trata de um dos mais importantes marcos da pós-modernidade a falta de tempo do cidadão, sendo este tempo por demais precioso, pois se trata do ouro do século XXI. Para tanto recomenda-se a leitura: ZIMBARDO, Philip; BOYD, John. *O paradoxo do tempo*: você vive preso ao passado, viciado no presente ou refém do futuro? Tradução de: Saulo Adriano. Rio de Janeiro: Objetiva, 2009. Também recomenda-se: JOBIM, Marco Félix. *Direito à duração razoável do processo*: responsabilidade civil do Estado em decorrência da intempestividade processual. São Paulo: Conceito, 2011.

sobre determinada matéria, com decisões antagônicas. Isso se dá pelo fato de que o Supremo Tribunal Federal perdeu a oportunidade de se manifestar de uma forma producente naquela decisão que deveria servir de paradigma cultural para a vida em sociedade, pois já inegável que suas decisões devem ser tratadas e estudadas nos curso de direito do país desde os bancos acadêmicos como fonte primária do direito.[621]

O meio de controlar normas com eficácia *erga omnes*[622] impede a proliferação de processos idênticos, auxilia na segurança e na estabilidade jurídica, além de resgatar a credibilidade do Poder Judiciário. Daí a importância do tema para a sociedade: lutar para uma melhor compreensão dos efeitos da decisão nos controles abstrato e difuso de constitucionalidade. Nesse contexto reside uma faceta para um equilibrado ativismo judicial.[623]

3.3.1. O Recurso Extraordinário com repercussão geral e a tutela coletiva de direitos: o encontro dos sistemas difuso e abstrato de constitucionalidade das leis

A Emenda Constitucional n. 45/2004 redefiniu o conceito do recurso extraordinário ao admitir um filtro denominado de repercussão geral,[624] o qual foi inserido no artigo 102, § 3º, da Constituição Federal,[625] o que fez com que a interposição deste meio de impugnação de uma decisão judicial transcendesse a subjetividade do recorrente e, com isto, trouxesse contornos de objetivação do controle difuso de constitucionalidade.

Não se está defendendo a possibilidade de uma aproximação dos controles difuso e abstrato como aquela exposta por Ives Gandra da Silva Martins e Gilmar Ferreira Mendes[626] ao entenderem que o controle concentrado no modelo europeu

---

[621] ZANETI JÚNIOR, Hermes. *Processo constitucional*: o modelo constitucional do processo civil brasileiro. Rio de Janeiro: Lumen Juris, 2007. Para uma leitura do que se está falando, indicam-se as páginas 252-261 da obra acima referida.

[622] FERNANDES, André Dias. *Eficácia das decisões do STF em ADI e ADC*: efeito vinculante, coisa julgada *erga omnes* e eficácia *erga omnes*. Salvador: JusPODIVM, 2009. Para entender a diferença entre coisa julgada *erga omnes* e eficácia erga omnes ver páginas 162 a 171.

[623] PORTO, Sérgio Gilberto; USTÁRROZ, Daniel. *Lições de direitos fundamentais no processo civil*: o conteúdo processual na Constituição. Porto Alegre: Livraria do Advogado, 2009. Os autores referem na obra, sem esgotar o tema, aspectos positivos e negativos do ativismo judicial, nas páginas 15 a 27.

[624] PINHO, Humberto Dalla Bernardina de. *Direito processual civil contemporâneo*: teoria geral do processo. 4. ed. São Paulo: Saraiva, 2012. V. 2. p. 1211. Nas palavras do autor, trata-se de mais um requisito de admissibilidade do recurso extraordinário, assim expondo: "O recorrente, na fase de admissibilidade, além de demonstrar a presença dos requisitos objetivos e subjetivos comuns a qualquer recurso e, ainda, o prequestionamento, deverá demonstrar, através da abertura de um capítulo preliminar em seu recurso, a existência de uma questão relevante do ponto de vista econômico, político, social ou jurídico que ultrapasse os interesses subjetivos da causa".

[625] O § 3º restou com a seguinte redação: "No recurso extraordinário o recorrente deverá demonstrar a repercussão geral das questões constitucionais discutidas no caso, nos termos da lei, a fim de que o Tribunal examine a admissão do recurso, somente podendo recusá-lo pela manifestação de dois terços de seus membros."

[626] MARTINS, Ives Gandra da Silva; MENDES, Gilmar Ferreira. *Controle concentrado de constitucionalidade*: comentários à lei n. 9.868, de 10-11-1999. 3. ed. São Paulo: Saraiva, 2009. p. 2. Expõem: "O modelo europeu adota as

tem aberto as portas para que as Cortes Constitucionais não detenham o monopólio do controle de leis, admitindo que tribunais inferiores o façam, assim como, no modelo difuso estadunidense, a adoção do *amicus curiae*, a possibilidade do *writ of certiorari*[627] e a força vinculante pelo *stare decisis* faz com que prepondere uma força mais objetiva no processo que traz o controle concreto como matriz em sua tradição. A esses motivos que devem ser levados em consideração soma-se o principal deles acima mencionado: o da objetivação do recurso extraordinário.

O que se está a defender neste momento é a possibilidade de encontro dos sistemas difuso e abstrato no direito brasileiro pelo alargamento do conceito de recurso extraordinário, com o ingresso da repercussão geral no ordenamento jurídico, o que é explicado por Luiz Guilherme Marinoni[628] ao discorrer sobre o tema, afirmando ser o efeito vinculante das decisões em sede de repercussão geral em recurso extraordinário algo inerente hoje ao controle incidental de constitucionalidade. Ainda relata[629] para outro norte ao trabalhar a questão. Em seu entendi-

---

ações individuais para a defesa de posições subjetivas e cria mecanismos específicos para a defesa dessas posições como a atribuição de eficácia *ex tunc* da decisão para o caso concreto que ensejou a declaração de inconstitucionalidade do sistema austríaco. Especialmente a Emenda Constitucional de 7 de dezembro de 1929 introduziu mudanças substanciais no modelo de controle de constitucionalidade formulado na Constituição austríaca de 1920. Passou-se a admitir que o Supremo Tribunal de Justiça (*Oberster Gerichtshof*) e o Tribunal de Justiça Administrativa (*Verwaltungsgerichtshof*) elevem a controvérsia constitucional concreta perante a Corte Constitucional. Rompe-se com o monopólio de controle da Corte Constitucional, passando aqueles órgãos judiciais a ter um juízo provisório e negativo sobre a matéria. Essa tendência seria reforçada posteriormente com adoção de modelo semelhante na Alemanha, Itália e Espanha". E concluem com o modelo difuso: "O sistema americano, por seu turno, perde em parte a característica de um modelo voltado para a defesa de posições exclusivamente subjetivas e adota uma modelagem processual que valora o interesse público em sentido amplo. A abertura processual largamente adotada pela via do *amicus curiae* amplia e democratiza a discussão em torno da questão constitucional. A adoção do *writ of certioriari* como mecanismo básico de acesso à Corte Suprema e o reconhecimento do efeito vinculante das decisões por força do *stare decisis* conferem ao processo natureza fortemente objetiva".

[627] ZACLIS, Lionel. Direito processual civil estadunidense. In: CRUZ E TUCCI, José Rogério (Coord.). *Direito processual civil americano contemporâneo*. São Paulo: Lex, 2010. p. 196. É um tipo de filtro para que os recursos sejam admitidos, conforme expõe o autor: "Em 1925, o então Presidente da Suprema Corte (Chief Justice), Willian Howard Taft, que, aliás, já havia sido Presidente dos Estados Unidos, conseguiu a aprovação de uma lei por força da qual se erigiu como requisito para a cognição dos recursos que o tribunal concedesse prévia licença para tanto, mediante writ of certiorari, semelhante ao instituto da arguição de relevância, considerado necessário para proteger o tribunal de um volume de trabalho impossível de enfrentar. Esse mecanismo discricionário logo foi adotado por vários tribunais estaduais. Seu efeito é o de liberar a alta corte de apreciar qualquer causa que seus membros deliberem não ter necessidade de decidir".

[628] MARINONI, Luiz Guilherme. *Teoria geral do processo*. 4. ed. São Paulo: Revista dos Tribunais, 2010. p. 58-59. Relata o processualista: "Mas, quando a causa chega ao Supremo Tribunal Federal em razão de recuso extraordinário, o controle da constitucionalidade continua sendo incidental ao julgamento da causa. Porém, a ideia de que a decisão proferida em razão de recurso extraordinário atinge apenas as partes tem sido mitigada na prática jurisprudencial do Supremo Tribunal Federal. Isso ocorreu, inicialmente, após a fixação do entendimento de que, após o Supremo ter declarado, na via incidental, a inconstitucionalidade de uma lei, os demais tribunais estão dispensados de observar o art. 97 da Constituição Federal (reserva de plenário), podendo a inconstitucionalidade da lei, nesse caso, ser reconhecida pelos órgãos fracionários de qualquer tribunal. E, recentemente, surgiu no Supremo Tribunal Federal orientação que nega expressamente a equivalência entre controle incidental e eficácia da decisão restrita às partes do processo. Essa tese sustenta que mesmo decisões tomadas em sede de recurso extraordinário – ou seja, em controle incidental –, quando objeto de manifestação do Plenário do Supremo Tribunal Federal, gozam de efeito vinculante em relação aos órgãos da Administração e aos demais órgãos do Poder Judiciário".

[629] Id. *Precedentes obrigatórios*. São Paulo: Revista dos Tribunais, 2010. p. 459. Refere: "Assim, chega-se ao momento em que é possível definir o significado de se atribuir efeito vinculante às decisões tomadas em recurso

mento, tanto as decisões emanadas do controle difuso, como no abstrato, o efeito vinculante não está diretamente ligada a se tratar os casos como controle objetivo, mas sim pelo fato de que se aperceba que, em qualquer que seja o controle que se está trabalhando, o importante é saber que os motivos determinantes das decisões oriundas do Supremo Tribunal Federal devem ser observadas pelos outros órgãos jurisdicionais, sob pena de comprometer o próprio Tribunal. Daí seu pensamento[630] de que não é o recurso extraordinário que tem contorno objetivo, mas sim, o inverso.

Fredie Didier Jr.,[631] em artigo específico sobre o tema, alerta para o fato de que existe a objetivação do recurso extraordinário ao trazer a possibilidade de, por meio de seu julgamento, existir a vinculação dos outros órgãos do Poder Judiciário pelo entendimento trazido na decisão. Após uma série de reflexões, refere que passar por todo o procedimento[632] exposto pelo Código de Processo Civil brasileiro[633]

---

extraordinário. Não se atribui eficácia vinculante a essas decisões em razão de supor que, como ocorre na ação direta, se está tratando do controle objetivo de normas, mas da percepção de que os motivos determinantes das decisões tomadas pelo Supremo Tribunal Federal, em controle concentrado ou em controle difuso, devem ser observados pelos demais órgãos judiciários, sob pena de a função do Supremo Tribunal Federal restar comprometida".

630 MARINONI, Luiz Guilherme. *Precedentes obrigatórios*. São Paulo: Revista dos Tribunais, 2010. p. 459. Nessa linha, escreve: "É necessário perceber que a identidade de efeitos entre estas decisões não decorre do fato de o recurso extraordinário ter assumido os contornos do controle objetivo. Bem vistas as coisas, ocorreu o inverso".

631 DIDIER JR., Fredie. O recurso extraordinário e a transformação do controle difuso de constitucionalidade no direito brasileiro. In: CAMARGO, Marcelo Novelino (Org.). *Leituras complementares de constitucional*: controle de constitucionalidade. Salvador: JusPODIVM, 2007. p. 99. Refere o processualista baiano: "O objetivo deste ensaio é o de demonstrar a transformação do controle difuso de constitucionalidade no direito brasileiro, notadamente quando realizado por meio do recurso extraordinário." E finaliza: "A idéia é a seguinte: o controle, embora difuso, quando feito pelo STF (Pleno) tem força para vincar os demais órgãos do Poder Judiciário, assemelhando-se, nesta eficácia, ao controle concentrado de constitucionalidade".

632 Não se pode deixar de mencionar que o recurso extraordinário ainda encontra dispositivos que referem a repercussão geral no regimento interno do Supremo Tribunal Federal, entre os artigos 321 a 329. BRASIL. Supremo Tribunal Federal. *Regimento interno*. Disponível em: <http://www.stf.jus.br/arquivo/cms/legislacaoRegimentoInterno/anexo/RISTF_Julho_2012.pdf>. Acesso em: 25 ago. 2012.

633 "Art. 543-A. O Supremo Tribunal Federal, em decisão irrecorrível, não conhecerá do recurso extraordinário, quando a questão constitucional nele versada não oferecer repercussão geral, nos termos deste artigo. § 1° Para efeito da repercussão geral, será considerada a existência, ou não, de questões relevantes do ponto de vista econômico, político, social ou jurídico, que ultrapassem os interesses subjetivos da causa. § 2° O recorrente deverá demonstrar, em preliminar do recurso, para apreciação exclusiva do Supremo Tribunal Federal, a existência da repercussão geral. § 3° Haverá repercussão geral sempre que o recurso impugnar decisão contrária a súmula ou jurisprudência dominante do Tribunal. § 4° Se a Turma decidir pela existência da repercussão geral por, no mínimo, 4 (quatro) votos, ficará dispensada a remessa do recurso ao Plenário. § 5° Negada a existência da repercussão geral, a decisão valerá para todos os recursos sobre matéria idêntica, que serão indeferidos liminarmente, salvo revisão da tese, tudo nos termos do Regimento Interno do Supremo Tribunal Federal. § 6° O Relator poderá admitir, na análise da repercussão geral, a manifestação de terceiros, subscrita por procurador habilitado, nos termos do Regimento Interno do Supremo Tribunal Federal. § 7° A Súmula da decisão sobre a repercussão geral constará de ata, que será publicada no Diário Oficial e valerá como acórdão".

"Art. 543-B. Quando houver multiplicidade de recursos com fundamento em idêntica controvérsia, a análise da repercussão geral será processada nos termos do Regimento Interno do Supremo Tribunal Federal, observado o disposto neste artigo. § 1° Caberá ao Tribunal de origem selecionar um ou mais recursos representativos da controvérsia e encaminhá-los ao Supremo Tribunal Federal, sobrestando os demais até o pronunciamento definitivo da Corte. § 2° Negada a existência de repercussão geral, os recursos sobrestados considerar-se-ão automaticamente não admitidos. § 3° Julgado o mérito do recurso extraordinário, os recursos sobrestados serão apreciados pelos

no que concerne à repercussão geral no recurso extraordinário, concluiu ser este um típico processo de caráter objetivo, semelhante às ações do controle abstrato de constitucionalidade de leis, havendo, pois, a objetivação do controle difuso,[634] o que também é defendido por Gláucia Mara Coelho[635] e André Ramos Tavares,[636] ou seja, a de existir uma conexão dos controles após a reforma do Judiciário.

Em lição um pouco diferente sobre a aproximação dos sistemas, Leonardo Carneiro da Cunha[637] entende que o recurso extraordinário continua realizando, por meio do julgamento pelo Supremo Tribunal Federal, o controle difuso de constitucionalidade, embora com conotações abstratas, ou seja, não admite que exista a vinculação com o controle concentrado, pois difere este do abstrato. Assim, acaba por afirmar que o controle pode ser difuso, mas ao mesmo tempo abstrato. Noutra

---

Tribunais, Turmas de Uniformização ou Turmas Recursais, que poderão declará-los prejudicados ou retratar-se. § 4º Mantida a decisão e admitido o recurso, poderá o Supremo Tribunal Federal, nos termos do Regimento Interno, cassar ou reformar, liminarmente, o acórdão contrário à orientação firmada. § 5º O Regimento Interno do Supremo Tribunal Federal disporá sobre as atribuições dos Ministros, das Turmas e de outros órgãos, na análise da repercussão geral".

634 DIDIER JR., Fredie. O recurso extraordinário e a transformação do controle difuso de constitucionalidade no direito brasileiro. In: CAMARGO, Marcelo Novelino (Org.). *Leituras complementares de constitucional*: controle de constitucionalidade. Salvador: JusPODIVM, 2007. p. 112. Ressalta: "É possível concluir, sem receio, de que o incidente para a apuração da repercussão geral por amostragem é um procedimento de caráter objetivo, semelhante ao procedimento da ADIN, ADC e ADPF, e de profundo interesse público, pois se trata de exame de uma questão que diz respeito a um sem-número de pessoas, resultando na criação de uma norma jurídica de caráter geral pelo STF. É mais uma demonstração do fenômeno de 'objetivação' do controle difuso de constitucionalidade das leis, que será examinado no item seguinte".

635 COELHO, Gláucia Mara. *Repercussão geral*: da questão constitucional no processo civil brasileiro. São Paulo: Atlas, 2009. p. 136. Expõe a autora: "Por fim, pode-se afirmar que a adoção da repercussão geral nesses moldes (permitindo-se que uma única decisão do pleno possa ser utilizada como precedente para as ciências ordinárias), assim como da súmula com efeitos vinculantes, caracteriza um inequívoco movimento de aproximação entre os modelos de controle de constitucionalidade 'difuso-concreto' e 'abstrato-concentrado', já que as características de um e de outro modelo acabam se tornando, ao final, muito semelhantes, com o fortalecimento deste último".

636 TAVARES, André Ramos. *Manual do Poder Judiciário brasileiro*. São Paulo: Saraiva, 2012. p. 145. Refere: "A partir da Reforma do Judiciário, contudo, mudanças significativas passaram a ser incorporadas ao controle de constitucionalidade. A combinação da súmula vinculante com o instituto da repercussão geral cria uma nítida conexão entre o modelo difuso-concentrado [...]".

637 CUNHA, Leonardo Carneiro. A função do Supremo Tribunal Federal e a força de seus precedentes: enfoque nas causas repetitivas. In: PAULSEN, Leandro (Coord.). *Repercussão geral no recurso extraordinário*: estudos em homenagem à Ministra Ellen Gracie. Porto Alegre: Livraria do Advogado, 2011. p. 64. Inicia afirmando: "Um dos aspectos dessa mudança é a transformação do recurso extraordinário, que, embora instrumento de *controle difuso* de constitucionalidade das leis, tem servido, também, ao *controle abstrato*. Normalmente, relaciona-se o *controle difuso* ao *controle concreto* da constitucionalidade. São, no entanto, coisas diversas. O controle é difuso porque pode ser feito por qualquer órgão jurisdicional; ao controle difuso contrapõe-se o controle concentrado. Chama-se de controle concreto, porque feito *a posteriori*, à luz das peculiaridades do caso; e a ele se contrapõe o controle abstrato, em que a inconstitucionalidade é examinada em tese, *a priori*. Normalmente, o *controle abstrato* é feito de forma concentrada, no STF, por intermédio da ADIN, ADC ou ADPF, e o *controle concreto*, de forma difusa. O *controle difuso* é sempre *incidenter tantum*, pois a constitucionalidade é questão incidente, que será resolvida na fundamentação da decisão judicial; assim, a decisão a respeito da questão somente tem eficácia *inter partes*. O controle concentrado, no Brasil, é feito *principaliter tantum*, ou seja, a questão sobre a constitucionalidade da lei comõe o objeto litigioso do processo e a decisão a seu respeito ficará imune pela coisa julgada material, com eficácia *erga omnes*". E finaliza: "Nada impede, porém, que o controle de constitucionalidade seja difuso, mas abstrato: a análise da constitucionalidade é feita em tese, embora por qualquer órgão judicial".

concepção de interessante conteúdo, Maurício Martins Reis[638] aborda a questão, aludindo ao fato de que se pode pensar na objetivação ou, como define, abstrativização, do controle difuso pela via do recurso extraordinário quando houver a compreensão de que o objeto do recurso é a declaração de inconstitucionalidade do texto que incide no caso concreto.

Ainda, do julgamento reiterado sobre determinada matéria constitucional, o Supremo Tribunal Federal pode, de ofício ou por provocação, por dois terços de seus membros, aprovar uma súmula vinculante, conforme estatui o artigo 103-A da Constituição Federal,[639] tendo sido introduzida esta modalidade sumular pela mesma EC n. 45/2004, posteriormente regulamentada pela Lei 11.417, de 19 de dezembro de 2006,[640] que dispõe sobre a edição, revisão e cancelamento da súmula. É por essa razão que entende Gilberto Schäfer[641] existir a aproximação do direito brasileiro ao direito estadunidense.

Soma-se às lições sobre o encontro dos modelos de controle de constitucionalidade de leis outro fato que faria com que, de alguma forma, fosse aceito o controle difuso nesta tese: o de que se defende que este modelo é o mais democrático

---

638 REIS, Maurício Martins. *A legitimação do Estado Democrático de Direito para além da decretação abstrata de constitucionalidade*: o valor prospectivo da interpretação conforme à Constituição como desdobramento concreto entre a lei e o direito. Passo Fundo: IMED, 2012. p. 377. No prelo. Defende o autor em sua tese de doutorado: "Noutros moldes, a tese acerca da abstrativização do controle difuso é devida, se compreendermos que o seu objeto é a declaração de inconstitucionalidade do texto ora vertente ao caso, de cunho incidental, prévio, prejudicial, para proceder ao exame do mérito, de sorte a n.o ser aplicado o dispositivo posto em debate. Ou seja, quando uma norma resulta inaplicada por mácula de inconstitucionalidade, em reconhecendo esta desconformidade, o STF estará adjudicando procedência ao recurso extraordinário pela alínea *b* do artigo 102, inciso III".

639 A redação integral do artigo 103-A e parágrafos é: "O Supremo Tribunal Federal poderá, de ofício ou por provocação, mediante decisão de dois terços dos seus membros, após reiteradas decisões sobre matéria constitucional, aprovar súmula que, a partir de sua publicação na imprensa oficial, terá efeito vinculante em relação aos demais órgãos do Poder Judiciário e à administração pública direta e indireta, nas esferas federal, estadual e municipal, bem como proceder à sua revisão ou cancelamento, na forma estabelecida em lei. § 1º A súmula terá por objetivo a validade, a interpretação e a eficácia de normas determinadas, acerca das quais haja controvérsia atual entre órgãos judiciários ou entre esses e a administração pública que acarrete grave insegurança jurídica e relevante multiplicação de processos sobre questão idêntica. § 2º Sem prejuízo do que vier a ser estabelecido em lei, a aprovação, revisão ou cancelamento de súmula poderá ser provocada por aqueles que podem propor a ação direta de inconstitucionalidade. § 3º Do ato administrativo ou decisão judicial que contrariar a súmula aplicável ou que indevidamente a aplicar, caberá reclamação ao Supremo Tribunal Federal que, julgando-a procedente, anulará o ato administrativo ou cassará a decisão judicial reclamada, e determinará que outra seja proferida com ou sem a aplicação da súmula, conforme o caso".

640 Lei na íntegra. BRASIL. *Lei n. 11.417*, de 19 de dezembro de 2006. Disponível em: <http://www.planalto.gov.br/ccivil_03/_Ato2004-2006/2006/Lei/L11417.htm>. Acesso em: 24 out. 2012.

641 SCHÄFER, Gilberto. *Súmulas vinculantes*: análise crítica da experiência do Supremo Tribunal Federal. Porto Alegre: Livraria do Advogado, 2012. p. 108-109. Refere: "É importante ressaltar também que a Jurisdição Constitucional brasileira aproximou-se do modelo das Cortes Constitucionais, como o alemão. A introdução das Súmulas Vinculantes, a sua eficácia erga omnes e o seu Efeito Vinculante, com precedente reforçado, por outro lado, aproximam-se da Common Law, especialmente o modelo norte-americano, que possui uma Constituição escrita e uma Suprema Corte influente. De certa forma, volta-se ao início com a atuação do nosso Supremo, inspirado no modelo norte-americano, e com uma restrição mais significativa da atuação do Senado Federal no controle incidental e difuso, ao possibilitar que seja possível a eficácia geral, independentemente da atuação deste último, embora se exija uma reiteração de decisões e não apenas uma declaração, que pode ser o caso de atuação do Senado e que pode não atuar devido ao seu poder discricionário".

entre eles, o que é lembrado por Daniel Mitidiero[642] ao expor que este controle está legitimado pela democracia participativa, própria do Estado Contemporâneo, sendo que, sem que houvesse o controle difuso, o próprio Estado Constitucional brasileiro estaria ameaçado.

Um fato é importante relembrar sobre o encontro dos sistemas difuso e abstrato do controle de constitucionalidade das leis: o veto do Presidente da República ao inciso II do artigo 2º[643] do então Projeto de Lei n. 17, de 1999, tombado na Câmara dos Deputados pelo n. 2.872/97, que, posteriormente, foi transformado na Lei n. 9.882/99, a qual trata da arguição de descumprimento de preceito fundamental. O referido artigo era cristalino ao conceder a qualquer pessoa a legitimidade de ingresso com uma ação diretamente no Supremo Tribunal Federal caso fosse lesada pelo Poder Público.

Dentre as principais razões do veto[644] do Presidente da República, estava a de que era incompatível com o sistema abstrato de constitucionalidade o acesso

---

[642] MITIDIERO, Daniel. *Processo civil e Estado constitucional.* Porto Alegre: Livraria do Advogado, 2005. p. 26-27. Inicia: "Cumpre argumentar, de postremeiro, que o controle difuso de constitucionalidade é o mais democrático, sendo, dessarte, o mais impregnado de legitimidade. Deveras, ao lado da democracia representativa, ideal próprio do Estado Moderno, ganha força a democracia participativa, própria do Estado Contemporâneo, verdadeiro direito de quarta dimensão, que incentiva os cidadãos a participarem diretamente no manejo de poder do Estdao, dando legitimidade à normatividade contruída pela via hermenêutica". E finaliza: "Com efeito, sem o controle difuso de constitucionalidade dos atos estatais, o Estdao Constitucional brasileiro estaria fortemente ameaçado, o que impõe o seu reconhecimento como algo inerente à nossa tradição cultural, sem embargo das respeitáveis opiniões em contrário".

[643] A redação do artigo na Lei n. 9.882/99 teria esta formatação caso não fosse vetado o inciso II: "Art. 2º Podem propor argüição de descumprimento de preceito fundamental: [...] II – qualquer pessoa lesada ou ameaçada por ato do Poder Público".

[644] Esta a íntegra da razão de veto presidencial do inciso II do artigo 2º do projeto de lei da arguição de descumprimento de preceito fundamental, consubstanciada na mensagem n. 1.807, de 3 de dezembro de 1999, da subchefia dos assuntos jurídicos da Presidência da República encaminhada ao Presidente do Senado Federal: "A disposição insere um mecanismo de acesso direto, irrestrito e individual ao Supremo Tribunal Federal sob a alegação de descumprimento de preceito fundamental por 'qualquer pessoa lesada ou ameaçada por ato do Poder Público'. A admissão de um acesso individual e irrestrito é incompatível com o controle concentrado de legitimidade dos atos estatais – modalidade em que se insere o instituto regulado pelo projeto de lei sob exame. A inexistência de qualquer requisito específico a ser ostentado pelo proponente da argüição e a generalidade do objeto da impugnação fazem presumir a elevação excessiva do número de feitos a reclamar apreciação pelo Supremo Tribunal Federal, sem a correlata exigência de relevância social e consistência jurídica das argüições propostas. Dúvida não há de que a viabilidade funcional do Supremo Tribunal Federal consubstancia um objetivo ou princípio implícito da ordem constitucional, para cuja máxima eficácia devem zelar os demais poderes e as normas infraconstitucionais. De resto, o amplo rol de entes legitimados para a promoção do controle abstrato de normas inscrito no art. 103 da Constituição Federal assegura a veiculação e a seleção qualificada das questões constitucionais de maior relevância e consistência, atuando como verdadeiros agentes de representação social e de assistência à cidadania. Cabe igualmente ao Procurador-Geral da República, em sua função precípua de Advogado da Constituição, a formalização das questões constitucionais carentes de decisão e socialmente relevantes. Afigura-se correto supor, portanto, que a existência de uma pluralidade de entes social e juridicamente legitimados para a promoção de controle de constitucionalidade – sem prejuízo do acesso individual ao controle difuso – torna desnecessário e pouco eficiente admitir-se o excesso de feitos a processar e julgar certamente decorrentes de um acesso irrestrito e individual ao Supremo Tribunal Federal. Na medida em que se multiplicam os feitos a examinar sem que se assegure sua relevância e transcendência social, o comprometimento adicional da capacidade funcional do Supremo Tribunal Federal constitui inequívoca ofensa ao interesse público. Impõe-se, portanto, seja vetada a disposição em comento". BRASIL. *Mensagem n. 1.807*, de 3 de dezembro de 1999. Disponível em: <http://www.planalto.gov.br/ccivil_03/leis/Mensagem_Veto/1999/Mv1807-99.htm>. Acesso em: 02 out. 2012.

individual, direto e irrestrito ao Supremo Tribunal Federal de qualquer pessoa que se sentisse lesada pelo Poder Público, motivo que encontra até hoje críticas na doutrina, como as realizadas por Frederico Barbosa Gomes,[645] Lenio Luiz Streck[646] e André Del Negri.[647] Em que pese naquela época haver dúvidas quanto ao encontro dos sistemas difuso e abstrato, hoje o veto, por esta razão, seria insustentável, tendo em vista que a repercussão geral trouxe a objetivação do sistema difuso, fazendo com que qualquer pessoa possa ir ao Supremo Tribunal Federal, via interposição de recurso extraordinário, caso apresente repercussão geral, com uma decisão que pode ser vinculativa, fazendo com que possa ser defendido, via processo legislativo, o retorno dessa possibilidade.

Luis Afonso Heck,[648] no prefácio à obra *O Controle de Constitucionalidade: Direito Americano, Alemão e Brasileiro*, de Eduardo Schenato Piñero, aponta que, para que a proteção da Constituição seja feita de uma maneira mais efetiva, deve existir um modelo difuso dotado de *stare decisis*, ou um modelo abstrato com competência para a rejeição[649] da norma antijurídica a ser realizado por um tribunal constitucional. A ideia refere uma só forma de controle, o que não é de se concordar,[650] mas aponta,

---

[645] GOMES, Frederico Barbosa. *Argüição de descumprimento de preceito fundamental*: uma visão crítica. Belo Horizonte: Fórum, 2008. p. 376. Refere: "Essa opção, por óbvio, acaba por trazer sérios prejuízos à legitimidade democrática da ordem jurídica nacional, na medida em que, passo a passo, exclui-se o indivíduo da sua (re)construção, transformando-o em mero expectador. Por isso, ante essa tendência centralizadora adotada pela ordem constitucional vigente, seria de extrema utilidade que a ADPF se mostrasse como um instrumento de acesso do cidadão à mais alta Corte (como, aliás, era o anseio da doutrina nacional), funcionando como um mecanismo de defesa de seus direitos constitucionalmente assegurados, independentemente de representantes, pois assim não se correria o risco de deixar este alheio a tudo isso, nem se comprometeria, da mesma forma, a efetivação desse novo paradigma".

[646] STRECK, Lenio Luiz. *Jurisdição constitucional e hermenêutica*: uma nova crítica ao direito. 2. ed. Rio de Janeiro: Forense, 2004. p. 813. "De qualquer modo que se argumente, é absolutamente relevante que se consiga chegar a um resultado que coloque o cidadão de volta ao cenário da legitimidade ativa para propor a argüição de descumprimento de preceito fundamental. Afinal, parace que era esse o desejo do constituinte, ao colocar a ADPF como mecanismo para a preservação dos direitos fundamentais, não como algo que distanciasse o cidadão do acesso à justiça, *mas que o pusesse diretamente em contato com a justiça constitucional*, encarregada de mediar os conflitos no Estado Democrático de Direito".

[647] NEGRI, André Del. *Processo constitucional e decisão interna corporis*. Belo Horizonte: Fórum, 2011. p. 111. Refere: "Ao imaginar que seria possível *qualquer* pessoa *ameaçada de lesão* exercitar análise de afronta a preceito fundamental por intermédio do art. 2º, inciso II, da Lei n. 9.882/99, tratou-se a administração-governativa de vedar o exercício pleno do direito-de-ação já assegurado na Constituição brasileira (art. 5º, XXXV, CB/88)".

[648] PIÑERO, Eduardo Schenato. *O controle de constitucionalidade*: direito americano, alemão e brasileiro. Porto Alegre: Sergio Fabris, 2012. Refere Luis Afonso Heck no prefácio: "Uma olhada para a proteção da constituição indica uma alternativa: ou um modelo difuso dotado com *stare decisis* ou um modelo concentrado, ou conjugado, com competência centralizada para a rejeição. Rejeição do ato antijurídico com seus efeitos pelo tribunal constitucional, jurídica, portanto".

[649] HECK, Luís Afonso. *Jurisdição constitucional*: teoria da nulidade *versus* teoria da nulificabilidade das leis. Porto Alegre: Livraria do Advogado, 2008. Para entender melhor o que entende o autor, recomenda-se a leitura da obra, em especial o que vem a ser a teoria da nulificabilidade das leis, entre as páginas 44 a 70. Também recomenda-se para compreender melhor o que expõe Luís Afonso Heck, o autor no qual se baseia: KELSEN, Hans. *Teoria pura do direito*. Tradução de: João Baptista Machado. São Paulo: Martins Fontes, 2006. p. 306-308.

[650] FABRÍCIO, Adroaldo Furtado. O princípio federativo e os recursos extraordinários: uma reflexão. In: MITIDIERO, Daniel e AMARAL, Guilherme Rizzo (Coord.); FEIJÓ, Maria Angélica Echer (Org.). *Processo Civil*: estudos em homenagem ao professor doutor Carlos Alberto Alvaro de Oliveira. São Paulo: Atlas, 2012. p. 28. Defende o autor, em sentido contrário, pela permanência dos dois controles, por se complementarem: "Postas tais premissas, já não caberia objetar ao recurso extraordinário, instrumento por excelência do controle difuso,

para dar maior sustentação à tese, o modelo difuso com efeito vinculante, o que fecha com o posicionamento de o recurso extraordinário com repercussão geral ter uma faceta de processo objetivo, e que pode ser exemplificado com o caso recentemente julgado pelo Supremo Tribunal Federal da obrigatoriedade do Exame da Ordem dos Advogados do Brasil[651] o qual, em sede de recurso extraordinário, sedimentou o posicionamento que vale para todos aqueles bacharéis em direito.

3.4. Casos paradigmas para as medidas estruturantes pelo Supremo Tribunal Federal

Mas como aplicar as medidas estruturantes no Brasil? Até o momento, foram analisadas algumas comparações entre a Suprema Corte dos Estados Unidos da América e o Supremo Tribunal Federal no Brasil, sendo que se pode concluir que os sistemas não são tão diferentes assim, embora um país seja da tradição do *Common law,* e o outro, de *Civil law.* Ainda importante é que se constatou que alguns problemas que ocorrem em solo estadunidense também ocorrem no Brasil, pois, dentre os casos analisados na primeira etapa da pesquisa estão aqueles relacionados às ações afirmativas e ao aborto, discussões cujas feridas ainda estão abertas nas recentes manifestações do Supremo Tribunal Federal.

Então, algumas assertivas podem, desde já, ser realizadas para uma pergunta ser elaborada ao final:

(i) se as formas de escolha dos integrantes de ambas as Cortes Superiores são parecidas;

(ii) se as formas de intervenção de pessoas estranhas ao processo se identificam;

(iii) se há a possibilidade de o Legislativo elaborar outra lei em conformidade com a Constituição existente;

---

a eventual disparidade de tratamento jurídico entre destinatários da mesma norma. A atribuição de eficácia erga omnes ao julgado proferido em controle indireto soluciona a possível dúvida. Restaria, quiça, uma outra ordem de cogitação: certo que qualquer medida no rumo dessas ponderações implicaria alteração de nosmas constitucionais, indagar-se-ia se, em tal contexto, caberia afastar o recurso extraordinário do sistema. O peso da tradição depõe em contrário, e a particular relevância do controle de constitucionalidade (insuficiente, por si só, a forma concentrada) também aponta a necessidade de manter-se o instituto. De outro modo, seria imprescindível alargar-se consideravelmente a legitimação para a ação direta, o que poderia originar problemas talvez mais sérios do que os tratados aqui. Tudo indica, pois, a conveniência de preservar o recurso em foco, assim como evidente se faz a necessidade inadiável de ampliar o número de julgadores no Pretório Exceleso, de modo a superar a inviabilidade material em que se acha a Corte de responder à demanda".

[651] Em recente julgamento sobre a constitucionalidade do exame da Ordem dos Advogados do Brasil, no dia 27 de outubro de 2011, o Supremo Tribunal Federal manifestou-se pela sua constitucionalidade, em notícia assim veiculada: "A exigência de aprovação prévia em exame da Ordem dos Advogados do Brasil (OAB) para que bacharéis em direito possam exercer a advocacia foi considerada constitucional pelo Plenário do Supremo Tribunal Federal (STF). Por unanimidade, os ministros negaram provimento ao Recurso Extraordinário (RE 603583) que questionava a obrigatoriedade do exame. Como o recurso teve repercussão geral reconhecida, a decisão nesse processo será aplicada a todos os demais que tenham pedido idêntico". BRASIL. Supremo Tribunal Federal. *STF considera constitucional o exame da OAB.* Disponível em: <http://www.stf.jus.br/portal/cms/vernoticiadetalhe.asp?idconteudo=192411>. Acesso em: 28 out. 2011.

(iv) se as tradições jurídicas entre os países têm diminuído suas diferenças;

(v) se há identidade de problemas entre Estados Unidos e Brasil.

Questiona-se: por que não se pode trabalhar com a hipótese de existir, no Brasil, as medidas estruturantes? A partir desse momento, serão analisados alguns casos que já foram julgados pelo Supremo Tribunal Federal e que poderiam ter sido alvo de alguma dessas medidas.

3.4.1. A Ação Direta de Inconstitucionalidade n. 3.510: a inconstitucionalidade do artigo 5º da lei de biossegurança

A Ação Direta de Inconstitucionalidade n. 3.510/DF, uma das mais importantes ações do controle abstrato de constitucionalidade já julgadas pelo Supremo Tribunal Federal,[652] de relatoria do Ministro Ayres Britto, ajuizada pelo Procurador-Geral da República à época, Cláudio Lemos Fonteles. Tinha por objeto a inconstitucionalidade do artigo 5º da Lei Federal n. 11.105,[653] de 24 de março de 2004, conhecida como a lei da biossegurança, uma vez que o referido dispositivo estaria em dissonância com a Constituição Federal quanto à inviolabilidade do direito à vida.[654]

O julgamento do caso que ficou nacionalmente conhecido como das células-tronco foi o propulsor de grande parte da idealização da pesquisa, tendo em vista o resultado final do julgamento que ficou consignado no voto que julgou improcedente a ação direta de inconstitucionalidade.[655] Após uma série de reflexões, chegou-se aos seguintes questionamentos:

---

[652] MENDES, Gilmar Ferreira. *Estado de direito e jurisdição constitucional* – 2002-2010. São Paulo: Saraiva, 2010. p. 66. "No contexto dos direitos fundamentais em espécie, devem ser destacados alguns julgamentos mais importantes do Supremo Tribunal Federal, como o caso da ADI 3.510, em que se questionava a possibilidade de pesquisa científica com célula-tronco de embrião humano".

[653] "Art. 5º É permitida, para fins de pesquisa e terapia, a utilização de células-tronco embrionárias obtidas de embriões humanos produzidos por fertilização *in vitro* e não utilizados no respectivo procedimento, atendidas as seguintes condições: I – sejam embriões inviáveis; ou II – sejam embriões congelados há 3 (três) anos ou mais, na data da publicação desta Lei, ou que, já congelados na data da publicação desta Lei, depois de completarem 3 (três) anos, contados a partir da data de congelamento. § 1º Em qualquer caso, é necessário o consentimento dos genitores. § 2º Instituições de pesquisa e serviços de saúde que realizem pesquisa ou terapia com células-tronco embrionárias humanas deverão submeter seus projetos à apreciação e aprovação dos respectivos comitês de ética em pesquisa. § 3º É vedada a comercialização do material biológico a que se refere este artigo e sua prática implica o crime tipificado no art. 15 da Lei nº 9.434, de 4 de fevereiro de 1997". BRASIL. *Lei n. 11.105*, de 24 de março de 2005. Disponível em: <http://www.planalto.gov.br/ccivil_03/_ato2004-2006/2005/lei/l11105.htm>. Acesso em: 12 nov. 2012.

[654] Trecho do voto: "O autor da ação argumenta que os dispositivos impugnados contrariam a inviolabilidade do direito à vida, porque o embrião humano é vida humana, e faz ruir fundamento maior do Estado democrático de direito, que radica na preservação da dignidade da pessoa humana". BRASIL. Supremo Tribunal Federal. *Ação Direta de Inconstitucionalidade 3.510/DF*, relator min. Ayres Britto. Disponível em: <http://redir.stf.jus.br/paginadorpub/paginador.jsp?docTP=AC&docID=611723>. Acesso em: 23 out. 2012.

[655] A íntegra da decisão final foi assim: "Prosseguindo no julgamento, o Tribunal, por maioria e nos termos do voto do relator, julgou improcedente a ação direta, vencidos, parcialmente, em diferentes extensões, os Senhores Ministros Menezes Direito, Ricardo Lewandowski, Eros Grau, Cezar Peluso e o Presidente, Ministro Gilmar Mendes".

(i) será que após quinhentas e vinte e cinco páginas de fundamentação nos votos, não seria mais coerente que o Supremo Tribunal Federal trouxesse algo a mais do que um mera declaração de improcedência da ação?

(ii) será que grandes questões relacionadas ao direito à vida e à dignidade não foram lá debatidas, estudadas e refletidas para que pudessem ser melhor aproveitadas pela sociedade brasileira?

(iii) será que, desde o julgamento, não poderia o Supremo Tribunal Federal ter orientado o plano material para que a decisão fosse dotada de maior efetividade?

Essas constatações não são mero fruto de um posicionamento isolado da pesquisa, pois alguns Ministros integrantes do Tribunal Pleno do Supremo Tribunal Federal, durante a proclamação do resultado, travaram sérias discussões sobre o alcance da decisão. Partindo inicialmente de uma preocupação exposta pelo Ministro Cezar Peluso, ao tentar realizar uma declaração de voto de que seria da competência da CONEP[656] (Comissão Nacional de Ética em Pesquisa) à responsabilização, sob o ponto de vista ético, pelas pesquisas a serem realizadas sobre as células-tronco,[657] os Ministros discutiram por longo tempo sobre de como se proclamaria o voto ao final do julgamento.

A declaração de voto que o Ministro Cezar Peluso gostaria de ter consignado foi enfraquecida pela intervenção do Ministro Celso de Mello, que trouxe à discussão o simples fato de que seis dos onze julgadores entenderam ser a ação improcedente, sem qualquer ressalva de insuficiência à lei de biossegurança, razão pela qual não poderia ser outro o julgamento que não o de improcedência da ação direta de inconstitucionalidade ajuizada.[658]

---

656 Note-se, para clarear o sentido que se quer dar contexto da tese, as palavras do então Presidente do Supremo Tribunal Federal sobre a possível criação de um comitê central de ética para lidar com as questões das células-tronco que estarão aptas a pesquisa. Refere Gilmar Ferreira Mendes: "É evidente que, neste caso, quando nós, que formamos a minoria, estamos a dizer claramente que deve haver um Comitê Central de Ética, o fazemos dizendo que isso deve integrar o próprio conceito no plano legal. Agora, há – e o Ministro Peluso trouxe, inclusive, essa resolução, a qual não havia sido objeto de discussão anteriormente – providências nesse sentido. Porém, o Ministro Peluso está propondo que essa idéia da resolução integre o próprio conceito, o próprio elemento central da decisão".

657 É a parte principal do exposto pelo Ministro Cezar Peluso: "Para que não fique dúvida nenhuma nos registros, proponho, de modo bem claro, que se reconheça à CONEP a posição de órgão central responsável, do ponto de vista ético, pelas pesquisas, com todas as competências a que já me referi, e com a que me parece implícita, a de poder aprovar ou rejeitar os nomes indicados para a composição dos Cômites de Ética. E, com isso, não erguemos nenhum entrave à pronta execução da lei, porque não se sugere criação de nenhum órgão, que este já existe. E não vai nisto transtorno burocrático; a burocracia orgância, aliás necessária, já existe. Estamos apenas declarando a necessidade de cumprimento de certas cautelas indiospensáveis à prevenção dos riscos da tecnologia em si, imitando, nesse ponto, todos os países civilizados que aprovaram e disciplinaram as pesquisas".

658 É a parte significante do voto do Ministro Celso de Mello: "Na realidade, Senhor Ministro CEZAR PELUSO, há seis votos que simplesmente rejeitam, *sem* quaisquer adições, *sem* quaisquer restrições, *sem* quaisquer condicionamentos, *sem* qualquer exortação, *sem* qualquer apelo as limitações às pesquisas científicas admitidas pelos cinco (5) eminentes Ministros que compõem a minoria. O fato é que a utilização – plenamente legítima – da técnica da interpretação conforme pode levar, sim, ao exercício concreto das três possíveis funções propiciadas por essa técnica de decisão*: (1) função de escolha* entre várias soluções*, (2) função de correção* dos sentidos literais possíveis da regra legal *e (3) função de revisão* da lei. No caso, com a declaração de improcedência – e há seis votos que compõem a maioria absoluta declarando a improced~encia da presente ação direta –, *não há* que se cogitar de exortação ou de apelo, ao legislador, de correção, de revisão do texto legal ora em exame".

Contudo, ao apenas julgar improcedente a ação e, diante disto, confirmar a constitucionalidade do artigo 5º, incisos e §§ da Lei n. 11.105/2005, o Supremo Tribunal Federal perdeu a oportunidade de sedimentar posicionamentos na época que somente vieram a se efetivar com o passar dos anos. Gilmar Ferreira Mendes[659] chegou a apontar que o julgamento de procedência do pedido na ADIn 3.510/DF, com a declaração de inconstitucionalidade do artigo 5º e §§, traria um vácuo normativo ao referir que não se poderia cogitar em julgá-la e declarar a inconstitucionalidade do artigo em razão deste hiato legislativo que se criaria, mas, em sua ótica, poderia ser declarado o texto do dispositivo conforme à Constituição, mesmo que isso fosse caso de ter-se que realizar uma sentença aditiva.[660]

Criticando o entendimento adotado por Gilmar Ferreira Mendes, julgar improcedente a ação direta de inconstitucionalidade, ou seja, declarar que o artigo 5º em sua totalidade está em conformidade com a Constituição Federal e deixar, portanto, um regra abstrata como o que está transitando pelo ordenamento jurídico brasileiro não é tão perigoso quanto deixar um vácuo pela declaração de sua inconstitucionalidade? Não seria mais prudente que o próprio Supremo Tribunal Federal, desde já, conhecedor da legislação constitucional e infraconstitucional colocadas em pauta, as tivesse relido para que a efetividade da decisão se torne exequível ao cidadão no plano do direito material? Para exemplificar um pouco mais do que se está tentando demonstrar, Ives Gandra da Silva Martins[661] alerta para a

---

[659] MENDES, Gilmar Ferreira. *Estado de direito e jurisdição constitucional* – 2002-2010. São Paulo: Saraiva, 2010. p. 69. "A declaração de inconstitucionalidade, com a consequente pronúncia de nulidade total, no entanto, poderia causar indesejado vácuo normativo mais danoso à ordem jurídica e social do que a manutenção da vigência. Não seria, por isso, o caso de declaração total de inconstitucionalidade, considerando, ademais, a possibilidade de preservar o texto do dispositivo, desde que interpretado em conformidade com a Constituição, ainda que isso implicasse típica sentença de perfil aditivo".

[660] BELLOCCI, M. e GIOVANNETTI, T. Il quadro delle tipologie decisorie nelle pronunce della Corte costituzionale. *Quaderno Predisposto in occasione dell'incontro di studio con la corte costituzionale di Ungheria.* Referem os autores: "Con le decisioni additive, la declaratoria di incostituzionalità colpisce la disposizione «nella parte in cui non prevede» un qualcosa, con conseguente aggiunta, da parte della sentenza, di un frammento alla norma oggetto del giudizio. La pronuncia additiva presuppone l'impossibilità di superare la «norma negativa» affetta da incostituzionalità per via d'interpretazione, nonché l'esistenza di un'unica soluzione costituzionalmente obbligata". Disponível em: <http://www.cortecostituzionale.it/documenti/convegni_seminari/STU%20219_Tipologia_decisioni.pdf>. Acesso em: 13 jun. 2012. Na mesma linha pode ser lido: ABBOUD, Georges. *Jurisdição constitucional e direitos fundamentais.* São Paulo: Revista dos Tribunais, 2011. p. 216. Refere o autor: "Portanto, uma decisão aditiva ocorre quando, em certo contexto normativo, não contempla um segmento que foi excluído, socorrendo-se, então, a uma forma de interpretação de interpretação extensiva ou análoga a fim de reintroduzir esse segmento no texto legislativo para torná-lo constitucional. Em regra, essa inserção (adição) de nova prescrição literal, a fim de tornar a lei conforme a constitucional, é feita por meio do dispositivo da sentença normativa".

[661] MARTINS, Ives Gandra da Silva. O Tribunal Europeu e os embriões humanos. *Jornal Carta Forense*, São Paulo, p. B2, janeiro 2013. Refere: "O Tribunal de Justiça Europeu, em 18 de outubro de 2011 (Grande Secção), declarou a impossibilidade de ser patenteada a utilização de embriões humanos, não só para fins industriais e comerciais, mas também para a investigação científica, dando, entretanto, especo para fins terapêuticos ou de diagnóstico, na medida em que seja útil para o próprio embrião", e continua: "O acórdão de pouca repercussão entre os defensores dos que utilizam celulas embrionárias (embriões humanos) para pesquisas e que o Supremo Tribunal Federal permitiu fossem realizadas no Brasil, quando admitiu a constitucionalidade por inteiro da lei de biosegurança- parece, decididamente, sinalizar que, ao falar emcélulas embrionárias, entende aquela Corte Suprema da União Européia estar falando em seres humanos na sua forma embrionária, algo que – creio que desde 2003 – a Academia de Ciâncias do Vaticano, com seus 29 prêmios Nobel entre os 80 acadêmicos, já tinha definido, em sessão exclu-

decisão do Tribunal de Justiça europeu, datada de 18 de outubro de 2011, na qual, tratando de matéria análoga, aponta ser o embrião um ser humano, ainda em forma embrionária, o que fez com que chegasse a uma interpretação diversa daquela emanada pelo Supremo Tribunal Federal, concedendo aos embriões outro tipo de proteção que poderia ter sido aqui realizada se tivesse o Tribunal se valido de uma sentença normativa mais perto da realidade que a discussão merecia.

3.4.2. A Ação Direta de Inconstitucionalidade n. 4.277[662] e a Arguição de Descumprimento de Preceito Fundamental n. 132: a união estável de pessoas de mesmo sexo

Um dos mais polêmicos assuntos já abordados pelo Supremo Tribunal Federal foi a recente equiparação das uniões homoafetivas[663] às uniões estáveis, com base numa interpretação conforme à Constituição Federal do texto do artigo 1.723[664] do atual Código Civil, assim como do § 3º do artigo 226 da própria Constituição.[665] Nas palavras do Ministro Luiz Fux, consignadas em seu voto, as normas foram interpretadas de acordo com a própria principiologia constitucional e, com base neste e noutros entendimentos, nos dias 4 e 5 de maio de 2012, sob a relatoria do Ministro Ayres Britto, julgando a arguição de descumprimento de Preceito Fundamental n. 132 e a Ação Direta de Constitucionalidade n. 4.277, o Tribunal, em votação unânime, julgou o pedido procedente, declarando a possibilidade de pessoas do mesmo sexo poderem realizar uniões estáveis.

Qual parcela da população brasileira estava apta a tal decisão? A pergunta foi respondida à época pela pesquisa realizada pelo Instituto Brasileiro de Opinião Pública e Estatística (IBOPE), no qual foi constatado que mais da metade dos bra-

sivamente dedicada a caracterizar o início da vida humana", e finaliza: "A intenção deste artigo não é polemizar, mas demonstrar que a melhor solução, respeitando a dignidade da vida humana, é buscar soluções terapêuticas, a partir das células adultas reprogramadas [...]".

662 Cumpre esclarecer que a ação ajuizada inicialmente foi tombada como arguição de descumprimento de preceito fundamental n. 132, esta perdeu em parte seu objeto, pois já havia lei que autorizasse benefícios previdenciários aos companheiros homoafetivos. O segundo pedido, de reconhecimento da técnica de interpretação conforme à constituição do artigo 1.723 do Código Civil foi redistribuído para que se julgasse o processo como Ação Direta de Inconstitucionalidade, tendo esta encampado os pedidos da ADPF n. 132. BRASIL. Supremo Tribunal Federal. *Ação Direta de Inconstitucionalidade n. 4.277/DF*, relator min. Ayres Britto. Disponível em: <http://redir.stf.jus.br/paginadorpub/paginador.jsp?docTP=AC&docID=628635>. Acesso em: 22 out. 2012.

663 Nova nomenclatura utilizada para se referir a casais homossexuais.

664 A redação do artigo 1.723 do Código Civil brasileiro é assim: "É reconhecida a união estável entre o homem e a mulher, configurada na convivência pública, contínua e duradoura e estabelecida com o objetivo de constituição de família". BRASIL. *Lei 10.406*, de 10 de janeiro de 2002. Disponível em: <http://www.planalto.gov.br/ccivil_03/leis/2002/L10406.htm>. Acesso em: 02 out. 2012.

665 O artigo 226, § 3º, da Constituição Federal, trazia semelhante lição ao artigo 1.723 do Código Civil, com a seguinte redação: "A família, base da sociedade, tem especial proteção do Estado. [...] § 3º. Para efeito da proteção do Estado, é reconhecida a união estável entre o homem e a mulher como entidade familiar, devendo a lei facilitar sua conversão em casamento".

sileiros eram contrários à união homoafetiva.[666] Contudo, a comunidade jurídica estava pronta, o que pode ser constatado na leitura de Felipe Derbli,[667] com base nas diversas decisões judiciais envolvendo casos análogos, pareceres administrativos, leis que já reconheciam efeitos às relações e, acrescente-se, com alguns pensadores[668] que se preocupavam com a matéria em exame.

Contudo, após a decisão, que se traduz numa imensidade de páginas de texto, questiona-se:

(i) será que realmente a decisão contribuiu para que exista no plano do direito material condições de possibilidade para a concretização do direito concedido aos casais homoafetivos?

(ii) será que poderão os casais homoafetivos gozar dos efeitos da decisão prolatada?

Com certeza, as respostas acima vieram nas semanas seguintes ao julgamento da ADI n. 4277 e da ADPF n. 132, sendo, infelizmente, em parte, negativas.

Dias após o julgamento, Jeronymo Pedro Villas Boas, magistrado[669] do Estado de Goiás, anulou todas as uniões estáveis no Estado relacionadas a casais homoafetivos, o que gerou indignação de grande parte da comunidade jurídica, em especial de alguns Ministros do Supremo Tribunal Federal. Numa outra concepção, demonstrando dissonância com o julgamento do Supremo Tribunal Federal, o juiz da 2ª Vara de Família e Sucessões de Jacareí (SP) homologou, no dia 27 de junho, a primeira conversão de união estável entre duas pessoas do mesmo sexo[670]

---

[666] Eis a conclusão da pesquisa: "Uma pesquisa do Ibope Inteligência divulgada nesta quinta-feira mostra que 55% dos brasileiros são contrários à decisão do STF (Supremo Tribunal Federal) que reconheceu a união de casais do mesmo sexo". MAIS da metade dos brasileiros são contra união *gay*, diz Ibope. *Folha de São Paulo*. Disponível em: <http://www1.folha.uol.com.br/cotidiano/950907-mais-da-metade-dos-brasileiros-sao-contra-uniao-gay-diz-ibope.shtml>. Acesso em: 15 nov. 2012.

[667] DERBLI, Felipe. ADPF N. 132/ ADI N. 4.277 (REL. MIN. AYRES BRITTO). Equiparação das uniões homoafetivas às uniões estáveis. In: FUX, Luiz (Coord.). *Jurisdição constitucional:* democracia e direitos fundamentais. Belo Horizonte: Fórum, 2012. p. 97. Refere: "Outras observação relevante do voto foi quanto à maior aceitação das uniões homoafetivas na sociedade brasileira. Muito embora se saiba que, segundo pesquisas, a maioria da população ainda seja contrária às mesmas – e, nesse aspecto, foi fundamental o funcionamento do STF como instância contramajoritária –, já havia diversas decisões judiciais, pareceres administrativos e leis federais e estaduais que reconheciam efeitos jurídicos válidos às uniões homoafetivas, sobretudo em matéria previdenciária".

[668] Entre eles, pode-se citar: DIAS, Maria Berenice. *União homoafetiva*: o preconceito & a justiça. 5. ed. São Paulo: Revista dos Tribunais, 2011.

[669] Faz parte da matéria o trecho: "O ministro do Supremo Tribunal Federal (STF) Gilmar Mendes disse nesta segunda-feira que acredita que haverá uma reclamação no STF contra a sentença da Justiça de Goiás que anulou a união estável entre um casal homossexual no estado. O juiz da 1ª Vara da Fazenda Pública de Goiânia, Jeronymo Pedro Villas Boas contrariou a medida tomada pelo STF, que reconheceu a união homoafetiva como entidade familiar, e anulou de ofício (quando um juiz, sem ser provocado, toma o processo para si e decide) a união entre o estudante Odílio Torres e o jornalista Leo Mendes, de Goiânia, na sexta-feira. O casal recorreu ao Conselho Nacional de Justiça (CNJ), pois entendeu que o magistrado goiano agiu com preconceito". MINISTRO do STF acredita que haverá reclamação contra anulação de união estável em Goiás. *O Globo*. Disponível em: <http://oglobo.globo.com/politica/ministro-do-stf-acredita-que-havera-reclamacao-contra-anulacao-de-uniao-estavel-em-goias-2872807>. Acesso em: 07 nov. 2012.

[670] Esta a redação integrante do texto: "O juiz da 2ª Vara da Família e das Sucessões de Jacareí, Fernando Henrique Pinto, homologou hoje (27) a conversão da união estável em casamento entre duas pessoas do mesmo sexo. Esta é a primeira vez que ocorre um casamento homoafetivo no país". JUIZ converte em casamento união estável

em casamento. Note-se: duas interpretações equivocadas do julgamento oriundo do Supremo Tribunal Federal.

Aliado a tais fatos, outros questionamentos começam a ser realizados, como, por exemplo: Pode um casal homoafetivo adotar? Qual o alcance do regime de bens não convencionado pelo casal?[671] Esses são meros exemplos de apenas um caso no qual inúmeros desdobramentos poderiam ser pensados, razão pela qual não poderia, desde já, o Supremo Tribunal Federal, por meio das medidas estruturantes, conseguir dar condições de possibilidade de efetividade máxima da sentença normativa prolatada, uma vez que, ao reconhecer a possibilidade da união estável homoafetiva, num país no qual o cidadão é contrário a ela, não existirão alguns segmentos da sociedade que tentarão impedir a concretização da decisão?

No caso em concreto, pensando no que as medidas estruturantes poderiam auxiliar na concretização da decisão, o Supremo Tribunal Federal poderia ter elencado um rol de instituições públicas e privadas para que atentem para a nova ordem vigente após a sentença normativa. Seguradoras, sociedades que trabalham com planos de saúde, instituições financeiras públicas e privadas, aliados aos demais órgãos públicos, como o Instituto Nacional de Seguro Social, Receita Federal, Cartórios de Registros, entre outros, deveriam ser cientificadas sob pena de sofrer consequências oriundas da própria decisão, o que será alvo de reflexão futura.

3.4.3. A Arguição de Descumprimento de Preceito Fundamental n. 54: o caso do feto anencefálico

Talvez o mais emocionante caso julgado no Supremo Tribunal Federal desde o *neo* controle de constitucionalidade de leis criado na Constituição Federal de 1988 e modificado, posteriormente, pelas Emendas Constitucionais n. 3 e 45, tenha sido em relação à possibilidade de aborto terapêutico às gestantes de fetos com anencefalia.[672] Não fosse pelo fato de a ação tratar sobre um dos temas de maior

de pessoas do mesmo sexo. *JusBRASIL*. Disponível em: <http://tj-sp.jusbrasil.com.br/noticias/2751547/juiz-converte-em-casamento-uniao-estavel-de-pessoas-do-mesmo-sexo>. Acesso em: 19 nov. 2012.

671 Dispõe o artigo 1.725 do Código Civil: "Na união estável, salvo contrato escrito entre os companheiros, aplica-se às relações patrimoniais, no que couber, o regime da comunhão parcial de bens."

672 LIMA, Carolina Alves de Souza. *Aborto e anencefalia*: direitos fundamentais em colisão. Curtiba: Juruá, 2008. p. 76-78. Sobre o conceito e alcance da vida extrauterina, lembra-se da lição da autora: "O anencéfalo carece de grande parte do sistema nervoso central. No entanto, por preservar o tronco encefálico, ou parte dele, mantém as funções vitais, tais como o sistema respiratório e o cardíaco. É também capaz de reagir a estímulos, de manter a temperatura corporal e de realizar os movimentos de sugação e de deglutição. No entanto, as reações são exclusivamente reflexas e, assim, típicas do estado vegetativo". E continua: "A malformação o incapacita para as funções relacionadas à consciência e à capacidade de percepção, de cognição, de comunicação, de afetividade e de emotividade. Ele não apresenta qualquer grau de consciência e, por isso, jamais compartilhará da experiência humana. No entanto, apesar de toda a precariedade e efemeridade da sua vida, para as ciências médicas, ele é um ser humano vivo". Quase finalizando, expõe: "Segundo estudos epidemiológicos, a malformação está relacionada a vários fatores de natureza genética e/ou ambiental, tais como localização geográfica, sexo, a etnia, raça, época do ano, classe social e histórico familiar. Trata-se de doença reltivamente comum, mas que vem decaindo nas últimas décadas de cinco para dois a cada 10 mil habitantes nascidos vivos. É mais freqüente no sexo feminino,

polêmica no contexto social, que é a da prática do aborto, tema já abordado, num contexto diferente, no caso *Roe v. Wade*, e que não se trata de questão pacífica para o cidadão brasileiro,[673] a ação traz direitos das minorias, em conjunto com outros temas que geram grande controvérsia, que vão desde aspectos religiosos,[674] tendo, em seu nome, inclusive, prevalecido os julgamentos em mais de um terço de todos os pedidos de aborto por anencefalia no país entre 2001 e 2006, conforme afirma Luiz Flávio Gomes,[675] até questões básicas de saúde física e mental.[676]

Em que pesem os argumentos contrários à procedência da ação no caso envolvendo esses fetos, nos dias 11 e 12 de abril de 2012, por oito votos contra dois, os Ministros integrantes do Tribunal Pleno do Supremo Tribunal Federal julgaram a arguição de descumprimento de preceito fundamental concedendo opção à gestante de escolha sob a viabilidade de levar ou não a gravidez até o final. O Ministro Celso de Mello, ao proferir seu voto de procedência,[677] apresentou uma recomendação para que a má-formação do feto seja identificada por profissional médico legalmente habilitado, não havendo motivos para a gestante, diante da comprovação, ir aos órgãos judiciais ou estatais em busca de obtenção para a realização do

---

sendo a proporção de duas a quatro vezes". E conclui: "Por ser malformação letal, a sobrevida extra-ulterina é geralmente por pequeno período de tempo. Aproximadamente 75% dos conceptos nascem mortos e o restante, salvo raríssimas exceções, falecem no período neonatal. Assim, apesar de os anencéfalos que nascem com vida sobreviverem geralmente poucas horas ou dias após o parto, há alguns registros de sobrevivência durante meses. Nos casos de sobrevivência após o parto, o prognóstico é certo. Há progressiva deterioração do organismo, até seu perecimento. Por ser um quadro irreversível, a manutenção da vida extra-uterina de crianças nascidas com anencefalia é praticamente impossível".

673 DIVERSOS AUTORES. *A vida do anencéfalo*: aspectos científicos, religiosos e jurídicos. São Paulo: Associação Médico-Espírita do Brasil, 2009. Na introdução à obra existe o relato da pesquisa realizada pelo Datafolha: "Segundo pesquisa realizada pelo Datafolha, em 159 municípios de 25 unidades da Federação, entre os dias 25 e 27 de março de 2008, em que foram ouvidos 4.044 indivíduos, para 68% dos brasileiros não deve haver mudança na lei que regulamenta o aborto no País. A pesquisa também constatou que 14% pensam que o aborto deve ser permitido em mais situações, além das que são previstas pela lei (estupro e risco de morte da mãe), e 11% acham que ele deve deixar de ser crime em qualquer caso. Em comparação com pesquisas anteriores sobre o tema, realizadas há um ano e dois anos (março de 2007 e agosto de 2006, respectivamente), registrou-se uma variação de cinco pontos percentuais para cima no percentual dos que são contra a ampliação da lei".

674 Grande parte das restrições religiosas que foram impostas ao julgamento de procedência da ação foi no que concerne a qual momento se pode atribuir vida ao ser em formação.

675 GOMES, Luiz Flávio. Aborto anencefálico: direito não é religião. In: BARROSO, Luis Roberto et al. *Anencefalia nos tribunais*. Ribeirão Preto: Migalhas, 2009. p. 40.

676 O que foi expressamante salientado na petição inicial da arguição de descumprimento de preceito fundamental, subcrita por Luís Roberto Barroso, que pode ser comprovado pela sua leitura no site do Supremo Tribunal Federal. BRASIL. Supremo Tribunal Federal. *Petição inicial da ADPF n. 54*. Disponível em: <http://redir.stf.jus.br/paginadorpub/paginador.jsp?docTP=TP&docID=339091>. Acesso em: 13 set. 2012.

677 A parte dispositiva do voto do Ministro Celso de Mello: "Julgo integralmente procedente a ação, para confirmar o pleno direito da mulher gestante de interromper a gravidez de feto comprovadamente portador de anencefalia, dando interpretação conforme a Constituição Federal aos artigos 124, 126, cabeça, e 128, incisos I e II, todos do Código Penal, para que, sem redução de texto, seja declarada a inconstitucionalidade, com eficácia erga omnes (para todos) e efeito vinculante, de qualquer outra interpretação que obste a realização voluntária de antecipação terapêutica de parto de feto anencefálico". BRASIL. Supremo Tribunal Federal. *Arguição de Descumprimento de Preceito Fundamental n. 54*, voto do min. Celso e Mello. Disponível em: <http://www.stf.jus.br/arquivo/cms/noticiaNoticiaStf/anexo/ADPF54votoCM.pdf>. Acesso em: 20 nov. 2012.

aborto.[678] Ainda, em seu voto, mostrando concordância com as razões expostas pelo Ministro Gilmar Ferreira Mendes, alude ao fato de que haja solicitação ao Ministério da Saúde e à Confederação Nacional de Medicina para colocar em prática essas medidas.[679]

O que seria uma forma simples de manifestação do Supremo Tribunal Federal para a efetividade de casos que envolvam uma mudança cultural, é, conforme expõe Eduardo Appio, o que deveria ter sido feito na ADPF n. 54 sobre a anencefalia, caso no qual expõe que o Tribunal deveria se manifestar sobre a política de proteção à saúde da mulher em razão do aborto, e mais, se a concessão deste tipo de procedimento irá reforçar o sentimento de planejamento familiar e, por fim, se é o Estado que deverá suportar os custos dos procedimentos.[680] Em que pese Eduardo Appio ter alertado para tais fatos antes do julgamento, não houve maiores preocupações quanto aos temas levantados, de grande relevância, e que mereceriam, do Supremo Tribunal Federal, alguma medida estruturante para que a decisão fosse melhor aproveitada no plano do direito material.

3.5. Casos julgados pelo Supremo Tribunal Federal e as recomendações nos votos: uma forma de medida estruturante?

Em pelo menos duas oportunidades recentes, o Supremo Tribunal Federal trouxe, ainda receoso, algumas teses em seus votos as quais lembram a doutrina das medidas estruturantes, sendo, ambas pelo controle difuso: as ações envolvendo a demarcação das terras indígenas conhecido como o caso Raposa Serra do Sol e o mandado de injunção[681] envolvendo o direito constitucional de greve dos servidores públicos civis. Em ambos, o Supremo Tribunal Federal, tentando dar efetividade à sua decisão, trouxe elementos para que fossem cumpridas de uma forma mais efetiva, estruturando as condições de cumprimento da sentença normativa. Diante desse fato, vê-se que a distância a ser percorrida para que medidas estruturantes

---

[678] Sobre este momento, segue o texto do voto: "Esta malformação fetal seja diagnostica e comprovadamente identificada por profissional médico legalmente habilitado", reconhecendo à gestante "o direito de submeter-se a tal procedimento, sem necessidade de prévia obtenção de autorização judicial ou permissão outorgada por qualquer outro órgão do Estado".

[679] BRASIL. Supremo Tribunal Federal. *Decano volta pela descriminalização da interrupção de gravidez de feto anencefálico.* Disponível em: <http://www.stf.jus.br/portal/cms/verNoticiaDetalhe.asp?idConteudo=204879&caixaBusca=N>. Acesso em: 17 out. 2012.

[680] APPIO, Eduardo. *Direito das minorias.* São Paulo: Revista dos Tribunais, 2008. p. 26-27. Não se esquecendo que o autor escreveu seu estudo em 2008 e o caso foi julgado em 2012, sustentando já naquela ocasião: "No caso do abordo do feto anencefálico, por exemplo, o Supremo Tribunal brasileiro também terá de considerar, em sua decisão, se uma política de descriminalização gradual do aborto irá promover a proteção da saúde das mulheres ou mesmo se a proibição do aborto reforça o sentimento de planejamento familiar responsável; ou, ainda, se o Estado deve suportar os custos de tais procedimentos. Trata-se, por conseguinte, de fatos constitucionais que as partes envolvidas pretendem sejam submetidos a um amplo debate durante a decisão do caso".

[681] MIARELLI, Mayara Marinho; LIMA, Rogério Montai de. *Ativismo judicial e a efetivação de direitos no Supremo Tribunal Federal.* Porto Alegre: Sergio Antonio Fabris, 2012. Nas páginas 212 e 228, os autores abordam os julgamentos do Supremo Tribunal Federal sob uma perspectiva ativista, em especial os casos trazidos nesta pesquisa.

sejam parte do direito brasileiro já não é tão grande assim, razão pela qual é importante a análise dos julgamentos acima identificados.

3.5.1. A Ação Popular n. 3.388: o caso Raposa Serra do Sol e as imposições no voto do Ministro Menezes Direito

A ação popular[682] tombada sob o número 3.388/RR, ajuizada em face da União, em 20 de maio de 2005, de autoria do Senador da República Augusto Affonso Botelho Neto, também assistido pelo seu colega Francisco Mozarildo de Melo Cavalcanti, tendo como relator o Ministro Carlos Ayres Britto, visava a impugnar o modelo contínuo de demarcação da terra indígena Raposa Serra do Sol,[683] questionando a nulidade da Portaria n. 534/2005, assinada pelo Ministro da Justiça à época, Márcio Thomaz Bastos, bem como do Decreto homologatório datado de 15.04.2005, do então Presidente da República, Luiz Inácio Lula da Silva.

O julgamento do caso da demarcação das terras indígenas iniciou com o voto do Ministro-Relator em 27 de agosto de 2008, tendo sido concluído na mesma data, julgando a favor da demarcação contínua da área, tendo sido suspenso o restante da sessão pelo pedido de vista do Ministro Carlos Alberto Menezes Direito, sendo este o voto que realmente interessa à pesquisa. Em 10 de dezembro de 2008, com o reinício da deliberação sobre o caso, o Ministro vota pela preservação da demarcação da terra indígena, declarando válida tanto a Portaria como o Decreto Presidencial, mas acaba por impor dezoito restrições, conforme aquelas do artigo 231, § 3º, da Constituição Federal,[684] relacionadas à pesquisa, lavra de riquezas minerais, exploração de potenciais energéticos e questões de segurança nacional. O acórdão[685] menciona o rol de restrições trazidas, da qual se pode, neste momento,

---

682 RODRIGUES, Geisa de Assis. Ação popular. DIDIER JR. (Org.). *Ações constitucionais*. 5. ed. Salvador: JusPODIVM, 2011. Recomenda-se a leitura do capítulo para a compreensão do que é a ação popular.

683 A reserva Raposa Serra do Sol situa-se no Nordeste do estado, abrangendo os municípios de Normandia, Pacaraima e Uiramutã. Sua área total é de 1.747.464 hectares em 17.430 quilômetros quadrados ou 7,7% da área do estado. Isso corresponde à área de todo o estado de Sergipe ou mais da metade da área da Bélgica, que tem 30 mil quilômetros quadrados. Em termos populacionais, abriga 4,9% da população total de Roraima, que tem 395.705 habitantes. *Conjur*. Menezes Direito estabelece condições para índio viver em reserva. Disponível em: <http://www.conjur.com.br/2008-dez-10/conheca_votou_menezes_direito_serra_sol>. Acesso em: 18 out. 2012.

684 "Art. 231. São reconhecidos aos índios sua organização social, costumes, línguas, crenças e tradições, e os direitos originários sobre as terras que tradicionalmente ocupam, competindo à União demarcá-las, proteger e fazer respeitar todos os seus bens. [...] § 3º O aproveitamento dos recursos hídricos, incluídos os potenciais energéticos, a pesquisa e a lavra das riquezas minerais em terras indígenas só podem ser efetivados com autorização do Congresso Nacional, ouvidas as comunidades afetadas, ficando-lhes assegurada participação nos resultados da lavra, na forma da lei."

685 Esta a redação do acórdão que impõe as dezoito restrições: "Destarte, julgo parcialmente procedente a presente ação popular para que sejam observadas as seguintes condições impostas pela disciplina constitucional ao usufruto dos índios sobre suas terras: (i) O usufruto das riquezas do solo, dos rios e dos lagos existentes nas terras indígenas pode ser suplantado de maneira genérica sempre que houver como dispõe o artigo 231 (parágrafo 6º, da Constituição Federal) o interesse público da União na forma de Lei Complementar; (ii) O usufruto dos índios não abrange a exploração de recursos hídricos e potenciais energéticos, que dependerá sempre da autorização do Congresso Nacional; (iii) O usufruto dos índios não abrange a pesquisa e a lavra de recursos naturais, que depen-

lembrar da segunda, que impôs não ser, em primeira mão, do usufruto dos índios a exploração de recursos hídricos e de potenciais energéticos, tendo em vista que isto dependerá da autorização do Congresso Nacional. As imposições elencadas no voto do Ministro Menezes Direito são muito parecidas, não em conteúdo material, mas formalmente, àquelas no caso *Brown v. Board of Education of Topeka*. Em ambos os casos, medidas foram determinadas pelos julgadores para que a própria decisão fosse dotada de uma mais completa efetividade.

Não é preciso nem ir muito longe na fundamentação neste momento para demonstrar a verdadeira inovação realizada pelo Ministro Menezes Direito em seu voto-vista ao realizar uma verdadeira medida estruturante, bastando analisar a decisão monocrática recente do Ministro Ricardo Lewandowski[686] na reclamação cons-

---

derá sempre de autorização do Congresso Nacional; (iv) O usufruto dos índios não abrange a garimpagem nem a faiscação, dependendo-se o caso, ser obtida a permissão da lavra garimpeira; (v) – O usufruto dos índios fica condicionado ao interesse da Política de Defesa Nacional. A instalação de bases, unidades e postos militares e demais intervenções militares, a expansão estratégica da malha viária, a exploração de alternativas energéticas de cunho estratégico e o resguardo das riquezas de cunho estratégico a critério dos órgãos competentes (o Ministério da Defesa, o Conselho de Defesa Nacional) serão implementados independentemente de consulta a comunidades indígenas envolvidas e à Funai; (vi) A atuação das Forças Armadas da Polícia Federal na área indígena, no âmbito de suas atribuições, fica garantida e se dará independentemente de consulta a comunidades indígenas envolvidas e à Funai; (vii) O usufruto dos índios não impede a instalação pela União Federal de equipamentos públicos, redes de comunicação, estradas e vias de transporte, além de construções necessárias à prestação de serviços públicos pela União, especialmente os de saúde e de educação; (viii) O usufruto dos índios na área afetada por unidades de conservação fica restrito ao ingresso, trânsito e permanência, bem como caça, pesca e extrativismo vegetal, tudo nos períodos, temporadas e condições estipuladas pela administração da unidade de conservação, que ficará sob a responsabilidade do Instituto Chico Mendes de Conservação da Biodiversidade; (ix) O Instituto Chico Mendes de Conservação da Biodiversidade responderá pela administração da área de unidade de conservação, também afetada pela terra indígena, com a participação das comunidades indígenas da área, em caráter apenas opinativo, levando em conta as tradições e costumes dos indígenas, podendo, para tanto, contar com a consultoria da Funai; (x) – O trânsito de visitantes e pesquisadores não-índios deve ser admitido na área afetada à unidade de conservação nos horários e condições estipulados pela administração; (xi) Deve ser admitido o ingresso, o trânsito, a permanência de não-índios no restante da área da terra indígena, observadas as condições estabelecidas pela Funai; (xii) O ingresso, trânsito e a permanência de não-índios não pode ser objeto de cobrança de quaisquer tarifas ou quantias de qualquer natureza por parte das comunidades indígenas; (xiii) A cobrança de tarifas ou quantias de qualquer natureza também não poderá incidir ou ser exigida em troca da utilização das estradas, equipamentos públicos, linhas de transmissão de energia ou de quaisquer outros equipamentos e instalações colocadas a serviço do público tenham sido excluídos expressamente da homologação ou não; (xiv) As terras indígenas não poderão ser objeto de arrendamento ou de qualquer ato ou negócio jurídico, que restrinja o pleno exercício da posse direta pela comunidade jurídica ou pelos silvícolas; (xv) É vedada, nas terras indígenas, qualquer pessoa estranha aos grupos tribais ou comunidades indígenas a prática da caça, pesca ou coleta de frutas, assim como de atividade agropecuária extrativa; (xvi) Os bens do patrimônio indígena, isto é, as terras pertencentes ao domínio dos grupos e comunidades indígenas, o usufruto exclusivo das riquezas naturais e das utilidades existentes nas terras ocupadas, observado o disposto no artigo 49, XVI, e 231, § 3º, da Constituição da República, bem como a renda indígena, gozam de plena isenção tributária, não cabendo a cobrança de quaisquer impostos taxas ou contribuições sobre uns e outros; (xii) É vedada a ampliação da terra indígena já demarcada; (xiii) Os direitos dos índios relacionados as suas terras são imprescritíveis e estas são inalienáveis e indisponíveis". BRASIL. Supremo Tribunal Federal. *Ação Popular n. 3.388/RR*, relator min. Ayres Britto. Disponível em: <http://redir.stf.jus.br/paginadorpub/paginador.jsp?docTP=AC&docID=612760>. Acesso em: 13 out. 2012.

[686] Trata-se de reclamação, com pedido de medida liminar, proposta pelo Município de Amarante do Maranhão/MA, em que se alega desrespeito à autoridade do acórdão prolatado pelo Plenário desta Corte no julgamento da Petição 3.388/RR, Rel. Min. Ayres Britto, por parte de sentença proferida, em 29/2/2012, pelo Juízo da 20ª Vara Federal da Seção Judiciária do Distrito Federal nos autos do Processo 0016759-73.2011.4.01.3400. A decisão ora impugnada, ao denegar mandado de segurança impetrado pela municipalidade reclamante, afastou a alegação de nulidade das Portarias 677/2008 e 1.437/2010, da Fundação Nacional do Índio – FUNAI, que haviam determi-

nado a constituição de grupos técnicos para a realização de estudos necessários à verificação de eventual equívoco na delimitação – e, por conseguinte, da necessidade de ampliação – da área da Terra Indígena Governador, demarcada em 1982. O reclamante sustenta, em síntese, que a sentença reclamada, ao admitir o prosseguimento de estudos técnicos que visam à ampliação de reserva indígena já demarcada e homologada mediante o acréscimo de área não ocupada por índios em 1988, teria contrariado a decisão tomada por esta Corte na Petição 3.388/RR, que, na apreciação do caso concreto, reiterou a existência de um marco temporal – 5/10/1988 – para a aferição da ocupação territorial por uma determinada etnia indígena e impôs, como salvaguarda institucional da constitucionalidade daquele procedimento demarcatório, a vedação à ampliação da terra indígena já demarcada. Requer a suspensão liminar do processo administrativo de ampliação da Reserva Indígena Governador até o julgamento final desta Reclamação e, no mérito, a sua integral anulação. É o relatório necessário. Decido. Bem examinados os autos, constato a manifesta inadmissibilidade desta ação reclamatória. Como visto, a reclamação ora em exame aponta o descumprimento do acórdão proferido na Petição 3.388/RR, feito em que o Plenário desta Corte, ao julgar parcialmente procedente pedido formulado em ação popular, declarou, especificamente, a constitucionalidade da demarcação contínua da Terra Indígena Raposa Serra do Sol e de seu respectivo procedimento administrativo-demarcatório, desde que observadas dezenove condições ou salvaguardas institucionais, inseridas na parte dispositiva da decisão com o intuito de conferir, segundo consta expressamente da ementa do julgado, um "maior teor de operacionalidade ao acórdão". Originalmente trazidas a lume no voto-vista proferido pelo Ministro Menezes Direto, essas condições foram incorporadas ao voto do Relator, Ministro Ayres Britto, conforme exposto no pronunciamento a seguir transcrito: "Senhor Presidente, quero apenas confirmar com ajuste o meu voto, dizendo o seguinte – peço vênia ao Ministro Cezar Peluso para falar de logo: o eminente Ministro Carlos Alberto Menezes Direito, no seu magnífico voto, usou de uma técnica de decidibilidade ou de uma formatação decisória que me pareceu, num primeiro momento, estranha, mas, refletindo melhor, pela importância da causa, eu acho que compreendi perfeitamente a intenção louvabilíssima de Sua Excelência que foi traçar as diretivas para a própria execução desta nossa decisão por parte da União. Então, Sua Excelência transformou fundamentos, transplantou uma parte dos fundamentos para a disposição, para a parte dispositiva da decisão. E pareceu-me uma técnica interessante, inovadora que, embora inusual do ponto de vista da operacionalização do que estamos aqui a decidir, resulta altamente proveitosa. Não tenho motivos para deixar de aderir a essa proposta de formatação decisória, até porque, se formos percentualizar as coincidências dos nossos votos, beiraremos os cem por cento dos fundamentos, embora com palavras e fontes de pesquisa diferentes. Faço o ajuste, Senhor Presidente, com todo o conforto intelectual" (grifos meus). Observo, portanto, que o acórdão invocado nas razões desta reclamação apreciou, especificamente, o procedimento de demarcação da Reserva Indígena Raposa Serra do Sol, não podendo, por isso mesmo, ter sua autoridade afrontada por atos e decisões que digam respeito a qualquer outra área indígena demarcada, como é o caso narrado nos autos. Isso porque não houve no acórdão que se alega descumprido o expresso estabelecimento de enunciado vinculante em relação aos demais órgãos do Poder Judiciário, atributo próprio dos procedimentos de controle abstrato de constitucionalidade das normas, bem como das súmulas vinculantes, do qual não são dotadas, ordinariamente, as ações populares. Não foi por outra razão que o Ministro Ayres Britto, Relator da Pet 3.388/RR, asseverou, ao censurar o cabimento de reclamação análoga a que ora se examina (Rcl 8.070/MS), que "ação popular não é meio processual de controle abstrato de normas, nem se iguala a uma súmula vinculante". Destaco, ainda, que o Ministro Cezar Peluso ressaltou em seu voto na Pet 3.388/RR que aquele julgamento representava "autêntico caso-padrão, ou leading case", cujos enunciados propostos deixariam claro o pensamento da Corte a respeito do tema enfrentado. Todavia, conforme ressaltado pela Ministra Cármen Lúcia ao negar seguimento à Rcl 4.708/GO, as consequências vinculantes do leading case, próprias do sistema do Common Law, não se aplicam, a priori, ao nosso sistema jurídico, uma vez que "o papel de fonte do direito que o precedente tem, naquele, não é desempenhado pelo precedente no direito brasileiro, salvo nos casos constitucional ou legalmente previstos, como se dá com as ações constitucionais para o controle abstrato". Concluiu, então, a Ministra Cármen Lúcia, ressaltando que "o precedente serve, no sistema brasileiro, apenas como elemento judicial orientador, inicialmente, para a solução dos casos postos a exame. É ponto de partida, não é ponto de chegada". Por fim, recordo que a jurisprudência desta Corte é firme no sentido de que a reclamação não pode ser utilizada como sucedâneo ou substitutivo de recurso, ajuizada diretamente no órgão máximo do Poder Judiciário. Veja-se que contra a sentença judicial ora contestada o reclamante já interpôs, regularmente, recurso de apelação, que será oportunamente apreciado pelo Tribunal Regional Federal da 1ª Região. Isso posto, nego seguimento a esta reclamação (RISTF, art. 21, § 1º), ficando prejudicado, por conseguinte, o exame do pedido de liminar. Arquivem-se os autos. Publique-se. Brasília, 23 de maio de 2012. Ministro Ricardo Lewandowski Relator. BRASIL. Supremo Tribunal Federal. *Reclamação n. 13.769*, relator min. Ricardo Lewandowski. Disponível em: <http://www.stf.jus.br/portal/jurisprudencia/listarJurisprudencia.asp?s1=%28Rcl%24%2ESCLA%2E+E+13769%2ENUME%2E%29&base=baseMonocraticas>. Acesso em: 19 nov. 2012.

titucional 13.769/DF, proposta em virtude de não cumprimento das restrições impostas pelo Ministro Menezes Direito em seu voto no Caso Raposa Serra do Sol, julgado em 23 de maio do corrente ano, no qual, além de atribuir ao Ministro as melhores homenagens pelo seu voto paradigma no caso, aponta, com base no voto da Ministra Carmem Lúcia[687] na reclamação constitucional 4.708/GO, que *a priori* as consequências vinculantes do *leading case* da demarcação das terras indígenas não poderiam ser utilizadas naquela reclamação, pois não há essa força existente dos precedentes judidiais do *Common law* para o *Civil law*, ou seja, deixando as portas abertas para futuras ações envolvendo uma motivação oriunda das medidas estruturantes que, no caso, se deu por meio de restrições no voto do então Ministro do Supremo Tribunal Federal Menezes Direito.

3.5.2. O Mandado de Injunção n. 708: o direito de greve dos servidores públicos civis e as imposições no voto do Ministro Ricardo Lewandovski

O mandado de injunção é uma ação constitucional, prevista no art. 5º, inciso LXXI,[688] voltada a assegurar a garantia do cidadão contra a omissão legislativa, tratando-se, pois, de uma ação do controle difuso de constitucionalidade de leis que pode ser utilizada por qualquer um que venha a se sentir prejudicado pela ausência de norma específica para determinado caso em concreto.

No entendimento de Francisco Antonio de Oliveira,[689] essa ação constitucional foi criada para que se possa implementar o exercício dos direitos e liberdades constitucionalmente asseguradas, assim como aquelas prerrogativas relacionadas à nacionalidade, à soberania e à cidadania, estando, portanto, espraiados os artigos que são objeto do mandado de injunção em diversos momentos do texto constitucional. Não será tratado aqui, embora seja de grande interesse, o julgamento realizado pelo Supremo Tribunal Federal no qual este interpretou que, quando na falta de normas processuais atinentes ao mandado de injunção, utilizam-se aquelas pertinentes do procedimento utilizado pelo mandado de segurança, conforme relata Gilmar Ferreira Mendes,[690] realizando uma verdadeira engenharia para conseguir

---

687 Para a leitura do voto monocrático da ministra Carmem Lúcia. Ibid.

688 A redação do artigo 5º, LXXI: "Conceder-se-á mandado de injunção sempre que a falta de norma regulamentadora torne inviável o exercício dos direitos e liberdades constitucionais e das prerrogativas inerentes à nacionalidade, à soberania e à cidadania". BRASIL. *Constituição da República*. Disponível em: <http://www.planalto.gov.br/ccivil_03/constituicao/constituicao.htm>. Acesso em: 13 ago. 2012.

689 OLIVEIRA, Francisco Antonio de. *Mandado de injunção*: da inconstitucionalidade por omissão, enfoques trabalhistas, jurisprudência. 2. ed. São Paulo: Revista dos Tribunais, 2004. p. 26-27.

690 Id. *Jurisdição constitucional*: o controle abstrato de normas no Brasil e na Alemanha. 5. ed. São Paulo: Saraiva, 2005. p. 377. Essa construção permitiu ao Tribunal afirmar a imediata aplicação do mandado de injunção, independentemente da edição das normas processuais específicas. A natureza jurídica semelhante do mandado de injunção e do mandado de segurança, enquanto ações destinadas a abrigar os agentes públicos a empreenderem determinadas providências, autorizava, segundo o Tribunal, que, na ausência de regras processuais próprias, fossem aplicadas aquelas pertinentes ao mandado de segurança.

chegar a essa conclusão, o que não deixa de ser algo perto de uma reestruturação, mesmo que processual, realizada pelo Tribunal.

O caso em análise é o da greve dos servidores públicos civis e tratou-se de mandado de injunção tombado sob o n. 708, impetrado pelo Sindicato dos Trabalhadores em Educação do Município de João Pessoa (Sintem), em face do Congresso Nacional, contestando a ausência de lei que regulamente o exercício do direito de greve previsto no artigo 37, inciso VII, da Constituição Federal,[691] tendo sido julgado pelo Tribunal Pleno em 25.10.2007, sob a relatoria do Ministro Gilmar Ferreira Mendes. Outros dois mandados de injunção, 670 e 712, também impetrados com esse fim, pelos Sindicatos dos Servidores Policiais Civis do Espírito Santo (Sindpol) e pelo Sindicato dos Trabalhadores do poder Judiciário do Pará (Sinjep), merecem a referência.

Não se está elaborando um extenso trabalho sobre o histórico dos mandados de injunção impetrados para que seja declarada a mora legislativa e esta fosse regularizada pelo processo de elaboração de leis, o que nunca ocorria, mas tão somente o caso no qual, já sabedouros de que a declaração desta mora efetivamente não era sanada pelo Poder competente, o Supremo Tribunal Federal inova e declara que se devem, nesse caso, diante da falta de regulamentação, ser aquelas normas destinadas ao setor privado previstas na Lei n. 7.783/89 as que valeriam para ordenar a greve.

O principal momento do julgamento que interessa à tese é, a partir da divergência do voto do Ministro Ricardo Lewandowski,[692] que foi acompanhado pelos

691 "Art. 37. A administração pública direta e indireta de qualquer dos Poderes da União, dos Estados, do Distrito Federal e dos Municípios obedecerá aos princípios de legalidade, impessoalidade, moralidade, publicidade e eficiência e, também, ao seguinte: [...] VII – o direito de greve será exercido nos termos e nos limites definidos em lei específica".

692 Estas as 16 medidas lembradas pelo Ministro Ricardo Lewandowski para a utilização da lei da greve dos particulares aos servidores públicos: "1) a suspensão da prestação de serviços deve ser temporária, pacífica, podendo ser total ou parcial; 2) a paralização dos serviços deve ser precedida de negociação ou de tentativa de negociação; 3) a Administração deve ser notificada da paralisação com antecedência mínima de 48 (quarenta e oito) horas; 4) a entidade representativa dos servidores deve convocar, na forma de seu estatuto, assembléia geral para deliberar sobre as reivindicações da categoria e sobre a paralisação, antes de sua ocorrência; 5) o estatuto da entidade deve prever as formalidades de convocação e o *quorum* para a deliberação, tanto para a deflagração como para a cessação da greve; 6) a entidade dos servidores representará os seus interesses nas negociações, perante a Administração e o Poder Judiciário; 7) são assegurados aos grevistas, dentre outros direitos, o emprego de meios pacíficos tendentes a persuadir ou aliciar os servidores a aderirem à greve e a arrecadação de fundos e livre divulgação do movimento; 8) em nenhuma hipótese, os meios adotados pelos servidores e pela Administração poderão violar ou constranger os direitos e garantias fundamentais de outrem; 9) é vedado à Administração adotar meios para constranger os servidores ao comparecimento ao trabalho ou para frustrar a divulgação do movimento; 10) as manifestações e atos de persuasão utilizados pelos grevistas não poderão impedir o acesso ao trabalho nem causar ameaça ou dano à propriedade ou pessoa; 11) durante o período de greve é vedada a demissão de servidor, exceto se fundada em fatos não relacionados com a paralisação, e salvo em se tratando de ocupante de cargo em comissão de livre provimento e exoneração, ou, no caso de cargo efetivo, a pedido do próprio interessado; 12) será lícita a demissão ou a exoneração de servidor na ocorrência de abuso do direito de greve, assim consideradas: a) a inobservância das presentes exigências; e b) a manutenção da paralisação após a celebração de acordo ou após a decisão judicial sobre o litígio; 13) durante a greve, a entidade representativa dos servidores ou a comissão de negociação, mediante acordo com a Administração, deverá manter em atividade equipes de servidores com o propósito de assegurar a prestação de serviços essenciais e indispensáveis ao atendimento das necessidades inadiáveis da coletividade; 14)

Ministros Joaquim Barbosa e Marco Aurélio de Mello. Eles estabeleceram dezesseis condições para a utilização da referida lei, uma vez que se partia de uma legislação destinada aos particulares para um caso concreto de greve de servidores públicos. Cabe trazer uma reflexão sobre a recomendação n. 10, na qual se veda à administração que se utilize de qualquer meio de constrangimento para obrigar o servidor a retornar ao trabalho ou ainda para frustrar a divulgação do movimento. Essa recomendação é um típico caso de medida estruturante, ou seja, a própria Corte Superior, dotada de *imperium*, ordena que seja realizada a paralisação dessa forma de opressão, ou seja, sem a ingerência da administração pública para obrigar o servidor a trabalhar.

3.6. As medidas estruturantes e seu alcance no direito brasileiro: os preceitos fundamentais

Tema de difícil elucidação é saber em quais direitos devem ser utilizadas as medidas estruturantes, uma vez que, em virtude da diversidade de direitos e das diversas forças normativas que cada um possui, não se pode conceder, a cada um deles, a possibilidade de realização de condições para sua efetividade por meio dessas medidas.

Para se ter uma noção do que se está a discorrer, analisa-se, por primeiro, a doutrina de Owen M. Fiss, idealizador do tema, após a de Eduardo Appio, alguém que, constantemente, se preocupa com a efetividade de direitos de determinado grupo de pessoas para, somente ao final, se tomar o posicionamento necessário sobre o alcance, no Brasil, dos direitos que podem ser alvo de medidas estruturantes.

Na linha adotada pelo professor da Universidade de Yale,[693] que já foi parcialmente delineada no capítulo anterior, sabe-se que entende ser o Estado dotado de entes burocratizados, que afetam a vida pessoal do cidadão, não havendo a possi-

---

em não havendo o referido acordo, ou na hipótese de não ser assegurada a continuidade da prestação dos referidos serviços, fica assegurado à Administração, enquanto perdurar a greve, o direito de contratação de pessoal por tempo determinado, prevista no art. 37, IX, da Constituição Federal ou a contratação de serviços de terceiros; 15) na hipótese de greve em serviços ou atividades essenciais, a paralisação deve ser comunicada com antecedência mínima de 72 (setenta e duas) horas à Administração e aos usuários; 16) a responsabilidade pelos atos praticados durante a greve será apurada, conforme o caso, nas esferas administrativa, civil e penal". BRASIL. Supremo Tribunal Federal. *Mandado de Injunção n. 708/DF*, voto do min. Ricardo Lewandowski. Disponível em: <http://www.stf.jus.br/arquivo/cms/noticiaagendaministro/anexo/mi708.pdf>. Acesso em: .16 out. 2012.

[693] FISS, Owen M. *Um novo processo civil*: estudos norte-americanos sobre jurisdição, Constituição e sociedade. Tradução de: Daniel Porto Godinho da Silva e Melina de Medeiros Rós, Coordenação da tradução de: Carlos Alberto de Salles. São Paulo: Revista dos Tribunais, 2004. p. 27. Refere: "A reforma estrutural é baseada na noção de que a qualidade de nossa vida social é afetada de forma significativa pela operação de organizações de grande porte e não apenas por indivíduos, agindo dentrou ou fora dessas organizações. É também baseada na crença de que os valores constitucionais norte-americanos não podem ser totalmente assegurados, sem que mudanças básicas sejam efetuadas nas estruturas dessas organizações. O processo judicial de caráter estrutiral é aquele no qual um juiz, enfrentando uma burocracia estatal no que tange aos valores de âmbito constitucional, incumbe-se de reestruturar a organização para eliminar a ameaça imposta a tais valores pelos arranjos institucionais existentes".

bilidade de essa burocracia se sobrepor aos direitos constitucionalizados, devendo, pois, os valores existentes no texto constitucional ser preenchidos e realizadas as medidas estruturantes nos casos em que já se sabe que o entrave burocrático será condição de não possibilidade de a decisão judicial ser efetivada.

Já no que se refere ao pensamento adotado por Eduardo Appio, o Supremo Tribunal Federal deve tomar medidas mais efetivas para a concretização dos direitos das minorias,[694] raciocínio que encontra respaldo em Eugênio Facchini Neto,[695] que narra ser dever do Estado manter as regras do jogo para todos, sem ser influenciado pelo poder da maioria, exercendo aí a ideia de a jurisdição ser contramajoritária.

E, para a tese, que alcance deve ser dado a essas medidas tomadas pelo Poder Judiciário? Aqui no Brasil criou-se um hiato de inefetividade sem precedentes pelas promessas advindas com a Constituição Federal de 1988 e o que realmente vem ocorrendo no plano dos fatos, conforme lembra Jorge Munhós de Souza[696] em artigo sobre o tema, alicerçando seu entendimento no fato de que o Brasil tentou dar efetividade às normas constitucionais por meio de um positivismo de combatividade, pois a Constituição, sendo lei, deve ser aplicada, avalizando os direitos nela contidos, em especial com o enorme elenco de direitos fundamentais nela inseridos.[697]

---

[694] APPIO, Eduardo. *Direito das minorias*. São Paulo: Revista dos Tribunais, 2008. p. 381. Defende: "A tutela jurisdicional das minorias é uma fonte adequada de responder aos problemas da democracia e, com esse sentido, o sistema judicial norte-americano é um (bom) exemplo a ser seguido no Brasil".

[695] FACCHINI NETO, Eugênio. O judiciário no mundo contemporâneo. In: MOLINARO, Carlos Alberto; MILHORANZA, Mariângela Guerreiro; PORTO, Sérgio Gilberto (Org.). *Constituição, jurisdição e processo*: estudos em homenagem aos 55 anos da Revista Jurídica. Sapucaia do Sul: Notadez, 2007. p. 320. Refere o autor: "Uma vez que aumentam os grupos que não dispõem de acesso às sedes institucionais e ao processo de tomada de decisões politicamente relevantes, restringindo-se ainda mais os espaços de participação no processo político democrático para os não integrantes da maioria, cresce a necessidade de assegurar também aos excluídos, aos marginais, às minorias, a garantia do respeito das regras do jogo e da tutela de status e de direitos fundamentais através do eficaz funcionamento de uma jurisdição independente da infuência do poder de maioria".

[696] SOUZA, Jorge Munhós de. Teoria do diálogo: o controle judicial fraco como forma dialógica de implementar diretos sociais e econômicos. In: CAMARGO, Marcelo Novelino (Org.). *Leituras complementares de constitucional*: controle de constitucionalidade. 3. ed. Salvador: JusPODIVM, 2010. p. 11. Refere já na passagem inicial do estudo: "Nos últimos anos a imensa distância entre nossa realidade social e aquela prometida pela Constituição de 1988 desencadeou, especialmente no mundo jurídico, uma enxurrada de trabalhos preocupados com o tema da efetividade da constituição".

[697] SOUZA, Jorge Munhós de. Teoria do diálogo: o controle judicial fraco como forma dialógica de implementar diretos sociais e econômicos. In: CAMARGO, Marcelo Novelino (Org.). *Leituras complementares de constitucional*: controle de constitucionalidade. 3. ed. Salvador: JusPODIVM, 2010. p. 12. Aduz: "Depois de muitos anos de luta para que as normas constitucionais passassem a ser respeitadas como tais, o mencionado movimento teórico adotou uma estratégia inicial de raciocínio que consistia basicamente no seguinte: primeiro, tínhamos uma Constituição com um elenco enorme de direitos fundamentais declarados, estando, inclusive, previstos no art. 6º uma considerável plêiade de direitos sociais (todos eles claramente oponíveis em relação ao Estado, ou seja, eram normas definidoras de direitos); segundo, tirando algumas exceções pontuais, direitos declarados eram direitos subjetivos, gerando, assim, o poder jurídico de exigir uma prestação; e, por fim, se entendia que grande parte das mazelas sociais gerava, por si só, direitos subjetivos para os cidadãos, sendo possível exigir do Estado determinada prestação (positiva ou negativa) mediante a existência de uma pretensão resistida. De forma bastante simplificada esse era o núcleo da ideia – construída sob as bases de um pensamento de esquerda (que buscava reconstruir após o fracasso do socialismo real) e de um 'positivismo de combatividade' (Lei vale por ser Lei; a Constituição é Lei, e, consequentemente, deve ser aplicada".

Transformar a realidade social é um dos grandes alicerces das medidas estruturantes, o que se coaduna com os ideais defendidos nos artigos iniciais da Constituição da República Federativa do Brasil, ao dispor, no artigo 3º, que "constituem objetivos fundamentais da República Federativa do Brasil":

> (i) o de construir uma sociedade livre, justa e solidária;
>
> (ii) de garantir o desenvolvimento nacional;
>
> (iii) de erradicar a pobreza e a marginalização e reduzir as desigualdades sociais e regionais; e
>
> (iv) promover o bem de todos, sem preconceitos de origem, raça, sexo, cor, idade e quaisquer outras formas de discriminação.

Assim, todos os incisos do artigo 3º estão em plena sintonia com a ideia das medidas estruturantes. Também não é de se negar importância ao preâmbulo[698] da Constituição Federal[699] que resgata valores[700] a serem buscados pela sociedade brasileira, tendo a doutrina e o Supremo Tribunal Federal, atualmente, concedido uma força normativa indireta no auxílio à interpretação e aplicação do direito, inclusive podendo ser utilizado como parâmetro de fundamentação de decisões judiciais, conforme aponta a escrita de Ingo Wolfgang Sarlet.[701]

Garantir cada vez mais os direitos sociais e os individuais, promover a liberdade, a segurança, o bem-estar, o desenvolvimento, a igualdade e a justiça podem todos ser feitos pelo Supremo Tribunal Federal caso abrace sua função de não só julgar, mas dar sentido ao texto legal que confronta a Constituição Federal por

---

[698] Apesar de o Supremo Tribunal Federal na ação direta de inconstitucionalidade 2076/AC, em julgamento de relatoria do Ministro Carlos Velloso, ter optado, equivocadamente, por decidir que não há força normativa no preâmbulo da Constituição: "*EMENTA: CONSTITUCIONAL. CONSTITUIÇÃO: PREÂMBULO. NORMAS CENTRAIS.* Constituição do Acre. I. – Normas centrais da Constituição Federal: essas normas são de reprodução obrigatória na Constituição do Estado-membro, mesmo porque, reproduzidas, ou não, incidirão sobre a ordem local. Reclamações 370-MT e 383-SP (RTJ 147/404). II. – Preâmbulo da Constituição: não constitui norma central. Invocação da proteção de Deus: não se trata de norma de reprodução obrigatória na Constituição estadual, não tendo força normativa. III. – Ação direta de inconstitucionalidade julgada improcedente". BRASIL. Supremo Tribunal Federal. Ação Direta de Inconstitucionalidade 2076/AC, relator min. Carlos Velloso. Disponível em: <http://www.stf.jus.br/portal/jurisprudencia/listarJurisprudencia.asp?s1=%28ADI%24%2ESCLA%2E+E+2076%2ENUME%2E%29+OU+%28ADI%2EACMS%2E+ADJ2+2076%2EACMS%2E%29&base=baseAcordaos>. Acesso em: 18 jul. 2012.

[699] "Nós, representantes do povo brasileiro, reunidos em Assembleia Nacional Constituinte para instituir um Estado Democrático, destinado a assegurar o exercício dos direitos sociais e individuais, a liberdade, a segurança, o bem-estar, o desenvolvimento, a igualdade e a justiça como valores supremos de uma sociedade fraterna, pluralista e sem preconceitos, fundada na harmonia social e comprometida, na ordem interna e internacional, com a solução pacífica das controvérsias, promulgamos, sob a proteção de Deus, a seguinte CONSTITUIÇÃO DA REPÚBLICA FEDERATIVA DO BRASIL".

[700] No julgamento da ADI 2.649, a Ministra relatora Cármen Lúcia, em seu voto, consigna a importância do preâmbulo da Constituição Federal. <http://redir.stf.jus.br/paginadorpub/paginador.jsp?docTP=AC&docID=555517>. Acesso em: 15 jan. 2013.

[701] SARLET, Ingo Wolfgang; MARINONI, Luis Guilherme; MITIDIERO, Daniel. *Curso de Direito Constitucional.* São Paulo: Revista dos Tribunais, 2012. p. 67. Expõe: "Assim, como já se teve a oportunidade de constatar, a orientação majoritária na doutrina e atualente em vigor no STF, admite que o preâmbulo tenha eficácia normativa indireta e não autônoma, como parâmetro auxiliar para a interpretação e aplicação do direito e argumento adicional para a fundamentação de decisões judiciais".

meio dos casos que julga. Assim, almeja-se que a doutrina trazida do direito estadunidense das medidas estruturantes albergue não só os direitos em razão de se saber que existem instituições burocratizadas ou ainda, dos direitos das minorias, mas que se alargue o leque para que possa ser melhor aproveitada a efetividade que se pode verificar com a aplicação dessa doutrina. Hoje transitam nos julgamentos do Supremo Tribunal Federal os mais variados tipos de direitos, daí a tentativa de alargamento do objeto de aplicação das medidas estruturantes. Então, o questionamento a ser respondido neste momento passa pelo seguinte raciocínio: quais seriam os direitos que poderiam ser abarcados por estas medidas nos julgamentos realizados pelo Supremo Tribunal Federal?

Será que todas as dimensões dos direitos fundamentais são suficientes para que as medidas estruturantes possam ser realizadas e façam com que o Brasil se torne cada vez mais um país com o reconhecimento, interno e externo, de realmente ser um Estado Constitucional? Com isso, defende-se que o mais completo conceito que hoje abarca direitos de grande importância a serem efetivados pelas medidas estruturantes é aquele trazido pela lei da arguição de descumprimento de preceito fundamental (Lei n. 9.882/99), que é o do preceito fundamental, o que faz surgir uma nova dúvida: o que é preceito fundamental? Apenas para se ter uma ideia do terreno em que nesse momento se insere a pesquisa, Teori Albino Zavascki[702] afirma que existe uma dificuldade em conceituar preceito fundamental, mas, após, admite até mesmo uma impossibilidade de definição, por se tratar de cláusula extremamente aberta. Na mesma linha de dificuldade, também é de se referir a argumentação de Gabriel Dias Marques da Cruz,[703] que tenta opinar em sua obra, mas não consegue ser objetivo ao dizer o que realmente ele é, apenas confessa da dificuldade de fazê-lo para, posteriormente, afirmar que entende não serem todos os preceitos da Constituição fundamentais, o que atentaria contra o próprio objeto da ADPF. Porém, não se pode deixar essa lacuna da não conceituação, esperando que alguma das noções abaixo transcritas sirva para definir o que vem a ser preceito fundamental.

André Ramos Tavares,[704] ao enfrentar esta missão, num primeiro momento, diz o que ele não é, ao afirmar que não se pode limitar seu conteúdo com os dos

---

[702] ZAVASCKI, Teori Albino. *Eficácia das sentenças na jurisdição constitucional.* 2. ed. São Paulo: Revista dos Tribunais, 2012. p. 59. Refere: "Há uma dificuldade, senão até uma impossibilidade mesmo, de determinar, abstratamente, o alcance objetivo dessa formulação constitucional, já que se trata de expressão de conceito jurídico extremamente aberto".

[703] CRUZ, Gabriel Dias Marques da. *Arguição de descumprimento de preceito fundamental*: lineamentos básicos e revisão crítica no direito constitucional brasileiro. São Paulo: Malheiros, 2011. p. 51. Refere: "Creio que deva ser criticada a visão dos que defendem que todos os preceitos da Constituição são fundamentais, posição contrária ao objeto literal de tutela da ADPF".

[704] TAVARES, André Ramos. *Tratado da argüição de preceito fundamental*: (Lei n. 9.868 e 9.882). São Paulo: Saraiva, 2001. p. 112. Refere: "De outra parte, a Constituição brasileira de 1.988 utiliza a expressão 'princípios' em diversas passagens. Mas refere-se a 'preceito fundamental' em um único momento, vale dizer, quando trata da argüição por seu descumprimento. Cabe, portanto, aclarar o conteúdo deste com maior cuidado, para não se incidir na tentação de equiparar-lhe o conteúdo ao de princípio, equiparação que, ademais, seria impensável de realizar-se, num primeiro momento, referentemente às regras".

princípios, tampouco com as regras, mas deve abarcar, ao mesmo tempo, ambas.[705] Após, no momento da sua exposição central sobre o tema, é enfático ao dizer que os preceitos fundamentais[706] são aquelas normas que conferem identidade própria à Constituição, chegando a concluir que se existir uma supressão drástica de um desses preceitos, a própria identidade do texto constitucional estaria alterada. Já Gregório Assagra de Almeida[707] defende que os preceitos fundamentais são aquelas disposições constitucionais ligadas ao Estado Democrático de Direito e aos direitos e garantias fundamentais, não sendo, pois, qualquer norma disposta no texto da Constituição.

Para Willis Santiago Guerra Filho,[708] o preceito fundamental seria desvelado por meio de um processo de intelecção, sendo, pois, numa linha diferenciada dos demais autores, como o mesmo pensa, até em razão da carga filosófica[709] nos seus estudos, o preceito deve ser relacionado a um processo hermenêutico realizado pelos representantes do Poder Público, podendo ser ele, até mesmo, uma regra não constitucional ou princípio, desde que esteja vinculado com a fórmula política prevista na Constituição Federal. Na linha argumentativa invocada por Francisco Gérson Marques de Lima,[710] há, no preceito fundamental, uma identidade com o próprio espírito fundamentante da Constituição.

---

705 Id. *Curso de direito constitucional.* 8. ed. São Paulo: Saraiva, 2010. p. 308. "A arguição de descumprimento de preceito fundamental é uma garantia de origem constitucional, de natureza processual, que visa a preservar a obediência geral devida às regras e princípios constitucionais que, considerados fundamentais, estavam, de há muito, dentro de um quadro evolutivo, a demandar mecanismo próprio para tanto".

706 Id. *Tratado da argüição de preceito fundamental*: (Lei n. 9.868 e 9.882). Op. cit., p. 134. "Pode-se afirmar que os preceitos fundamentais de uma Constituição cumprem exatamente o papel de lhe conferir identidade própria. Constituem, em seu conjunto, a alma da Constituição. E, embora se permita a mudança ou até a supressão de alguns desses preceitos, pela via reformadora (já que nem todos se encontram, comos e verá, acobertados pela garantia explícita da intangibilidade reformadora), pode-se seguramente afirmar que uma alteração mais extensa provocaria a mudança da própria concepção de Constituição até então vigente".

707 ALMEIDA, Gregório Assagra de. *Manual das ações constitucionais.* Belo Horizonte: Del Rey, 2007. p. 863. Afirma: "Contudo, não é qualquer disposição constitucional que deve ser arrolada como sendo preceito constitucional fundamental, mas, sim, aquelas portadoras de valores diretamente ligados à estrutura do Estado Democrático de Direito e aos direitos e garantias constitucionais fundamentais, individuais ou coletivos".

708 GUERRA FILHO, Willis Santiago. *Processo constitucional e direitos fundamentais.* 5. ed. São Paulo: RCS, 2007. p. 231-232. Refere: "Daí decorre a tese que aqui se suscita, de que o preceito fundamental a que se refriu o constituinte pátrio não seria de se considerar, propriamente, no sentido usual, como referindo a norma jurídica, seja esta princípio, seja regra, consagrada pela ordem jurídica objetiva. Preceito fundamental, em nossa proposta, seria, tal como expresso na edição normativa (2ª frase do parágrafo 1°, art. 102, CF), aquele decorrente da Constituição, dela derivado por um processo de intelecção, resultante em ato do Poder Público que se impugna por considerá-lo violador da ordem constitucional. É assim que, avançando uma hipótese bastante diversa daquelas até o momento aventadas, postulamos ser o preceito fundamental *a interpretação* que fazem representantes do Poder Público de um conjunto normativo, podendo aí serem incluídas regras, constitucionais ou não, e princípios, explícitos ou implícitos. Por outro lado, o preceito será tido como 'fundamental' em razão do vínculo que se pode estabelecer entre ele e a 'fórmula política' adotada na Constituição".

709 É Livre-Docente em Filosofia do Direito pela UFC, além de Doutor em Ciência do Direito pela Universidade de Bielefeld, Alemanha.

710 LIMA, Francisco Gérson Marques. *Fundamentos constitucionais do processo*: sob a perspectiva da eficácia dos direitos e garantias constitucionais. São Paulo: Malheiros, 2002, p. 141. Refere: "Tal preceito fundamental é pertinente ao espírito fundamentante da Constituição, explícito ou implícito, esteja na Constituição ou seja dela mera decorrência. Preceito vem do Latim praeceptum (diretriz, mandamento). Daí decorrente dizer respeito aos direi-

Gilmar Ferreira Mendes,[711] em primeira compreensão sobre o tema, alude que ninguém pode negar que os direitos e garantias fundamentais do artigo 5º devam ser considerados preceitos fundamentais, assim como todos os princípios protegidos pelo artigo 60, § 4º, da Constituição Federal. Após, alarga o conceito[712] para dizer que as disposições que confiram densidade normativa ou significados específicos aos princípios acima identificados devam ser considerados como preceitos fundamentais.[713] Em que pese o autor expor quais normas entende ele ser consideradas preceitos fundamentais, não conseguiu em sua obra realizar uma conceituação objetiva sobre o tema.

Contudo, durante o julgamento da arguição de descumprimento de preceito fundamental n. 33, envolvendo a discussão sobre violação do pacto federativo e vinculação do salário mínimo a determinados fins, os Ministros Sepúlveda Pertence,[714] Carlos Ayres Britto[715] e Gilmar Ferreira Mendes[716] discutiram o alcance e o conceito do que vem a ser preceito fundamental. O mais interessante é que restou

---

tos e garantias derivados do regime e dos princípios adotados pela Constituição. São preceitos fundamentais os princípios fundamentais, os princípios constitucionais impositivos, os princípios-garantias e as regras de direitos fundamentais dispostos na Constituição Federal".

[711] MENDES, Gilmar Ferreira. *Arguição de descumprimento de preceito fundamental.* 2. ed. São Paulo: Saraiva, 2011. p. 148. Inicia dizendo: "Assim, ninguém poderá negar a qualidade de preceitos fundamentais da ordem constitucional aos direitos e garantias fundamentais (art. 5º, dentre outros)". E conclui: "Da mesma forma, não se poderá deixar de atribuir essa qualidade aos demais princípios protegidos pela cláusula pétrea do art. 60, § 4º, da CF: o princípio federativo, a separação de poderes, o voto direito, secreto, universal e periódico".

[712] Ibid., p. 151-152. Refere: "Destarte, um juízo mais ou menos seguro sobre a lesão de preceito fundamental consistente nos princípios da divisão de poderes, da forma federativa do Estado ou dos direitos e garantias fundamentais exige, preliminarmente, a identificação dos conteúdos dessas categorias na ordem constitucional e, especialmente, das suas relações de interdependência". E finaliza: "Nessa linha de entendimento, a lesão a preceito fundamental não se configurará apenas quando se verificar possível afronta a um princípio fundamental, tal como assente na ordem constitucional, mas também a disposições que configuram densidade normativa ou significado específico a esse princípio".

[713] Entendimento que é reforçado por Gilmar Ferreira Mendes quando relatou a arguição de descumprimento de preceito fundamental 33-5/PA, tendo como arguente o Governador do Estado do Pará e como arguido o Instituto de Desenvolvimento Econômico-Social do Pará – IDESP. BRASIL. Supremo Tribunal Federal. Arguição de Descumprimento de Preceito Fundamental n. 33-5/PA, relator min. Gilmar Ferreira Mendes. Disponível em: <http://redir.stf.jus.br/paginadorpub/paginador.jsp?docTP=AC&docID=388700> Acesso em: 18 out. 2012.

[714] Para Sepúlveda Pertence: "Dois pontos, particularmente, eu gostaria de assinalar: Primeiro, eu não teria, ao que me recordo, nenhuma reserva a fazer ao voto no que diz respeito ao conceito do que seja preceito fundamental – que, para mim, com as vênias do Mestre Carlos Britto, envolve regras e, sobretudo, princípios – mas, em relação ao qual, evidentemente, se deixou uma margem de concretização ao Tribunal para, em cada caso, verificar ou não a presença de um preceito fundamental em causa", aparentemente concordando com o conceito de Gilmar Ferreira Mendes e afirmando o mais importante: o que vem a ser preceito será decidido no caso concreto pelo Supremo Tribunal Federal. Ibid., p. 57.

[715] Para Carlos Ayres Britto: "Esse outro, tenho-o não como preceito, mas como princípio. Como faço a distinção entre preceito e princípio – o Ministro Gilmar pode achar que é uma heresia, mas não o tenho como heresia –, eu me baseio muito na lógica do art. 29 da Constituição, que faz clara distinção entre princípio e preceito. Preceito é regra, ou seja, há norma que veicula princípio, há norma que veicula regra [...]". Ibid., p. 48.

[716] Gilmar Ferreira Mendes, inclusive, demonstrou preocupação com as categorias existentes para diferenciação dos atos nomativos: "A dificuldade que temos aqui, inclusive a essa acadêmica nomenclatura, muito ao gosto, acho até na doutrina, é essa disputa. Nesses últimos dias aprendi que há princípio, postulado, pauta, preceito e coisa e tal. Dependendo desses conceitos da aplicação que se faça ao caso dos autos poderia levar a um esvaziamento do próprio parâmetro de controle". Ibid., p. 49.

consignado no voto, pelo Ministro Eros Roberto Grau,[717] que, devido a fins acadêmicos, deixaria consignado o seu entendimento sobre o que são os preceitos fundamentais, afirmando que preceitos ou normas são gêneros, dos quais são espécies regras e princípios.

Em texto publicado recentemente, Felipe Duarte Gonçalves Ventura de Paula[718] realiza um estudo no qual demonstra, por meio de uma tabela, que a análise das arguições ajuizadas e o preceito fundamental com ela relacionado apontam para que o intérprete[719] inclua todas as normas constitucionais nesta categoria de direitos, indo mais além, ao apontar que, somados os parâmetros de controle da ADPF com a ADIn, em virtude de aquela ser uma ação direta subsidiária, todas as normas da Constituição Federal estariam protegidas pelas ações.[720]

Diante dos conceitos acima trazidos, algumas conclusões devem ser realizadas sobre os preceitos fundamentais:

(i) para manter a tese coerente, é da competência do Supremo Tribunal Federal interpretar, no caso concreto, se existe ou não preceito fundamental violado;

(ii) deve-se restringir o campo dos preceitos fundamentais ao que está na Constituição Federal; conforme dispõe seu artigo 102, § 1º;

(iii) os preceitos fundamentais podem vir a ser configurados ora como sendo princípios, ora regras, desde que vinculados com o texto constitucional; e

(iv) devido ao inter-relacionamento da ADPF e da ADIn, pode-se conceber que todas as normas constitucionais, em tese, são possíveis candidatas a serem consideradas como preceitos fundamentais.

3.7. Os preceitos fundamentais e o rompimento do paradigma cultural: a viabilidade das medidas estruturantes

Na Suprema Corte dos Estados Unidos ficou demonstrado, com o estudo do caso *Brown v. Board of Education*, que os *Justices* idealizaram as medidas estruturantes, pela primeira vez, em fatos que envolviam direitos de primeira e de segunda

---

717 Para Eros Roberto Grau: "Sr. Presidente, como é possóvel que, no futuro, alguém leia esse acórdão com interesse acadêmico, eu queria ressaltar que, para mim, preceito é princípio e regra; ou seja, preceito ou norma é gênero, espécies são princípio e regra". Ibid., p. 52.

718 PAULA, Felipe Duarte Gonçalves Ventura de. A argüição de descumrpimento de preceito fundamental. In: VOJVODIC, Adriana *et al.* (Org.). *Jurisdição constitucional no Brasil.* São Paulo: Malheiros, 2012. A tabela encontra-se na p. 186 da obra.

719 Ibid., p. 187. Refere: "A identificação do parâmetro de controle da arguição de descumprimento, como realizada nas argüições de descumprimento de preceito fundamental supracitadas, possibilita ao intérprete incluir todas as normas constitucionais na categoria dos preceitos fundamentais".

720 Ibid., p. 187-188. Aduz: "Como resultado, um dos critérios diferenciadores entre arguição de descumrpimento de preceito fundamental e ação direta de inconstitucionalidade (o parâmetro de controle de cada ação) perde seu conteúdo. Referido esvaziamento contribiu para o delineamento da arguição de descumprimento como ação direta subsidiária: em decorrência da leitura ampliativa dos preceitos fundamentais, tanto a arguição de descumprimento de preceito fundamental quanto a ação direta de inconstitucionalidade passam a tutelar o mesmo objeto: todas as normas da Constituição Federal de 1988".

dimensão,[721] direito à igualdade e à educação, respectivamente, assim como foi imaginado que a decisão encontraria dificuldades para sua concretização, tendo em vista o caráter burocratizado das instituições públicas estadunidenses. Inegável que os direitos fundamentais são importantes instrumentos para qualquer ordenamento jurídico que idealize um Estado Democrático de Direito, assim como não há como duvidar que as instituições públicas no Brasil ainda são dotadas de burocracia, como nos Estados Unidos. Uma vez que já fixado o marco dos preceitos fundamentais para a realização desse novo modelo de decisão judicial pelo Tribunal, fica a dúvida a ser esclarecida: será que somente por existir um preceito fundamental violado o Supremo Tribunal Federal poderá realizar as medidas estruturantes por meio de seus julgamentos?

Para que a resposta seja coerente ao até neste momento defendido, deve-se relembrar as quatro decisões da Suprema Corte estadunidense já estudadas: *Dred Scott v. Sandford, Plessy v. Ferguson, Brown v. Board of Education* e *Roe v. Wade*. Os dois primeiros casos, envolvendo questões raciais, não foram surpresas para o que a sociedade vivia à época dos julgamentos, sendo somente com o julgamento de *Brown v. Board of Education*, que o pensamento predominante em determinados segmentos na sociedade foi abruptamente rompido com a erradicação da doutrina do *separate but equal*, ou seja, um elemento cultural da sociedade foi rompido quando rompida foi a doutrina que trilhava o caminho da separação entre brancos e negros. Posteriormente, em uma nova manifestação da Suprema Corte, o paradigma cultural de determinada parcela da sociedade foi novamente cortado com o julgamento do caso envolvendo a prática de aborto, sendo que, até hoje, a decisão causa grande polêmica na sociedade estadunidense, apesar de os *Justices* ainda terem realizado um tipo de modulação temporal para que existisse alguma proteção aos fetos quando já em estado maior de gestação. Com isso, é de se concluir, mesmo que de uma forma menos científica, que se o Tribunal não tivesse adotado esse calendário, concedendo o mesmo direito de aborto às gestantes desde o primeiro trimestre até o último dia de gestação, a sociedade iria aceitar, em menor quantidade, a decisão.

Se o que se afirmou acima corresponde à verdade, pode-se concluir que o direito e o processo devem estar acompanhando o momento cultural de determinada sociedade[722] e, em consequência disso, quando um deles então, de algum modo,

---

[721] PIEROTH, Bodo; SCHLINK, Bernhard. *Direitos fundamentais*. Tradução de: António Francisco de Souza e António Franco. São Paulo: Saraiva, 2012. p. 62-66. Também chamados de *status negativus* e *status positivus* respectivamente, e, por fim, *status activus* que seria e terceira dimensão, não se esquecendo de que no Brasil, como já anteriormente referido, já se fala em outras dimensões de direitos fundamentais.

[722] Não se pode esquecer o clássico ensaio sobre o tema: LACERDA, Galeno. Processo e Cultura. *Revista de Direito Processual Civil*, São Paulo: Saraiva, v. II, n. 3, p. 74-86, jul./dez. 1961. O pesquisador já estudou o tema, tendo uma obra publicada: JOBIM, Marco Félix. *Cultura, escolas e fases metodológicas do processo*. Porto Alegre: Livraria do Advogado, 2012. Também é de ser consultada: OLIVEIRA, Carlos Alberto Alvaro de Alvaro de. *Do formalismo no processo civil*: proposta de um formalismo-valorativo. 4. ed. São Paulo: Sariva, 2010. p. 92-93. Refere: "O processo não se encontra *in res natura*, é produto do homem e, assim, inevitavelmente, da sua cultura. Ora, falar em cultura é falar de valores, pois estes não caem do céu, nem são a-históricos, visto que constituem frutos da experiência, da própria cultura humana, em suma. Não se pode esquecer que o pensamento prático, paralelo ao fenômeno jurídico, tem por sujeito e fato de referência o eu situado e enraizado no próprio movimento da vida histórica e da cultura, tomando por objeto e campo operatório essa mesma vida e cultura históricas. A observação é particularmente importante no que concerne ao processo, estreitamente vinculado por hipótese à realização prática do direito".

romper com essa tradição[723] já inserida no ambiente social, a decisão judicial e o próprio direito só se tornarão efetivos perante ela quando medidas de estruturação forem criadas, quer seja em próprio nível do Poder Judiciário, quer seja pela força atuante dos Poderes Executivo e Legislativo.

Conforme alerta Edilson Pereira Nobre Júnior,[724] a renovação do sistema jurídico a ser realizado pelo juiz deve considerar dois motivos: a falibilidade do Poder Legislativo e o fato de que o texto legal deve ser interpretado de acordo com as modificações sociais, sendo que este é o mais importante sob a ótica da pesquisa, até pela razão de que o autor apresenta a falibilidade como *deficit* de legislação e, ao contrário do que expõe, o Poder Legislativo tem criado mais do que realmente seria necessário, bastando a leitura de Jacques Chevalier[725] para entender a crítica, em especial quando se refere à *inflação normativa*, tanto em algumas ocasiões a lei somente é cumprida após a atuação do Poder Judiciário,[726] ou ainda, analisar algumas leis em solo brasileiro para ver como essa massificação legislativa tem perdido em qualidade e tentado normatizar condutas que não precisam de lei para tanto, como a que regula como se faz um churrasco no Rio Grande do Sul,[727] ou a recente lei de flexão de gênero em nível federal,[728] ou, ainda, a lei que ordena a impressão do

---

723 GADAMER, Hans-Georg. *Verdade e método.* Traços fundamentais de uma hermenêutica filosófica. 7. ed. Tradução de: Flávio Paulo Meurer. Petrópolis: Vozes; Bragança Paulista: Universitária São Francisco, 2005. V. I. p. 373. O rompimento da tradição, com sua renovação, pode ser denominado de tradicionalismo, conforme expôs o filósofo.

724 NOBRE JÚNIOR, Edilson Pereira. *Jurisdição constitucional*: aspectos controvertidos. Curitiba: Juruá, 2011. p. 96. Refere: "Depreende-se, pois, não mais ser contestável o apanágio do juiz em levar a cabo renovação do sistema jurídico, seja pela natural falibilidade do legislador em disciplinar todas as relações da cada vez mais complexa vida gregária, seja pela singularidade de que o texto legal deva ser interpretado em atenção às transformadoras reações ocorridas no meio social".

725 CHEVALIER, Jacques. *O Estado pós-moderno.* Belo Horizonte: Fórum, 2009. p. 127. Refere: "A inflação normativa se traduz em um crescimento desmesurado do volume de regras de direito e, desse modo, pela ampliação da pressão jurídica; trata-se de um fenômeno muito generalizado, que afeta, sob formas e graus diversos, todos os países e todos os ramos do direito: se a proliferação dos textos é perticularmente espetacular em certos domínios como o direito tributário ou o direito do trabalho, ela é encontrada, de fato, em todos os setores".

726 ACORDO EM AÇÃO CIVIL PÚBLICA. *Zero Hora.* 7. dez. 2012, p. 40. Foi publicado neste dia um acordo realizado numa ação civil pública movida pelo Ministério Público Estadual, no qual as cláusulas transigidas estão já regulamentadas na legislação coinsumeirista, praticamente servindo de incentivo para que outras sociedades empresárias façam o mesmo no mercado de consumo, até serem processadas. Segue parte do acordo: "Cláusula 1ª – O WMS se compromete a não comercializar produtos que apresentem data de validade vencidade; Cláusula 2ª – O WMS se compromete a não comercializar produtos, em seus estabelecimentos, que apresentem informações incorretas na rotulagem ou na etiquetagem quanto à data de embalagem, prazo de validade e peso; Cláusula 3ª – O WMS se compromete a não expor à venda, manter em depósito ou comercializar produtos congelados em temperatura de refrigeração inadequada e produtos em condições inadequadas de conservação [...]".

727 A Lei estadual n. 11.929, de 20 de junho de 2003, do Estado do Rio Grande do Sul, é uma delas, quando "ensina" o povo rio-grandense a como fazer um churrasco à gaúcha. Eis o texto: "Art. 1º – Ficam instituídos o churrasco à gaúcha como o prato típico e o chimarrão como a bebida símbolo do Rio Grande do Sul. Parágrafo único – Para os efeitos desta Lei, entende-se por churrasco à gaúcha a carne temperada com sal grosso, levada a assar ao calor produzido por brasas de madeira carbonizada ou *in natura*, em espetos ou disposta em grelha, e sob controle manual." RIO GRANDE DO SUL. *Lei n. 11.929*, de 20 de junho de 2003. Disponível em: <http://www.al.rs.gov.br/Legis/Arquivos/11.929.pdf>. Acesso em: 19 out. 2012.

728 A Lei 12.605, de 3 de abril de 2012 determina o emprego obrigatório da flexão de gênero para nomear profissão ou grau em diploma, sendo que a previsão contida no artigo 2º será alvo de inúmeras ações judiciais, caso

voto do eleitor nas urnas eletrônicas,[729] que tampouco se coaduna com o momento de estudos sobre sustentabilidade que se tem realizado, entre outras leis que se poderiam fazer referência.[730]

Então, não seria em todo e qualquer caso do controle de constitucionalidade de leis que o Supremo Tribunal Federal deveria realizar a estruturação da decisão para remodelar o plano do direito material, mas somente naqueles casos nos quais foi rompido um paradigma cultural da própria sociedade ou parcela dela, ou seja, deveria existir uma mudança de orientação na própria estrutura do direito pela decisão oriunda do Tribunal para que abrisse a possibilidade de realização das medidas estruturantes.

A sociedade, na verdade, é uma grande aliada da Constituição,[731] sendo ela um vetor decisivo para sua atual vigência, o que Cláudio Pereira de Souza Neto e Daniel Sarmento[732] chamam de cultura constitucional brasileira, fazendo com que se presencie o maior período de instabilidade institucional brasileira em sua história, exatamente por este compromisso da sociedade com o texto constitucional. Em

---

as instituições não façam o que a lei determinar. A redação do referido artigo impõe: "as pessoas já diplomadas poderão requerer das instituições referidas no art. 1° a reemissão gratuita dos diplomas, com a devida correção, segundo regulamento do respectivo sistema de ensino". BRASIL. *Lei n. 12.605*, de 3 de abril de 2012. Disponível em: <http://www.planalto.gov.br/ccivil_03/_ato2011-2014/2012/lei/l12605.htm>. Acesso em: 20 out. 2012.

[729] A Lei 12.034, de 29 de setembro de 2009, que de nova redação ao § 2° do artigo 5° da Lei 7.347, de 24 de julho de 1985, com a seguinte redação: § 2° Após a confirmação final do voto pelo eleitor, a urna eletrônica imprimirá um número único de identificação do voto associado à sua própria assinatura digital. BRASIL. *Lei n. 12.034*, de 29 de setembro de 2009. Disponível em: <http://www.planalto.gov.br/ccivil_03/_ato2007-2010/2009/lei/l12034.htm>. Acesso em: 09 nov. 2012.

[730] CARELLI, Gabriela e SALVADOR, Alexandre. É de enlouquecer. *Revista Veja*, São Paulo, a. 44, n. 39, ed. 2236, p. 90-95, 28 set. 2011. r. p 90-5. A reportagem traz uma série de leis que, na opinião dos escritores, servem para atrapalhar a vida dos brasileiros, chegando a colocar que nas últimas duas décadas foram criadas 4,2 milhões de leis. No corpo da matéria elencam algumas normas que, ou estão em processo de tramitação legislativo ou já em vigor, para exemplificar o que pretendem demonstrar com a matéria. Entre os exemplos, colocam: a Portaria do Ministério da Saúde n. 344, que limita geograficamente as receitas médicas; o parâmetro curricular de 1997, que incentiva o português falado erradamente; o projeto de lei n. 7.672, de 2010, do Congresso Nacional, proibindo a palmadinha nas crianças, lei essa que apontam ser um absurdo pela impossibilidade de ser fiscalizada, entre outras.

[731] DALLARI, Dalmo de Abreu. *A Constituição na vida dos povos*: da Idade Média ao século XXI. São Paulo: Saraiva, 2012. Entre as páginas 17 a 22, o autor trata da Constituição em seu sentido sociológico, abordando o tema de que há constituições de fato no seio de qualquer sociedade, assim referindo: "O rconhecimento dessa constituição de fato, existente em todos os povos, é relevante para o estudo da Constituição em sentido jurídico, pois, como se verá mais adiante, a aceitação ou recusa de certos comportamentos ou decisões por estarem de acordo ou não com a Constituição teve por base, no início, a constituição de fato".

[732] SOUZA NETO, Cláudio Pereira de; SARMENTO, Daniel. *Direito Constitucional*: teoria, história e métodos de trabalho. Belo Horizonte: Fórum, 2012. p. 38-39. Referem: "A vigente Constituição é nossa primeira razoavelmente efetiva. Isso se deve, em parte, às instituições judiciárias, ao sistema de controle de constitucionalidade, às técnicas de aplicação da Constituição desenvolvidas pelos juristas. Mas também pode ser atribuído a um contexto político e social propício, refratário à ditadura e aberto à democracia e aos direitos fundamentais. A luta contra o regime militar, pela reabertura democrática e pelo respeito aos direitos humanos desabilitou a tradição política brasileira de resolução das crises políticas pela via da ruptura institucional. A sociedade brasileira vem, desde então, manifestando seu compromisso com a solução dos conflitos políticos por meio dos mecanismos previstos na próprio Constituição. A cultura constitucional brasileira, embora ainda incompleta, tem sido um elemento decisivo – possivelmente o principal – para que, sob a vigência da atual Constituição, estejamos vivendo o período de estabilidade institucional mais longo de nossa história".

que pese não haver discordância no aqui salientado sobre a cultura constitucional brasileira trabalhada pelos autores, defende-se que, se o direito, que pode vir a ser modificado por uma decisão judicial, estiver de acordo com essa cultura, haverá a própria efetividade dela pelo compromisso assumido pela sociedade a esse paradigma já determinado.[733] Contudo, existem alguns momentos em que o novo direito vem encarregado de modificar paradigmas passados, sendo que é nesse momento que as medidas estruturantes entram no cenário, para, por meio de determinadas ações, conseguir criar condições de possibilidade de esse novo direito ser concretizado.

Por isso é que não se pode confundir o conceito que se quer trabalhar de paradigma. Existem algumas concepções sobre a palavra, mas se está, aqui, defendendo uma quebra de paradigma numa linha como a defendida por Thomas Samuel Kuhn. Sobre a expressão, é de ressaltar a multiplicidade de aplicações que existem para a mesma, conforme expõe o próprio filósofo da ciência,[734] ao referir sobre os mais de vinte usos diferentes para se utilizar a expressão, afirmando que em sua obra se podem vislumbrar apenas duas acepções a ela: com a utilização glo-

---

733 DALLARI, Dalmo de Abreu. *A Constituição na vida dos povos*: da Idade Média ao século XXI. São Paulo: Saraiva, 2012, p. 19-20. Talvez um dos exemplos mais claros disso seja o trazido pelo autor, expondo: "Passando a considerar de modo diferente uma situação que vinha sendo tratada uniforme na lei e na jurisprudência, na segunda metade do século XX alguns juízes brasileiros começaram a admitir que *a companheira* de um trabalhador, com a qual ele tivesse convivido regularmente sob o mesmo teto e por tempo prolongado, como se fossem casados, deveria ter o reconhecimento de direitos decorrentes dessa convivência. Admitiram também que não constituía obstáculo a esses direitos o fato de que o mesmo trabalhador continuave formalmente ligado à antiga esposa, como resultado de um casamento legalmente contraído e não desfeito segundo as formalidades legais. Até então o Direito brasileiro não admitia o divórcio, mas apenas o desquite, separação formal que não permitia novo casamento. A união de fato de um casal não tinha reconhecimento jurídico por ser considerada imoral, e a mulher que participava dessa união era denominada 'concubina', chegando perto de ser considerada uma prostituta. A mudança na avaliação social de tais situações e o conhecimento que os juízes tiveram de tal mudança levaram à reavaliação de seu significado jurídico", e finaliza: "Observando os fatos e não apenas as formalidades legais, os juízes perceberam que por ignorância, por deficiência de recursos econômicos, por considerarem a formalidade irrelevante do ponto de vista prático ou, ainda, por vários outros motivos, os trabalhadores que se separavem da esposa e se uniam a outra mulher, constituindo nova família, nem mesmo praticavam as formalidades previstas na lei para regularizar a separação de um casal. O reconhecimento desse fato, muito freqüente, e das injustiças que decorriam da aplicação automática da lei com rigoroso formalismo, como se todos conhecessem os preceitos legais e pudessem obedecê-los, levou à formação de uma jurisprud~encia favorável ao reconhecimento dos direitos da companheira e, posteriormente, à modificação da própria legislação".

734 KUHN, Thopmas S. *A tensão essencial*: estudos selecionados sobre tradição e mudança científica. Tradução de: Marcelo Amaral Penna-Forte. São Paulo: UNESP, 2011. p. 311-312. Refere em sua obra: "Nenhum aspecto do livro é mais responsável por essa excessiva plasticidade do que a introdução do termo 'paradigma', uma palavra que figura em suas páginas com mais frequência do que qualquer outra, excetuando-se as partículas gramaticais. Quando me pedem para explicar a ausência de um índice remissivo, constantemente digo que o verbete mais consultado seria 'paradigma 1-172, *passim*'. As críticas, favoráveis ou não, têm sido unânimes ao apontar o grande número de diferentes sentidos com que o termo foi utilizado. Um analista, que considerou que o assunto merecia um escrutínio sistemático, preparou um índice parcial e encontrou pelo menos 22 usos diferentes, variando desde 'uma realização científica concreta' até 'um conjunto característico de crenças e preconcepções', conjunto este que reúne compromissos instrumentais, teóricos e metafísicos. Apesar de nem a compiladora nem eu acreditarmos que a situação seja tão desesperadora como essas divergências sugerem, naturalmente se faz necessário um esclarecimento. Mas apenas um esclarecimento não será suficiente. Seja qual for seu número, os usos de 'paradigma' no livro dividem-se em dois conjuntos que requerem tantos nomes diferentes quanto discussões separadas. Um sentido de 'paradigma' é global e abarca todos os compromissos compartilhados por um grupo científico. O outro isola um tipo de compromisso particularmente importante e é, portanto, um subconjunto do primeiro".

bal, abarcando todos os compromissos compartilhados por um grupo científico, e como um subconjunto do primeiro, isolando um tipo de compromisso particularmente importante.

Diante disso, somente uma decisão que realmente reconfigurasse uma mudança paradigmática no modo até então de pensar culturalmente na sociedade ou em parte dela, que, por sua força, ao adentrar na esfera da vida íntima do cidadão ou da esfera social, estes possam ter condições de entender e respeitar o que foi decidido, ao mesmo tempo em que as instituições públicas e privadas tivessem condições de cumpri-las, mesmo que por meio de medidas de coerção, é quando a decisão judicial do Supremo Tribunal Federal terá força para a modificação cultural da sociedade num todo. Tomem-se os exemplos até então trazidos:

(i) *Dred Scott v. Sandford:* sem quebra de paradigmas culturais;

(ii) *Plessy v. Ferguson*: sem quebra de paradigmas culturais;

(iii) *Brown v. Board of Education*: quebra do paradigma cultural da doutrina do *separate but equal*;

(iv) *Roe v. Wade*: quebra de paradigmas culturais de respeito à vida, entre outros;

(v) ADIn n. 3.510 e a inconstitucionalidade da lei de biossegurança: quebra de paradigmas culturais religiosos;

(vi) ADIn n. 4.277 e ADPF n. 132: a união estável homoafetiva: quebra de paradigmas culturais sociais, religiosos e afetivos;

(vii) ADPF n. 54 e a possibilidade de aborto terapêutico nos casos de feto portador de anencefalia: quebra de paradigmas culturais de direito à vida, entre outros;

(viii) AP n. 3.388 e a demarcação da área Raposa Serra do Sol: quebra de paradigmas culturais contrários aos direitos das minorias;

(ix) MI n. 708 e a greve dos servidores civis: quebra de paradigmas culturais contrários à greve de servidores públicos.

Em todos os casos acima, de uma ou de outra forma, quando rompido algum tipo de paradigma cultural da sociedade ou de parcela dela, defende-se que determinado tipo de medida estruturante deverá ser realizada para que possa existir maior efetividade das sentenças normativas, caso contrário o julgamento estará fadado a não ter a sua efetividade plena.

O espraiamento que uma decisão judicial pode ter na vida cultural e histórica de um país é lembrado por Eduardo Appio,[735] referindo que os valores informados nessa decisão se tornam fatos sociais, deixando a entender que a transformação é inerente à efetividade daquilo que foi decidido, em especial quando se está diante de decisões vinculantes pelo controle de constitucionalidade de leis.

[735] APPIO, Eduardo. *Direito das minorias*. São Paulo: Revista dos Tribunais, 2008. p. 32. Ressalta: "É sempre oportuno recordar que os precedentes judiciais produzidos no controle de constitucionalidade, especialmente quando envolvem a moralidade pública, convertem-se em fatos sociais que irão informar a cultura e a história do país".

3.8. A abertura do sistema para a doutrina das medidas estruturantes no direito brasileiro

Até este momento, a pesquisa apresentou ser meramente acadêmica, tendo em vista que não demonstra se há um dispositivo legal que possibilite o ingresso do modelo de decisão judicial ativista estadunidende iniciado na década de 50 do século passado na Corte de Warren e da doutrina de Owen Fiss para o direito brasileiro, ou tampouco foi apresentada alguma proposta legislativa que abarque o tema apresentado. Diante disso, passa-se a defender a possibilidade de ingresso do direito estrangeiro para o ordenamento jurídico pátrio por meio de diferentes fontes de abertura:

(i) o importante e tão esquecido artigo 10 da Lei n. 9.882/99;

(ii) a subsidiariedade e a fungibilidade da arguição de descumprimento de preceito fundamental; e

(iii) o princípio da efetividade da Constituição federal.

3.8.1. O artigo 10, "caput", da Lei n. 9.882/99

A primeira abertura à entrada das medidas estruturantes encontra-se no artigo 10,[736] *caput*, da Lei n. 9.882/99, que trata em sua integralidade sobre a ação do controle abstrato de constitucionalidade denominada de arguição de descumprimento de preceito fundamental. Em que pese esse ser o mais importante dispositivo de toda a legislação infraconstitucional brasileira no que concerne à efetividade de uma decisão judicial, as obras jurídicas, no mais das vezes, apenas repetem sua redação,[737] como se fosse somente mais um artigo comum disposto na legislação. A título de confirmação do que foi mencionado, basta analisar uma das obras de maior envergadura sobre o tema, que é o tratado escrito sobre a ADPF de André Ramos Tavares,[738] no qual existem apenas duas páginas destinadas ao tratamento do artigo em comento.

---

[736] O referido artigo apresenta a seguinte redação: "Julgada a ação, far-se-á comunicação às autoridades responsáveis pela prática dos atos questionados, fixando-se as condições e o modo de interpretação e aplicação do preceito fundamental".

[737] Apenas repete a redação do artigo: MORAES, Humberto Peña. Argüição de descumprimento de preceito fundamental. Lineamentos sobre o tema. In: QUEIROZ, Raphael Augusto Sofiati de. *Acesso à justiça*. Rio de Janeiro: Lumen Juris, 2002. p. 155. Da mesma forma: CHAI, Cássius Guimarães. *Descumprimento de preceito fundamental*: identidade constitucional e vetos à democracia. Belo Horizonte: Mandamentos, 2004. p. 121.

[738] TAVARES, André Ramos. *Argüição de descumprimento de preceito fundamental*: (Lei n. 9.868/99 e Lei n. 9.882/99). São Paulo: Saraiva, 2001. Entre as páginas 385 e 387 discorre o autor sobre o tema, sendo que chega, como os outros autores citados, a quase repetir a redação neste trecho na p. 385 ao dizer: "As autoridades e órgãos referidos devem ser cientificados de todo o decisium, vale dizer, tanto da procedência ou improcedência do pedido de reconhecimento do descumprimento, com seus efeitos, bem como das condições e modo de interpretação e aplicação do preceito fundamental".

O dispositivo apresenta uma clareza ímpar: fixar as condições[739] para a interpretação e aplicação do preceito fundamental violado, o que, nas palavras de Gilmar Ferreira Mendes,[740] importa em expor que o Tribunal não apenas declara o direito, mas também passa a ter a possibilidade de ditar as condições de interpretação do preceito violado. Equivoca-se o autor quando apenas expõe que o artigo 10 da Lei n. 9.882/99 e o 25[741] da Lei n. 9.868/99 estabelecem o mesmo, uma vez que neste há uma redução do texto em relação àquele, mas que poderia até mesmo ser defendida a complementação de um artigo pelo outro, tendo em vista o princípio da fungibilidade existente entre as ações, o que será analisado posteriormente.

Na leitura de Frederico Barbosa Gomes,[742] em obra destinada somente à arguição de descumprimento de preceito fundamental, vê-se, na mesma linha dos demais autores, apenas uma paráfrase do artigo 10, sem nenhum comentário adicional que possa desvelar a real importância do seu texto e dos sentidos normativos extraídos a partir de sua interpretação, o que pode ser, da mesma forma, confirmado com a leitura de Marco Aurélio Paganella,[743] Edilson Pereira Nobre Júnior[744] e Fernando Reverendo Vidal Akaoui.[745] Mas o esquecimento da importância do dispositivo chega a ser tamanha que Teori Albino Zavascki[746] dedica um dos estudos

---

739 A expressão a que se refere a legislação não pode ser outra que não a resolutiva. HOUAISS, Antônio; VILLAR, Mauro de Salles. *Dicionário Houaiss da língua portuguesa.* 1. reimpr. Rio de Janeiro: Objetiva, 2004. p. 791. "*c. resolutiva* JUR aquela que extingue a eficácia de um ato caso se realize um evento futuro e incerto. c. *sine qua non* condição absolutamente necessária, indispensável para que um certo fato se realize".

740 MENDES, Gilmar Ferreira. *Arguição de descumprimento de preceito fundamental.* 2. ed. São Paulo: Saraiva, 2011. p. 301. Aduz o ministro do Supremo Tribunal Federal: "O art. 10, caput, da Lei n. 9.882/99 estabelece – tal como o art. 25 da Lei n. 9.868/99 – que, julgada a ação, deverá ser feita a comunicação às autoridades ou aos órgãos responsáveis pela prática dos atos questionados, fixando-se, se for o caso, as condições e o modo de interpretação de preceito fundamental". E finaliza: "Tem-se, pois, aqui, a possibilidade de o Tribunal não apenas declarar a eventual legitimidade ou ilegitimidade de ato do Poder Público, mas também de fixar, de maneira expressa, as condições e formas de interpretação do preceito fundamental".

741 Dispõe o artigo 25 da Lei n. 9.868/99: "Julgada a ação, far-se-á a comunicação à autoridade ou ao órgão responsável pela expedição do ato".

742 GOMES, Frederico Barbosa. *Argüição de descumprimento de preceito fundamental*: uma visão crítica. Belo Horizonte: Fórum, 2008. p. 435. Relata: "Assim, uma vez decidida a argüição, com observância a esses critérios de instalação de sessão e de julgamento, impõe o art. 10, da referida lei, que deverá ser feita a comunicação às autoridades responsáveis pela prática dos atos questionados do seu resultado, fixando-se as condições e o modo de interpretação e aplicação do preceito fundamental que tiver sido violado ou que estivesse sob essa ameaça".

743 PAGANELLA, Marco Aurélio. *A argüição de descumprimento de preceito fundamental no contexto do controle de constitucionalidade.* São Paulo: LTr, 2004. p. 108.

744 NOBRE JÚNIOR, Edilson Pereira. *Direitos fundamentais e argüição de descumprimento de preceito fundamental.* Porto Alegre: Sergio Antonio Fabris, 2004. p. 115.

745 AKAOUI, Fernando Reverendo Vidal. *Jurisdição constitucional e a tutela dos direitos metaindividuais.* São Paulo: Verbatim, 2009. p. 96.

746 ZAVASCKI, Teori Albino. *Eficácia das sentenças na jurisdição constitucional.* 2. ed. São Paulo: Revista dos Tribunais, 2012. p. 59. Dispõe: "Consideram-se 'atos do Poder Público' causador de lesão a preceito fundamental, não apenas os de natureza normativa, mas os de caráter individual, inclusive os de natureza jurisdicional. A decisão de mérito proferida em ADPF fixará 'as condições e o modo de interpretação e aplicação do preceito fundamental' (art. 10), 'terá eficácia contra todos e efeito vinculante relativamente aos demais órgãos do Poder Público' (art. 10, § 3º) e seu cumprimento pode ser assegurado e controlado por via de reclamação perante o próprio STF (art. 13)".

mais completos sobre o tema, que intitula de *Eficácia das Sentenças na Jurisdição Constitucional*, no qual aborda a arguição de descumprimento de preceito fundamental, mas, novamente, como os outros escritores, apenas refere a existência do artigo 10 da Lei n. 9.882/99.

A importância desse dispositivo que confere à sentença o caráter de ditar as condições de interpretação e aplicação do preceito fundamental é tamanha que a ideia trazida por Elival da Silva Ramos,[747] ao tachar a arguição de descumprimento de preceito fundamental de panaceia jurídica, afirmando, inclusive, a ideia da sua eliminação,[748] é derrubada quando aprofundado o nível de efetividade que uma decisão judicial pode ter se lido com cuidado o dispositivo legal. Ao contrário do que defende Elival da Silva Ramos, se os julgamentos advindos do referido modelo de ação estruturarem condições de possibilidade de sua plena efetividade com a reestruturação no plano do direito material, terá ela contribuído, de sobremaneira, para o aperfeiçoamento das relações sociais, econômicas, políticas e jurídicas do país, assim como do próprio Poder Judiciário, que deixará de receber inúmeras ações por não se saber qual o real alcance da decisão em sede de controle de constitucionalidade de leis perante o Supremo Tribunal Federal, reforçando a importância da arguição de descumprimento de preceito fundamental, indo de encontro à tese de eliminação da ação do sistema jurídico proposta pelo professor da Universidade de São Paulo,[749] assim como por Gabriel Dias Marques da Cruz.[750]

---

[747] RAMOS, Elival da Silva. *Controle de constitucionalidade no Brasil*: perspectivas de evolução. São Paulo: Saraiva, 2010. p. 329. Além de o autor ter um capítulo na obra que denomina de *Enfim, a panaceia: a arguição de descumprimento de preceito fundamental*, aponta posteriormente que: "No art. 4º, § 1º, da Lei n. 9.882/99 estipulou-se um requisito de ordem geral, para toda e qualquer arguição de descumprimento de preceito fundamental: a subsidiariedade. Assim é que não será a ação admitida 'quando houver qualquer outro meio eficaz de sanar a lesividade'. Apesar da clareza da disposição, registram-se esforços doutrinários no sentido de converter o instituto em autêntica 'panaceia' jurídica, manipulável toda vez que se estiver diante de descumprimento de preceito fundamental da Constituição, independentemente da existência de outros instrumentos jurídicos aptos a, com igual eficácia, enfrentar o problema".

[748] Ibid., p. 411. O autor, no capítulo que chama de "A reconfiguração do recurso extraordinário e a eliminação da ADPF", assim expõe seu pensamento: "Diante da reconfiguração ora proposta para o recurso extraordinário, afinada com o desenho de uma jurisdição constitucional concentrada, tornar-se-ia inteiramente dispensável o instituto da arguição de descumprimento de preceito fundamental. Com efeito, o campo de aplicação da arguição, nas mais otimistas das perspectivas doutrinárias a seu respeito, estaria totalmente coberto pelo sistema jurisdicional brasileiro após a ampla reforma que se vaticina e se preconiza. Destarte, o controle de constitucionalidade dos atos legislativos assumiria amplitude máxima, pois abrangeria leis, em sentido formal ou apenas em sentido material, editadas nos três níveis da federação, mesmo se já revogadas pela própria Constituição ou por legislação ordinária subsequente, admitindo-se as duas modalidades básicas de controle (incidental e principal) e atribuindo-se às decisões declaratórias de efeitos desconstitutivos oponíveis contra todos. No tocante aos atos administrativos *lato sensu*, se de natureza normativa e diretamente reportados à Constituição Federal, seriam objeto de controle de constitucionalidade, enquanto os seus efeitos concretos, atentatórios a preceitos fundamentais, seriam passíveis de questionamentos por parte dos interessados, mediante o uso dos instrumentos processuais adequados, no âmbito da jurisdição ordinária. Por último, na hipótese de decisões judiciais ofensivas a normas fundamentais da Constituição, as situações, em tese, mais usuais e de maior significação a ensejar reparo por ADPF, são exatamente aquelas que continuariam a ser submetidas ao Supremo Tribunal Federal, agora por meio da interposição de recurso extraordinário, visto pressuporem a violação de direito ou garantia fundamental".

[749] MAZZUOLI, Valerio de Oliveira. *O controle jurisdicional da convencionalidade das leis*. São Paulo: Revista dos Tribunais, 2009. V. 4. p. 138. Isso sem que se defenda pela ótica de quanto mais meios de se atacar uma lei que afronta a Constituição, mas segurança existe para um Estado de Direito, conforme aponta o autor em sua obra.

Diante da importância que o tempo tem na vida do ser humano em épocas que se denominou chamar de pós-modernidade[751] ou modernidade líquida,[752] entre outros, e diante da necessidade de se pensar num controle de tutela coletiva de direitos mais efetiva, defende-se o alargamento dos poderes de decidir pelo Supremo Tribunal Federal, devendo, pelo menos no controle de constitucionalidade das leis, quando rompido for um paradigma na sociedade, existir a possibilidade das medidas estruturantes, reconstruindo o sentido dos textos normativos infraconstitucionais e, com isto, normatizando novas condutas e impondo as condições de cumprimento de sua sentença normativa para que o cidadão possa desfrutar da decisão num plano de maior efetividade dos seus direitos constitucionalizados.

3.8.2. A subsidiariedade e a fungibilidade da arguição de descumprimento de preceito fundamental: o fortalecimento do controle abstrato e o pensamento de André Ramos Tavares

Numa primeira leitura da Lei n. 9868/99 pode-se cair na tentação de pensar a arguição de descumprimento de preceito fundamental como uma mera ação subsidiária, no sentido de secundária, em relação às outras do controle abstrato de constitucionalidade das leis, por dispor, em seu artigo 4°, § 1°,[753] que somente será admitida quando não existir outro meio capaz de sanar a lesividade, sendo Carlos Roberto de Alckmin Dutra[754] enfático ao expor que, quando existir outro meio para remediar esta lesão, não será possível fazê-lo pela via da arguição, argumento que poderia ser derrubado pela leitura atenta do texto constitucional, conforme reconhece André Ramos Tavares.[755]

---

[750] CRUZ, Gabriel Dias Marques da. *Arguição de descumprimento de preceito fundamental*: lineamentos básicos e revisão crítica no direito constitucional brasileiro. São Paulo: Malheiros, 2011. p. 138. Na realidade, o autor foi orientado em seu mestrado por Elival da Silva Ramos, o que explica os posicionamentos convergentes. Conclui em sua obra, fruto de sua dissertação defendida na USP: "Tenho certeza, entretanto, de que, no caso da arguição de descumprimento, a morte se apresentaria como medida proveitosa, destinando um legado mais que conveniente para o necessário aperfeiçoamento do exercício da jurisdição constitucional brasileira".

[751] HARVEY, David. *Condição pós-moderna: uma pesquisa sobre as origens da mudança cultural*. 18. ed. Tradução de: Adail Ubirajara Sobral e Maria Stela Gonçalves. São Paulo: Loyola, 2009.

[752] BAUMAN, Zygmunt. *Modernidade líquida*. Tradução de: Plínio Dentzien. Rio de Janeiro: Jorge Zahar, 2001.

[753] É a redação do artigo 4°, § 1° da lei: "A petição inicial será indeferida liminarmente, pelo relator, quando não for o caso de argüição de descumprimento de preceito fundamental, faltar algum dos requisitos prescritos nesta Lei ou for inepta. § 1° Não será admitida argüição de descumprimento de preceito fundamental quando houver qualquer outro meio eficaz de sanar a lesividade".

[754] DUTRA, Carlos Roberto de Alckmin. *Controle abstrato de constitucionalidade*: análise dos princípios processuais aplicáveis. São Paulo: Saraiva, 2012. p. 175. Refere: "Portanto, entendo deva ser prestigiada a regra geral, a impor o uso apenas subsidiário da ADPF, não advindo daí nenhum prejuízo para a proteção do preceito fundamental, que poderá ser resguardado de maneira tão eficaz quanto por meio de ação direta de inconstitucionalidade ou declaratória de constitucionalidade".

[755] TAVARES, André Ramos. *Curso de direito constitucional*. 8. ed. São Paulo: Saraiva, 2010. p. 314. Refere: "A arguição é medida tão primordial (ou principal) quanto à ação direta de inconstitucionalidade – ou até de relevância superior, se se quiser atentar para a 'qualificação' das normas constitucionais do instituto. No próprio art. 102 da

A pecha de uma ação de menor significado pode ser atribuída a quem não conheça o real significado do que vem a ser o princípio da subsidiariedade, tendo em vista a palavra ser, conforme expõe Omar Serva Maciel,[756] dotada de múltiplos significados. Convergindo com a linha apresentada, Willis Santiago Guerra Filho[757] alude que se o que se busca é uma unidade na Constituição Federal, a lei fazer referência a ser a arguição de descumprimento de preceito fundamental uma ação subsidiária em nada inibe que o sistema de controle de constitucionalidade, quando deficientemente lacunoso, não possa abarcar a normatização exposta na lei que regula a arguição. Por isso deve-se, necessariamente, defender que o princípio da subsidiariedade fortalece a aplicação do princípio da fungibilidade entre as ações do controle abstrato de constitucionalidade, podendo, em determinados casos, uma ação direta ser recebida pelo fato de a parte ter ingressado com a arguição de descumprimento de preceito fundamental e vice-versa.

O início da arguição realmente não foi fácil no Supremo Tribunal Federal,[758] tendo, num primeiro momento, além do hiato temporal existente entre sua criação na Constituição Federal pela Emenda Constitucional n. 3/93 e a promulgação da lei em 1999, algumas arguições foram não conhecidas em razão do princípio da subsidiariedade, como a ADPF n. 3/CE,[759] podendo ainda ser referidas as ADPFs

---

Constituição encontra-se a regra matriz tanto da arguição como da ação direta, ambas presentes no texto original da Constituição de 1988".

[756] MACIEL, Omar Serva. *Princípio de subsidiariedade e jurisdição constitucional.* Belo Horizonte: Mandamentos, 2004. p. 27. Refere o autor: "O conceito de subsidiariedade é plurissignificativo, dado o discurso interdisciplinar que pode ser travado em torno do tema. A etimologia do vocábulo deriva do latim subsidium, identificado por alguns como auxílio ou ajuda".

[757] GUERRA FILHO, Willis Santiago. *Processo constitucional e direitos fundamentais.* 5. ed. São Paulo: RCS, 2007. p. 242. Refere: "Para concluir, então, vale o registro de que, mesmo considerando a argüição um instrumento de tutela constitucional da ordem jurídica subjetiva, não há porque ignorar o uso subsidiário que dela possa se fazer, para suprir deficiências em nosso sistema de controle de constitucionalidade, colmatando lacunas – é o caso quando se pretenda exercer tal controle, de forma concentrada e em abstrato, sobre lei ou ato normativo, seja municipal, seja por anterior à atual Constituição Federal, pois a tais hipóteses a criatividade judicial e doutrinária até hoje não logrou permitir que se estenda o controle por meio da ação direta de inconstitucionalidade perante o STF. É que o sistema de tutela de uma ordem constitucional há de ser, o quanto possível, integral, sendo válido, para atingir tão nobre finalidade, o emprego de qualquer meio juridicamente admissível, donde se admitir a fungibilidade entre os institutos de proteção dos aspectos subjetivo e objetivo dessa ordem, uma vez que, afinal de contas, devem formar uma unidade: a unidade da Constituição".

[758] PAULA, Felipe Duarte Gonçalves Ventura de. A argüição de descumprimento de preceito fundamental. In: VOJVODIC, Adriana *et al.* (Org.). *Jurisdição constitucional no Brasil.* São Paulo: Malheiros, 2012. p. 182. Refere sobre o início da arguição: "Durante 11 anos a argüição de descumprimento de preceito fundamental permaneceu inerte em nosso ordenamento jurídico. De fato, o STF reconheceu a não autoaplicabilidade do § 1° do art. 102 da CF de 1988, e, invocando a ausência de disciplina legislativa, indeferiu pedidos de argüição de descumprimentos ajuizadas antes da edição da Lei 9.882/1999".

[759] "Direito Constitucional. Argüição de descumprimento de preceito fundamental (arts. 102, § 1°, da Constituição Federal, 1° e seguintes da Lei n. 9.882, de 3 de dezembro de 1999). Vencimentos de servidores públicos ativos e proventos de inativos. Gratificações. Vantagens. Cálculo de acréscimos pecuniários. Teto de vencimentos e proventos. Impugnações de decisões monocráticas e colegiadas do Tribunal de Justiça do Ceará, proferidas em reclamações. Alegação de violação aos arts. 5°, LIV e LV, 37, "caput" e inciso XIV, 100, § 2°, da C.F. de 1988, bem como ao art. 29 da Emenda Constitucional n. 19/98. Questão de ordem. Medida Cautelar. 1. A Constituição Federal de 5.10.1988, no parágrafo único do art. 102, estabeleceu: a argüição de descumprimento de preceito fundamental decorrente desta Constituição será apreciada pelo Supremo Tribunal Federal, na forma da lei. Esse

n°s 12[760] e 13,[761] ambas com decisões monocráticas do Ministro Ilmar Galvão. Após esse período de carência, no qual a ADPF acabou por passar seus piores anos de existência, o Supremo Tribunal Federal iniciou a modificar seu posicionamento sobre o tema e admitir a aplicação do princípio da fungibilidade, convertendo as ações equivocadamente propostas, o que pode ser exemplificado com a ação direta de inconstitucionalidade n. 4.180/DF,[762] de relatoria do Ministro Cezar Peluso, e

---

texto foi reproduzido como § 1° do mesmo artigo, por força da Emenda Constitucional n. 3, de 17.03.1993. 2. A Lei n. 9.882, de 03.12.1999, cumprindo a norma constitucional, dispôs sobre o processo e julgamento da argüição de descumprimento de preceito fundamental. No art. 1o estatuiu: 'Art. 1° – A argüição prevista no § 1° do art. 102 da Constituição Federal será proposta perante o Supremo Tribunal Federal, e terá por objeto evitar ou reparar lesão a preceito fundamental, resultante de ato do Poder Público.' Trata-se, nesse caso, de Argüição autônoma, com caráter de verdadeira Ação, na qual se pode impugnar ato de qualquer dos Poderes Públicos, no âmbito federal, estadual ou municipal, desde que para evitar ou reparar lesão a preceito fundamental da Constituição. 3. Outra hipótese é regulada no parágrafo único do mesmo art. 1° da Lei n. 9.882/99, 'in verbis': 'Parágrafo único. Caberá também argüição de descumprimento de preceito fundamental: I – quando for relevante o fundamento da controvérsia constitucional sobre lei ou ato normativo federal, estadual ou municipal, incluídos os anteriores à Constituição.' 4. Cuida-se aí, não de uma Ação autônoma, qual a prevista no 'caput' do art. 1° da Lei, mas de uma Ação incidental, que pressupõe a existência de controvérsia constitucional relevante sobre lei ou ato normativo federal, estadual ou municipal, incluídos os anteriores à Constituição. 5. O caso presente não é de Argüição Incidental, correspondente a um incidente de constitucionalidade, pois não se alega na inicial a existência de qualquer controvérsia entre as decisões focalizadas, pois todas elas foram no mesmo sentido, deferindo medidas liminares em Reclamações, para os efeitos nelas mencionados. 6. Cogita-se, isto sim, de Argüição autônoma prevista no 'caput' do art. 1° da Lei. 7. Dispõe, contudo, o § 1° do art. 4° do diploma em questão: '§ 1° – Não será admitida argüição de descumprimento de preceito fundamental quando houver qualquer outro meio eficaz de sanar a lesividade'. 8. E ainda há meios judiciais eficazes para se sanar a alegada lesividade das decisões impugnadas. 9. Se, na Corte estadual, não conseguir o Estado do Ceará obter medidas eficazes para tal fim, poderá, em tese, renovar a Argüição de Descumprimento de Preceito Fundamental. 10. Também assiste ao Governador, em tese, a possibilidade de promover, perante o Supremo Tribunal Federal, Ação Direta de Inconstitucionalidade do art. 108, VII, 'i', da Constituição do Estado, bem como do art. 21, VI, 'j', do Regimento Interno do Tribunal de Justiça do Ceará, que instituíram a Reclamação destinada à preservação de sua competência e garantia da autoridade de suas decisões. É que, segundo entendimento desta Corte, não compete aos Tribunais legislar sobre Direito processual, senão quando expressamente autorizados pela Constituição (RTJs 112/504, 117/921, 119/1145). Assim, também, os Estados, mesmo em suas Constituições. 11. E as decisões atacadas foram proferidas em processos de Reclamação. 12. Questão de Ordem que o Supremo Tribunal Federal resolve não conhecendo da presente Argüição de Descumprimento de Preceito Fundamental, ficando, em conseqüência, prejudicado o pedido de medida liminar. BRASIL. Supremo Tribunal Federal. *Argüição de Descumprimento de Preceito Fundamental n. 3*, relator min. Sydney Sanches. Disponível em: <http://www.stf.jus.br/portal/jurisprudencia/listarJurisprudencia.asp?s1=%28adpf%24%2escla%2e+e+3%2enume%2e%29+ou+%28adpf%2eacms%2e+adj2+3%2eacms%2e%29&base=baseacordaos>. Acesso em: 22 out. 2012.

760 BRASIL. Supremo Tribunal Federal. *Argüição de Descumprimento de Preceito Fundamental n. 12*, relator Min. Ilmar Galvão. Disponível em: <http://www.stf.jus.br/portal/jurisprudencia/listarJurisprudencia.asp?s1=%28adpf%24%2escla%2e+e+12%2enume%2e%29&base=basemonocraticas>. Acesso em: 22 out. 2012.

761 Id. Supremo Tribunal Federal. *Argüição de Descumprimento de Preceito Fundamental n. 13*, relator Min. Ilmar Galvão Disponível em: <http://www.stf.jus.br/portal/jurisprudencia/listarJurisprudencia.asp?s1=%28adpf%24%2escla%2e+e+13%2enume%2e%29&base=basemonocraticas>. Acesso em: 22 out. 2012.

762 "1. AÇÃO DIRETA DE INCONSTITUCIONALIDADE. Impropriedade da ação. Conversão em Argüição de Descumprimento de Preceito Fundamental – ADPF. Admissibilidade. Satisfação de todos os requisitos exigidos à sua propositura. Pedido conhecido como tal. Aplicação do princípio da fungibilidade. Precedentes. É lícito conhecer de ação direta de inconstitucionalidade como argüição de descumprimento de preceito fundamental, quando coexistentes todos os requisitos de admissibilidade desta, em caso de inadmissibilidade daquela. 2. INCONSTITUCIONALIDADE. Art. 2° da Lei n. 3.189/2003, do Distrito Federal. Inclusão de evento privado no calendário de eventos oficiais do Distrito Federal. Previsão da destinação de recursos do Poder Executivo para seu patrocínio. Encargo adicional à Secretaria de Segurança Pública. Iniciativa legislativa de deputado distrital. Inadmissibilidade. Aparente violação aos arts. 61, § 1°, II, alínea 'b', e 165, III, da Constituição Federal. Medida

as arguições de descumprimento de preceito fundamental n. 178,[763] de relatoria do Ministro Gilmar Ferreira Mendes, e n. 72,[764] de relatoria da Ministra Ellen Gracie.

O princípio da fungibilidade, inicialmente criado para dar guarida à interposição de alguns recursos[765] equivocados, traz a possibilidade de abrandamento da rigidez das regras recursais, autorizando a flexibilização do princípio da correspondência,[766] ao conceder a possibilidade de um recurso ser conhecido por outro, o que é certificado por Rita de Cássia Corrêa de Vasconcelos[767] em estudo específico sobre o tema. Mas isso não significa dizer que a fungibilidade está adstrita à teoria geral dos recursos, mas, como ilustra Guilherme Freire de Barros Teixeira,[768] está vinculado às medidas processuais que, erroneamente utilizadas, podem ser alvo de substituição por outra, apenas pecando ao afirmar que eventual equívoco pela parte

---

liminar deferida e referendada. Aparenta inconstitucionalidade, para efeito de liminar em ação de descumprimento de preceito fundamental, o disposto no art. 2° da Lei n. 3.189/2003. do Distrito Federal." Id. Supremo Tribunal Federal. *Ação Direta de Inconstitucionalidade 4.180/DF*, relator min. Cezar Peluso. Disponível em: <http://www.stf.jus.br/portal/jurisprudencia/listarJurisprudencia.asp?s1=%28ADI%24%2ESCLA%2E+E+4180%2ENUME%2E%29+OU+%28ADI%2EACMS%2E+ADJ2+4180%2EACMS%2E%29&base=baseAcordaos>. Acesso em: 24 out. 2012.

763 Id. Supremo Tribunal Federal. *Arguição de Descumprimento de Preceito Fundamental n. 178*, relator min. Gilmar Ferreira Mender. Disponível em: <http://www.stf.jus.br/portal/jurisprudencia/listarJurisprudencia.asp?s1=%28ADPF%24%2ESCLA%2E+E+178%2ENUME%2E%29&base=baseMonocraticas>. Acesso em: 24 out. 2012.

764 "Questão de ordem em argüição de descumprimento de preceito fundamental. Portaria n. 156, de 05.05.05, da Secretaria Executiva da Fazenda do Estado do Pará. Fixação, para fins de arrecadação de ICMS, de novo valor de preço mínimo de mercado interestadual para o produto carvão vegetal. arts. 150, I, II e V, 152 e 155, § 2°, XII, *i*, Todos da Constituição Federal. 1. O ato normativo impugnado é passível de controle concentrado de constitucionalidade pela via da ação direta. Precedente: ADI 349, rel. Min. Marco Aurélio. Incidência, no caso, do disposto no art. 4°, § 1°, da Lei n. 9.882/99; 2. Questão de ordem resolvida com o aproveitamento do feito como ação direta de inconstitucionalidade, ante a perfeita satisfação dos requisitos exigidos à sua propositura (legitimidade ativa, objeto, fundamentação e pedido), bem como a relevância da situação trazida aos autos, relativa a conflito entre dois Estados da Federação". BRASIL. Supremo Tribunal Federal. *Arguição de Descumprimento de Preceito Fundamental n. 72/PA*, relatora min. Ellen Gracie. Disponível em: <http://www.stf.jus.br/portal/jurisprudencia/listarJurisprudencia.asp?s1=%28ADPF%24%2ESCLA%2E+E+72%2ENUME%2E%29+OU+%28ADPF%2EACMS%2E+ADJ2+72%2EACMS%2E%29&base=baseAcordaos>. Acesso em: 24 out. 2012.

765 A previsão estava expressa no Decreto-Lei n. 1.608, de 18 de setembro de 1939, o então Código de Processo Civil da época, em seu artigo 810, com a seguinte redação: "Salvo a hipótese de má-fé ou erro grosseiro, a parte não será prejudicada pela interposição de um recurso por outro, devendo os autos ser enviados à Câmara, ou turma, a que competir o julgamento". BRASIL. *Decreto-lei n. 1.608*, de 18 de setembro de 1939. Disponível em: <http://www.planalto.gov.br/ccivil_03/decreto-lei/1937-1946/Del1608.htm>. Acesso em: 25 out. 2012.

766 Também chamado de princípio da singularidade, ou da unirrecorribilidade ou da unicidade recursal. NUNES, Dierle *et al. Curso de direito processual civil*: fundamentação e aplicação. Belo Horizonte: Fórum, 2012. p. 272-275. Sobre conceito, nomenclatura e exceções, conferir as páginas referidas

767 VASCONCELOS, Rita de Cássia Corrêa. *Princípio da fungibilidade*: hipóteses de incidência no processo civil brasileiro contemporâneo. São Paulo: Revista dos Tribunais, 2007. p. 78. Refere a autora: "O princípio da fungibilidade recursal consiste, então, numa atenuação desses princípios, num abrandamento das respectivas regras, na medida em que autoriza o recebimento de um recurso por outro, proporcionando o conhecimento de mais de uma espécie de recurso, contra uma única decisão judicial".

768 TEIXEIRA, Guilherme Freire de Barros. *Teoria do princípio da fungibilidade*. São Paulo: Revista dos Tribunais, 2008. p. 290. Refere: "O princípio da fungibilidade pode ser conceituado como a possibilidade de substituição de uma medida processual por outra, admitindo-se aquela erroneamente utilizada como se tivesse sido empregada uma outra mais adequada à situação concreta existente nos autos, sendo irrelevante eventual equívoco no manejo de medida inapropriada pela parte".

é irrelevante, uma vez que é, sim, relevante o erro grosseiramente realizado.[769] Posteriormente, afirma o autor[770] que o princípio da fungibilidade tem expressa vinculação à melhoria da prestação jurisdicional, por meio da visão do juiz de que, diante de casos que necessitem deste reajuste processual, ele não seja um mero espectador e assuma sua função de condutor do processo na busca da finalidade do ato processual. Diante disso, o princípio da fungibilidade tem alargado seus conceitos para além do direito recursal, o que também é defendido por Sidnei Amendoeira Jr.,[771] encontrando esteio, atualmente, até mesmo no controle de constitucionalidade de leis, em especial na arguição de descumprimento de preceito fundamental.

Com esse entendimento, o papel assumido pela ADPF passa de subsidiário para principal, o que possibilita que a normatividade dela transcenda seu campo de abrangência, podendo incidir as regras de seu procedimento em todo o controle de constitucionalidade de leis realizado pelo Supremo Tribunal Federal. A importância da ação está expressamente colocada por André Ramos Tavares,[772] que defende que sempre que existir ofensa a preceito fundamental que, como mesmo conceituou anteriormente, abarca a obediência a princípios e regras constitucionais, é de ser utilizada a via da arguição quando se estiver falando das ações do controle abstrato de constitucionalidade das leis, chegando a afirmar que o objeto da ação genérica estaria absorvido pela própria arguição.[773] Diante disso, inegável a reflexão de que as regras garantidoras de maior direito ao cidadão e maior efetividade da Constituição devem ser migradas de uma ação para outra, encontrando moradia o artigo 10 da Lei n. 9.882/99 em todo controle de constitucionalidade, inclusive no Recurso Extraordinário com repercussão geral pelo contorno abstrato que hoje lhe é inerente.

---

[769] PORTANOVA, Rui. *Princípios do processo civil*. 6. ed. Porto Alegre: Livraria do Advogado, 2005. p. 274. Refere: "Hoje a fungibilidade é amplamente admitida, em especial nos recursos ordinários. Persiste, é claro, a preocupação com o erro grosseiro e a má-fé. Mas não pode haver dúvida: não se identificando hipótese de erro grosseiro, fica autorizado o princípio da fungibilidade recursal, que o Código não repele, expressamente, enquanto a doutrina e a jurisprudencia o aceitam".

[770] TEIXEIRA, op. cit., p. 295. Aduz: "Na aplicação do princípio da fungibilidade, o órgão judicial desempenha um papel de relevo, devendo voltar sua atuação para a busca da melhoria da prestação jurisdicional, com a consciência de que deve ser extraído o máximo de resultados práticos do processo. Por isso, deve ser superada a visão do juiz neutro, ganhando destaque a concepção que preconiza o aumento dos poderes do órgão judicial na avaliação da finalidade do ato processual e na condução do processo, e que utiliza seus poderes-deveres sem ficar relegado ao papel de mero expectador da atividade das partes, devendo, ao contrário, atuar ativamente na busca da verdade e do esclarecimento dos fatos".

[771] AMENDOEIRA JR., Sidnei. *Fungibilidade de meios*. São Paulo: Atlas, 2008. p. 13. "Em nosso entendimento, tal princípio pode e deve ser aplicado de forma muito mais ampla, de modo a alcançar sua verdadeira natureza, a de servir como mecanismo eficiente e segudo para a instrumentalidade do processo e a economia processual, permitindo que em diversas outras situações possa ser entregue uma tutela jurisdicional efetiva, tempestiva e justa".

[772] TAVARES, André Ramos. *Curso de direito constitucional*. 8. ed. São Paulo: Saraiva, 2010. p. 312. Refere: "A hermenêutica mais engajada com o nível de abertura proposto pela Constituição e a busca por uma tutela efetiva da supremacia constitucional permite a leitura de que sempre, *absolutamente sempre*, que houver violação de preceito constitucional fundamental, a medida de controle abstrato-concentrado deva ser a ADPF".

[773] Ibid., p. 313. Aduz: "Dessa forma, no que respeita aos *preceitos constitucionais fundamentais*, o objeto da ação genérica teria sido total e exclusivamente absorvido pela arguição. Em outras palavras, atos normativos (leis em especial) violadores de norma constitucional fundamental haveriam de sofrer a reprimenda cabível por meio da provocação pela ADPF, e não mais pela ADI".

3.8.3. O direito à efetividade da Constituição Federal

A Constituição Federal não pode virar texto morto. Dotada de valores indispensáveis ao ser humano, precisa que seu texto, transformado em norma, seja efetivado, tanto pelos Poderes Executivo, Legislativo e Judiciário, como pela própria sociedade que, ao escolher como um dos objetivos fundamentais da República Federativa do Brasil a solidariedade,[774] e como um dos seus fundamentos o da cidadania,[775] pouco faz para que estas se concretizem, esperando, quase sempre, que o Estado tome a dianteira e efetive, pelo menos, os direitos básicos do cidadão.

Numa linha de argumentação que merece ser citada, Luís Roberto Barroso[776] aposta na efetividade das normas constitucionais ao idealizar que, para que isto ocorra, deve existir senso de realidade da Constituição com suas promessas, uma boa técnica legislativa, aliada a uma vontade política de tornar real o prometido e um indispensável exercício de cidadania[777] que poderá vir, além da forma política, pela via judicial.

Thays Oliveira de Britto e Walter de Moura Agra[778] abarcam a tese de que a Constituição deve ser efetivada, o que a transforma em uma força ativa, impondo tarefas que serão realizadas, uma vez que se existir a orientação para a conduta ordenada pelo texto constitucional, haverá, pois, concretização desta ordem. Assim, a

---

[774] Previsão do artigo 3, I, da CF: "Constituem objetivos fundamentais da República Federativa do Brasil: I – construir uma sociedade livre, justa e solidária". BRASIL. *Constituição da República.* Disponível em: <http://www.planalto.gov.br/ccivil_03/constituicao/constituicao.htm>. Acesso em: 17 nov. 2012.

[775] Previsão do artigo 1, II, da CF: "A República Federativa do Brasil, formada pela união indissolúvel dos Estados e Municípios e do Distrito Federal, constitui-se em Estado Democrático de Direito e tem como fundamentos: II – a cidadania". Ibid.

[776] BARROSO, Luís Roberto. *O direito constitucional e a efetividade de suas normas*: limites e possibilidades da Constituição brasileira. 8. ed. Rio de Janeiro: Renovar, 2006. p. 291. Refere: "A efetividade da Constituição há de assentar-se sobre alguns pressupostos indispensáveis. É preciso que haja, da parte do constituinte, *senso de realidade*, para que não pretenda normatizar o inalcançável, o que seja materialmente impossível em dado momento e lugar. Ademais, deverá ele atuar com boa *técnica legislativa*, para que seja possível vislumbrar adequadamente as posições em que se investem os indivíduos e os bens jurídicos e condutas exigíveis. Em terceiro lugar, impõe-se ao Poder Público *vontade política*, a concreta determinação de tornar realidade os comandos constitucionais. E, por fim, é indispensável o consciente *exercício da cidadania*, mediante a exigência, por via de articulação política e de medidas judiciais, da realização dos valores objetivos e dos direitos subjetivos constitucionais".

[777] SANTOS, Boaventura de Souza. *Para uma revolução democrática da justiça.* 2. ed. São Paulo: Cortês, 2008. p. 90. Para o sociólogo português, os direitos de cidadania sem efetividade não passam de uma ditadura mal disfarçada.

[778] BRITTO, Thays Oliveira de; AGRA, Walber de Moura. Neoconstitucionalismo. In: FRANCISCO, José Carlos. *Neoconstitucionalismo e atividade jurisdicional*: do passivismo ao ativismo judicial. Belo Horizonte: Del Rey, 2012. p. 25. Iniciam dizendo: "Embora a Constituição não possa, por si só, realizar nada, ela pode impor tarefas. A Constituição tranforma-se em força ativa se essas tarefas forem efetivamente realizadas, se existir a disposição de orientar a própria conduta segundo a ordem nela estabelecida, se, a despeito de todos os questionamentos e reservas provenientes dos juízos de conveniência, se puder identificar a vontade de concretizar essa ordem. Concluindo, pode-se afirmar que a Constituição converter-se-á em força ativa se houver, na consciência geral, particularmente na consciência dos principais responsáveis pela ordem constitucional, não só a vontade de poder, mas também a vontade de Constituição". E finaliza: "Aceitando-se o papel dirigente da Constituição, o ordenamento deixa de ser exclusivamente descritivo e passa também a ser prescritivo. O caráter neutral das normas perde seu conteúdo avalorativo e ganha nitidez axiológica".

Constituição passa a ser tratada como prescritiva, ao invés de descritiva, tendo em vista, nas palavras dos autores, o conteúdo dirigente que a mesma terá.

Essa efetividade da Constituição que está diretamente atrelada a sua supremacia frente aos demais atos normativos concretiza-se pelo que se denominou chamar de justiça constitucional, que tem seu nascedouro juntamente ao surgimento de um Estado constitucional e que se dá com institutos como o controle de constitucionalidade, os referendos, as consultas populares, entre outros, conforme salienta Antônio César Bochenek.[779]

Diante dessas razões, não há necessidade de se estender na importância da concretização das promessas existentes na Constituição, não sendo preciso ir atrás de autores que apontam esta linha de raciocínio, pelo simples fato da própria pesquisa tornar-se contraditória, pois defende uma cultura constitucional, sendo que este sentimento deve ser inerente a todo o cidadão brasileiro, razão pela qual, não fosse a defesa do ingresso das medidas estruturantes pelo artigo 10 da lei da arguição de descumprimento de preceito fundamental e a sua fungibilidade no controle de constitucionalidade das leis, o direito à efetividade da Constituição, por si só, autorizaria a importação da teoria estadunidense, pois, em consonância com o mais básico sentimento constitucional:[780] o da sua concretização.

3.9. As formas de concretização no direito brasileiro para as medidas estruturantes

Nesse momento, analisa-se como, numa sociedade que tem eleito o valor efetividade do processo como um verdadeiro direito fundamental, conseguir com que as sentenças normativas possam realmente servir ao plano do direito material. Na realidade, as formas de conceber efetividade às decisões oriundas do Supremo Tribunal Federal partem da matriz defendida no capítulo anterior no que se refere ao pensamento de Owen M. Fiss sobre as medidas estruturantes, e não do direito brasileiro, razão pela qual serão abordados os meios de que se pode pensar na

---

779 BOCHENEK, Antônio César. Os modelos de controle de constitucionalidade: a hibridação do tradicional sistema bipolar. In: BOCHENEK, Antônio César; TAVARES NETO, José Querino; MEZZAROBA, Orides (Coord.). *Diálogos entre culturas*: direito a ter direito. Curitiba: Juruá, 2010. p. 12. Refere o articulista: "A função básica e primordial da justiça constitucional é a aplicação da Constituição e a garantia da sua supremacia, em relação às leis e aos atos normativos. Atualmente, são muito heterogêneas as funções da justiça constitucional, em face das particularidades concretas de cada ordenamento jurídico-constitucional, por exemplo: litígios constitucionais (entre órgãos supremos do Estado ou outros entes constitucionais); litígios emergentes da separação vertical (federação e entes da federação); controle de constitucionalidade das leis e atos normativos; proteção autônoma dos direitos fundamentais; controle da regularidade de formação dos órgãos constitucionais (contencioso eleitoral, referendos, consultas populares, partidos políticos); averiguação e apuramento da responsabilidade constitucional (crimes de responsabilidade)".

780 VERDÚ, Pablo Lucas. *O sentimento constitucional*: aproximação ao estudo do sentir constitucional como modo de integração política. Agassiz Almeida Filho (trad). Rio de Janeiro: Forense, 2004. A expressão "sentimento constitucional" é trabalhada pelo autor ao longo da obra.

efetividade destas decisões, ou seja, como elas poderiam vir a serem cumpridas no ordenamento jurídico brasileiro.

3.9.1. A eficácia mandamental nas sentenças normativas oriundas do Supremo Tribunal Federal pelo controle abstrato de constitucionalidade e no julgamento do recurso extraordinário com repercussão geral: uma solução para as medidas estruturantes

A doutrina na seara processual tem trabalhado arduamente para alocar o princípio da efetividade[781] do processo como valor fundamental[782] no Estado Constitucional, o que é salutar, embora perigoso em determinados casos, na medida em que o processo necessita realizar o direito material a que se propôs quando o Estado abarcou para si o monopólio de prestar a função jurisdicional no Brasil. As palavras de Daniel Mitidiero[783] na introdução de sua obra sobre antecipação de tutela são sinal de comprometimento com este princípio, ao expor que nenhuma ordem jurídica é digna se não realiza os direitos por ela proclamados, ou seja, em outras palavras, o tema efetividade é a ordem do dia, afirmação que navega nas mesmas águas do que defende Delosmar Mendonça Júnior.[784]

Conforme já aventado, o artigo 10 da lei da arguição de descumprimento de preceito fundamental, ao consignar que o Supremo Tribunal Federal comunicará às autoridades ou a qualquer outro órgão que foi responsável pela prática do ato questionado, as condições e o modo de se interpretar e aplicar o preceito fundamental violado, o faz nestes termos por se tratar esta decisão de ato de *imperium*. Resta saber se, diante dessa constatação, inerente ao ato está a possibilidade de o Estado, também, agir com força mandamental sobre o que foi decidido.

---

[781] Sobre o tema da efetividade da tutela judicial, recomenda-se: RIBEIRO, Darci Guimarães. *La pretensión procesal y La tutela judicial efectiva*: hacia una teoria procesal Del derecho. Barcelona: J. M. Bosch Editor, 2004.

[782] MARINONI, Luiz Guilherme. *Técnica processual e tutela dos direitos*. 2. ed. São Paulo: Revista dos Tribunais, 2008. p. 220. Expõe o processualista paranaense: "Isso tudo é reflexo do direito fundamental à tutela jurisdicional efetiva, que se dirige não apenas contra o legislador, obrigando-o a editar o procedimento judicial adequado, mas também contra o juiz, que deve prestar a efetiva tutela ao direito material e ao caso concreto".

[783] MITIDIERO, Daniel. *Antecipação da tutela*: da tutela cautelar à técnica antecipatória. São Paulo: Revista dos Tribunais, 2013. p. 16. Refere: "O que anima nosso trabalho é a consciência de que nenhuma ordem jurídica pode ser digna desse nome se não realiza os direitos por ela proclamados".

[784] MENDONÇA JUNIOR, Delosmar. A tutela mandamental como manifestação do princípio constitucional da efetividade do processo. In: MARINONI, Luiz Guilherme (Coord.). *Estudos de direito processual civil*. São Paulo: Revista dos Tribunais, 2005. p. 115. É o que deixa transparecer o autor em seu discurso: "Efetividade é palavra que está presente no cotidiano das pessoas do mundo jurídico. O jurista, o legislador, o operador do direito e até o jurisdicionado clamam por efetividade. É tema que tem abrigo nos encontros científicos e pode também ser ouvido nos plenários dos variados tribunais de justiça e nos corredores dos fóruns abarrotados de pessoas à espera de justiça. Efetividade vem sendo tema de congressos mundiais e está no dia-a-dia dos encontros científicos em que o direito processual se faz presente".

A resposta encontra residência nas posições de Guilherme Rizzo Amaral,[785] Delosmar Mendonça Júnior,[786] Fabrizio Camerini[787] e Sergio Muritiba,[788] ao atribuírem que ao ato de *imperium* tem-se a vinculação com o mandamento, o que autoriza dizer que as sentenças normativas proferidas pelo Supremo Tribunal Federal, em sede de controle de constitucionalidade das leis, poderão ser imbuídas de uma eficácia mandamental para seu cumprimento por dois motivos:

(i) no controle abstrato, pelo artigo 10 da Lei n. 9.868/99 que, pelo princípio da fungibilidade, faz a regra incidir nas demais ações; e

(ii) no controle difuso, pela via do recurso extraordinário com repercussão geral, por ser própria do processo subjetivo a eficácia mandamental, pois, embora tenha traços objetivos com o filtro da transcendência do direito da parte, o que por si só, como já feito acima, traria para si a possibilidade de atração do artigo 10 da Lei n. 9.868/99, não perde o processo as regras que lhes são inerentes do próprio ordenamento jurídico processual aplicado à espécie.

Darci Guimarães Ribeiro[789] alerta ser tão importante o tema da efetividade do processo que trabalha na ótica de entender ser ela ou um sobreprincípio[790] ou um postulado normativo,[791] optando por este, haja vista sua importância para o

---

785 AMARAL, Guilherme Rizzo. *Cumprimento e execução da sentença sob a ótica do formalismo-valorativo.* Porto Alegre: Livraria do Advogado, 2008. p. 132. Refere: "A técnica de tutela mandamental, como a concebemos, nada mais é do que a ordem do juiz, dirigida geralmente ao demandado, para que este venha a cumprir voluntariamente o provimento jurisdicional. Trata-se de cumprimento voluntário, e não espontâneo, dado que a ordem pressupõe um mecanismo de pressão, seja ele decorrente da mera autoridade jurisdicional (poder de *imperium*), seja ele decorrente de medidas coercitivas a ele atreladas (como *astreintes* – multa periódica – ou a ameaça de prisão".

786 MENDONÇA JUNIOR, op. cit., p. 121. Esse ato de *imperium* é o que possibilita a tutela mandamental: "A tutela mandamental está vinculada à idéia de *imperium*, ou seja, da função do juiz em expedir ordens e fazê-las cumprir mediantes as medidas necessárias para obtenção do pedido específico ou o resultado prático equivalente".

787 CAMERINI, Fabrizio. *Teoria geral da tutela mandamental*: conceituação e aplicação. São Paulo: Quartier Latin, 2007. p. 88. Refere: "Já no tocante à mandamental verifica-se ato estatal de *imperium* dirigido exclusivamente à parte, sem que o Poder Judiciário a substitua naquilo que deveria fazer e não fazer".

788 MURITIBA, Sergio. *Ação executiva lato sensu e ação mandamental.* São Paulo: Revista dos Tribunais, 2005. p. 227. Refere: "Portanto, é fundado no intenso grau de imperatividade expresso no provimento mandamental que o juiz ordena alguém a cumprir determinação judicial. No provimento mandamental, mais que no condenatório, utiliza-se da força do Estado para ordenar. No seu conteúdo, expresso no ato de ordenar, há maior concentração de poder de império, em comparação ao que existe no conteúdo de qualquer outro tipo de provimento jurisdicional".

789 RIBEIRO, Darci Guimarães. *Da tutela jurídicional às formas de tutela.* Porto Alegre: Livraria do Advogado, 2010. p. 80-81. Refere: "O Poder Judiciário também se encontra submetido ao inarredável dever de propagandear a efetividade dos interesses que lhes são submetidos à apreciação. Este dever constitucional dos juízes de velar pela efetividade da tutela judicial não se limita somente ao aspecto processual – como a obrigatoriedade da realização da audiência preliminar –, mas também ao aspecto material, uma vez que exige dos juízes a obediência aos parâmetros de uma interpretação razoável do ordenamento jurídico". E finaliza: "Identificada a real importância da efetividade da construção do Estado Democrático de Direito e sua extensão nas diversas áreas do poder, podemos concluir que pelo seu valor a efetividade se nos apresenta como postulado [...]".

790 ÁVILA, Humberto. *Teoria dos princípios*: da definição à aplicação dos princípios jurídicos. 13. ed. São Paulo: Malheiros, 2012. p. 143. Sobre o tema, refere: "Os sobreprincípios situam-se no nível das normas objeto de aplicação. Atuam sobre as outras, mas no âmbito semântico e axiológico e não no âmbito metódico, como ocorre com os postulados".

791 Ibid., p. 143. Sobre o tema, relata o autor: "Os postulados normativos aplicativos são normas imediatamente metódicas que instituem os critérios de aplicação de outras normas situadas no plano do objeto da aplicação.

Estado Democrático de Direito.[792] E essa crise de efetividade, ainda maior nas sentenças condenatórias ou prestacionais, conforme alerta Rodolfo de Carmargo Mancuso,[793] vai de encontro ao próprio princípio da eficiência do setor público, causando inúmeros desprestígios à atividade jurisdicional. Mas o interessante do exposto pelo autor, é que, apesar de investir na tese da inefetividade das decisões judiciais condenatórias ou prestacionais, retira destas aquelas sentenças nas quais existe o que chama de força mandamental executiva, pois esta não depende da colaboração do devedor, já que eivadas de *cognitio* e *imperium*, por isto, vocacionadas a ser cumpridas.[794]

A discussão sobre a natureza jurídica da eficácia mandamental foge ao conteúdo da tese, uma vez que o importante neste momento é a defesa sobre sua existência e viabilidade no ordenamento jurídico brasileiro, o que se torna inegável com o já exposto. Contudo, não se menosprezam os vários debates e estudos realizados sobre o tema, sendo um dos pioneiros na doutrina brasileira o tomo VI do *Tratado das Ações*, de Francisco Cavalcanti Pontes de Miranda.[795] Infelizmente, não há espaço para a defesa se há uma sentença mandamental ligada à ação de direito ma-

---

Assim, qualificam-se como normas sobre a aplicação de outras normas, isto é, como metanormas. Daí se dizer que se qualificam como normas de segundo grau. Nesse sentido, sempre que se está diante de um postulado normativo, há uma diretriz metódica que se dirige ao intérprete relativamente à interpretação de outras normas".

792 OLIVEIRA, Carlos Alberto Alvaro de. *Teoria e prática da tutela jurisdicional.* Rio de Janeiro: Forense, 2008. p. 125. Para o autor, trata-se de metanorma, o que, em suas palavras, encontra a terminologia de Humberto Ávila como postulado normativo.

793 MANCUSO, Rodolfo de Camargo. *Acesso à justiça*: condicionantes legítimas e ilegítimas. São Paulo: Revista dos Tribunais, 2011. p. 111. Refere: "Essa crise de efetividade dos comandos condenatórios ou prestacionais, além de ser muito grave em si mesma – na medida em que a Constituição Federal erige a eficiência dentre os princípios retores do setor público (art. 37, *caput*) – ainda projeta inquietantes externalidades negativas: desprestigia a função judicial do Estado, na medida em que não oferece aos jurisdicionados a devida contrapartida por haver criminalizado a justiça de mão-própria (CP, art. 345); desestimula o acesso à Justiça dos que têm os seus direitos injustamente resistidos ou contrariados; penaliza aqueles que, embora tendo obtido o reconhecimento judicial de suas posições de vantagem, todavia não conseguem usufruí-las concretamente, ante as postergações e resistências consentidas na fase jurissatisfativa; fomenta a hostilidade entre os contraditores, ante a dilação excessiva das lides; exacerba a contenciosidade social, ao insuflar os bolsões de frustação e de insatisfação ao interno da coletividade".

794 MANCUSO, Rodolfo de Camargo. *Acesso à justiça*: condicionantes legítimas e ilegítimas. São Paulo: Revista dos Tribunais, 2011. p. 106. Defende: "Nos casos em que se evidencia a força mandamental-executiva do comando judicial, não há um intervalo ou um distanciamento entre ele e a sua implementação no plano da realização prática, justamente porque tal efetividade não fica a depender, nem da colaboração do devedor, nem de atos materiais de expropriação do seu patrimônio, mas na verdade se trata de comandos judiciais a um tempo compostos de *cognitio* e de *imperium*, e por isso mesmo vocacionados a serem cumpridos".

795 MIRANDA, Francisco Cavalcanti Pontes de. *Tratado das ações.* São Paulo: Revista dos Tribunais, 1976. T. VI. p. 3. Conceitua assim o autor: "A ação mandamental é aquela que tem por fito preponderante que alguma pessoa atenda, imediatamente, ao que o juízo *manda*. Alude-se, no étimo, à mão, à *manus*, e a semelhantes palavras de outras velhas línguas. Porque quase só se trabalhava com a mão, formou-se o *Mann*, o homem, em tantas zonas do mundo. Com a mão, aponta-se, mas o mandamento refere-se ao movimento da mão e à premência de obedecer. Foi grave erro dos juristas menosprezarem a busca dos pesos de mandamentalidade nas ações e nas sentenças". Ressalte-se que o processualista não foi o criador das ações mandamentais, inclusive refere, na p. 9, que a obra Urteilswirkungen ausserhalb des Zivilprozesses, de Georg Kuttner, de 1914, foi um dos trabalhos que inaugurou o tema.

terial, ou se trata de uma tutela, ligada ao princípio da efetividade,[796] ou ainda se é uma técnica.[797] Todas essas teses podem ser pesquisadas, em especial as de Ovídio Araújo Baptista da Silva[798] e de Carlos Alberto Alvaro de Oliveira,[799] que acabaram por render um dos mais profícuos debates realizados sobre a matéria na doutrina brasileira, quando este elaborou o artigo *Direito Subjetivo, Pretensão de Direito Material e Ação*,[800] e aquele respondeu com *O Problema da Eficácia da Sentença*,[801] tendo-se seguido novo estudo chamado de *Direito Material e Processo*,[802] culminando com o fechamento do texto *Efetividade e Tutela Jurisdicional*,[803] debate este que inclusive rendeu uma obra específica sobre o tema,[804] organizada pelos então alunos de ambos os processualistas. Mas, neste momento apenas deve-se defender que se afigura mais que possível a existência da eficácia mandamental, tendo a teoria ternária ou trinária já perdido o espaço para a teoria quinária[805] das eficácias, o que pode ser

---

796 OLIVEIRA, Carlos Alberto Alvaro de. Efetividade e tutela jurisdicional. In: MARINONI, Luiz Guilherme (Coord.). *Estudos de direito processual civil.* São Paulo: Revista dos Tribunais, 2005. p. 438. Refere: "O princípio da efetividade impõe a superação de modelos ultrapassados de tutela jurisdicional para certas situações lesivas ao direito material, em prol de mais eficaz e rápida realização do direito material (daí o surgimento das tutelas executiva e mandamental)".

797 MARINONI, Luiz Guilherme. *Técnica processual e tutela dos direitos.* 2. ed. São Paulo: Revista dos Tribunais, 2008. p. 220-221. Refere: "Na *sentença mandamental*, o juiz atua sobre a vontade do demandado, ordenando sob pena de multa ou sob pena de prisão. Ou seja, a peculiaridade da sentença (técnica) está na *coerção indireta*, vale dizer, na *força que visa convencer* o demandado a observar o conteúdo da sentença".

798 SILVA, Ovídio A. Baptista da. *Jurisdição e execução na tradição romano-canônica.* 3. ed. Rio de Janeiro: Forense, 2007. p. 163. Defende: "Deve, portanto, ficar assentado que a classificação das ações e sentenças diz respeito às eficácias de direito material de cada uma delas, segundo seus respectivos contaúdos. Mesmo sendo lassificação que atende ao direito material, o problema é eminentemente processual, dizendo respeito aos processualistas".

799 OLIVEIRA, Carlos Alberto Alvaro de. *Teoria e prática da tutela jurisdicional.* Rio de Janeiro: Forense, 2008. p. 138. Refere: "Minha proposta consiste em classificar as formas de tutela jurisdicional e não as sentenças; e o critério a ser empregado, além de levar em conta a finalidade, considera também as normas principais que as regem, no plano do direito processual, sem prejuízo, é claro, da aplicação de outros direitos fundamentais assegurados constitucionalmente".

800 SILVA, Ovídio A. Baptista da. Direito subjetivo, pretensão de direito material e ação. In: MACHADO, Fábio Cardoso; AMARAL, Guilherme Rizzo. *Polêmica sobre a ação*: a tutela jurisdicional na perspectiva das relações entre direito material e processo. Porto Alegre: Livraria do Advogado, 2006. p. 15-39.

801 OLIVEIRA, Carlos Alberto Alvaro de. O problema da eficácia da sentença. In: MACHADO, Fábio Cardoso; AMARAL, Guilherme Rizzo. *Polêmica sobre a ação*: a tutela jurisdicional na perspectiva das relações entre direito material e processo. Porto Alegre: Livraria do Advogado, 2006. p. 41-54.

802 SILVA, Ovídio A. Baptista da. Direito material e processo. In: MARINONI, Luiz Guilherme (Coord.). *Estudos de direito processual civil.* São Paulo: Revista dos Tribunais, 2005. As respostas às críticas de Carlos Alberto Alvaro de Oliveira sobre o pensamento do autor foram postas nesse capítulo.

803 OLIVEIRA, Carlos Alberto Alvaro de. Efetividade e tutela jurisdicional. In: MARINONI, Luiz Guilherme (Coord.). *Estudos de direito processual civil.* São Paulo: Revista dos Tribunais, 2005.

804 MACHADO, Fábio Cardoso; AMARAL, Guilheme Rizzo. *Polêmica sobre a ação*: a tutela jurisdicional na perspectiva das relações entre direito e processo. Porto Alegre: Livraria do Advogado, 2006.

805 MIRANDA, Francisco Cavalcanti Pontes de. *Tratado das ações*: ação, classificação e eficácia. 2. ed. São Paulo: Revista dos Tribunais, 1972. T. I. p. 117. Era o entendimento emanado pelo processualista alagoano: "Classificação das ações segundo o quanto de eficácia. – As ações ou são declarativas (note-se que as relações jurídicas, de que são conteúdo direitos e pretensões, ou de que direitos ou pretensões derivam, antes de tudo existem); ou são constitutivas (positivas ou negativas; isto é, geradoras ou modificativas, ou extintivas); ou são condenatórias; ou são mandamentais; ou são executivas".

confirmado pela leitura de Pedro Henrique Pedrosa Nogueira,[806] ainda existindo vozes[807] em sua defesa, mesmo que destituídas de maior fundamentação,[808] ou ainda quem defenda a nova concepção com ressalvas.[809]

Defende Darci Guimarães Ribeiro[810] que a eficácia mandamental na sentença é a única que de forma adequada e satisfatória pode fazer *jus* aos novos direitos por meio de sua carga de coerção atual que a diferencia das demais eficácias, o que deverá ser extremanente útil ao que se propõe na pesquisa, uma vez que, havendo eficácia mandamental nas ações do controle de constitucionalidade das leis, pelo já exposto, a efetividade das decisões judiciais deverá ser trabalhada num outro patamar de concretização na sociedade.

3.9.2. As tutelas do artigo 461 do Código de Processo Civil brasileiro e sua utilização pelo Supremo Tribunal Federal

O direito processual brasileiro teve modificações legislativas paradigmáticas com a entrada em vigor do artigo 461,[811] com redação conferida pela Lei n. 8.952,

---

806 NOGUEIRA, Pedro Henrique Pedrosa. *Teoria da ação de direito material.* Salvador: JusPODIVM, 2008. Em especial no texto que inicia na página 180 da obra.

807 BEDAQUE, José Roberto dos Santos. *Efetividade do processo e técnica processual* São Paulo: Malheiros, 2006. p. 522. O autor é um dos que defende a teoria ternária: "Essa relação entre as modalidades de tutela e a situação substancial trazida à apreciação do juiz é extremamente útil à compreensão da classificação ternária, tornando possivelmente desnecessária a criação de novas categorias de tutelas".

808 COSTA, Eduardo Jospe da Fonseca; MOURÃO, Luiz Pedro Ribeiro; NOGUEIRA, Pedro Henrique Pedrosa (Coord.). *Teoria quinaria da ação*: estudos em homenagem a Pontes de Miranda nos 30 anos do seu falecimento. Salvador: JusPODIVM, 2010. p. 17. Isso é expressamente referido pelos coordenadores da obra em sua apresentação, ao escreverem: "No estágio atual, apesar da tendência de abandono da tradicional divisão tríplice das sentenças (declaratória, constitutiva e condenatória), muitos autores se recusam a adotar a divisão quinaria, com argumentos não menos relevantes".

809 YARSHELL, Flávio Luiz. *Tutela jurisdicional.* 2. ed. São Paulo: DPJ, 2006. p. 177. Refere: "Ao lado das tutelas tradicionais, anteriormente expostas, a doutrina reconhece, cada vez com maior força, a existência das duas outras modalidades epigrafadas. Contudo, do ponto de vista lógico e sistemático –, não obstante essa crescente aceitação – tais categorizações não estão calcadas no mesmo critério empregado para a tipologia precedente e, sob esse ângulo, não podem ser cientificamente aceitas sem ressalvas".

810 RIBEIRO, Darci Guimarães. *Da tutela juridicional às formas de tutela.* Porto Alegre: Livraria do Advogado, 2010. p. 90-1. Aponta: "De acordo com nosso posicionamento, toda sentença é intrínseca e objetivamente coercitiva. Nas sentenças de mandamento existe uma coação atual, uma vez que estas exercem uma pressão física direta sobre a vontade do obrigado de maneira concreta e real, isto é, a coação atual consiste em ordenar ao demandado a realização imediata do direito, ameaçando-lhe fisicamente através da perda da liberdade e/ou através da astreinte no sentido de dobrar sua vontade para realizar, voluntariamente, o comando imperativo da sentença que está traduzido na ordem. Por isso, a natureza da sentença mandamental se identifica com a natureza das ordens compreendidas, tanto no sistema americano do *Contempt of Court*, como no sistema francês da *astreinte*". E finaliza: "A comprovada eficiência da sentença mandamental para atender de forma adequada e satisfatória aos novos direitos [...]".

811 "*Art. 461.* Na ação que tenha por objeto o cumprimento de obrigação de fazer ou não fazer, o juiz concederá a tutela específica da obrigação ou, se procedente o pedido, determinará providências que assegurem o resultado prático equivalente ao do adimplemento. § 1º A obrigação somente se converterá em perdas e danos se o autor o requerer ou se impossível a tutela específica ou a obtenção do resultado prático correspondente. § 2º A indenização por perdas e danos dar-se-á sem prejuízo da multa (art. 287). § 3º Sendo relevante o fundamento da demanda e havendo justificado receio de ineficácia do provimento final, é lícito ao juiz conceder a tutela liminarmente ou

de 13 de dezembro de 1994, e do artigo 461-A,[812] com redação trazida pela Lei n. 10.444, de 7 de maio de 2002, ambos do Código de Processo Civil brasileiro. Nesse momento, será abordado o conceito do artigo 461, uma vez que as obrigações ali referidas, que vão além do conceito dos meros direitos contratuais[813] ou de prestação[814] de fazer e não fazer, é que poderão vir a ser mais ventiladas nas sentenças normativas do Supremo Tribunal Federal que envolverem as medidas estruturantes, em que pese não estar descartada a possibilidade de, eventualmente, poder ser determinada pelo Tribunal a entrega de coisa. Mas são as ações do artigo em comento as mais viáveis para se dar esta estruturação ao plano material, uma vez que têm muito em comum com aquelas realizadas nos Estados Unidos da América por meio das *injunctions*, conforme refere Salvador Franco de Lima Laurino,[815] assim como por Fabrizio Camerini,[816] que as divide como são nos Estados Unidos, de três maneiras: preventivas, reparatórias e estruturais.

---

mediante justificação prévia, citado o réu. A medida liminar poderá ser revogada ou modificada, a qualquer tempo, em decisão fundamentada. § 4º O juiz poderá, na hipótese do parágrafo anterior ou na sentença, impor multa diária ao réu, independentemente de pedido do autor, se for suficiente ou compatível com a obrigação, fixando-lhe prazo razoável para o cumprimento do preceito. § 5º Para a efetivação da tutela específica ou a obtenção do resultado prático equivalente, poderá o juiz, de ofício ou a requerimento, determinar as medidas necessárias, tais como a imposição de multa por tempo de atraso, busca e apreensão, remoção de pessoas e coisas, desfazimento de obras e impedimento de atividade nociva, se necessário com requisição de força policial. § 6º O juiz poderá, de ofício, modificar o valor ou a periodicidade da multa, caso verifique que se tornou insuficiente ou excessiva".

812 "*Art. 461-A.* Na ação que tenha por objeto a entrega de coisa, o juiz, ao conceder a tutela específica, fixará o prazo para o cumprimento da obrigação. § 1º Tratando-se de entrega de coisa determinada pelo gênero e quantidade, o credor a individualizará na petição inicial, se lhe couber a escolha; cabendo ao devedor escolher, este a entregará individualizada, no prazo fixado pelo juiz. § 2º Não cumprida a obrigação no prazo estabelecido, expedir-se-á em favor do credor mandado de busca e apreensão ou de imissão na posse, conforme se tratar de coisa móvel ou imóvel. § 3º Aplica-se à ação prevista neste artigo o disposto nos §§ 1º a 6º do art. 461".

813 TEIXEIRA, Guilherme Puchalski. *Tutela específica dos direitos*: obrigações de fazer, não fazer e entregar coisa. Porto Alegre: Livraria do Advogado, 2011. p. 131-132. Por certo a palavra obrigação utilizada no artigo 461 é a mais ampla posssível: "Ao contrário do que uma exegese literal poderia aparentar, a tutela específica não está adstrita às obrigações contratuais, aplicando-se a toda e qualquer conduta exigível por decorrência de lei (dever legal). Em outras palavras, a tutela ex art. 461 abrange não apenas os negócios jurídicos, mas todo e qualquer dever legalmente previsto".

814 LAURINO, Salvador Franco de Lima. *Tutela jurisdicional*: cumprimento dos deveres de fazer e não fazer. Rio de Janeiro: Elsevier, 2010. p. 85. Aduz: "A doutrina converge no entendimento de que o art. 461 do Código de Processo Civil emprega o vocábulo obrigação em sentido amplo, como sinônimo de dever jurídico, compreendendo outros deveres de prestação, como são os deveres de abstenção referentes aos direitos absolutos, reais ou da personalidade, os direitos subjetivos públicos e aqueles estabelecidos para proteção de interesses coletivos e difusos".

815 Ibid., p. 67. Pondera o autor: "A TÉCNICA DE TUTELA jurisdicional nas obrigações de fazer e não fazer adotada pelo legislador de 1994 guarda semelhança com o modelo da injunction da tradição jurídica da common Law, espelhando a tendência contemporânea de aproximação engre as duas grandes famílias jurídicas do mundo ocidental".

816 CAMERINI, Fabrizio. *Teoria geral da tutela mandamental*: conceituação e aplicação. São Paulo: Quartier Latin, 2007. p. 79-80. Expõe o autor: "Por outro lado, considera-se *injunction* qualquer ordem *in personam* dirigida às partes e imposta pelo *imperium* de que é dotado o Poder Judiciário. No que se refere à natureza das ordens, podem ser classificadas em mandamentais (ordenam um fazer) e proibitivas (ordenam uma omissão, um não-fazer). Outra classificação, de maior importância prática, diferencias as *injunctions* em preventivas, reparatórias e estruturais. Enquanto as preventivas ordenam que o réu se abstenha de conduzir-se contrariamente ao direito do autor (iminência de violação), as reparatórias ordenam que o réu faça algo ou restaure a situação anterior (por exemplo, a demolição de um muro). Já as *injunctions* estruturais objetivam remodelar instituições políticas ou sociais de modo a adequá-las às exigências constitucionais".

Resta a dúvida se as ações ou tutelas do artigo 461 do Código de Processo Civil são propriamente dotadas de mandamento em seu conteúdo, o que não encontra dificuldade nas leituras realizadas sobre o tema, como se pode ler nas obras de Carlos Alberto Alvaro de Oliveira,[817] Fabrizio Camerini[818] e Guilherme Puchalski Teixeira.[819]

3.9.3. O § 5º do artigo 461 do Código de Processo Civil e as novas[820] *modalidades de efetivação das decisões judiciais*

Se o Supremo Tribunal Federal detém a prerrogativa de julgar as arguições de descumprimento de preceito fundamental que, pelo princípio da fungibilidade, traz a possibilidade de sua normatividade, passar para as demais ações do controle, em especial a regra do artigo 10, dotada de eficácia mandamental, e se esta é inerente às ações do artigo 461 do Código de Processo Civil brasileiro, toda e qualquer forma ao alcance do juiz para fazer valer o preceito violado, conforme previsão do § 5º do referido artigo é, *a priori*, válida para tentar dar maior efetividade às decisões judiciais, em especial às sentenças normativas, retirando-se aquelas vedadas pelo ordenamento jurídico em vigência.

Em tese defendida perante o Programa de Pós-Graduação *stricto sensu* da Universidade Federal de Minas Gerais, sobre um estudo de direito comparado referente às obrigações de fazer e não fazer nos Estados Unidos e no Brasil, Desirê Bauermann chega a conclusões interessantes sobre a aplicação de alguns institutos estadunidenses no direito brasileiro. No prefácio à obra, seu orientador, Humberto

---

[817] OLIVEIRA, Carlos Alberto Alvaro de. Ainda o problema da classificação quinária das tutelas jurisdicionais. In: THEODORO JÚNIOR, Humberto; JAYME, Fernando Gonzaga; FARIA, Juliana Cordeiro e LAUAR, Maira Terra (Coord.). *Processo civil*: novas tendências: estudos em homenagem ao Professor Humberto Theodoro Júnior. Belo Horizonte: Del Rey, 2008. p. 109. Já se fez o alerta acima sobre o autor entender se tratar de tutela, expondo assim o entendimento sobre a questão: "Tantos os deveres quanto às obrigações de fazer e não-fazer podem ser objeto de tutela mandamental, visto que em ambas as hipóteses a atividade jurisdicional dirige-se no fundamental a agir sobre a vontade da parte passiva. Ademais, a obrigação em sentido técnico constitui apenas uma das espécies do gênero 'dever jurídico'". E finaliza: "Semelhante constatação ganha força especial com o tratamento dispensado no art. 461 do CPC às obrigações de fazer ou não-fazer".

[818] CAMERINI, Fabrizio. *Teoria geral da tutela mandamental*: conceituação e aplicação. São Paulo: Quartier Latin, 2007. p. 175. Refere já nas suas conclusões: "11) positivada no artigo 461 do Código de Processo Civil, a tutela mandamental tem campo de aplicação principal nas obrigações de fazer e não fazer, incluindo também os deveres jurídicos, sendo aplicável sobretudo na perspectiva da prevenção".

[819] TEIXEIRA, Guilherme Puchalski. *Tutela específica dos direitos*: obrigações de fazer, não fazer e entregar coisa. Porto Alegre: Livraria do Advogado, 2011. p. 242. Refere: "A previsão de mecanismos de coerção e sub-rogação, com vistas à reprodução do resultado específico desejado pelo Direito e reconhecido judicialmente, consegraram o reconhecimento de duas novas modalidades de eficácia: a mandamental e a executiva".

[820] Novas no sentido de que somente serão defendidas posturas que podem ser trazidas juntamente com o instituto das medidas estruturantes, sendo que aquelas já conhecidas e realizadas pelo Poder Judiciário brasileiro, como a fixação de astreinte, busca e apreensão, entre outras, pelo conhecimento já exarado em diversos estudos sobre o tema, restarão de fora para fins de enxugamento da pesquisa.

Theodoro Júnior,[821] aponta para três das conclusões chegadas pela autora na defesa de sua tese: a primeira, na impossibilidade da prisão civil; a segunda e a terceira, na viabilidade de aplicação dos institutos do *civil contempt* e da intervenção judicial em solo brasileiro.

O *civil contempt* é uma espécie da qual a *contempt of court* é gênero, segundo relata Desirê Bauermann,[822] ao referir ainda a possibilidade da existência de *contempt* direto, *contempt* indireto e *criminal contempt*. No caso da tese explanada, é o conceito de *civil contempt* que interessa, por defender a autora sua possibilidade de aplicação no Brasil. Segundo refere em seus estudos,[823] trata-se de sua aplicação quando o réu deixa de cumprir uma ordem judicial, sendo exemplificadas as medidas coercitivas tomadas como multas ou até mesmo aprisionamento do réu, sendo cessada sua medida tão logo o réu cumpra a determinação emanada pelo juiz.

A segunda forma apontada pela autora que o sistema estadunidense utiliza para dar efetividade às suas decisões judiciais é trabalhar a possibilidade de um interventor judicial, em especial nos casos envolvendo as *structural injunctions* como forma de coagir os obrigados a realizarem as determinações emanadas pelas decisões judiciais. Conforme refere,[824] os interventores são assistentes do juiz, cuja missão principal é dar fiel cumprimento às *structural injunctions*, podendo ser divididos em *master, monitor, mediator, administrator* e *receiver*. Os primeiros são interventores que interferem em menor grau na rotina do réu, obtendo informações, concedendo recomendações e sendo, algumas vezes, responsável em por em prática a obrigação determinada pela decisão judicial. Já os segundos são nomeados para analisar se os

---

821 BAUERMANN, Desirê. *Cumprimento das obrigações de fazer ou não fazer*: estudo comparado: Brasil e Estados Unidos. Porto Alegre: Sergio Antonio Fabris., 2012. p. 14. Refere Humberto Theodoro Júnior em passagem no prefácio: "A tese chega ao seu epílogo, com a importante conclusão de que, salvo no que diz respeito com a prisão civil, a importação dos institutos do civil contempt e da intervenção judicial não encontra, em princípio, óbices em nossa legislação".

822 Ibid., p. 31. Sobre o tema: "As medidas denominadas de *Contempt* podem ser divididas em, ao menos, quatro categorias: *Contempt* direto, *Contempt* indireto, *Criminal Contempt* e *Civil Contempt*".

823 Ibid., p. 32. Relata: "Para que uma medida seja caracterizada como *Civil Contempt*, necessário haver a possibilidade de o réu evitar a sua incidência pelo cumprimento do quanto determinado judicialmente. Ademais, uma vez observada a decisão judicial, mesmo após o prazo concedido para tanto, haverá a suspensão da medida". E finaliza: "As medidas coercitivas a serem aplicadas sob a denominação *Civil Contempt* são o pagamento de multa ou pena de prisão, que prescinde da observância do procedimento criminal para ser imposta. Aqui, mesmo incidindo pena de prisão, ela será considerada civil, desde que esteja nas mãos do devedor a possibilidade de evitá-la".

824 BAUERMANN, Desirê. *Cumprimento das obrigações de fazer ou não fazer*: estudo comparado: Brasil e Estados Unidos. Porto Alegre: Sergio Antonio Fabris., 2012. p. 81. Inicia seu relato assim: "Diversas figuras prestarão assistência ao juiz na missão de dar cumprimento às *structural injunctions*. O auxiliar que menos interfere na rotina do réu é denominado *master*, cuja função é obter informações e dar recomendações, podendo também ser indicado com o intuito de definir a melhor maneira de se pôr em prática a decisão concedida". E continua: "Outra figura utilizada pelo juiz para obter auxílio no cumprimento das decisões estruturais é o *monitor*, que exerce a função de verificar se o réu está dando cumprimento à obrigação e se os objetivos estão sendo alcançados. Esta opção é indicada para casos complexos. Também o juiz pode fazer uso do *mediator*, cuja tarefa é ajudar a encontrar o significado da decisão, os padrões para o seu atendimento e o ritmo em que deverá se dar; ou ainda de um *administrator*, que possui papel executivo, atuando em seu nome próprio". E finaliza: "Por fim, temos o *receiver*, que é o que mais intervém na rotina da instituição sob reestruturação, sendo, portanto, a forma mais drástica e intrusiva da medida. O seu uso é limitado e apenas será autorizado quando nenhum outro se mostrar apto para a obtenção do cumprimento da decisão judicial, posto as demais medidas se mostrarem insuficientes".

réus estão dando efetivo cumprimento às obrigações e se estas estão sendo alcançadas. Os *mediators* têm a tarefa de desvelar o conteúdo da decisão, seus padrões para o atendimento e, até mesmo, o ritmo que será imposto. O *administrator* é alguém que possui um papel mais executivo, atuando em nome próprio. Por fim, tem-se o *receiver*, cuja tarefa é de intervenção mesmo na rotina da instituição a ser reestruturada. Só é nomeado em último caso, quanto todos os outros se mostrarem inaptos a dar efetividade à decisão.

Para dar concretização às sentenças normativas, pode-se pensar, tanto nas multas, como na prisão e, em especial, na intervenção para o cumprimento das decisões, esta por três motivos: a possibilidade pelo § 5º do artigo 461 do CPC; pela eficácia mandamental do artigo 10 da ADPF, e a figura do interventor encontra até mesmo previsão legal no direito brasileiro,[825] o que não torna algo inexequível para ser pensado.

Em recente Dissertação de Mestrado defendida no Programa de Pós-Graduação da Pontifícia Universidade Católica do Rio de Grande do Sul, Fabiano Aita de Carvalho defende a possibilidade da existência de prisão civil quando haver *contempt of court*,[826] já existindo para consulta a sua versão comercial na obra *Multa e Prisão Civil: o contempt of court no Direito Brasileiro*,[827] em que pese a matéria não passar pela unanimidade na doutrina brasileira.[828]

Num primeiro momento, defende o autor[829] que tanto a Constituição Federal como o Pacto San José da Costa Rica, ambos chancelados pelo Supremo Tribunal

825 A previsão encontra-se na Lei n. 12.529, de 30 de novembro de 2011, que "[...] estrutura o Sistema Brasileiro de Defesa da Concorrência; dispõe sobre a prevenção e repressão às infrações contra a ordem econômica; altera a Lei n. 8.137, de 27 de dezembro de 1990, o Decreto-Lei n. 3.689, de 3 de outubro de 1941 – Código de Processo Penal, e a Lei n. 7.347, de 24 de julho de 1985; revoga dispositivos da Lei n. 8.884, de 11 de junho de 1994, e a Lei n. 9.781, de 19 de janeiro de 1999; e dá outras providências", em seu artigo 102, parágrafo único, com a seguinte redação: "O Juiz decretará a intervenção na empresa quando necessária para permitir a execução específica, nomeando o interventor. Parágrafo único. A decisão que determinar a intervenção deverá ser fundamentada e indicará, clara e precisamente, as providências a serem tomadas pelo interventor nomeado". BRASIL. *Lei n. 12.529*, de 30 de novembro de 2011. Disponível em: <http://www.planalto.gov.br/ccivil_03/_Ato2011-2014/2011/Lei/L12529.htm>. Acesso em: 01 out. 2012.

826 SPADONI, Joaquim Felipe. *Ação inibitória*: a ação preventiva prevista no art. 461 do CPC. São Paulo: Revista dos Tribunais, 2007. p.211. O que também está na trilha do pensamento emanado pelo autor.

827 CARVALHO, Fabiano Aita. *Multa e prisão civil*: o *contempt of court* no direito brasileiro. Porto Alegre: Livraria do Advogado, 2012.

828 OLIVEIRA, Carlos Alberto Alvaro de. *Teoria e prática da tutela jurisdicional*. Rio de Janeiro: Forense, 2008. p. 189. Defende: "Realmente, verifica-se flagrante impossibilidade de o juiz do processo mandamental, em caso de desobediência do preceito, decretar a prisão cível do demandando, pois o art. 5º, inciso LXVII, da Constituição da República só a permite em caso de inadimplemento voluntário e inescusável de obrigação alimentícia e depositário infiel. A eventual apuração da responsabilidade criminal, com base no art. 330 do Código Penal, dependerá de denúncia do Ministério Público, respeito ao devido processo legal e no julgamento pelo juiz natural, que não é o juízo cível emissor da ordem não atendida".

829 CARVALHO, op. cit., p. 98. Refere: "O que essa corrente sustenta, como vimos, é que tanto a Constituição Federal, quanto o Pacto San José proíbem apenas uma espécie de prisão civil, a por dívidas. Assim, em tese, não haveria vedação normativa para utilização de outra espécie de prisão civil, como, por exemplo, a de natureza coercitiva (*contempt of court*)".

Federal,[830] proíbem uma espécie de prisão, ou seja, a por dívidas, ficando de fora aquelas que não são oriundas desta situação, como as de natureza coercitiva. Então, pela linha adotada na obra citada, ao defender que a coerção não se trata de dívida, retira o foco da discussão do artigo 5º, inciso LXVIII, da Constituição Federal, o que, de certo modo, há de se concordar. Após esse raciocínio, resta um questionamento: sempre que existir desobediência à ordem judicial, as partes ficarão reféns da aplicação pelo juiz da *contempt of court*? Defende o autor[831] que não, pois somente poderá existir a prisão civil pelo instituto do *Common Law* para a salvaguarda de direitos fundamentais e mais, sempre visando àqueles direitos de igual ou maior magnitude que o direito à liberdade, ou seja, praticamente liquida com sua tese, pois, além de ser difícil se saber quais são os direitos de maior magnitude que a liberdade, se existir alguns, serão poucos os que se sobrepõem a ela, praticamente reduzindo ao nada a *contempt of court* no ordenamento jurídico brasileiro.

Alicerçando o fechamento de algumas das medidas que podem dar ensejo ao cumprimento das medidas estruturantes nas sentenças normativas, tem-se a previsão do artigo 14, inciso V,[832] do Código de Processo Civil brasileiro, ao definir ser dever de todos aqueles que de alguma forma participam do processo, ou seja, direta ou indiretamente, o cumprimento dos provimentos mandamentais, não criando qualquer embaraço à efetividade das decisões, quer sejam antecipatórias ou finais. Em complementação ao dispositivo e às tutelas dos artigos 461, 461-A e 84[833] do Código de Defesa do Consumidor, o ensinamento de Guilherme Rizzo Amaral[834]

---

[830] Com o julgamento dos Recursos Extraordinários (RE 349703) e (RE 466343) e do Habeas Corpus (HC 87585), o Supremo Tribunal Federal concedeu nova orientação ao caso, adaptando-se ao Pacto de São José da Costa Rica, ao Pacto Internacional sobre Direitos Civis e Políticos da ONU e à Declaração Americana dos Direitos da Pessoa Humana, firmada em 1948, em Bogotá (Colômbia). Com a decisão, revogada a então conhecida súmula 619 do STF, segundo a qual "[...] a prisão do depositário judicial pode ser decretada no próprio processo em que se constituiu o encargo, independentemente da propositura de ação de depósito", assim como suspenderam a eficácia de parte do inciso LXVII do artigo 5º da Constituição Federal com a seguinte redação: "não haverá prisão civil por dívida, salvo a do responsável pelo inadimplemento voluntário e inescusável de obrigação alimentícia e a do depositário infiel".

[831] CARVALHO, op. cit., p. 99. Conclui: "Assim, demonstrou-se que é possível o juiz fazer uso da prisão civil por *contempt of court*, em casos extremos, como forma de coerção para atendimento de provimento judicial que visa a salvaguardar direitos de igual ou maior magnitude que a liberdade. O fundamento legal para tal utilização é o próprio artigo 461, § 5º, do CPC, que abriu a possibilidade de o magistrado utilizar de todos os meios necessários para efetivação da medida judicial, entre elas, inclusive, a prisão".

[832] Dispõe o artigo 14 do Código de Processo Civil brasileiro: "São deveres das partes e de todos aqueles que de qualquer forma participam do processo: [...] V – cumprir com exatidão os provimentos mandamentais e não criar embaraços à efetivação de provimentos judiciais, de natureza antecipatória ou final". BRASIL. *Lei n. 5.869*, de 11 de janeiro de 1973. Disponível em: <http://www.planalto.gov.br/ccivil_03/leis/L5869compilada.htm>. Acesso em: 17 set. 2012.

[833] Dispõe o artigo 84 do Código de Defesa do Consumidor: "Na ação que tenha por objeto o cumprimento da obrigação de fazer ou não fazer, o juiz concederá a tutela específica da obrigação ou determinará providências que assegurem o resultado prático equivalente ao do adimplemento". BRASIL. *Lei 8.078*, de 11 de setembro de 1990. Disponível em: <http://www.planalto.gov.br/ccivil_03/leis/L8078.htm>. Acesso em: 17 set. 2012.

[834] AMARAL, Guilherme Rizzo. *As astreintes e o processo civil brasileiro*: multa do artigo 461 do CPC e outras. Porto Alegre: Livraria do Advogado, 2004. p. 60-61. Refere: "Temos, assim, que é essencial a diferenciação entre os correspondentes átrios das *astreintes* e do *contempt of court*, podendo afirmar que aquelas estão caracterizadas nos artigos 461 e 461-A do CPC e 84 do CDC, e este no artigo 14 do Codex Processual. Se este visa a proteger a dignidade e a

é no sentido de que estas sejam alvo de *astreintes*, pois vinculadas ao cumprimento dos provimentos judiciais, enquanto aquele deve ser correspondido de *contempt of court*, tendo em vista que aqui se visa à proteção da dignidade do Poder Judiciário, levando-se a crer que ambas, no caso das sentenças normativas, também são passíveis de aplicação.

Diante disso, novos direitos necessitam de novas formas de cumprimento, encontrando, também, no direito estadunidense a resposta para a pergunta do não cumprimento das medidas estruturantes delineadas pelo Supremo Tribunal Federal. As medidas coercitivas, como o pagamento de multa, prisão civil por descumprimento da ordem judicial e a questão dos interventores, poderão ser admitidas no bojo da sentença normativa se menos conservador for o Supremo Tribunal Federal ou, não o sendo, ficar esta tarefa de cumprimento da sentença normativa, por delegação, para os demais órgãos judiciários, o que trará, consequentemente, um novo modelo de juiz ao Poder Judiciário.

3.10. O papel do juiz após as medidas estruturantes implementadas pelo Supremo Tribunal Federal: um juiz sísifo?

A passagem de Sísifo pela mitologia grega é conhecida. Apesar de mortal, foi um mestre em enganar e ofender os deuses do Olimpo, em especial Zeus, o qual o condenou à morte e, pela sua arte no ardil, enganou-o, por duas oportunidades, tendo, ao final, morrido pela velhice. No tártaro, finalmente pode ser condenado a pagar sua pena: rolar uma pedra de mármore com as próprias mãos até o cume de uma montanha quando, chegando lá, descia rolando até seu ponto de partida, fazendo com que tivesse que repetir este fardo por toda a eternidade para demonstrar que a vida dos mortais não era igual à dos deuses, e que para vencer a monotonia, deveriam tornar-se criativos.[835]

Ao que parece, Sísifo seria um humano infeliz e sem motivação alguma para repetir a mesma tarefa pelo resto da eternidade. Alberto Camus, em sua obra que leva o nome de *O Mito de Sísifo*, sustenta que, mesmo na ordinariedade das idas e vindas de Sísifo rolando a pedra ao cume da montanha e vendo-a descer para nova-

---

autoridade do Poder Judiciário como instituição responsável pelo exercício da jurisdição, aquelas têm como único objetivo dar força aos provimentos mandamentais, de forma a proporcionar ao autor a tutela específica, mediante o cumprimento da decisão judicial pelo próprio réu".

[835] GRAVES, Robert. *The greek mytes*. London: Penguin Books, 1992. p. 218. Após uma narrativa sobre o mito de Sísifo, conclui o autor: "It may have been because he had injured Salmoneus, or because he had betrayed Zeus's secret, or because he had always lived by robbery and often murdered unsuspecting travellers – some say that it was Theseus who put an end to Sisyphus's career, though this is not generally mentioned among Theseus's feats – at any rate, Sisyphus was given an exemplary punishment. The Judges of the Dead showed him a huge block of Stone – identical in size with that into which Zeus had turned himself when fleeing from Asopus – and ordered him to roll it up the brow of a hill and topple it down the farther slope. He has never yet succeeded in doing so. As soon as he has almost reached the summit, he is forced back by the weight of the shameless Stone, which bounces to the very bottom once more; where he wearily retrieves it and must begin all over again, though sweat bathes His limbs, and a cloud of dust rizes above His head".

mente realizar o caminho de subida, ele é alguém dotado de momentos de reflexão. Durante o regresso ao ponto de partida existe um momento no qual ele é superior aos deuses que o fizerem trabalhar da mesma forma por toda a eternidade, sendo até mesmo mais forte que a própria rocha: este momento é aquele no qual Sísifo, refletindo, lembra que é um ser com consciência.[836]

Que relação se pode fazer entre o mito de Sísifo e o direito, mas, mais propriamente pensado, com a pesquisa realizada? Em épocas de juízes que tomam nome de deuses, como no texto de François Ost intitulado *Tres Modelos de Juez*,[837] no qual expõe que há juiz: Júpiter,[838] Hércules[839] e Hermes,[840] ou em Ronald Dworkin, com seu modelo de juiz-hércules,[841] não há vedação para, pelo menos, se pensar em

---

836 CAMUS, Albert. *O mito de Sísifo*. 2. ed. Tradução de: Ari Roitman e Paulina Watch. Rio de Janeiro: BestBolso, 2012. p. 122. Relata: "É durante esse regresso, essa pausa, que Sísifo me interessa. Um rosto que padece tão perto das pedras já é uma pedra ele próprio! Vejo esse homem descendo com passos pesados e regulares de volta para o tormento cujo fim não conhecerá. Essa hora, que é como uma respiração e que se repete com tanta certeza quanto sua desgraça, essa hora é a da consciência. Em cada um desses instantes, quando ele abandona os cumes e mergulha pouco a pouco nas guaridas dos deuses, Sísifo é superior ao seu destino. É mais forte que sua rocha". E finaliza: "Este mito só é trágico porque seu herói é consciente. O que seria a sua pena se a esperança de triunfar o sustentasse a cada passo? O operário de hoje trabalha todos os dias de sua vida nas mesmas tarefas, e esse destino não é menos absurdo. Mas só é trágico nos raros momentos em que se torna consciente. Sísifo, proletário dos deuses, impotente e revoltado, conhece toda a extensão de sua miserável condição: A clarividência que deveria ser o seu tormento consuma, ao mesmo tempo, sua vitória. Não há destino que não possa ser superado com o desprezo".

837 OST, François. *Tres modelos de juez*. Tradução de: Isabel Lifante Vidal. Disponível em: <http://rua.ua.es/dspace/bitstream/10045/10681/1/doxa14_10.pdf>. Acesso em: 15 nov. 2012.

838 Segundo François Ost, o Juiz Júpiter seria: "El modelo jurídico clássico, que continúa siendo enseñado en las facultades de Derecho y que mantiene las representaciones canónicas de los juristas, modelo que además conserva alguna forma de aplicación práctica, es el modelo del Derecho codificado". Ibid.

839 Segundo François Ost, o modelo de juiz Hércules: "Hércules está presente en todos los frentes, decide e incluso aplica normas como lo hacía su predecesor, que se amparaba en la sombra del código; pero también lleva a cabo otros trabajos. En el precontencioso aconseja, orienta, previne; en el postcontencioso sigue la evolución del dossier, adapta sus decisiones al grado de circunstancias y necesidades, controla la aplicación de las penas. El juez jupiterino era un hombre de ley; respecto a él, Hércules se desdobla en ingeniero social". Ibid.

840 François Ost aponta seu último modelo de juiz Hermes, o qual deverá estar apto aos anseios de uma complexa sociedade contemporânea como novos atores sociais, novas dimensões de poder, entre outros exemplos que cita. Conclui: "Podríamos, sin duda, dejarlo ahí; tan vasto es el programa del cual se encarga nuestro Hermes. Sin embargo, le esperan todavía otros retor que se verá obligado a superar. Pensemos esta vez en las cuestiones ético-jurídicas radicalmente nuevas que suscita la acción combinada de los progesos científicos y de los deseos más delirantes: ingeniería genética y manipulaciones biológicas al servicio de la eugenesia, de la reproducción de clónicos, de la determinación del sexo de los hijos y otros comercios genéticos. Tal articulación de realización técnica y de autoridad volitiva muestra claramente déficits de sentido profundamente desestabilizadores". Ibid.

841 DWORKIN, Ronald. *Levando os direitos a sério*. Tradução de: Nelson Boeira. São Paulo: Martins Fontes, 2002. Entre as páginas 164 a 203, no famoso capítulo conhecido sobre *hard cases*, o autor define seu juiz Hércules. Em algumas passagens, Dworkin define como esse juiz deveria decidir acerca de um caso concreto. Não há, pois, como definir esse modelo de forma sucinta, mas, no texto, só sobressai este trecho que define algumas características do juiz, na p. 165: "Podemos, portanto, examinar de que modo um juiz filósofo poderia desenvolver, nos casos apropriados, teorias sobre aquilo que a intenção legislativa e os princípios jurídicos requerem. Descobriremos que ele formula essas teorias da mesma maneira que um árbitro filosófico construiria as características de um jogo. Para esse fim, eu inventei um jurista de capacidade, sabedoria, paciência e sagacidade sobre-humanas, a quem chamarei de Hércules. Eu suponho que Hércules seja juiz de alguma jurisdição norte-americana representativa. Considero que ele aceita as principais regras não controversas que constituem e regem o direito em sua jurisdição. Em outras palavras, ele aceita que as leis têm o poder geral de criar e extinguir direitos jurídicos, e que os juízes têm o dever geral se seguir as decisões anteriores de seu tribunal ou dos tribunais superiores cujo fundamento racional (rationale), como dizem os juristas, aplica-se ao caso em juízo".

outro modelo de juiz, não com nome de um deus, mas com o de um mortal, que poderá vir a existir caso não se entenda a real função dos Tribunais Superiores e, principalmente, dos juízes no Estado Constitucional.

Até este momento pensou-se, unicamente, no papel dos ministros do Supremo Tribunal Federal nos julgamentos das ações relacionadas ao controle de constitucionalidade das leis, ficando na exposição o recado de que as decisões nesses julgamentos são dotadas ou de eficácia *erga omnes* ou de efeito vinculante, e, para completar, com a possibilidade das medidas estruturantes, fazendo com que, numa primeira leitura do que se disse, pareça que ao juiz não há mais qualquer papel quando prestar jurisdição, salvo o de aplicação daquilo que emana dos julgamentos do Supremo Tribunal Federal, tornando-se, assim, uma espécie de juiz Sísifo, ao qual fica o penoso trabalho de meramente decidir indo ao encontro do que já anteriormente sentenciado pelo Tribunal Superior ou, indo de encontro, ver sua sentença chegar ao topo e descer reformada, fazendo alusão à pedra que chega ao seu cume e desce rolando.

O juiz contemporâneo deve sim estar vinculado às decisões realizadas no controle de constitucionalidade de leis pelo Supremo Tribunal Federal, mas, como alerta Albert Camus, ele é, em determinados momentos, dotado de reflexão, de consciência, e isto pode ser fundamental na descoberta de nova orientação a ser prolatada pelo Tribunal Superior. Para isso, deve-se lembrar do caso já julgado sobre a união estável de pessoas do mesmo sexo. Dois juízes, após o julgamento da ação pelo Supremo Tribunal Federal, entenderam, conforme suas próprias razões: o primeiro: cassar todas as uniões estáveis em seu Estado; o segundo: converter a união estável em casamento. Isso significa dizer que é exatamente esse o juiz que manterá oxigenado o direito, quando, fundamentando seu posicionamento, ir contrário àquilo que já foi decidido pelo Tribunal que é detentor do poder de guarda da Constituição, sabendo, claro, das consequências de seu ato, caso sua posição não reformule qualquer posicionamento. Então, mesmo sendo um juiz Sísifo, quando estiver aplicando as decisões emanadas do Supremo Tribunal Federal, em algumas oportunidades, terá pensamentos, reflexões e consciência própria, que poderão levar, inclusive, a fazer com que o próprio sistema reveja o posicionamento ou o confirme, pois, quanto mais rebatida for a decisão e mesmo assim for mantida, é porque, teoricamente, foi ela bem estruturada. Ainda há de se ressaltar que o poder de modificação dos Tribunais Superiores não necessariamente pode ter vindo da refutação de um juiz, mas até mesmo do cidadão pelos modelos de controle existentes no direito brasileiro.[842]

---

[842] Pode-se referir, por exemplo, o *Habeas Corpus* que modificou o entendimento do Supremo Tribunal Federal, impetrado *HC 91952 / SP, relatoria ministro Marco Aurélio, julgado em 07/08/2008.* "ALGEMAS – UTILIZAÇÃO. O uso de algemas surge excepcional somente restando justificado ante a periculosidade do agente ou risco concreto de fuga. JULGAMENTO – ACUSADO ALGEMADO – TRIBUNAL DO JÚRI. Implica prejuízo à defesa a manutenção do réu algemado na sessão de julgamento do Tribunal do Júri, resultando o fato na insubsistência do veredicto condenatório. BRASIL. Supremo Tribunal Federal. *Habeas Corpus* n. 91.952/SP, relator min. Marco Aurélio de Melo. Disponível em: <http://www.stf.jus.br/portal/jurisprudencia/listarJurisprudencia.asp?s1=%28HC%24%2ESCLA%2E+E+91952%2ENUME%2E%29+OU+%28HC%2EACMS%2E+ADJ2+91952%2EACMS%2E%29&base=baseAcordaos>. Acesso em: 22 nov. 2012.

Aliado a esse fato, outras funções são atribuídas ao juiz do Estado Constitucional. A passagem do Estado Liberal para o atual Estado Constitucional traz grandes responsabilidades, dentre elas a de existir um Poder Judiciário com maior poder de intervenção nos outros Poderes quando estes não conseguirem alcançar as promessas realizadas pelo atual texto constitucional, o qual somente será desvelado após muito estudo, chegando a ser defendido por Ferdinand Lasalle,[843] que se deve conhecer a tal ponto a Constituição que o seu conhecimento se deve tornar uma arte ou uma sabedoria constitucional, até porque, defende o mesmo autor[844] que, se a realidade constitucional escrita não corresponder à real, aquela, inevitavelmente, sucumbirá, sendo, hoje, a inércia dos outros poderes a condição de possibilidade de o Poder Judiciário tomar a dianteira e se avocar em atribuições que, *prima facie*, não seriam suas.

A Constituição Federal brasileira é repleta de promessas sociais, o que é alertado por André Ramos Tavares,[845] inclusive afirmando que inovações como "reserva do possível"[846] e "custos dos direitos sociais contra custo zero dos direitos individuais clássicos" são apontamentos que lembram os raciocínios utilizados naquele modelo de Estado Liberal ultrapassado.

O alerta de um novo modelo de juiz já há tempo é feito por Luiz Guilherme Marinoni,[847] o qual, na introdução à sua obra destinada à Teoria Geral do Processo

---

843 LASSALLE, Ferdinand. *A essência da Constituição*. 6. ed. Tradução de: Walter Stönner. Rio de Janeiro: Lumen Juris, 2001. p. 27. O autor inicia afirmando: "De fato, na maioria dos Estados modernos, vemos aparecer, num determinado momento da sua história, uma Constituição escrita, cuja missão é a de estabelecer *documentalmente*, numa folha de papel, todas as instituições e princípios do governo vigente". E faz uma pergunta sobre qual seria o ponto de partida desta aspiração própria dos tempos modernos, respondendo: "Também isto é uma questão importantíssima e não há outro remédio senão estudá-la para sabermos a atitude que devemos adotar perante a obra constitucional, o juízo que devemos formar a respeito das constituições que regem atualmente e a conduta que devemos seguir perante as mesmas, para chegarmos finalmente ao seu conhecimento e a possuir uma *arte* e uma *sabedoria constitucionais*".

844 Ibid., p. 33. Defende: "Onde a Constituição escrita não corresponder à real, irrompe inevitavelmente um conflito que é impossível evitar e no qual, mais dia menos dia, a constituição escrita, a folha de papel, sucumbirá necessariamente, perante a contituição real, a das verdadeiras forças vitais do país".

845 TAVARES, André Ramos. *Manual do Poder Judicário brasileiro*. São Paulo: Saraiva, 2012. p. 51. Aduz: "O Estado chamado Social é marcadamente um Estado intervencionista. Nas omissões materiais imputadas ao Estado-Administração e até ao Estado-Legislador, o juiz constitucional (seja juiz ordinário, seja uma instância exclusiva, como um Tribunal Constitucional) é chamado para fins de implementação dos direitos fundamentais sociais proclamados em certas constituições contemporâneas. A invocação de idéias como 'reserva do possível' ou 'custo dos direitos sociais contra custo zero dos direitos individuaisi clássicos' acompanha, ainda, raciocínios próprios de um modelo de Estado Liberal não preocupado com os direitos sociais".

846 Sobre o tema recomenda-se a leitura da obra: SARLET, Ingo Wolfgang; TIMM, Luciano Benetti (org.). *Direitos fundamentais*: orçamento e "reserva do possível". 2. ed. Porto Alegre: Livraria do Advogado, 2010.

847 MARINONI, Luiz Guilherme. *Teoria geral do processo*. 4. ed. São Paulo: Revista dos Tribunais, 2010. p. 24. Diz o processualista: "A transformação da concepção de direito fez surgir um positivismo crítico, que passou a desenvolver teorias destinadas a dar ao juiz a real possibilidade de afirmar o conteúdo da lei comprometido com a Constituição. Nessa linha podem ser mencionadas as teorias dos direitos fundamentais, inclusive a teoria dos princípios, a técnica da interpretação de acordo, as novas técnicas de controle de constitucionalidade – que conferem ao juiz uma função 'produtiva', e não mais apenas a declaração de inconstitucionalidade – e a própria possibilidade de controle da inconstitucionalidade por omissão no caso concreto". E finaliza: "Ora, é pouco mais do que evidente que isso tudo fez surgir um outro modelo de juiz, sendo apenas necessário, agora, que o direito processual civil se dê conta disso e proponha um conceito de jurisdição que seja capaz de abarcar a nova realidade que se criou".

afirma, veementemente, que se busque um modelo de juiz apto ao Estado Consti-tucional. Klaus Stern[848] situa esse juiz como alguém apto a encontrar uma solução quando o legislador o abandona no processo de formação de leis para o caso concreto, solução esta vinculada à manutenção dos direitos fundamentais e aos objetivos ao Estado. Para Julie Allard e Antoine Garapon,[849] esse novo modelo de juiz é transfronteiriço, uma vez que busca seu embasamento legal para suas decisões judiciais não mais hoje apenas em seu âmbito de atuação, mas em outros ordenamentos jurídicos, o que denominam de intensificação de intercâmbios.

A opinião de Elaine Harzheim Macedo[850] também é no sentido de que deva existir um novo juiz apto aos reclamos de uma sociedade pós-moderna, alguém que não só decida o conflito, mas o faça de forma definitiva, útil, efetiva, possível e tempestiva, devendo, inclusive, ser revista a postura de parcela da dogmática processualista que ainda o considera um mero integrante da relação processual. Não é outro o entendimento de Eugênio Facchini Neto,[851] ao referir que, com o Judiciário chamado a enfrentar novas questões, resta evidenciado o papel de um novo juiz apto a desempenhar sua função nesta complexa sociedade contemporânea.

---

848 STERN, Klaus. O juiz e a aplicação do direito. In: GRAU, Eros Roberto e GUERRA FILHO, Willis Santiago (Org.). *Direito Constitucional*: estudos em homenagem a Paulo Bonavides. 1. ed. 2. tir. São Paulo: Malheiros, 2003. p. 514. Refere: "Se, no entanto, o legislador abandona o juiz na implementação da lei para o caso concreto, porque a lei não contém qualquer regulamentação e é, por conseguinte, lacunosa, o juiz precisa, não obstante encontrar uma solução. O Direito por ele encontrado é direito judicial que concorre com ou representa a lei; situa-se *praeter legem*, mas não *contra legem*. Esse direito judicial é criado sobretudo a partir de princípios genéricos do Direito ou mediante analogia com enunciados normativos similares da lei ou mediante o aperfeiçoamento do Direito no âmbito da definição da finalidade e do objetivo da lei. Aqui, uma medida importante de orientação está para o juiz nas decisões fundamentais de direito constitucional, sobretudo nos direitos fundamentais e nas normas referentes aos objetivos do Estado, freqüentemente encontradiças nos preâmbulos ou nos enunciados sobre questões de princípios nas Constituições".

849 ALLARD, Julie; GARAPON, Antoine. *Os juízes na mundialização*: a nova revolução do direito. Tradução de: Rogério Alves. Lisboa: Instituto Piaget, 2006. p. 16-17. Apenas a título de exemplificação, os autores expõem o caso julgado na Suprema Corte dos Estados Unidos no qual alguns dos *Justices* (Antonin Scalia, por exemplo, foi voto contrário) se utilizaram na jurisprudência do Tribunal Europeu dos Direitos do Homem de Estrasburgo (TEDH).

850 MACEDO, Elaine Harzheim. O juiz e o Poder Judiciário do século XXI: considerações sobre a legitimação das decisões. In: MITIDIERO, Daniel e AMARAL, Guilherme Rizzo (Coord.). FEIJÓ, Maria Angélica Echer Ferreira (Org.). *Processo civil*: estudos em homenagem ao professor doutor Carlos Alberto Alvaro de Oliveira. São Paulo: Atlas, 2012. p. 154. Refere: "A (re)visão do sistema judiciário e do papel de seu agente decisor, o juiz, passa também por uma (re)leitura da dogmática processualista, que vê no juiz um mero *sujeito processual*, ou, dizendo de outra forma, um mero integrante da relação processual, cumprindo um prévio roteiro estabelecido por lei, mas divorciado do que realmente importa: decidir o conflito, compondo-o de forma definitiva, útil, efetiva, possível e tempestiva, de modo que possa ser aceita, inclusive pelo vencido, e cumprida, porque não desgarra do contexto em que todos estão inseridos: o conflito, os jurisdicionados, o juiz, a decisão. Esse refazimento leva, também, ao refazimento dos principais dogmas e institutos do processo e da jurisdição, indo além da legislação, mas não sem ela e sim através dela, lado a lado com a doutrina que, como doutrina que é ou deve ser, teima em não repetir o que não cabe mais repetir".

851 FACCHINI NETO, Eugênio. O judiciário no mundo contemporâneo. In: MOLINARO, Carlos Alberto; MILHORANZA, Mariângela Guerreiro; PORTO, Sérgio Gilberto (Org.). *Constituição, jurisdição e processo*: estudos em homenagem aos 55 anos da Revista Jurídica. Sapucaia do Sul: Notadez, 2007. p. 325. Defende: "Este Judiciário, chamado a desempenhar novas funções, exige um novo magsitrado, mais consciente da complexidade do Direito contemporâneo, que não pode mais ser visto como um subsistema isolado dos demais. Cada vez mais o fenômeno jurídico mostra suas interfaces com a política, com a economia, com a sociedade".

Diante disso é que aquele modelo relatado por Charles-Louis de Secondatt de Poder Judiciário nulo[852] e de um juiz que denominou de *la bouche de la loi*[853] desaparece, nascendo um novo magistrado, apto a agir quando os anseios do cidadão, constitucionalizados, não estão sendo efetivados, o que acaba enfraquecendo o texto constitucional e o próprio Estado Constitucional. Esse juiz, ativista em determinados momentos,[854] abastece o plano do direito material com efetividade, conseguindo, muitas vezes, em doses homeopáticas, que as promessas legislativas não cumpridas pelo poder administrador sejam uma realidade concretizável. Segundo Francisco José Rodrigues de Oliveira Neto,[855] essa atuação, necessária ao tipo de Estado escolhido pelo legislador constitucional originário, terá, por vezes, excessos, mas que isto não seja um óbice ao exercício deste novo modelo judicial, pois, enquanto buscada a efetividade social insculpida na Constituição Federal, não se estará violando o compromisso democrático, apenas fortalecendo-o.

Rodolfo de Camargo Mancuso[856] vê esse juiz para o século XXI como alguém engajado não apenas na solução das crises jurídicas, mas também um magistrado atento às realidades sociopolíticas e econômicas do país, não sendo mais alguém inerte, mero destinatário da prova, mas que, ao mesmo tempo, consiga ser um condutor do processo. Já Daniel Mitidiero,[857] em sua tese de doutorado, na qual de-

---

852 MONTESQUIEU. *Do espírito das leis*. Tradução de: Jean Melville. São Paulo: Martins Claret, 2003. p. 169. Referiu: "Dos três poderes dos quais falamos, o judiciário é, de algum modo, nulo".

853 Ibid., p. 172. Aduziu: "Poderia acontecer que a lei, que é ao mesmo tempo clarividente e cega, fosse em certos casos muito rigorosa. Porém, os juízes da nação não são, conforme já dissemos, mais que a boca que pronuncia as palavras da lei, seres inanimados que desta lei não podem moderar nem a força e nem o vigor".

854 VIDAL, Jânio Nunes. *Elementos da teoria constitucional contemporânea*: estudos sobre as constantes tensões entre política e jurisdição. Salvador: JusPODIVM, 2009. p. 181. Defende o autor um juiz constitucional com uma postura mais de autocontenção em relação às prerrogativas dos outros poderes, em que pese não defender ser esta autocontenção estática, tampouco em abrir mão do controle de constitucionalidade.

855 OLIVEIRA NETO, Francisco José Rodrigues de. A atuação do juiz no estado democrático de direito: em busca do ponto de equilíbrio. In: COUTINHO, Jacinto Nelson de Miranda; MORAIS, Jose Luis Bolzan de; STRECK, Lenio Luiz. *Estudos constitucionais*. Rio de Janeiro: Renovar, 2007. p. 107. Refere: "Se no Estado Liberal – e no modelo decorrente do tipo de Constituição que lhe dava sustentação – o que se tinha era um juiz neutro, distante e que só exercia seu papel mediador quando chamado pelas partes, no Estado Democrático de Direito desaparece essa figura, que passa a apresentar outras características, com mais poderes e obrigação de usá-los na busca da concretização constitucional". E finaliza: "Evidentemente que neste quadro haverá um juiz com maior intervenção e os casos de ativismo judicial serão mais frequentes. Daí que, em lugar de simplesmente negar esta possibilidade, o que se propõe é aceitá-la como natural no novo papel a ser exercido no estado democrático de direito com perfil social e, a partir daí, buscar formas de solução para os casos de atuação inadequada e que venham a violar o compromisso democrático que devepermear a atividade jurisdicional, sem esquecer, contudo, que esta atuação será sempre necessária, indispensável".

856 MANCUSO, Rodolfo de Camargo. *Acesso à justiça*: condicionantes legítimas e ilegítimas. São Paulo: Revista dos Tribunais, 2011. p. 448. O modelo de juiz para o século XXI, segundo o autor: "Para a consecução de todo esse renovado panorama a sociedade brasileira espera o surgimento do *juiz* novo, engajado na solução não apenas da crise jurídica, mas também atento aos aspectos sociopolítico-econômicos subjacentes, conscientizado de seus elevados deveres como *condutor* do processo (*case manager*) e não apenas como um estático *destinatário* da prova. Com essa renovada e corajosa conduta, espera-se que a poeira do tempo recubra antigas e ultrapassadas posturas, tisnadas do velho sentido majestático e corporativo da Justiça oficial que, durante largo tempo, serviu para desgastar a instituição, decepcionar os jurisdicionados, e desservir o ideal da justiça".

857 MITIDIERO, Daniel. *Colaboração no processo civil*: pressupostos sociais, lógicos e éticos. 2. ed. São Paulo: Revista dos Tribunais, 2011. p. 86. Refere: "É por essa razão, a propósito, que não nos parece adequado afirmar que o

fendeu um modelo de processo cooperativo, vê nesse novo juiz alguém que flutua entre dois planos, o isonômico e o assimétrico, tendo o magistrado, naquele, um dever de colaboração no Estado Constitucional, devendo estar em constante diálogo com as partes, uma vez que está em pé de igualdade com estas no processo. Ao mesmo tempo, obriga, pela imperatividade da jurisdição, sua decisão estar no plano assimétrico, pois deve existir a submissão da parte ao comando proferido.

Mauro Cappelletti,[858] em sua obra sobre o controle de constitucionalidade de leis, adverte que é por meio do juiz, delimitando este ao juiz constitucional nos sistemas mais recentes, que aquelas normas estáticas e inefetivas deverão ser relidas para que exista uma permanente concretização delas mesmas E adverte que é na própria Constituição, por meio dos valores nela expressos e no caráter rígido das Constituições modernas,[859] que prevalece este modelo de juiz constitucional para a remodelação do sistema jurídico.[860]

---

juiz no processo civil encontra-se a todo tempo em pé de igualdade com as partes. Não é possível, em outras palavras, afirmar que o processo civil no Estado Constitucional é um processo que visa tão somente a uma 'renovada perspectiva isonômica' da atuação judicial. Posto que lição muito séria, que chega a propor igualmente um novo modelo de processo civil – um processo civil comparticipativo, cujo trabalho processual deve ser pensado em uma perspectiva policêntrica e coparticipativa –, ignorar a imperatividade da jurisdição e a necessidade de submissão da parte ao seu comando à vista da assimetria inerente a esse momento da atuação estatal parece equivocado. Mais adequado, portanto, pensar mesmo em um juiz paritário no diálogo e assimétrico na decisão para a caracterização do papel do juiz no Estado Constitucional".

[858] CAPPELLETTI, Mauro. *O controle judicial de constitucionalidade das leis no direito comparado.* 2. ed. 1. reimpr. Tradução de: Aroldo Plínio Gonçalves. Porto Alegre: Fabris, 1999. p. 12. Refere o professor da Universidade de Florença: "Mas a verdadeira, a grande novidade está no terceiro momento, ou seja, na tentativa de transformar a imprecisão e a imóvel estaticidade daquelas fórmulas e a inefetividade daquela prevalência em uma efetiva e dinâmica e permanente 'concretização', através da obra de um intérprete qualificado – o juiz, ou, nos sistemas mais recentes, o especial juiz constitucional. Aqui, verdadeiramente, o gênio dos homens atingiu o seu vértice; a aspiração ao eterno, uma aspiração que renasce perenemente de suas próprias cinzas, encontra aqui a sua concreta conciliação com a realidade; a eternidade dos valores, aquela eternidade que a história mostrou ser impossível e também sempre suprema utopia da humanidade, concretiza-se através do trabalho atuante do juiz. E também a mil vezes derrotada aspiração jusnaturalista encontra, assim, a sua própria dimensão real, o seu rosto humano; jusnaturalismo e positivismo reconciliam-se, fundem-se nesta certamente imperfeita, mas, genial, invenção do homem e do Direito".

[859] CAPPELLETTI, Mauro. *O controle judicial de constitucionalidade das leis no direito comparado.* 2. ed. 1. reimpr. Tradução de: Aroldo Plínio Gonçalves. Porto Alegre: Fabris, 1999. p. 12. Aduz: "As Constituições modernas, normas prevalentemente 'de valor', são, precisamente, o primeiro momento daquela tentativa. Nas suas mesmo necessariamente vagas, ambíguas, imprecisas e programáticas fórmulas, está a primeira poderosa tentativa de lapidar a pedra informe dos 'valores', individuais e sociais, e de dar-lhes uma primeira forma: a primeira tentativa, em suma, de uma 'positivação' de algo, que está fora e acima da lei normal e de quem a elabora". E finaliza: "O segundo momento está no caráter 'rígido' daquelas Constituições, as quais se impõem, exatamente, com a força de 'normas prevalentes'".

[860] NUNES, Dierle José Coelho. *Processo jurisdicional democrático*: uma análise crítica das reformas processuais. Curitiba: Juruá, 2008. p. 200. Evidente que a atuação judicial deve ser precedida de limites para não se tornar totalitária: "O juiz democrático não pode ser omisso em relação à realidade e deve assumir sua função institucional decisória, num sistema de regras e princípios, com o substrato extraído do debate endoprocessual, no qual todos os sujeitos processuais e seus argumentos são considerados e influenciam o dimensionamento decisório". E finaliza: "A comparticipação e o policentrismo processual buscam o abandono dessa postura vocacionada a cidadãos infantilizados, carentes de um salvador, tão cara a sistemas de dominação das mais variadas linhas de totalitarismo".

A preocupação não passa despercebida de Rogério Gesta Leal,[861] que atribui, em artigo sobre esse novo modelo de natureza política no Poder Judiciário, o dever de existir, pela superação deste Estado Liberal, uma nova compreensão da própria natureza e das atribuições dos Poderes, haja vista que não podem ser vistos hoje como instituições isoladas, mas sim em um conjunto com a própria sociedade civil e o mercado. Salienta,[862] ainda, em seu estudo, que esse novo modelo de compreensão – que transforma ou modifica algo – vai passar por barreiras naturais de resistências ao novo, razão pela qual devem ser implementadas com cuidado.

Enfim, esse juiz não deve dominar mais apenas o direito, mas sim, ter um perfil conhecedor de sistema,[863] pois não encontra mais as respostas apenas no ordenamento jurídico. Não se pode mais analisar a estrutura escalonada das normas de Hans Kelsen,[864] representada pelo que se costumou nominar de *pirâmide kelsiana*, com os mesmos olhos, embora ainda muito estudada nos bancos acadêmicos do mesmo modo, mas sim se dar conta, como lembra Antonio Enrique Pérez Luño,[865]

---

861 LEAL, Rogério Gesta. Aspectos exploratórios da natureza política do Poder Judiciário democrático no Brasil. In: COUTINHO, Jacinto Nelson de Miranda; MORAIS, Jose Luis Bolzan de; STRECK, Lenio Luiz. *Estudos constitucionais*. Rio de Janeiro: Renovar, 2007. p. 398. Refere: "Em face de todos estes cenários é que se tem imposto de forma inexorável uma revisão de nossa compreensão sobre a natureza e funções dos poderes estatais, superando talvez a matriz liberal referida, fundada na supremacia incontestável da lei sobre todas as demais manifestações da atividade estatal, haja vista a importância dos demais poderes em conjunto com a Sociedade Civil e o Mercado na delimitação das possibilidades das relações sociais, que vão moldando, para além no espaço normativo-dogmático, o envolver (ou invlolução) destas relações".

862 Ibid., p. 401. "A partir desta consciência, mister é reconhecer que quaisquer transformações ou mudanças nos atuais modelos de gestão do judiciário existentes implicam um processo que tende a ter resistências naturais, razão pela qual devem ser implementadas com cuidado, de forma planejada e controlada, por meio de indicadores que apontem o sucesso ou não das atitudes adotadas".

863 ARONNE, Ricardo. *Direito civil-constitucional e teoria do caos*: estudos preliminares. Porto Alegre: Livraria do Advogado, 2006. p. 24. Refere o autor: "Não obstante, o Direito pode ser chamado a responder se o plano de orçamento da União Federal está adequado. A responder se a técnica empregada por um neurocirurgião ao proceder uma intervenção foi a mais adequada ou não. Até mesmo se um indivíduo é ou não um bom pai, merecedor da guarda de seus filhos. Se o projeto de um veículo foi corretamente desenvolvido ou não e, se não bastasse, se os responsáveis pela empresa tinham ou não consciência disso antes do lançamento do produto no mercado! Observe-se que todas as questões apontadas são, ao menos em tese, cotidianas ao operador do direito. E sempre têm de ser respondidas. Certo ou não, o non liquet, não é possível ao Direito. Pode-se-lhe perguntar da razoabilidade do que evoco. E ele terá de responder. Conforme sua inafastabilidade (art. 5º, XXXV, CF/88). Medo? Vertigem? Não. Caos".

864 KELSEN, Hans. *Teoria pura do direito*. Tradução de: João Baptista Machado. São Paulo: Martins Fontes, 2006. p. 224. Refere: "As normas de uma ordem jurídica cujo fundamento de validade comum é esta norma fundamental não são – como o mostra a recondução à norma fundamental anteriormente descrita – um complexo de normas válidas colocadas umas ao lado das outras, mas uma construção escalonada de normas supra-infra-ordenadas umas às outras".

865 LUÑO, Antonio Enrique Pérez. *Perspectivas e tendências atuais do Estado constitucional*. Tradução de: Jose Luis Bolzan de Morais e Valéria Ribas do Nascimento. Porto Alegre: Livraria do Advogado, 2012. p. 38. Escreve: "O jurista ora presente, habituado à circunferência do horizonte explicativo tradicional conformado pela teoria pura do direito, não pretende agora encaixar-se na perspectiva do positivismo jurídico ou novo significado dos ordenamentos normativos. Se, até o momento, a teoria jurídica juspositivista havia padecido de um excesso de concentração em um ponto de gravitação único e hierárquico (*Grundnorm*), até o que se fazem convergir todos os processos normativos; a partir do presente deverá acomodar sua ótica de enfoque até os ordenamentos jurídicos policêntricos. Esta nova perspectiva metodológica, para assumir o significado atual dos sistemas jurídicos, denuncia a crise do juspositivismo kelsiano. Impõe substituir a imagem piramidal, quer dizer, hierarquizada do ordenamento normativo, por um horizonte em que a totalidade do sistema se obterá pela intersecção de uma pluralidade

de que se está diante de um horizonte cuja pluralidade de estruturas normativas é heterogênea, fazendo com que o ordenamento jurídico fique muito parecido com uma abóbada. O juiz, e até mesmo qualquer outro profissional do direito que não estiver pronto para tal mudança, congelará seu modo de atuação frente ao enriquecido ambiente de oportunidades criado por esse novo direito que surge no dia a dia da sociedade.[866]

de estrutras normativas, de procedência heterogênea e que, em conjunto, formarão um panorama do ordenamento jurídico bastante parecido a uma abóbada".

[866] GRAU, Eros Roberto. *O direito posto e o direito pressuposto*. 8. ed. São Paulo: Malheiros, 2012. p. 70. Nessa linha de raciocínio sobre o direito que surge na sociedade, o autor o chama de direito pressuposto: "Além do mais, é certo que todos os movimentos de transformação do direito decorrem de alterações gestadas no seio da sociedade – isto é, no *direito pressuposto*. Nele, as aspirações, da sociedade, de conformatação inclusive do que denominados direito público". Para, após, concluir: "Note-se que na categoria *modo de produção* estão inseridas todas as circunstâncias da vida material, geradoras não apenas de suas próprias relações jurídicas, mas também de sua forma de governo. O *direito pressuposto* contempla e nele se opera a síntese dos padrões culturais da sociedade – e aqui são refletidos, em processo de causalidade recíproca, valores produzidos nas damais instâncias política, religiosa, ideológica) da superestrutura".

4. Considerações finais

O estudo realizado, partindo da análise de direito comparado, entre as tradições do *Common Law* estadunidense e do *Civil Law* brasileiro, abordou temas de grande destaque, não só para a seara jurídica, mas também para a social, tendo em vista que é, também, para a sociedade que a sentença normativa deve ser efetivada. O processo precisa ser pensado numa ótima, na atualidade, tanto coletiva como individual, sendo que há de se apontar as diferenças existentes entre estes modelos de solução de conflitos, pois, não há mais espaço para que um único juiz julgue mais de 80 mil processos numa Vara fazendária na Justiça Comum Estadual.[867] Para isso, algumas considerações devem ser elaboradas para a melhor sistematização e compreensão final do que foi abordado durante a pesquisa realizada. São elas:

(i) foi defendido que, em pelo menos duas oportunidades (*Dred Scott v. Sandford* e *Plessy v. Ferguson*), a Suprema Corte dos Estados Unidos da América julgou ações que, naquele determinado ambiente cultural, levando-se em conta as questões de espaço/tempo em que inseridas, não poderiam ter outro julgamento que não aqueles realizados. Em que pese hoje serem marcadas como decisões que envergonham aquela Corte, na época, isso pouco foi ventilado, uma vez que uma parcela considerável da sociedade estadunidense estava de acordo com a decisão proferida;

(ii) os tempos passaram, e a doutrina criada nos Estados Unidos do *separate but equal*, fortalecida pelo julgamento do caso *Plessy v. Ferguson*, não mais se sustentava frente aos avanços que os direitos dos negros ganhavam, dia a dia, na sociedade. Era tempo de mudanças, e a Suprema Corte deveria intervir. Um dilema era certo: modificar uma orientação centenária que segregava brancos e negros seria algo viável se a Corte assim o dissesse?

(iii) a resposta à pergunta veio com a chegada de momento tão esperado: o julgamento do caso *Brown v. Board of Education of Topeka*. Foi nele que, finalmente, o sistema de segregação racial foi amplamente discutido e rechaçado pelos *Justices* integrantes da Suprema Corte estadunidense, fulminando a doutrina até então dominante naquele país. Contudo, sabia-se que, possivelmente, pouca efetividade haveria naquela decisão se não tivesse

---

[867] OLIVEIRA, Carlos Alberto Alvaro. *Justiça e enxurrada de processos*. Zero Hora. 13. dez. 2013, p. 22. Expõe com preocupação o processualista: "Um simples exemplo mostra o que quero dizer. Nas varas da Fazenda Pública de Porto Alegre um único juiz tem de lidar em média com 80 mil processos. É claro que esse magistrado, por mais competente e esforçado, como normalmente são os juízes brasileiros e especialmente os gaúchos, não conseguirá jamais pôr o serviço em dia. A tarefa chega a ser desumana e impossível de ser cumprida em bons termos. Sem recursos orçamentáriaos, investimentos e aperfeiçoamento dos magistrados e do serviço cartorário, tudo será em vão. Basta atentar para o fato de que o Brasil dispõe atualmente de apenas 16 mil magistrados, um juiz para 118.750 habitantes, proporção absurda se pensarmos que na Alemanha há um juiz para 3 mil pessoas".

o Tribunal tomado medidas necessárias ao seu cumprimento, criando-se, assim, o que Owen Fiss denominou de *structural reform*, expressão que foi na traduzida por medidas estruturantes, ou seja, uma nova forma de *adjudication* na qual os valores constitucionais são preenchidos pelos juízes que, conscientes da estrutura burocratizada do Estado, devem apontar soluções para a efetividade da decisão judicial;

(iv) após o julgamento do caso *Brown v. Board of Education of Topeka* e, posteriormente, sua reargumentação que ficou conhecida como *Brown II*, a Suprema Corte envolveu-se em mais um julgamento polêmico relacionado a questões relacionadas às minorias, em *Roe v. Wade*, no qual teve que invalidar uma lei texana para conceder a uma mãe a possibilidade de realização de aborto. Esse julgamento, um dos mais controvertidos da história daquele Tribunal, não teve o resultado desejado, sendo que até os dias atuais grupos pró-vida ainda se manifestam contrariamente à tese defendida pelos *Justices* da época, em que pese ter a decisão relativizado o direito de escolha da mãe por trimestres;

(v) diante desses fatos até então realizados em sede de considerações finais, extrai-se a primeira conclusão: quando um Tribunal Superior julga de acordo com os parâmetros culturais da sociedade à época da decisão, esta, por si só, tende a se efetivar, sendo que, caso a sociedade não esteja preparada para a nova orientação, ou deverá existir a possibilidade de o próprio Tribunal criar condições de efetividade da sua decisão por meio de medidas estruturantes, ou ela, possivelmente, não encontrará a almejada efetividade;

(vi) por isso, uma afirmação deve ser feita: o fenômeno do ativismo judicial, em especial aquele da Corte de Warren, deve ser melhor estudado para que se possa, com tranquilidade, afirmar que um ativismo judicial equilibrado, em busca de valores constantes do ordenamento constitucional, deve ser incentivado, sendo que os casos de exageros não devem ser motivo único para que não se defenda uma postura mais ativa do magistrado, em especial quando para concretizar as promessas constitucionalizadas;

(vii) ao ingressar na segunda parte da tese, foi demonstrado que não existe uma tamanha diferença entre o modo como realizadas as nomeações dos *Justices* da Suprema Corte estadunidense e dos ministros do Supremo Tribunal Federal, sendo que, inclusive, no Brasil, um dos modelos de controle de constitucionalidade, o difuso, é copiado daquele modelo, restando o fato de que, se não existe uma tamanha diferença entre as nações, pode-se trazer ao ordenamento daqui o que lá existe de melhor;

(viii) para que isso aconteça, uma segunda conclusão extrai-se na tese: entende-se que o Supremo Tribunal Federal esteja investido de legitimidade democrática para a normatização de condutas, por meio de sentenças normativas, sendo que não há o que se falar em *deficit* democrático quando se está concretizando o texto constitucional, o que, aliado a outros motivos, faz com que o Tribunal tenha este poder;

(ix) em continuidade, foi defendido, com base na obra de Teori Albino Zavascki, que a tutela coletiva dos direitos abarca tanto o controle abstrato de constitucionalidade como o difuso quando há julgamento de recurso extraordinário com repercussão geral, pela sua objetivação, sendo que é nela que existe a morada para a realização das medidas estruturantes;

(x) trabalhou-se na perspectiva de que, em pelo menos três casos julgados recentemente (lei da biossegurança, união homoafetiva e aborto de feto com anencefalia), o Supremo Tribunal Federal poderia ter se utilizado de uma postura mais ativista como aquela das medidas estruturantes e afirmou-se que, em pelo menos dois casos, já chegou muito perto de fazê-las (demarcação das terras da Raposa Rota do Sol e do mandado de injunção do direito à greve dos servidores públicos), pois, ao realizarem os ministros as restrições ou recomendações, abriram as portas para que a efetividade das decisões alçassem a outro plano;

(xi) optou-se por delimitar a área de atuação do Supremo Tribunal Federal nas medidas estruturantes, de onde se chega à terceira conclusão da tese: somente nos casos envolvendo o conceito de preceitos fundamentais existe esta possibilidade de sua idealização, mas não só isto, tendo que o julgamento envolvendo este preceito ter, de alguma forma, com a nova orientação formulada, rompido com o paradigma cultural da sociedade brasileira ou parte dela, que pode colocar em risco a efetividade do provimento jurisdicional, a teor do que aconteceu nos Estados Unidos com os casos *Brown v. Board of Education* e *Roe v. Wade*, e, no Brasil, com os casos estudados;

(xii) tentou-se trazer novas formas de como o Supremo Tribunal Federal ou os demais órgãos do Poder Judiciário poderão tentar dar concretude à sentença normativa, dotando-a de eficácia mandamental e importando alguns institutos do direito estadunidense, como a *contempt of court*, a *civil contempt*, as intervenções de pessoas nomeadas pelo Poder Judiciário diretamente nas instituições para darem efetividade às decisões;

(xiii) por fim, tudo isso somente será possível no alvorecer de um novo modelo de juiz, preocupado com os efetivos valores elencados no texto constitucional, passando de uma atitude passiva de suas concretizações para uma atitude mais ativa, mas vinculado às sentenças normativas oriundas do Supremo Tribunal Federal quando do controle de constitucionalidade das leis, concedendo a elas efetividade por meio das novas técnicas trazidas ou com as já existentes no ordenamento jurídico brasileiro, embora tenham condições de, eventualmente, conseguir modificar o posicionamento do Tribunal Superior.

Não se pode dar as costas para os novos direitos que, a cada dia, devido a novos paradigmas culturais, surgem na sociedade brasileira e mundial. Casos novos envolvendo eutanásia, ortotanásia, adoção por casal homoafetivo, entre outros, serão todos, inevitavelmente, decididos no Supremo Tribunal Federal. A nova lei de cotas que traz novos contornos às ações afirmativas,[868] sancionada recentemente pela Presidenta Dilma Rousseff, datada de 29 de agosto de 2012,[869] que destina o percentual de 50% das vagas em Universidades Públicas àqueles que cursaram o ensino médio em escolas públicas, é um exemplo disso, sem retirar a força de outros exemplos.[870] Em pouco tempo deverá o Tribunal se manifestar sobre a constitucionalidade ou não dessa lei e, dependendo de sua decisão, precisará atribuir a ela algumas medidas estruturantes para que a lei, sonhada por tantos e indesejada por outros, seja, não importando a preferência de um ou de outro ao final, efetivamente, cumprida.

---

[868] Sobre o tema recomenda-se: RIOS, Roger Raupp. *Direito da antidiscriminação*: discriminação direta, indireta e ações afirmativas. Porto Alegre: Livraria do Advogado, 2008.

[869] Íntegra da lei disponível em <http://www.planalto.gov.br/ccivil_03/_Ato2011-2014/2012/Lei/L12711.htm>. Acesso em: 2 jan. 2013.

[870] *Negros e índios terão 15% de vagas em concursos*. Zero Hora. 19. dez. 2012, p. 28. A reportagem traz os embates, antes mesmo de publicada a lei: "Enquanto defensores da igualdade racial argumentam que a medida reforça políticas de inclusão, representantes de concurseiros reclamam de concorrência injusta".

Referências

AASENG, Nathan. *You are the Supreme Court justice*. Minneapolis: The Oliver Press, 1994.

ABBOUD, Georges. *Jurisdição constitucional e direitos fundamentais*. São Paulo: Revista dos Tribunais, 2011.

ABRAMOVAY, Pedro. *Separação de poderes e medidas provisórias*. Rio de Janeiro: Elsevier, Faculdade de Direito da FGV, 2012.

ABREU, Pedro Manoel. *Processo e democracia*: o processo judicial como um locus da democracia participativa e da cidadania inclusiva no estado democrático de direito. São Paulo: Conceito, 2001. V. 3.

ACORDO EM AÇÃO CIVIL PÚBLICA. *Zero Hora*. 7. dez. 2012, p. 40.

ACQUAVIVA, Marcus Cláudio. *Teoria geral do Estado*. 3. ed. Barueri, SP: Manole, 2010.

ADIVINHE quem vem para jantar. *Direção de Santley Kramer*. Columbia Pictures, 1967. 1 DVD (108 min). Color.

AGRA, Walber de Moura. *Aspectos controvertidos do controle de constitucionalidade*. Salvador: JusPODIVM, 2008.

AKAOUI, Fernando Reverendo Vidal. *Jurisdição constitucional e a tutela dos direitos metaindividuais*. São Paulo: Verbatim, 2009.

ALEXY, Robert. *Teoria da argumentação jurídica*. Tradução de: Zilda Hutchinson Schild Silva. São Paulo: Landy, 2001.

ALLARD, Julie; GARAPON, Antoine. *Os juízes na mundialização*: a nova revolução do direito. Tradução de: Rogério Alves. Lisboa: Instituto Piaget, 2006.

ALMADA, Roberto José Ferreira de. *A garantia processual da publicidade*. São Paulo: Revista dos Tribunais, 2005.

ALMEIDA, Alberto Carlos. *A cabeça do brasileiro*. 2. ed. Rio de Janeiro: Record, 2007.

ALMEIDA, Gregório Assagra de. *Manual das ações constitucionais*. Belo Horizonte: Del Rey, 2007.

ALVAREZ, Anselmo Prieto; NOVAES FILHO, Wladimir. *A Constituição dos EUA anotada*. 2. ed. São Paulo: Ltr, 2008.

ALVES JR., Luís Carlos. *O Supremo Tribunal Federal nas constituições brasileiras*. Belo Horizonte: Mandamentos, 2004.

AMARAL, Guilherme Rizzo. *As astreintes e o processo civil brasileiro*: multa do artigo 461 do CPC e outras. Porto Alegre: Livraria do Advogado, 2004.

——. *Cumprimento e execução da sentença sob a ótica do formalismo-valorativo*. Porto Alegre: Livraria do Advogado, 2008.

AMARAL, Roberto. A democracia representativa está morta: viva a democracia participativa! In: GRAU, Eros Roberto e GUERRA FILHO, Willis Santiago (Org.). *Direito constitucional*: estudos em homenagem a Paulo Bonavides. 1. ed. 2. tir. São Paulo: Malheiros, 2003. p. 19-56.

AMENDOEIRA JR., Sidnei. *Fungibilidade de meios*. São Paulo: Atlas, 2008.

AMERICAN BAR ASSOCIATION. Disponível em: <http://www.americanbar.org/>.

AMORIN, Aderbal Torres de. *Um falso impasse*. 19. dez. 2012, p. 19.

ANDREWS, Neil. *O moderno processo civil*: formas judiciais e alternativas de resolução de conflitos na Inglaterra. 2. ed. Tradução do autor. Orientação e revisão da tradução Teresa Arruda Alvim Wambier. São Paulo: Revista dos Tribunais, 2012.

ANJOS, Leonardo Fernandes dos. Expansão dos instrumentos de jurisdição constitucional no Supremo Tribunal Federal e o ativismo judicial processual. In: OLIVEIRA, Umberto Machado de; ANJOS, Leonardo Fernandes dos. *Ativismo judicial*. Curitiba: Juruá, 2010. p. 137-174.

APPIO, Eduardo. *Controle difuso de constitucionalidade*: modulação dos efeitos, uniformização de jurisprudência e coisa julgada. Curitiba: Juruá, 2009.

——. *Direito das minorias*. São Paulo: Revista dos Tribunais, 2008.

AQUINO, Rubim Santos Leão de. *História das sociedades americanas*. 12. ed. Rio de Janeiro: Record, 2008.

ARAÚJO, Marcelo Labanca Corrêa de. *Jurisdição constitucional e federação*: o princípio da simetria na jurisprudência do STF. Rio de Janeiro: Elsevier, 2009.

ARONNE, Ricardo. *Direito civil-constitucional e teoria do caos*: estudos preliminares. Porto Alegre: Livraria do Advogado, 2006.

ÁVILA, Humberto. *Segurança jurídica*: entre permanência, mudança e realização no direito tributário. 2. ed. São Paulo: Malheiros, 2012.

——. *Teoria dos princípios*: da definição à aplicação dos princípios jurídicos. 13. ed. São Paulo: Malheiros, 2012.

AZEVÊDO, Bernardo Montalvão Varjão de. *O ato de decisão judicial*: uma irracionalidade disfarçada. Rio de Janeiro: Lumen Juris, 2011.

BALKIN, Jack M. What Brown Teaches Us About Constitutional Theory. *Virginia Law Review*, v. 90, n. 6, 2004; Yale Law School, Public Law Working Paper No. 82. Available at SSRN: <http://ssrn.com/abstract=555685>.

BARACHO JÚNIOR, José Alfredo de Oliveira. A interpretação dos direitos fundamentais na Suprema Corte dos EUA e no Supremo Tribunal Federal. In: SAMPAIO, José Adércio Leite (Coord.). *Jurisdição constitucional e direitos fundamentais*. Belo Horizonte: Del Rey, 2003. p. 315-345.

BARROSO, Luís Roberto. Constitucionalidade e legitimidade da criação do Conselho Nacional de Justiça. In: WAMBIER, Teresa Arruda Alvim *et al.* (Coord.). *Reforma do judiciário*: primeiras reflexões sobre a emenda constitucional n. 45/2004. São Paulo: Revista dos Tribunais, 2005. p. 425-445.

——. *Judicialização, ativismo e legitimidade democrática*. Afirma o constitucionalista. Disponível em: <http://www.plataformademocratica.org/Publicacoes/12685_Cached.pdf>. Acesso em: 25 nov. 2012.

——. *O controle de constitucionalidade no direito brasileiro*: exposição sistemática da doutrina e análise crítica da jurisprudência. 5. ed. São Paulo: Saraiva, 2011.

——. *O direito constitucional e a efetividade de suas normas*: limites e possibilidades da Constituição brasileira. 8. ed. Rio de Janeiro: Renovar, 2006.

BATISTA JUNIOR, Edil. *O Supremo Tribunal Federal e o monopólio da hermenêutica constitucional no Brasil*: a interpretação como ato de poder. Curitiba: Juruá, 2011.

BAUERMANN, Desirê. *Cumprimento das obrigações de fazer ou não fazer*: estudo comparado: Brasil e Estados Unidos. Porto Alegre: Sergio Antonio Fabris, 2012.

BAUM, Lawrence. *A Suprema Corte americana*. Tradução de: Élcio Cerqueira. Rio de Janeiro: Forense Universitária, 1987.

BAUMAN, Zygmunt. *Modernidade líquida*. Tradução de: Plínio Dentzien. Rio de Janeiro: Jorge Zahar, 2001.BEARD, Charles A. *A Suprema Côrte e a constituição*. Tradução de: Paulo Moreira da Silva. Rio de Janeiro: Forense, 1965.

BEDAQUE, José Roberto dos Santos. *Efetividade do processo e técnica processual* São Paulo: Malheiros, 2006.

BELLOCCI, M. e GIOVANNETTI, T. Il quadro delle tipologie decisorie nelle pronunce della Corte costituzionale. *Quaderno Predisposto in occasione dell'incontro di studio con la corte costituzionale di Ungheria*. Disponível em: <http://www.cortecostituzionale.it/documenti/convegni_seminari/STU%20219_Tipologia_decisioni.pdf>. Acesso em: 13 jun. 2012.

BERGER, Raoul. *Government by judiciacy*: the transformation of the fourteenth amendment. Second edition. Indianapolis: Liberty Fund, 1997.

BIBLIOTECA DIGITAL. FGV. Disponível em: <http://bibliotecadigital.fgv.br/dspace/handle/10438/2810>. Acesso em: 10 out. 2012.

BINENBOJM, Gustavo. *A nova jurisdição constitucional brasileira:* legitimidade democrática e instrumentos de realização. 3. ed. Rio de Janeiro: Renovar, 2010.

BISCH, Isabel da Cunha. *O amicus curiae, as tradições jurídicas e o controle de constitucionalidade*: um estudo comparado à luz das experiências americana, europeia e brasileira. Porto Alegre: Livraria do Advogado, 2010.

BOBBIO, Norberto; MATTEUCCI; Nicola; PASQUINO, Gianfranco. Burocracia. In: ——. *Dicionário de política.* 13. ed. Tradução de: Carmen C. Varriale et al. Brasília: Universidade de Brasília, 2007. V. 1. p. 124-130.

BOCHENEK, Antônio César. Os modelos de controle de constitucionalidade: a hibridação do tradicional sistema bipolar. In: BOCHENEK, Antônio César; TAVARES NETO, José Querino; MEZZAROBA, Orides (Coord.). *Diálogos entre culturas*: direito a ter direito. Curitiba: Juruá, 2010. p. 11-29.

BOLONHA, Carlos; RANGEL, Henrique; ZETTEL, Bernardo. Justiça constitucional e democracia de direitos. *Direitos Fundamentais & Justiça*, Porto Alegre: HS, Programa de Pós-Graduação, Mestrado e Doutorado em Direito da PUCRS, n. 20, p. 156-172, jul./set. 2012.

BONAVIDES, Paulo. *Curso de direito constitucional.* 27. ed. São Paulo: Malheiros, 2012.

BOYCOTT. Direção: Clark Johnson. HBO, 2001. 1 DVD (118 min). Color.

BRANDÃO, Rodrigo. Direitos fundamentais, cláusulas pétreas e democracia. Rio de Janeiro: Renovar, 2008.

BRASIL. *Ato Institucional n. 2*, de 27 de outubro de 1965. Disponível em: <http://www.planalto.gov.br/ccivil_03/AIT/ait-02-65.htm>. Acesso em: 19 out. 2012.

——. Conselho Nacional de Justiça. *Resolução n. 151*, de 5 de julho de 2012. Disponível em: <http://www.cnj.jus.br/atos-administrativos/atos-da-presidencia/resolucoespresidencia/20161-resolucao-n-151-de-05-de-julho-de-2012>. Acesso em: 05 nov. 2012.

——. *Constituição da República dos Estados Unidos do Brasil*, de 16 de julho de 1934. Disponível em: <http://www.planalto.gov.br/ccivil_03/constituicao/constitui%C3%A7ao34.htm>. Acesso em: 18 out. 2012.

——. *Constituição da República Federativa do Brasil*, de 1967. Disponível em: <http://www.planalto.gov.br/ccivil_03/constituicao/constituicao67.htm>. Acesso em: 20 out. 2012.

——. *Constituição da República.* Disponível em: <http://www.planalto.gov.br/ccivil_03/constituicao/constituicao.htm>. Acesso em: 13 ago. 2012.

——. *Constituição dos Estados Unidos do Brasil.* Disponível em: <http://www.planalto.gov.br/ccivil_03/constituicao/constitui%C3%A7ao37.htm>. Acesso: 18 out. 2012.

——. *Decreto n. 19.656*, de 3 de janeiro de 1931. Disponível em: <http://www6.senado.gov.br/legislacao/ListaNormas.action?numero=19656&tipo_norma=DEC&data=19310203&link=s>. Acesso em: 18 out. 2012.

——. *Decreto n. 510*, de 22 de junho de 1890 Disponível em: <http://www6.senado.gov.br/legislacao/ListaNormas.action?numero=510&tipo_norma=DEC&data=18900622&link=s> Acesso em: 17 out. 2012.

——. *Decreto n. 848*, de 22 de junho de 1890. Disponível em: <https://www.planalto.gov.br/ccivil_03/decreto/1851-1899/d848.htm>. Acesso em: 17 out. 2012.

——. *Decreto-lei n. 1.608*, de 18 de setembro de 1939. Disponível em: <http://www.planalto.gov.br/ccivil_03/decreto-lei/1937-1946/Del1608.htm>. Acesso em: .25 out. 2012.

——. *Decreto-lei n. 2.848*, de 7 de dezembro de 1940. Disponível em: <http://www.planalto.gov.br/ccivil_03/decreto-lei/del2848.htm>. Acesso em: 11 nov. 2012.

——. *Decreto-lei n. 3.689*, de 3 de junho de 1941. Disponível em: <http://www.planalto.gov.br/ccivil_03/decreto-lei/del3689.htm>. Acesso em: 11 nov. 2012.

——. *Decreto-lei n. 5.452*, de 1 de maio de 1943. Disponível em: <http://www.planalto.gov.br/ccivil_03/decreto-lei/del5452.htm> Acesso em: 11 nov. 2012.

——. *Emenda Constitucional n. 1*, de 17 de outubro de 1969. Disponível em: http://www.planalto.gov.br/ccivil_03/constituicao/emendas/emc_anterior1988/emc01-69.htm. Acesso em: 23 out. 2012.

——. *Lei n. 581*, de 4 de setembro de 1850. Disponível em: http://www.historia.seed.pr.gov.br/arquivos/File/fontes%20historicas/lei_euzebio.pdf. Acesso em: 15 jan. 2013.

——. *Lei n. 2040*, de 28 de setembro de 1871. Disponível em: http://jij.tj.rs.gov.br/jij_site/docs/LEGISLACAO/LEI+DO+VENTRE+LIVRE.HTM. Acesso em 15 jan. 2013.

——. *Lei n. 3270*, de 28 de setembro de 1885. Disponível em: http://www.corregedoriageral.rn.gov.br/cbm_arquivos/menu/leis/direitoshumanos/Sexagenarios.htm. Acesso em; 15 jan. 2013.

——. *Lei n. 3353*, de 13 de maio de 1888. Disponível em: http://www2.camara.leg.br/legin/fed/lei/1824-1899/lei-3353-13-maio-1888-533138-publicacaooriginal-16269-pl.html. Acesso em: 15 jan. 2013.

——. *Lei 10.406*, de 10 de janeiro de 2002. Disponível em: http://www.planalto.gov.br/ccivil_03/leis/2002/L10406.htm. Acesso em: 02 out. 2012.

——. *Lei 8.078*, de 11 de setembro de 1990. Disponível em: <http://www.planalto.gov.br/ccivil_03/leis/L8078.htm>. Acesso em: 17 set. 2012.

——. *Lei Federal n. 12.527*, de 18 de novembro de 2011. Disponível em: <http://www.planalto.gov.br/ccivil_03/_ato2011-2014/2011/lei/l12527.htm>. Acesso em: 02 nov. 2012.

——. *Lei n. 11.105*, de 24 de março de 2005. Disponível em: <http://www.planalto.gov.br/ccivil_03/_ato2004-2006/2005/lei/l11105.htm>. Acesso em: 12 nov. 2012.

——. *Lei n. 11.417*, de 19 de dezembro de 2006. Disponível em: <http://www.planalto.gov.br/ccivil_03/_Ato2004-2006/2006/Lei/L11417.htm>. Acesso em: 24 out. 2012.

——. *Lei n. 12.034*, de 29 de setembro de 2009. Disponível em: <http://www.planalto.gov.br/ccivil_03/_ato2007-2010/2009/lei/l12034.htm>. Acesso em: 09 nov. 2012.

——. *Lei n. 12.529*, de 30 de novembro de 2011. Disponível em: <http://www.planalto.gov.br/ccivil_03/_Ato2011-2014/2011/Lei/L12529.htm>. Acesso em: 01 out. 2012.

——. *Lei n. 12.605*, de 3 de abril de 2012. Disponível em: <http://www.planalto.gov.br/ccivil_03/_ato2011-2014/2012/lei/l12605.htm>. Acesso em: .20 out. 2012.

——. *Lei n. 5.869*, de 11 de janeiro de 1973. Disponível em: <http://www.planalto.gov.br/ccivil_03/leis/L5869compilada.htm>. Acesso em: 17 set. 2012.

——. *Lei n. 556*, de 25 de junho de 1850. Disponível em: <http://www.planalto.gov.br/ccivil_03/leis/L0556-1850.htm>. Acesso em: 11 nov. 2012.

——. *Lei n. 9.709*, de 18 de novembro de 1998. Disponível em: <http://www.planalto.gov.br/ccivil_03/leis/l9709.htm>. Acesso em: .13 NOV. 2012.

——. *Lei n. 9.868*, de 10 de novembro de 1999. Disponível em: <http://www.planalto.gov.br/ccivil_03/leis/L9868.htm>. Acesso em: 13 set. 2012.

——. *Lei n. 9.882*, de 3 de dezembro de 1999. Disponível em: <http://www.planalto.gov.br/ccivil_03/Leis/L9882.htm>. Acesso em: 13 set. 2012.

——. *Lei n. 12.711*, de 29 de agosto de 2012. Disponível em <http://www.planalto.gov.br/ccivil_03/_Ato2011-2014/2012/Lei/L12711.htm>. Acesso em: 2 jan. 2013.

——. *Mensagem n. 1.807*, de 3 de dezembro de 1999. Disponível em: <http://www.planalto.gov.br/ccivil_03/leis/Mensagem_Veto/1999/Mv1807-99.htm>. Acesso em: 02 out. 2012.

——. Superior Tribunal de Justiça. *AgRg no AREsp 142048*, relator ministro Humberto Martins. Disponível em: <http://www.stj.jus.br/SCON/servlet/BuscaAcordaos?action=mostrar&num_registro=201200208202&dt_publicacao=02/05/2012>. Acesso em: 05 nov. 2012.

——. Supremo Tribunal Federal. *Ação Direta de Inconstitucionalidade n. 1.434/SP*, relator min. Celso de Mello. Disponível em: <http://redir.stf.jus.br/paginadorpub/paginador.jsp?docTP=AC&docID=347055>. Acesso em: 08 nov. 2012.

——. Supremo Tribunal Federal. *Ação Direta de Inconstitucionalidade 2076/AC*, relator min. Carlos Velloso. Disponível em: <http://www.stf.jus.br/portal/jurisprudencia/listarJurisprudencia.asp?s1=%28ADI%24%2ESCLA%2E+E+2076%2ENUME%2E%29+OU+%28ADI%2EACMS%2E+ADJ2+2076%2EACMS%2E%29&base=baseAcordaos> Acesso em:

——. Supremo Tribunal Federal. *Ação Direta de Inconstitucionalidade 2.130-3/SC*, relator min. Celso de Mello. Disponível em: <http://redir.stf.jus.br/paginadorpub/paginador.jsp?docTP=AC&docID=363431>. Acesso em: 18 nov. 2012.

——. Supremo Tribunal Federal. *Ação Direta de Inconstitucionalidade 2.649/DF*, relatora min. Cármen Lúcia. <http://redir.stf.jus.br/paginadorpub/paginador.jsp?docTP=AC&docID=555517>. Acesso em: 15 jan. 2013.

——. Supremo Tribunal Federal. *Ação Direta de Inconstitucionalidade 3.510/DF*, relator min. Ayres Britto. Disponível em: <http://redir.stf.jus.br/paginadorpub/paginador.jsp?docTP=AC&docID=611723>. Acesso em: 23 out. 2012.

——. Supremo Tribunal Federal. *Ação Direta de Inconstitucionalidade 4.180/DF*, relator min. Cezar Peluso. Disponível em: <http://www.stf.jus.br/portal/jurisprudencia/listarJurisprudencia.asp?s1=%28ADI%24%2ESCLA%2E+E+4180%2ENUME%2E%29+OU+%28ADI%2EACMS%2E+ADJ2+4180%2EACMS%2E%29&base=baseAcordaos>. Acesso em: 24 out. 2012.

——. Supremo Tribunal Federal. *Ação Direta de Inconstitucionalidade n. 4.277/DF*, relator min. Ayres Britto. Disponível em: <http://redir.stf.jus.br/paginadorpub/paginador.jsp?docTP=AC&docID=628635>. Acesso em: 22 out. 2012.

——. Supremo Tribunal Federal. *Ação Popular n. 3.388/RR*, relator min. Ayres Britto. Disponível em: <http://redir.stf.jus.br/paginadorpub/paginador.jsp?docTP=AC&docID=612760>. Acesso em: 13 out. 2012.

——. Supremo Tribunal Federal. *AP 470*: fixadas as penas do ex-vice-presidente do Banco Rural José Roberto Salgado. Disponível em: <http://www.stf.jus.br/portal/cms/verNoticiaDetalhe.asp?idConteudo=223961>. Acesso em: 17 nov. 2012.

——. Supremo Tribunal Federal. *Arguição de Descumprimento de Preceito Fundamental n. 3*, relator min. Sydney Sanches. Disponível em: <http://www.stf.jus.br/portal/jurisprudencia/listarJurisprudencia.asp?s1=%28ADPF%24%2ESCLA%2E+E+3%2ENUME%2E%29+OU+%28ADPF%2EACMS%2E+ADJ2+3%2EACMS%2E%29&base=baseAcordaos>. Acesso em: 22 out. 2012.

——. Supremo Tribunal Federal. *Arguição de Descumprimento de Preceito Fundamental n. 12*, relator min. Ilmar Galvão. Disponível em: <http://www.stf.jus.br/portal/jurisprudencia/listarJurisprudencia.asp?s1=%28ADPF%24%2ESCLA%2E+E+12%2ENUME%2E%29&base=baseMonocraticas>. Acesso em: 22 out. 2012.

——. Supremo Tribunal Federal. *Arguição de Descumprimento de Preceito Fundamental n. 13*, relator min. Ilmar Galvão Disponível em: <http://www.stf.jus.br/portal/jurisprudencia/listarJurisprudencia.asp?s1=%28ADPF%24%2ESCLA%2E+E+13%2ENUME%2E%29&base=baseMonocraticas>. Acesso em: 22 out. 2012.

——. Supremo Tribunal Federal. *Arguição de Descumprimento de Preceito Fundamental n. 33-5/PA*, relator min. Gilmar Ferreira Mendes. Disponível em: <http://redir.stf.jus.br/paginadorpub/paginador.jsp?docTP=AC&docID=388700> Acesso em: 18 out. 2012.

——. Supremo Tribunal Federal. *Arguição de Descumprimento de Preceito Fundamental n. 54*, voto do min. Celso e Mello. Disponível em: <http://www.stf.jus.br/arquivo/cms/noticiaNoticiaStf/anexo/ADPF54votoCM.pdf>. Acesso em: 20 nov. 2012.

——. Supremo Tribunal Federal. *Arguição de Descumprimento de Preceito Fundamental n. 72/PA*, relatora min. Ellen Gracie. Disponível em: <http://www.stf.jus.br/portal/jurisprudencia/listarJurisprudencia.asp?s1=%28ADPF%24%2ESCLA%2E+E+72%2ENUME%2E%29+OU+%28ADPF%2EACMS%2E+ADJ2+72%2EACMS%2E%29&base=baseAcordaos>. Acesso em: 24 out. 2012.

——. Supremo Tribunal Federal. *Arguição de Descumprimento de Preceito Fundamental n. 178*, relator min. Gilmar Ferreira Mender. Disponível em: <http://www.stf.jus.br/portal/jurisprudencia/listarJurisprudencia.asp?s1=%28ADPF%24%2ESCLA%2E+E+178%2ENUME%2E%29&base=base Monocraticas>. Acesso em: 24 out. 2012.

——. Supremo Tribunal Federal. *Decano volta pela descriminalização da interrupção de gravidez de feto anencefálico.* Disponível em: <http://www.stf.jus.br/portal/cms/verNoticiaDetalhe.asp?idConteudo=204879&caixaBusca=N>. Acesso em: 17 out. 2012.

——. Supremo Tribunal Federal. *Habeas Corpus* 103.412/SP, relatora Ministra Rosa Weber. Disponível em <http://redir.stf.jus.br/paginadorpub/paginador.jsp?docTP=TP&docID=2612894>. Acesso em: 1 de janeiro de 2013.

——. Supremo Tribunal Federal. *Habeas Corpus* n. 91.952/SP, relator min. Marco Aurélio de Melo. Disponível em: <http://www.stf.jus.br/portal/jurisprudencia/listarJurisprudencia.asp?s1=%28HC%24%2ESCLA%2E+E+91952%2ENUME%2E%29+OU+%28HC%2EACMS%2E+ADJ2+91952%2EACMS%2E%29&base=baseAcordaos>. Acesso em: 22 nov. 2012.

——. Supremo Tribunal Federal. *Mandado de Injunção n. 708/DF*, voto do min. Ricardo Lewandowski. Disponível em: <http://www.stf.jus.br/arquivo/cms/noticiaagendaministro/anexo/mi708.pdf>. Acesso em: 16 out. 2012.

——. Supremo Tribunal Federal. MS 30672 AgR/DF, relator min. Ricardo Lewandowski. Disponível em: <http://www.stf.jus.br/portal/jurisprudencia/listarJurisprudencia.asp?s1=%28MS%24%2ESCLA%2E+E+30672%2ENUME%2E%29+OU+%28MS%2EACMS%2E+ADJ2+30672%2EACMS%2E%29&base=baseAcordaos>. Acesso em: 20 nov. 2011.

——. Supremo Tribunal Federal. *Petição inicial da ADPF n. 54.* Disponível em: <http://redir.stf.jus.br/paginadorpub/paginador.jsp?docTP=TP&docID=339091>. Acesso em: 13 set. 2012.

——. Supremo Tribunal Federal. *Reclamação n. 10.500 AgR/SP*, relator min. Celso de Mello. Disponível em: <http://www.stf.jus.br/portal/jurisprudencia/listarJurisprudencia.asp?s1=%28Rcl%24%2ESCLA%2E+E+10500%2ENUME%2E%29+OU+%28Rcl%2EACMS%2E+ADJ2+10500%2EACMS%2E%29&base=baseAcordaos>. Acesso em: 01 dez. 2012.

——. Supremo Tribunal Federal. *Reclamação n. 13.769*, relator min. Ricardo Lewandowski. Disponível em: <http://www.stf.jus.br/portal/jurisprudencia/listarJurisprudencia.asp?s1=%28Rcl%24%2ESCLA%2E+E+13769%2ENUME%2E%29&base=baseMonocraticas>. Acesso em: 19 nov. 2012.

——. Supremo Tribunal Federal. *Regimento interno.* Disponível em: <http://www.stf.jus.br/arquivo/cms/legislacaoRegimentoInterno/anexo/RISTF_Julho_2012.pdf>. Acesso em: 25 ago. 2012.

——. Supremo Tribunal Federal. *STF confirma constitucionalidade de Resolução do TSE sobre fidelidade partidária.* Disponível em: <http://www.stf.jus.br/portal/cms/verNoticiaDetalhe.asp?idConteudo=98954>. Acesso em: 09 nov. 2012.

——. Supremo Tribunal Federal. *STF considera constitucional o exame da OAB.* Disponível em: <http://www.stf.jus.br/portal/cms/vernoticiadetalhe.asp?idconteudo=192411>. Acesso em: 28 out. 2011.

——. Supremo Tribunal Frederal. *STF conclui julgamento que apontou competência concorrente do CNJ para investigar juízes.* Disponível em: <http://www2.stf.jus.br/portalStfInternacional/cms/destaquesClipping.php?sigla=portalStfDestaque_pt_br&idConteudo=200022>. Acesso em: 04 nov. 2012.

BREYER, Stephen. *Making our democracy work*: a judge's view. New York: Vintage Books, 2010.

BRITTO, Thays Oliveira de; AGRA, Walber de Moura. Neoconstitucionalismo. In: FRANCISCO, José Carlos. *Neoconstitucionalismo e atividade jurisdicional*: do passivismo ao ativismo judicial. Belo Horizonte: Del Rey, 2012. p. 17-33.

BROSSARD, Paulo. *O impeachment*: aspectos da responsabilidade política do Presidente da República. 2. ed. São Paulo: Saraiva, 1992.

BRÜSEKE, Franz Josef. *Caos e ordem na teoria sociológica*. Disponível: www.ufpa.br/naea/pdf.php?id=9, acesso em: 15 dez. 2012.

BUENO, Cassio Scarpinella. *Amicus curiae no processo civil brasileiro*: um terceiro enigmático. 3. ed. São Paulo: Saraiva, 2012.

BULOS, Uadi Lammêgo. *Curso de direito constitucional*. São Paulo: Saraiva, 2007.

CAENEGEM, R. C. van. *Juízes, legisladores e professores*: capítulos de história jurídica europeia: palestras Goodhart 1984-1985. Tradução de: Luiz Carlos Borges. Rio de Janeiro: Elsevier, 2010.

CAMERINI, Fabrizio. *Teoria geral da tutela mandamental*: conceituação e aplicação. São Paulo: Quartier Latin, 2007.

CAMUS, Albert. *O mito de Sísifo*. 2. ed. Tradução de: Ari Roitman e Paulina Watch. Rio de Janeiro: BestBolso, 2012.

CANOTILHO, J.J. Gomes. *Direito constitucional e teoria da Constituição*. 7. ed. Coimbra: Almedina, 2003.

CAPPELLETTI, Mauro. *Juízes legisladores?* Tradução de: Carlos Alberto Alvaro de Oliveira. Porto Alegre: Sergio Antonio Fabris, 1999.

——. *O controle judicial de constitucionalidade das leis no direito comparado*. 2. ed. 1 reimpr. Tradução de: Aroldo Plínio Gonçalves. Porto Alegre: Sergio Antonio Fabris, 1999.

CARBONELL, Miguel. *Teoría del neoconstitucionalismo*: ensayos escogidos. Madrid: Trotta, 2007.

CARELLI, Gabriela e SALVADOR, Alexandre. É de enlouquecer. *Revista Veja*, São Paulo, a. 44, n. 39, ed. 2236, p. 90-95, 28 set. 2011.

CARVALHO, Fabiano Aita. *Multa e prisão civil*: o contempt of court no direito brasileiro. Porto Alegre: Livraria do Advogado, 2012.

CARVALHO, Saulo de. *Como não se faz um trabalho de conclusão*. 2. ed. São Paulo: Saraiva, 2013.

CASSEB, Paulo Adib. Fundamentos da forma de designação dos ministros do Supremo Tribunal Federal. In: HORBACH, Carlos Bastide; ALMEIDA, Fernando Dias Menezes de; AMARAL JÚNIOR, José Levi Mello do e LEAL, Roger Stiefelmann (Coord.). *Direito constitucional, estado de direito e democracia*: homenagem ao Prof. Manoel Gonçalves Ferreira Filho. São Paulo: Quartier Latin, 2011. p. 573-587.

CASTRO, João Bosco Marcial. O controle de constitucionalidade das leis e a intervenção do Senado Federal. Porto Alegre: Nuria Fabris, 2008.

CHAI, Cássius Guimarães. *Descumprimento de preceito fundamental*: identidade constitucional e vetos à democracia. Belo Horizonte: Mandamentos, 2004.

CHEVALIER, Jacques. *O Estado pós-moderno*. Belo Horizonte: Fórum, 2009.

CICCONETTI, Stefano Maria; TEIXEIRA, Anderson Vichinkeski. *Jurisdição constitucional comparada*. Florianópolis: Conceito Editorial, 2010.

CLÈVE, Clèmerson Merlin. *A fiscalização abstrata da constitucionalidade no direito brasileiro*. 2. ed. São Paulo: Revista dos Tribunais, 2000.

COELHO, Gláucia Mara. *Repercussão geral*: da questão constitucional no processo civil brasileiro. São Paulo: Atlas, 2009.

COMPARATO, Fábio Konder. *Rumo à justiça*. São Paulo: Saraiva, 2010.

CORREIA, Marcus Orione Gonçalves. *Direito processual constitucional*. 4. ed. São Paulo: Saraiva, 2012.

CÔRTES, Osmar Mendes Paixão. *Súmula vinculante e segurança jurídica*. São Paulo: Revista dos Tribunais, 2008.

COSTA, Eduardo Jospe da Fonseca; MOURÃO, Luiz Pedro Ribeiro; NOGUEIRA, Pedro Henrique Pedrosa (Coord.). *Teoria quinaria da ação*: estudos em homenagem a Pontes de Miranda nos 30 anos do seu falecimento. Salvador: JusPODIVM, 2010.

COTTROL, Robert J.; DIAMOND, Raymond T.; WARE, Leland B. *Brown v. Board of Education*: caste, culture, and the Constitution. Kansas: University Press of Kansas, 2003.

CRUZ, Gabriel Dias Marques da. *Arguição de descumprimento de preceito fundamental*: lineamentos básicos e revisão crítica no direito constitucional brasileiro. São Paulo: Malheiros, 2011.

CUNHA, Leonardo Carneiro. A função do Supremo Tribunal Federal e a força de seus precedentes: enfoque nas causas repetitivas. In: PAULSEN, Leandro (Coord.). *Repercussão geral no recurso extraordinário*: estudos em homenagem à Ministra Ellen Gracie. Porto Alegre: Livraria do Advogado, 2011. p. 57-73.

DALLARI, Dalmo de Abreu. *A Constituição na vida dos povos*: da Idade Média ao século XXI. São Paulo: Saraiva, 2010.

——. *O poder dos juízes*. 3. ed. São Paulo: Saraiva, 2007.

DANTAS, Ivo. *O valor da Constituição*: do controle de constitucionalidade como garantia da supralegalidade constitucional. 2. ed. Rio de Janeiro: Renovar, 2001.

——. Teoria do processo constitucional: uma breve visão pessoal. In: MAC-GREGOR, Eduardo Ferrer e LARREA, Arturo Zaldívar Lelo de (Coord.). *Estudos de direito processual constitucional*. São Paulo: Malheiros, 2009. p. 105-47.

DANTAS, Paulo Roberto de Figueiredo. *Direito processual constitucional*. São Paulo: Atlas, 2009.

DAVID, René. *Os grandes sistemas do direito contemporâneo*. Tradução de: Hermínio A. Carvalho. São Paulo: Martins Fontes, 2002.

DE LAURENTIIS, Lucas Catib. *Interpretação conforme a Constituição*: conceitos, técnicas e efeitos. São Paulo: Malheiros, 2012.

DELGADO, José Augusto. Ativismo judicial. O papel político do poder judiciário na sociedade contemporânea. In: JAYME, Fernando Gonzaga; FARIA, Juliana Cordeiro de; LAUAR, Maira Terra (Coord.). *Processo civil*: estudos em homenagem ao Professor Humberto Theodoro Júnior. Belo Horizonte: Del Rey, 2008. p. 319-338.

DELLA GIUSTINA, Vasco. *Controle de constitucionalidade das leis*: ação direta de inconstitucionalidade: Tribunal de Justiça e município: doutrina e jurisprudência. 2. ed. Porto Alegre: Livraria do Advogado, 2006.

DERBLI, Felipe. ADPF N. 132/ ADI N. 4.277 (REL. MIN. AYRES BRITTO). Equiparação das uniões homoafetivas às uniões estáveis. In: FUX, Luiz (Coord.). *Jurisdição constitucional:* democracia e direitos fundamentais. Belo Horizonte: Fórum, 2012. p. 95-116.

DIAS, Maria Berenice. *União homoafetiva*: o preconceito & a justiça. 5. ed. São Paulo: Revista dos Tribunais, 2011.

DIAS, Ronaldo Brêtas de Carvalho. *Processo constitucional e estado democrático de direito*. Belo Horizonte: Del Rey, 2010.

DIDIER JR, Fredie (Org.). *Ações constitucionais*. 6. ed. Salvador: JusPODIVM, 2012.

——. O recurso extraordinário e a transformação do controle difuso de constitucionalidade no direito brasileiro. In: CAMARGO, Marcelo Novelino (Org.). *Leituras complementares de constitucional*: controle de constitucionalidade. Salvador: JusPODIVM, 2007. p. 99-113.

——. Sobre a teoria geral do processo, essa desconhecida. Salvador: JusPODIVM, 2012.

——; BRAGA, Paula Sarno; OLIVEIRA, Rafael. Aspectos processuais da ADIN (Ação Direta de Inconstitucionalidade) e da ADC (Ação Declaratória de Constitucionalidade). In: DIDIER JR., Fredie (Org.). *Ações constitucionais*. 5. ed. Salvador: JusPODIVM, 2011. p. 441-523.

DIMOULIS, Dimitri; LUNARDI, Soraya. *Curso de processo constitucional*: controle de constitucionalidade e remédios constitucionais. São Paulo: Atlas, 2011.

DIVERSOS autores. *A vida do anencéfalo*: aspectos científicos, religiosos e jurídicos. São Paulo: Associação Médico-Espírita do Brasil, 2009.

DONIZETTI, Elpidio. *Ações constitucionais*. 2. ed. São Paulo: Atlas, 2010.

DUARTE NETO, Jose. *A iniciativa popular na Constituição Federal*. São Paulo: Revista dos Tribunais, 2005.

DUTRA, Carlos Roberto de Alckmin. *Controle abstrato de constitucionalidade*: análise dos princípios processuais aplicáveis. São Paulo: Saraiva, 2012.

DWORKIN, Ronald. *Levando os direitos a sério*. Tradução de: Nelson Boeira. São Paulo: Martins Fontes, 2002.

ELY, John Hart. *Democracia e desconfiança*: uma teoria do controle judicial de constitucionalidade. Tradução de: Juliana Lemos. São Paulo: WMF Martins Fontes, 2010.

ESTUDOS VIQUIANOS. Disponível em: <http://httpestudosviquianosblogspotcom.dihitt.com.br/n/violencia/2012/08/10/a-particularidade-do-racismo-norte-americano->. Acesso em: 13 out. 2012.

FABRICIO, Adroaldo Furtado. O princípio federativo e os recursos extraordinários: uma reflexão. In: MITIDIERO, Daniel e AMARAL, Guilherme Rizzo (Coord.); FEIJÓ, Maria Angélica Echer (Org.). *Processo Civil*: estudos em homenagem ao professor doutor Carlos Alberto Álvaro de Oliveira. São Paulo: Atlas, 2012. p. 16-28.

FACCHINI NETO, Eugênio. O judiciário no mundo contemporâneo. In: MOLINARO, Carlos Alberto; MILHORANZA, Mariângela Guerreiro; PORTO, Sérgio Gilberto (Org.). *Constituição, jurisdição e processo*: estudos em homenagem aos 55 anos da Revista Jurídica. Sapucaia do Sul: Notadez, 2007. p. 297-328.

——. O Poder Judiciário e sua independência – uma abordagem de direito comparado. *Direitos Fundamentais & Justiça*, Porto Alegre: HS, Programa de Pós-Graduação, Mestrado e Doutorado em Direito da PUCRS, n. 8, p. 121-149, jul./set. 2009.

FACCINI NETO, Orlando. *Elementos de uma teoria da decisão judicial*: hermenêutica, Constituição e respostas corretas em Direito. Porto Alegre: Livraria do Advogado, 2011.

FAUX, Marian. *Roe v. Wade*: the untold story of the landmark Supreme Court decision that made abortion legal. New York: Cooper Square Press, 2001.

FAVOREU, Louis. *As cortes constitucionais*. Tradução de: Dunia Marinho Silva. São Paulo: Landy, 2004.

FERNANDES, André Dias. *Eficácia das decisões do STF em ADI e ADC*: efeito vinculante, coisa julgada erga omnes e eficácia erga omnes. Salvador: JusPODIVM, 2009.

FERRARI, Regina Maria Macedo Nery. Participação democrática: audiências públicas. In: GRAU, Eros Roberto; CUNHA, Sergio Sérvulo da (Coord.). *Estudos de direito constitucional em homenagem a José Afonso da Silva*. São Paulo: Malheiros, 2003. p. 325-351.

FERREIRA FILHO, Manoel Gonçalves. *Aspectos do direito constitucional contemporâneo*. 2. ed. São Paulo: Saraiva, 2009.

——. *Do processo legislativo*. 6. ed. São Paulo: Saraiva, 2007.

FIGUEIREDO, Marcelo. El carácter contra mayoritario del poder judicial. In: MANILI, Pablo Luis (Coord.). *Marbury v. Madison*: reflexiones sobre una senteccia bicentenaria. México: Editorial Porrúa, 2011. p. 45-79.

FILARDI, Hugo. Motivação das decisões judiciais e o estado constitucional. Rio de Janeiro: Lumen Juris, 2012.

FINCATO, Denise Pires. *A pesquisa jurídica sem mistérios*: do projeto de pesquisa à banca. Porto Alegre: Notadez, 2008.

FINE, Toni M. *Introdução ao sistema jurídico anglo-americano*. Tradução de: Eduardo Saldanha. São Paulo: WMF Martins Fontes, 2011.

FINKELMAN, Paul. Was Dred Scott Correctly Decided? An "Expert Report" for the Defendant (2008). *Lewis & Clark Law Review*, v. 12, n. 4, 2008. Available at SSRN: <http://ssrn.com/abstract=1327776>. Acesso em: 06 set. 2012.

FISS, Owen M. *A ironia da liberdade de expressão*: estado, regulação e diversidade na esfera pública. Tradução de: Gustavo Binenbojm e Caio Mário da Silva Pereira. Rio de Janeiro: Renovar, 2005.

——. *El derecho como razón pública*. Traducción de: Esteban Restrepo Saldarriaga. Madrid: Marcial Pons, 2007.

——. Por qué el Estado? In: CARBONELL, Miguel (Org.). *Teoría del neoconstitucionalismo*: ensayos escogidos. Madrid: Trotta, 2007. p. 105-119.

——. *Troubled beginnings of the modern state, 1888-1910*. (History of the Supreme Court of the United States, vol. VIII). New York: Cambridge University Press, 2006.

——. Two models of adjudication. In: DIDIER JR, Fredie; JORDÃO, Eduardo Ferreira. *Teoria geral do processo*: panorama doutrinário mundial. Salvador: JusPODIVM, 2007. p. 761-767.

——. *Um novo processo civil*: estudos norte-americanos sobre jurisdição, Constituição e sociedade. Tradução de: Daniel Porto Godinho da Silva e Melina de Medeiros Rós, Coordenação da tradução de: Carlos Alberto de Salles. São Paulo: Revista dos Tribunais, 2004.

FISS, Owen M.; RESNIK, Judith. *Adjudication and its alternatives*: an introduction to procedure. New York: Foundation Press, 2003.

FRAENKEL, Osmond K. *The Supreme Court and civil liberties*. Second edition. New York: Oceana Publications, 1963.

FREITAS, Juarez. Direito constitucional à democracia. In: FREITAS, Juarez e TEIXEIRA, Anderson V. (Org.). *Direito à democracia*: ensaios transdisciplinares. São Paulo: Conceito, 2011. p. 11-39.

FROEHLICH, Charles Andrade; HAMMES, Elia Denise. *Manual do controle concentrado de constitucionalidade*. Curitiba: Juruá, 2009.

GADAMER, Hans-Georg. *Verdade e método*. Traços fundamentais de uma hermenêutica filosófica. 7. ed. Tradução de: Flávio Paulo Meurer. Petrópolis: Vozes; Bragança Paulista: Universitária São Francisco, 2005. V. I.

GARAPON, Antoine. *Bem julgar*: ensaio sobre o ritual judiciário. Tradução de: Pedro Filipe Henriques. Lisboa: Piaget, 1997.

GARCIA, Emerson. Jurisdição constitucional e legitimidade democrática. In: CAMARGO, Marcelo Novelino (Org.). *Leituras complementares de constitucional*: controle de constitucionalidade. Salvador: JusPODIVM, 2007. p. 33-56.

GILISSEN, John. *Introdução histórica ao direito*. 5. ed. Tradução de: A. M. Hespanha e L. M. Macaísta Malheiros. Lisboa: Fundação Calouste Gulbenkian, 2008.

GINSBURG, Tom. *Judicial review in new democracies*: constitutional courts in asian cases. New York: Cambridge University, 2003.

GODOY, Miguel Gualano de. *Constitucionalismo e democracia*: uma leitura a partir de Carlos Santiano Nino e Roberto Gargarella. São Paulo: Saraiva, 2012.

GOMES, Frederico Barbosa. *Argüição de descumprimento de preceito fundamental*: uma visão crítica. Belo Horizonte: Fórum, 2008.

GOMES, Luiz Flávio. Aborto anencefálico: direito não é religião. In: BARROSO, Luis Roberto *et al*. *Anencefalia nos tribunais*. Ribeirão Preto: Migalhas, 2009.

GÖSSLING, Maurício Manica. Argüição de descumprimento de preceito fundamental. In: OLIVEIRA, Carlos Alberto Alvaro de (Org.). *Processo e Constituição*. Rio de Janeiro: Forense, 2004. p. 355-386.

GRAU, Eros Roberto. *O direito posto e o direito pressuposto*. 8. ed. São Paulo: Malheiros, 2011.

GRAVES, Robert. *The greek mytes*. London: Penguin Books, 1992.

GRECO, Leonardo. *Instituições de processo civil*. 3. ed. Rio de Janeiro: Forense, 2011. V. I.

GREEN, Graig. An intellectual histoty of judicial activism. *Emory Law Journal*, v. 58, issue 5, p. 1195-1263, 2009.

GREENHOUSE, Linda. *The U.S. Supreme Court*: a very short introduction. New York: Oxford University Press, 2012

GUERRA FILHO, Willis Santiago. *Processo constitucional e direitos fundamentais*. 5. ed. São Paulo: RCS, 2007.

——. *Teoria processual da Constituição*. 3. ed. São Paulo: RCS, 2007.

HAMILTON, Alexander; JAY, John; MADISON, James. *O federalista*. Tradução de: Ricardo Rodrigues Gama. 3. ed. Campinas: Russel, 2009.

HARVARD Law Review, v. 50, issue 2, p. 305-332, dec. 1936.

HARVEY, David. *Condição pós-moderna: uma pesquisa sobre as origens da mudança cultural*. 18. ed. Tradução de: Adail Ubirajara Sobral e Maria Stela Gonçalves. São Paulo: Loyola, 2009.

HECK, Luís Afonso. *Jurisdição constitucional*: teoria da nulidade *versus* teoria da nulificabilidade das leis. Porto Alegre: Livraria do Advogado, 2008.

HISTORY of the Court. Chief justices. Earl Warren. Disponível em: <http://www.supremecourthistory.org/history-of-the-court/chief-justices/earl-warren-1953-1969/>. Acesso em: 26 nov. 2012.

HITCHCOCK, Susan Tyler. *Roe v. Wade*: protecting a woman's right to choose. New York: Chelsea House, 2007.

HOBSBAWM, Eric J. *História social do jazz*. Tradução de: Angela Noronha. 6. ed. 3. reimp. São Paulo: Paz e Terra, 2011.

HOLANDA, Sérgio Buarque de. *Raízes do Brasil*. 26 ed. São Paulo: Companhia das Letras, 1995.

HOUAISS, Antônio; VILLAR, Mauro de Salles. *Dicionário Houaiss da língua portuguesa*. 1. reimpr. Rio de Janeiro: Objetiva, 2004.

JOBIM, Marco Félix. *Cultura, escolas e fases metodológicas do processo*. Porto Alegre: Livraria do Advogado, 2012.

——. *Direito à duração razoável do processo*: responsabilidade civil do Estado em decorrência da intempestividade processual. São Paulo: Conceito, 2011.

JOHNSON, Gerard W. *A Suprema Côrte dos Estados Unidos*. Tradução de: Luiz Fernando. Rio de Janeiro: Record, 1964.

JUIZ converte em casamento união estável de pessoas do mesmo sexo. *JusBRASIL*. Disponível em: <http://tj-sp.jusbrasil.com.br/noticias/2751547/juiz-converte-em-casamento-uniao-estavel-de-pessoas-do-mesmo-sexo>. Acesso em: 19 nov. 2012.

KAIRYS, David. A Brief History of Race and the Supreme Court. *Temple Law Review*, v. 79, p. 751, 2006; Temple University Legal Studies Research Paper No. 16. Available at SSRN: <http://ssrn.com/abstract=920737>.

KARNAL, Leandro *et al*. *História dos Estados Unidos*: das origens ao século XXI. 2. ed. São Paulo: Contexto, 2010.

KARNAL, Leandro. *Estados Unidos*: a formação da nação. 4. ed. São Paulo: Contexto, 2008.

KAUFMANN, Roberta Fragoso Menezes. *Ações afirmativas à brasileira*: necessidade ou mito? Uma análise histórico-jurídico-comparativa do negro nos Estados Unidos da América e no Brasil. Porto Alegre: Livraria do Advogado, 2007.

KELLES, Márcio Ferreira. Controle de constitucionalidade no direito norte-americano. In MAGALHÃES, José Luiz Quadros de. *A supremacia da Constituição*: reforma e controle no direito comparado. Belo Horizonte: Arraes, 2011. p. 17-33.

KELSEN, Hans. *Jurisdição constitucional*. Tradução do alemão de: Alexandre Krug; tradução do italiano de: Eduardo Brandão; tradução do francês de: Maria Ermantina Galvão; intrdução e revisão técnica de: Sérgio Sérvulo da Cunha. São Paulo: Martins Fontes, 2003.

——. *Teoria pura do direito*. Tradução de: João Baptista Machado. São Paulo: Martins Fontes, 2006.

KHALIL, Antoin Aboud. A personalidade do juiz e a condução do processo. São Paulo: LTr, 2012.

KLARMAN, Michael J. *Brown Vs. Board of Education*: Law or Politics? (December 2002). UVA School of Law, Public Law Research Paper No. 02-11. Available at SSRN: <http://ssrn.com/abstract=353361 or doi:10.2139/ssrn.353361>.

KNIJNIK, Danilo. *A prova nos juízos cível, penal e tributário*. Rio de Janeiro: Forense, 2007.

KUHN, Thopmas S. *A tensão essencial*: estudos selecionados sobre tradição e mudança científica. Tradução de: Marcelo Amaral Penna-Forte. São Paulo: UNESP, 2011.

LA FONTAINE. Disponível em: <http://www.la-fontaine-ch-thierry.net/socmagn.htm>. Acesso em: 10. ago. 2012.

LACERDA, Galeno. Processo e Cultura. *Revista de Direito Processual Civil*, São Paulo: Saraiva, v. II, n. 3, p. 74-86, jul./dez. 1961.

LANES, Júlio Cesar Goulart. *Audiências*: conciliação, saneamento, prova e julgamento. Rio de Janeiro: Forense, 2009.

LASSALE, Ferdinand. *A essência da Constituição*. 6. ed. Tradução de: Walter Stönner. Rio de Janeiro: Lumen Juris, 2001.

LAURENTIIS, Lucas Catib De. *Interpretação conforme a Constituição*: conceitos, técnicas e efeitos. São Paulo: Malheiros, 2012.

LAURINO, Salvador Franco de Lima. *Tutela jurisdicional*: cumprimento dos deveres de fazer e não fazer. Rio de Janeiro: Elsevier, 2010.

LAW.CORNELL.EDU. Disponível em: <http://www.law.cornell.edu/>.

LAWS.LP.FINDLAW.COM. Disponível em: <http://laws.lp.findlaw.com/getcase/us/5/137.html>. Acesso em: 13 set. 2012.

LEAL, Mônia Clarissa Henning. *A Constituição como princípio*: os limites da jurisdição constitucional brasileira. Barueri, SP: Manole, 2003.

LEAL, Roger Stiefelmann. *O efeito vinculante na jurisdição constitucional*. São Paulo: Saraiva, 2006.

——. O exercício da jurisdição constitucional pelo poder judiciário. In: HORBACH, Carlos Bastide; ALMEIDA, Fernando Dias Menezes de; AMARAL JÚNIOR, José Levi Mello do; LEAL, Roger Stiefelmann (Coord.). *Direito constitucional, Estado de direito e democracia*: homenagem ao Prof. Manoel Gonçalves Ferreira Filho. São Paulo: Quartier Latin, 2011. p. 573-587.

LEAL, Rogério Gesta. Aspectos exploratórios da natureza política do Poder Judiciário democrático no Brasil. In: COUTINHO, Jacinto Nelson de Miranda; MORAIS, Jose Luis Bolzan de; STRECK, Lenio Luiz. *Estudos constitucionais*. Rio de Janeiro: Renovar, 2007. p. 381-402.

——. *O Estado-juiz na democracia contemporânea*: uma perspectiva procedimentalista. Porto Alegre: Livraria do Advogado, 2007.

LEAL, Rosemiro Pereira. *Teoria processual da decisão jurídica*. São Paulo: Landy, 2002.

LEAL, Saul Tourinho. *Ativismo ou altivez?* O outro lado do Supremo Tribunal Federal. Belo Horizonte: Fórum, 2010.

——. Controle de constitucionalidade moderno. 2. ed. Niterói: Impetus, 2012.

LIMA, Carolina Alves de Souza. *Aborto e anencefalia*: direitos fundamentais em colisão. Curtiba: Juruá, 2008.

LIMA, Fernando Machado da Silva. *Jurisdição constitucional e controle de poder*: é efetiva a Constituição brasileira? Porto Alegre: Sergio Antonio Fabris, 2005.

LIMA, Francisco Gérson Marques. *Fundamentos constitucionais do processo*: sob a perspectiva da eficácia dos direitos e garantias constitucionais. São Paulo: Malheiros, 2002.

——. *O STF na crise institucional brasileira*: estudos de casos: abordagem interdisciplinar de sociologia constitucional. São Paulo: Malheiros, 2009.

LIMA, Oliveira. *Nos Estados Unidos*: impressões políticas e sociais. Brasília: Senado Federal, Conselho Editorial, 2009.

LOPES, José Reinaldo de Lima Lopes (Org.). *O Supremo Tribunal de Justiça do Império (1828-1889)*. São Paulo: Saraiva, 2010.

LORENZETTI, Ricardo Luis. *Teoria da decisão judicial*: fundamentos de Direito. Tradução de: Bruno Miragem. São Paulo: Revista dos Tribunais, 2009.

——. *Teoria geral do direito ambiental*. Tradução de: Fábio Costa Morosini e Fernanda Nunes Barbosa. São Paulo: Revista dos Tribunais, 2010.

LOWE, Norman. *História do mundo contemporâneo*. 4. ed. Tradução de: Roberto Cataldo Costa. Porto Alegre: Penso, 2011.

LUCY, William. *Understanding and explaining adjudication*. New York. Oxfort University Press, 1999.

LUIZ, Fernando Vieira. *Teoria da decisão judicial*: dos paradigmas de Ricardo Lorenzetti à resposta adequada à Constituição de Lenio Streck. Porto Alegre: Livraria do Advogado, 2013.

LUÑO, Antonio Enrique Pérez. *Perspectivas e tendências atuais do Estado constitucional*. Tradução de: Jose Luis Bolzan de Morais e Valéria Ribas do Nascimento. Porto Alegre: Livraria do Advogado, 2012.

MACCORMICK, Neil. *A argumentação jurídica e teoria do direito*. Tradução de: Waldéa Barcellos; revisão da tradução de: Marylene Pinto Maciel. São Paulo: Martins Fontes, 2006.

MACEDO, Elaine Harzheim. *Jurisdição e processo*: crítica histórica e perspectivas para o terceiro milênio. Porto Alegre: Livraria do Advogado, 2005.

——. O juiz e o Poder Judiciário do século XXI: considerações sobre a legitimação das decisões. In: MITIDIERO, Daniel e AMARAL, Guilherme Rizzo (Coord.). FEIJÓ, Maria Angélica Echer Ferreira (Org.). *Processo civil*: estudos em homenagem ao professor doutor Carlos Alberto Alvaro de Oliveira. São Paulo: Atlas, 2012.

MACHADO, Fábio Cardoso; AMARAL, Guilheme Rizzo. *Polêmica sobre a ação*: a tutela jurisdicional na perspectiva das relações entre direito e processo. Porto Alegre: Livraria do Advogado, 2006.

MACIEL, Omar Serva. *Princípio de subsidiariedade e jurisdição constitucional*. Belo Horizonte: Mandamentos, 2004.

MAIA, Paulo Sávio Peixoto. *O guardião da Constituição na polêmica Kelsen-Schmitt*: Rechtsstaat como referência semântica na memória de Weimar. 418 p. Dissertação (Mestrado em Direito) – da Faculdade de Direito da Universidade de Brasília, Brasília, ano. Disponível em: <http://repositorio.bce.unb.br/bitstream/10482/3525/1/2007_PauloSavioNPMaia.pdf>. Acesso em: 10 set. 2012.

MAIS da metade dos brasileiros são contra união gay, diz Ibope. *Folha de São Paulo*. Disponível em: <http://www1.folha.uol.com.br/cotidiano/950907-mais-da-metade-dos-brasileiros-sao-contra-uniao-gay-diz-ibope.shtml>. Acesso em: 15 nov. 2012.

MANCUSO, Rodolfo de Camargo. *Acesso à justiça*: condicionantes legítimas e ilegítimas. São Paulo: Revista dos Tribunais, 2011.

MANILI, Pablo Luis. El rol político de las cortes supremas y de los tribunales constitucionales. In: —— (Coord.). *Marbury v. Madison*: reflexiones sobre una senteccia bicentenaria. México: Editorial Porrúa, 2011. p. 135-158.

MAQUIAVEL, Nicolás. *El príncipe*: el arte del poder. Höln: Evergreen, 2009.

MARINONI, Luiz Guilherme. *Precedentes obrigatórios*. São Paulo: Revista dos Tribunais, 2010.

——. *Técnica processual e tutela dos direitos*. 2. ed. São Paulo: Revista dos Tribunais, 2008.

——. *Teoria geral do processo*. 4. ed. São Paulo: Revista dos Tribunais, 2010.

——; MITIDIERO, Daniel. *Repercussão geral no recurso extraordinário*. São Paulo: Revista dos Tribunais, 2007.

MARRAFON, Marco Aurélio. *O caráter complexo da decisão em matéria constitucional*: discursos sobre a verdade, radicalização hermenêutica e fundação ética na práxis jurisdicional. Rio de Janeiro: Lumen Juris, 2010.

MARTIN JR., Waldo E. *Brown v. Board of Education*: a brief history with documents. Bostn: Bedford/ST. Marin's, 1998.

MARTINS, Ives Gandra da Silva. Os dois supremos. *Jornal Carta Forense*, São Paulo, p. B4, maio 2012. Disponível em: <http://www.cartaforense.com.br/conteudo/colunas/os-dois-supremos/8653>. Acesso em: 09 nov. 2012.

——. O Tribunal Europeu e os embriões humanos. *Jornal Carta Forense*, São Paulo, p. B2, janeiro 2013.

——; MENDES, Gilmar Ferreira. *Controle concentrado de constitucionalidade*: comentários à lei n. 9.868, de 10-11-1999. 3. ed. São Paulo: Saraiva, 2009.

MARTINS, José Renato. O controle de constitucionalidade das leis no direito brasileiro. São Paulo: Juarez de Oliveira, 2004.

MASCARO, Alysson Leandro. Os horizontes filosóficos do neoconstitucionalismo. In: FRANCISCO, José Carlos. *Neoconstitucionalismo e atividade jurisdicional*: do passivismo ao ativismo judicial. Belo Horizonte: Del Rey, 2012. p. 35-45.

MATTOS, Sérgio Luís Wetzel de. *Devido processo legal e proteção dos direitos*. Porto Alegre: Livraria do Advogado, 2009.

MAZZUOLI, Valerio de Oliveira. *O controle jurisdicional da convencionalidade das leis*. São Paulo: Revista dos Tribunais, 2009. V. 4.

McCLOSKEY, Robert G. *The modern Supreme Court*. Cambridge, Massachusetts: Harvard University Press, 1972.

McNEESE, Tim. *Dred Scott v. Sandford*. New York: Chelsea House, 2007.

——. *Plessy v. Ferguson*: separate but equal. (Great Supreme Court decisions). New York: Chelsea House Publishers, 2007.

MEIRELLES, Hely Lopes; WALD, Arnoldo; MENDES, Gilmar Ferreira. *Mandado de segurança e ações constitucionais*. 34. ed. São Paulo: Malheiros, 2012.

MELLO, Maria Chaves de. Dicionário jurídico português-inglês – inglês-português/ Portuguese-English – English-Portuguese. 9. ed. Rio de Janeiro: Forense; São Paulo: Método, 2009.

MELLO, Patrícia Perrone Campos. *Precedentes* – o desenvolvimento judicial do Direito no constitucionalismo contemporâneo. Rio de Janeiro: Renovar, 2008.

MENDES, Conrado Hübner. *Controle de constitucionalidade e democracia*. Rio de Janeiro: Elsevier, 2008.

MENDES, Gilmar Ferreira. *Arguição de descumprimento de preceito fundamental*. 2. ed. São Paulo: Saraiva, 2011.

——. *Controle abstrato de constitucionalidade*: ADI, ADC e ADO: comentários à Lei n. 9.868/99". São Paulo: Saraiva, 2012.

——. Estado de direito e jurisdição constitucional – 2002-2010. São Paulo: Saraiva, 2010.

——. *Jurisdição constitucional*: o controle abstrato de normas no Brasil e na Alemanha. 5. ed. São Paulo: Saraiva, 2005.

——. Moreira Alves e o controle de constitucionalidade no Brasil. São Paulo: Saraiva: 2004.

MENDONÇA JUNIOR, Delosmar. A tutela mandamental como manifestação do princípio constitucional da efetividade do processo. In: MARINONI, Luiz Guilherme (Coord.). *Estudos de direito processual civil*. São Paulo: Revista dos Tribunais, 2005. p. 115-126.

MENEZES Direito estabelece condições para índio viver em reserva. *Conjur*. Disponível em: <http://www.conjur.com.br/2008-dez-10/conheca_votou_menezes_direito_serra_sol>. Acesso em: 18 out. 2012.

MENEZES, Paulo Lucena de. *A ação afirmativa (affirmative action) no direito norte-americano*. São Paulo: Revista dos Tribunais, 2001.

MEYER, Emílio Peluso Neder. *A decisão no controle de constitucionalidade*. São Paulo: Método, 2009.

MEZZAROBA, Orides. A democracia representativa no contexto da reforma política brasileira. In: BOCHENEK, Antônio César; TAVARES NETO, José Querino e MEZZAROBA, Orides (Coord.). *Diálogos entre culturas*: direito a ter direito. Curitiba: Juruá, 2010. p. 57-74.

MIARELLI, Mayara Marinho; LIMA, Rogério Montai de. *Ativismo judicial e a efetivação de direitos no Supremo Tribunal Federal*. Porto Alegre: Sergio Antonio Fabris, 2012.

MINISTRO do STF acredita que haverá reclamação contra anulação de união estável em Goiás. *O Globo*. Disponível em: <http://oglobo.globo.com/politica/ministro-do-stf-acredita-que-havera-reclamacao-contra-anulacao-de-uniao-estavel-em-goias-2872807>. Acesso em: 07 nov. 2012.

MIRANDA, Francisco Cavalcanti Pontes de. *Tratado das ações*: ação, classificação e eficácia. 2. ed. São Paulo: Revista dos Tribunais, 1972. T. I.

——. *Tratado das ações*: ação, classificação e eficácia. 2. ed. São Paulo: Revista dos Tribunais, 1976. T. VI.

MIRANDA, Jorge. *Formas e sistemas de governo*. Rio de Janeiro: Forense, 2007.

——. *Teoria do Estado e da Constituição*. Rio de Janeiro: Forense, 2007.

MISSISSIPI em chamas. Direção: Alan Parker. Fox Films, 1988. 1 DVD (128 min). Título original: Mississippi burning.

MITIDIERO, Daniel. *Antecipação de tutela*: da tutela cautelar à técnica antecipatória. São Paulo: Revista dos Tribunais, 2013.

——. *Colaboração no processo civil*: pressupostos sociais, lógicos e éticos. 2. ed. São Paulo: Revista dos Tribunais, 2011.

——. Fundamentação e precedente: dois discursos a partir da decisão judicial. In: MITIDIERO, Daniel e AMARAL, Guilherme Rizzo (Coord.); FEIJÓ, Maria Angélica Echer (Org.). *Processo Civil*: estudos em homenagem ao professor doutor Carlos Alberto Álvaro de Oliveira. São Paulo: Atlas, 2012. p. 85-99.

——. *Processo civil e Estado constitucional*. Porto Alegre: Livraria do Advogado, 2005.

MÖLLER, Max. *Teoria geral do neoconstitucionalismo*: bases teóricas do constitucionalismo contemporâneo. Porto Alegre: Livraria do Advogado, 2011.

MONTESQUIEU. *Do espírito das leis*. Tradução de: Jean Melville. São Paulo: Martins Claret, 2003.

MORAES, Humberto Peña. Argüição de descumprimento de preceito fundamental. Lineamentos sobre o tema. In: QUEIROZ, Raphael Augusto Sofiati de. *Acesso à justiça*. Rio de Janeiro: Lumen Juris, 2002. p. 141-155.

MORAIS, Dalton Santos. *Controle de constitucionalidade*: exposições críticas à luz da jurisprudência do Supremo Tribunal Federal. Salvador: JusPODIVM, 2010.

MOREIRA, José Carlos Barbosa. *Temas de direito processual*: nona série. São Paulo: Saraiva, 2007.

——. *Temas de direito processual*: oitava série. São Paulo: Saraiva, 2004.

MORO, Sergio Fernando. *Jurisdição constitucional como democracia*. São Paulo: Revista dos Tribunais, 2004.

MOTTA, Cristina Reindolff da Motta. *A motivação das decisões cíveis*: como condição de possibilidade para a resposta correta. Porto Alegre: Livraria do Advogado, 2012.

MOUNTJOY, Shane. *Marbury v. Madison*: establishing Supreme Court power. New York: Chelsea House, 2007.

MÜLLER, Friedrich. *Teoria estruturante do direito*. Tradução de: Peter Naumann e Eurides Avence de Souza. São Paulo: Revista dos Tribunais, 2008.

MURITIBA, Sergio. *Ação executiva lato sensu e ação mandamental*. São Paulo: Revista dos Tribunais, 2005.

NARLOCH, Leandro. Guia politicamente incorreto da história do Brasil. São Paulo: Leya, 2011.

——; TEIXEIRA, Duda. *Guia politicamente incorreto da América Latina*. São Paulo: Leya, 2011.

NEDEL, Nathalie Kuczura. *Controle de constitucionalidade*: uma análise do caso Marbury *versus* Madison e da *judicial review*. Porto Alegre: Núria Fabris, 2013.

NEGRI, André Del. Processo constitucional e decisão interna corporis. Belo Horizonte: Fórum, 2011.

NEGROS e índios terão 15% de vagas em concursos. *Zero Hora*. 19. dez. 2012, p. 28.

NERY JUNIOR, Nelson. *Princípios do processo na Constituição Federal*: processo civil, penal e administrativo. 9. ed. São Paulo: Revista dos Tribunais, 2009.

NEVES, André Luiz Batista. *Introdução ao controle de constitucionalidade*. Salvador: JusPODIVM, 2007.

NEVES, A. Castanheira. *Metodologia jurídica*: problemas fundamentais. Coimbra: Boletim da Faculdade de Direito da Universidade de Coimbra: Coimbra Editora, 1993.

NEVES, Daniel Amorin Assumpção. *Ações constitucionais*. Rio de Janeiro: Forense; São Paulo: Método, 2011.

NOBRE JÚNIOR, Edilson Pereira. *Direitos fundamentais e argüição de descumprimento de preceito fundamental*. Porto Alegre: Sergio Antonio Fabris, 2004.

——. *Jurisdição constitucional*: aspectos controvertidos. Curitiba: Juruá, 2011.

NOGUEIRA, Gustavo Santana. *Stare decisis et non quieta movere*: a vinculação aos precedentes no direito comparado e brasileiro. Rio de Janeiro: Lumen Juris, 2010.

NOGUEIRA, Pedro Henrique Pedrosa. *Teoria da ação de direito material*. Salvador: JusPODIVM, 2008.

NUNES, Dierle *et al*. *Curso de direito processual civil*: fundamentação e aplicação. Belo Horizonte: Fórum, 2012.

NUNES, Dierle José Coelho. *Processo jurisdicional democrático*: uma análise crítica das reformas processuais. Curitiba: Juruá, 2008.

OLIVEIRA NETO, Francisco José Rodrigues de. A atuação do juiz no estado democrático de direito: em busca do ponto de equilíbrio. In: COUTINHO, Jacinto Nelson de Miranda; MORAIS, Jose Luis Bolzan de; STRECK, Lenio Luiz. *Estudos constitucionais*. Rio de Janeiro: Renovar, 2007. p. 101-109.

OLIVEIRA, Carlos Alberto Alvaro de. Ainda o problema da classificação quinária das tutelas jurisdicionais. In: THEODORO JÚNIOR, Humberto; JAYME, Fernando Gonzaga; FARIA, Juliana Cordeiro e LAUAR, Maira Terra (Coord.). *Processo civil*: novas tendências: estudos em homenagem ao Professor Humberto Theodoro Júnior. Belo Horizonte: Del Rey, 2008. p. 101-113.

——. *Do formalismo no processo civil*: proposta de um formalismo-valorativo. 4. ed. São Paulo: Saraiva, 2010.

——. Efetividade e tutela jurisdicional. In: MARINONI, Luiz Guilherme (Coord.). *Estudos de direito processual civil*. São Paulo: Revista dos Tribunais, 2005. p. 421-440.

——. *Justiça e enxurrada de processos*. Zero Hora. 13. dez. 2013, p. 22.

——. O problema da eficácia da sentença. In: MACHADO, Fábio Cardoso; AMARAL, Guilherme Rizzo. *Polêmica sobre a ação*: a tutela jurisdicional na perspectiva das relações entre direito material e processo. Porto Alegre: Livraria do Advogado, 2006. p. 41-54.

——. Teoria e prática da tutela jurisdicional. Rio de Janeiro: Forense, 2008.

OLIVEIRA, Fabiana Luci de. *Supremo Tribunal Federal*: do autoritarismo à democracia. Rio de Janeiro: Elsevier, 2012.

OLIVEIRA, Francisco Antonio de. *Jurisdição constitucional*: o controle abstrato de normas no Brasil e na Alemanha. 5. ed. São Paulo: Saraiva, 2005.

——. *Mandado de injunção*: da inconstitucionalidade por omissão, enfoques trabalhistas, jurisprudência. 2. ed. São Paulo: Revista dos Tribunais, 2004.

OLIVEIRA, Rafael Tomas de. *Decisão judicial e o conceito de princípio*: a hermenêutica e a (in) determinação do direito. Porto Alegre: Livraria do Advogado, 2008.

OST, François. *Tres modelos de juez*. Tradução de: Isabel Lifante Vidal. Disponível em: <http://rua.ua.es/dspace/bitstream/10045/10681/1/doxa14_10.pdf>. Acesso em: 15 nov. 2012.

PAGANELLA, Marco Aurélio. A argüição de descumprimento de preceito fundamental no contexto do controle de constitucionalidade. São Paulo: LTr, 2004.

PALU, Oswaldo Luiz. *Controle de constitucionalidade*: conceitos, sistemas e efeitos. 2. ed. São Paulo: Revista dos Tribunais, 2001.

PAPERS. Disponível em: <http://papers.ssrn.com>. Acesso em: 06 set. 2012.

PAULA, Felipe Duarte Gonçalves Ventura de. A argüição de descumrpimento de preceito fundamental. In: VOJVODIC, Adriana *et al*. (Org.). *Jurisdição constitucional no Brasil*. São Paulo: Malheiros, 2012. p. 175-195.

PAULO NETO, Carlos Romero Lauria. *A decisão constitucional vinculante*. Rio de Janeiro: Forense; São Paulo: Método, 2011.

PEIXOTO, Leonardo Scofano Damasceno. *Supremo Tribunal Federal*: composição e indicação de seus ministros. Rio de Janeiro: Forense; São Paulo: Método, 2012.

PELICIOLI, Angela Cristina. *A sentença normativa na jurisdição constitucional*: o Supremo Tribunal Federal como legislador positivo. São Paulo: Ltr, 2008.

PEREIRA, Sebastião Tavares. *Devido processo substantivo (Substantive Due Process)*. Florianópolis: Conceito, 2008.

PÉREZ LUÑO, Antonio Enrique. *Perspectivas e tendências atuais do Estado constitucional*. Tradução de: José Luis Bolzan de Morais e Valéria Ribas do Nascimento. Porto Alegre: Livraria do Advogado, 2012.

PIEROTH, Bodo; SCHLINK, Bernhard. *Direitos fundamentais*. Tradução de: António Francisco de Souza e António Franco. São Paulo: Saraiva, 2012

PIMENTA, Paulo Roberto Lyrio. *O controle difuso de constitucionalidade das leis no ordenamento brasileiro*: aspectos constitucionais e processuais. São Paulo: Malheiros, 2010.

PIÑERO, Eduardo Schenato. *O controle de constitucionalidade*: direito americano, alemão e brasileiro. Porto Alegre: Sergio Fabris, 2012.

PINHEIRO, Cláudia Tran Pitta. A lei n. 9.868/99 e o sistema de controle concentrado de constitucionalidade no Brasil. In: OLIVEIRA, Carlos Alberto Alvaro de (Org.). *Processo e Constituição*. Rio de Janeiro: Forense, 2004.

PINHO, Humberto Dalla Bernardina de. *Direito processual civil contemporâneo*: teoria geral do processo. 4. ed. São Paulo: Saraiva, 2012. V. 1-2.

PINTO, Marcos Barbosa. *Constituição e democracia*. Rio de Janeiro: Renovar, 2009.

PISCITELLI, Rui Magalhães. O Estado como promotor de ações afirmativas e a política de cotas para o acesso dos negros à universidade. Curitiba: Juruá, 2009.

POGREBINSCHI, Thamy. *Judicialização ou representação?* Política, direito e democracia no Brasil. Rio de Janeiro: Elsevier, 2011.

POLLACK, Malla. O alto custo de não ter direitos positivos, uma perspectiva dos Estados Unidos. In: SARLET, Ingo Wolfgang; TIMM, Luciano Benetti (org.). *Direitos fundamentais*: orçamento e "reserva do possível". 2. ed. Porto Alegre: Livraria do Advogado, 2010. p. 325-348.

PONDÉ, Luiz Felipe. *Guia politicamente incorreto da filosofia*. São Paulo: Laya, 2012.

POPPER, Karl. *Conjecturas e refutações*: o desenvolvimento do conhecimento científico. Tradução de: Benedita Bettencourt. Coimbra: Almedina, 2006.

PORTANOVA, Rui. *Princípios do processo civil*. 6. ed. Porto Alegre: Livraria do Advogado, 2005.

PORTO, Sérgio Gilberto. *Ação rescisória atípica*: instrumento de defesa da ordem jurídica. São Paulo: Revista dos Tribunais, 2009.

——. Common law, civil law e precedente judicial. In; MARINONI, Luiz Guilherme (Coord.) *Estudos de direito processual civil*. São Paulo: Revista dos Tribunais, 2005. p. 761-776.

——; USTÁRROZ, Daniel. *Lições de direitos fundamentais no processo civil*: o conteúdo processual na Constituição. Porto Alegre: Livraria do Advogado, 2009.

PRADO, Rodrigo Murad do. *A participação popular no controle abstrato de constitucionalidade*: amigo da corte. Porto Alegre: Sergio Antonio Fabris, 2010.

RAIS, Diogo. *A sociedade e o Supremo Tribunal Federal*: o caso das audiências públicas. Belo Horizonte: Fórum, 2012.

RAMIRES, Maurício. *Crítica à aplicação de precedentes no direito brasileiro*. Porto Alegre: Livraria do Advogado, 2010.

RAMOS, Elival da Silva. *Ativismo judicial*: parâmetros dogmáticos. São Paulo: Saraiva, 2010.

——. *Controle de constitucionalidade no Brasil*: perspectivas de evolução. São Paulo: Saraiva, 2010.

RECK, Melina Breckenfeld. *Constitucionalização superveniente?* Rio de Janeiro: Renovar, 2012.

RECONTAGEM. Diretor: Jay Roach. Warner. 2008. 1 DVD (116 min). Color. Título original: Recount.

REIS, Maurício Martins. *A legitimação do Estado Democrático de Direito para além da decretação abstrata de constitucionalidade*: o valor prospectivo da interpretação conforme à Constituição como desdobramento concreto entre a lei e o direito. Passo Fundo: IMED, 2012. No prelo.

——. Das interfaces não miméticas entre o controle difuso e a fiscalização concreta de constitucionalidade. *Observatório da Jurisdição Constitucional*, Brasília, a. 2, p. 3, jul. 2008. Disponível em: <http://www.portaldeperiodicos.idp.edu.br/index.php/observatorio/article/viewPDFInterstitial/241/201>. Acesso em: 13 nov. 2012.

REY MARTINEZ, Fernando. El "Dr. Bonham's case" y su aporte a la creación de la judicial review. In: MANILI, Pablo Luis (Coord.). *Marbury v. Madison*: reflexiones sobre una senteccia bicentenaria. México: Editorial Porrúa, 2011. p. 1-21

RIBEIRO, Darci Guimarães. *Da tutela jurisdicional às formas de tutela*. Porto Alegre: Livraria do Advogado, 2010.

——. *La pretensión procesal y La tutela judicial efectiva*: hacia una teoria procesal Del derecho. Barcelona: J. M. Bosch Editor, 2004.

RIO GRANDE DO SUL. *Lei n. 11.929*, de 20 de junho de 2003. Disponível em: <http://www.al.rs.gov.br/Legis/Arquivos/11.929.pdf>. Acesso em: 19 out. 2012.

RIOS, Roger Raupp. *Direito da antidiscriminação*: discriminação direta, indireta e ações afirmativas. Porto Alegre: Livraria do Advogado, 2008

RODRIGUES, Geisa de Assis. Ação popular. DIDIER JR. (Org.). *Ações constitucionais*. 5. ed. Salvador: JusPODIVM, 2011. p. 283-339.

RODRIGUES, Leda Boechat. *A corte de Warren*. Rio de Janeiro: Civilização Brasileira, 1991.

——. *História do Supremo Tribunal Federal*: defesa das liberdades civis (1891-1898). 2. ed. Rio de Janeiro: Civilização Brasileira, 1991. V. I.

——. *História do Supremo Tribunal Federal*: defesa do federalismo (1889-1910). 2. ed. Rio de Janeiro: Civilização Brasileira, 1991. V. II.

ROE v. Wade. Direção: Gregory Hoblit. NBC, 1989. 1 DVD (100 min). Color.

ROBL FILHO, Ilton Norberto. *Conselho Nacional de Justiça*: Estado democrático de direito e accountability. São Paulo: Saraiva, 2013.

ROSA PARKS FACTS. Disponível em: <http://www.rosaparksfacts.com/browder-vs-gayle.php>. Acesso em: 01 nov. 2012.

ROSITO, Francisco. *Teoria dos precedentes judiciais*: racionalidade da tutela jurisdicional. Curitiba: Juruá, 2012.

ROTHENBURG, Walter Claudius. *Direito constitucional*. São Paulo: Verbatim, 2010.

SALDANHA, Jânia Maria Lopes; ESPINDOLA, Angela Araújo da Silveira. A jurisdição constitucional e o caso da ADIN 3.510: do modelo individual – e liberal – ao modelo coletivo – e democrático – de processo. In: MARIN, Jeferson Dytz. *Jurisdição e processo*: efetividade e realização da pretensão material. Curitiba: Juruá, 2008. p. 49-72.

SAMPAIO, José Adércio Leite. O Conselho Nacional de Justiça e a independência do judiciário. Belo Horizonte: Del Rey, 2007.

SANTOS, Boaventura de Souza. *Para uma revolução democrática da justiça*. 2. ed. São Paulo: Cortês, 2008.

SANTOS, Gustavo Ferreira. Neoconstitucionalismo, poder judiciário e direitos fundamentais. Curitiba: Juruá, 2011.

SARLET, Ingo Wolfgang. *A eficácia dos direitos fundamentais*: uma teoria geral dos direitos fundamentais na perspectiva constitucional. 10. ed. Porto Alegre: Livraria do Advogado, 2009.

——; MARINONI, Luis Guilherme; MITIDIERO, Daniel. *Curso de Direito Constitucional*. São Paulo: Revista dos Tribunais, 2012.

——; TIMM, Luciano Benetti (org.). *Direitos fundamentais*: orçamento e "reserva do possível". 2. ed. Porto Alegre: Livraria do Advogado, 2010.

SARMENTO, Daniel. A assembleia constituinte de 1987/88 e a experiência constitucional brasileira sob a carta de 88. In: TAVARES, André Ramos; LEITE, George Salomão e SARLET, Ingo Wolfgang (Org.). *Estado constitucional e organização do poder*. São Paulo: Saraiva, 2010. p. 221-263.

SCHÄFER, Gilberto. *Súmulas vinculantes*: análise crítica da experiência do Supremo Tribunal Federal. Porto Alegre: Livraria do Advogado, 2012.

SCHMITT, Carl. *O guardião da constituição*. Tradução de: Geraldo de Carvalho. Belo Horizonte: Del Rey, 2007.

SCHWARTZ, Bernard. *A history of the Supreme Court*. New York: Oxford University Press, 1993.

SEN, Amartya. *A ideia de justiça*. Tradução de: Denise Bottmann e Ricardo Doninelli Mendes. São Paulo: Companhia das Letras, 2011.

SEPARATE but equal. Direção: George Stevens, Jr. Artisan, 1991. California. 1 DVD (193 min). Color.

SÉROUSSI, Roland. *Introdução ao direito inglês e norte-americano*. Tradução de: Renata Maria Parreira Cordeiro. São Paulo: Landy, 2006.

SHERRY, Suzanna. The intellectual background of Marbury v. Madison. In: TUSHNET, Mark. *Arguing Marbury v. Madison*. California: Stanford Law and Politics, 2005.

SILVA, Ana de Lourdes Coutinho. *Motivação das decisões judiciais*. São Paulo: Atlas, 2012.

SILVA, José Afonso da. *Comentário contextual à Constituição*. 4. ed. São Paulo: Malheiros, 2007.

——. *O constitucionalismo brasileiro*: evolução institucional. São Paulo: Malheiros, 2011.

——. Processo constitucional de formação das leis. 2. ed. São Paulo: Malheiros, 2006.

SILVA, Marcelo Pinto da. A metodologia da pesquisa no direito e Karl Popper. In: PAMPLONA FILHO, Rodolfo e CERQUEIRA, Nelson (Coord.). *Metodologia da pesquisa em direito e filosofia*. São Paulo: Saraiva, 2011. p. 257-273.

SILVA, Ovídio A. Baptista da. Direito material e processo. In: MARINONI, Luiz Guilherme (Coord.). *Estudos de direito processual civil*. São Paulo: Revista dos Tribunais, 2005. p. 404-420.

——. Direito subjetivo, pretensão de direito material e ação. In: MACHADO, Fábio Cardoso; AMARAL, Guilherme Rizzo. *Polêmica sobre a ação*: a tutela jurisdicional na perspectiva das relações entre direito material e processo. Porto Alegre: Livraria do Advogado, 2006. p. 15-39.

——. Jurisdição e execução na tradição romano-canônica. 3. ed. Rio de Janeiro: Forense, 2007.

——. Jurisdição, direito material e processo. Rio de Janeiro: Forense, 2008.

SILVA, Virgílio Afonso da. Interpretação constitucional e sincretismo metodológico. In: SILVA, Virgílio Afonso da (org.). *Interpretação constitucional*. São Paulo: Malheiros, 2005.

SILVEIRA, José Néri da. *Controle de constitucionalidade no Brasil*. Pelotas: EDUCAT, 2001. Cadernos de Direito. V. 5.

SLOAN, Cliff; MCKEAN, David. *The great decision*: Jefferson, Adams, Marshall, and the battle for the Supreme Court. New York: PublicAffairs, 2009.

SÓFOCLES. *Antígona*. Tradução de Donald Schüler. Porto Alegre: L&PM, 2011.

SOUKI, Hassan Magid de Castro. Princípio constitucional da publicidade. TAVARES, Fernando Horta (Coord.). *Constituição, direito e processo*. Curitiba: Juruá, 2008. p. 191-211.

SOUTO, João Carlos. *Suprema Corte dos Estados Unidos*: principais decisões. Rio de Janeiro: Lumen Juris, 2008.

SOUZA, Jorge Munhós de. Teoria do diálogo: o controle judicial fraco como forma dialógica de implementar diretos sociais e econômicos. In: CAMARGO, Marcelo Novelino (Org.). *Leituras complementares de constitucional: controle de constitucionalidade*. 3. ed. Salvador: JusPODIVM, 2010. p. 11-56.

SOUZA JÚNIOR, Cezar Saldanha. *O tribunal constitucional como poder*: uma nova teoria da divisão dos poderes. São Paulo: Memória Jurídica, 2002.

SOUZA NETO, Cláudio Pereira de; SARMENTO, Daniel. *Direito Constitucional*: teoria, história e métodos de trabalho. Belo Horizonte: Fórum, 2012.

SPADONI, Joaquim Felipe. *Ação inibitória*: a ação preventiva prevista no art. 461 do CPC. São Paulo: Revista dos Tribunais, 2007.

STERN, Klaus. O juiz e a aplicação do direito. In: GRAU, Eros Roberto e GUERRA FILHO, Willis Santiago (Org.). *Direito Constitucional*: estudos em homenagem a Paulo Bonavides. 1. ed. 2. tir. São Paulo: Malheiros, 2003. p. 505-515.

STEVENS, John Paul. *Five chiefs*. New York: Little, Brown and Company, 2011.

STRAS, David R. Pierce Butler: a supreme technician (August 26, 2008). *Vanderbilt Law Review*, v. 62, 2009; Minnesota Legal Studies Research Paper No. 08-35. Available at SSRN: <http://ssrn.com/abstract=1259314>. Acesso em: 15 ago. 2012.

STRECK, Lenio Luiz. *Hermenêutica jurídica e(m) crise*: uma exploração hermenêutica da construção do Direito. 10. ed. Porto Alegre: Livraria do Advogado, 2011.

——. *Jurisdição constitucional e hermenêutica*: uma nova crítica ao direito. 2. ed. Rio de Janeiro: Forense, 2004.

——. *O que é isso*: decido conforme minha consciência? 4. ed. Porto Alegre: Livraria do Advogado, 2013.

——. *Verdade e consenso*: Constituição, hermenêutica e teorias discursivas: da possibilidade à necessidade de respostas corretas em Direito. 3. ed. Rio de Janeiro: Lumen Juris, 2009.

——; ABBOUD, Georges. *O que é isto* – o precedente judicial e as súmulas vinculantes. Porto Alegre: Livraria do Advogado, 2013.

SUNDFELD, Carlos Ari. *Fundamentos de direito público*. 5. ed. 3. tir. São Paulo: Malheiros, 2012.

——; PINTO, Henrique Moota. Três desafios para melhorar a jurisdição constitucional brasileira. In: VOJVODIC, Adriana et al. (Org.). *Jurisdição constitucional no Brasil*. São Paulo: Malheiros, 2012. p. 19-52.

SUPREME COURT. Disponível em: <http://supremecourt.gov/>.

SUPTITZ, Carolina Elisa. Audiência pública jurisdicional: avanços e limites democráticos do poder judiciário brasileiro. In: MARIN, Jeferson Dytz (Coord.). *Jurisdição e processo*. Curitiba: Juruá, 2009. V. III. p. 161-187.

TARUFFO, Daniel. Le Funzione delle Corti Supreme. Cenni Generali. In: MITIDIERO, Daniel e AMARAL, Guilherme Rizzo (Coord.); FEIJÓ, Maria Angélica Echer (Org.). *Processo Civil*: estudos em homenagem ao professor doutor Carlos Alberto Álvaro de Oliveira. São Paulo: Atlas, 2012. p. 341-360.

TARUFFO, Michele. La motivazione della sentenza. In: MARINONI, Luiz Guilherme. *Estudos de direito processual civil*. São Paulo: Revista dos Tribunais, 2005. p. 166-174.

——. *La semplice verità*: il giudice e la costruzione dei fatti. Roma-Bari: Laterza, 2009.

——. *Uma simples verdade*: o juiz e a construção dos fatos. Tradução de: Vitor de Paula Ramos. Madrid: Marcial Pons: 2012.

TASSINARI, Clarissa. *Jurisdição e ativismo judicial*: limites da atuação do Judiciário. Porto Alegre: Livraria do Advogado, 2013.

TAVARES, André Ramos. *Argüição de descumprimento de preceito fundamental*: (Lei n. 9.868/99 e Lei n. 9.882/99). São Paulo: Saraiva, 2001.

——. *Curso de direito constitucional*. 8. ed. São Paulo: Saraiva, 2010.

——. Justiça constitucional: superando as teses do "legislador negativo" e do ativismo de caráter jurisdicional. *Direitos Fundamentais & Justiça*, Porto Alegre: HS, Programa de Pós-Graduação, Mestrado e Doutorado em Direito da PUCRS, a. 3, n. 7, p. 167-181, abr./jun. 2009.

——. Manual do Poder Judiciário brasileiro. São Paulo: Saraiva, 2012.

——. O STF e o "mensalão". *Jornal Carta Forense*, São Paulo, p. A8, out. 2012.

——. Paradigmas do judicialismo constitucional. São Paulo: Saraiva, 2012.

——. *Tratado da argüição de preceito fundamental*: (Lei n. 9.868 e 9.882). São Paulo: Saraiva, 2001.

TEIXEIRA, Guilherme Freire de Barros. *Teoria do princípio da fungibilidade*. São Paulo: Revista dos Tribunais, 2008.

TEIXEIRA, Guilherme Puchalski. *Tutela específica dos direitos*: obrigações de fazer, não fazer e entregar coisa. Porto Alegre: Livraria do Advogado, 2011.

TEMPO de glória. Diretor: Edward Zwick. 1989. 1 DVD (117 min). Color. Título original: Glory.

TESHEINER, José Maria Rosa. *Elementos para uma teoria geral do processo*. São Paulo: Saraiva, 1993.

——. Processo e constituição – algumas reflexões. In: MOLINARO, Carlos Alberto; MILHORANZA, Mariângela Guerreiro; PORTO, Sérgio Gilberto (Org.). *Constituição, jurisdição e processo*: estudos em homenagem aos 55 anos da Revista Jurídica. Sapucaia do Sul: Notadez, 2007. p. 409-427.

——; CUNHA, Rodrigo A. Azambuja da. Processos objetivos no direito brasileiro: ações direta de inconstitucionalidade, declaratória de constitucionalidade e arguição de descumprimento de preceito fundamental. *Direitos Fundamentais & Justiça*, Porto Alegre: HS, Programa de Pós-Graduação, Mestrado e Doutorado em Direito da PUCRS, n. 9, p. 124-146, out./dez. 2009.

——; MILHORANZA, Mariângela Guerreiro. Jurisdição, hoje, no Brasil. *Direitos Fundamentais e Justiça*, Porto Alegre: HS, Programa de Pós-Graduação, Mestrado e Doutorado em Direito da PUCRS, a. 2, n. 5, p. 204-218, out./dez. 2008.

THAMAY, Rennan Faria Krüger. *A relativização da coisa julgada pelo Supremo Tribunal Federal*: o caso das ações declaratórias de (in) constitucionalidade e arguição de descumprimento de preceito fundamental. Porto Alegre: Livraria do Advogado, 2013.

THE ROSA Parks Story. *Direção*: Julie Dash. Xenon, 2002. 1 DVD (97 min). Color.

THE SUPREME Court: Vol. 1: one nation under law. Director: Thomas Lennon. Ambrose, 2007. 1 DVD (60 min). Color.

——: Vol. 2. a new kind of justice. Director: Thomas Lennon. Ambrose, 2007. 1 DVD (60 min). Color.

——: Vol. 3: a nation of liberties. Director: Thomas Lennon. Ambrose, 2007. 1 DVD (60 min.). Color.

——: Vol. 4: The Rehnquist revoltution. Director: Thomas Lennon. Anbrose, 2007. 1 DVD (60 min.). Color.

THURGOOD. Direção: Michael Stevens. 2011. 1 DVD (105 min). HBO Films. Color.

UROFSKY, Melvin I. *Supreme decisions: great constitutional cases and their impact*. Philadelphia: Westview Press, 2012.

VALLE, Vanice Regina Lírio do (Coord.). *Audiências públicas e ativismo*: diálogo social no STF. Belo Horizonte: Fórum, 2012.

VASCONCELOS, Arnaldo. *Teoria da norma jurídica*. 6. ed. São Paulo: Malheiros, 2006.

VASCONCELOS, Rita de Cássia Corrêa. *Princípio da fungibilidade*: hipóteses de incidência no processo civil brasileiro contemporâneo. São Paulo: Revista dos Tribunais, 2007.

VELANO, Emília Maria. Modulação dos efeitos da declaração de inconstitucionalidade de lei tributária. Curitiba: Juruá, 2010.

VERDÚ, Pablo Lucas. *O sentimento constitucional*: aproximação ao estudo do sentir constitucional como modo de integração política. Agassiz Almeida Filho (trad). Rio de Janeiro: Forense, 2004.

VIANA, Oliveira. *O caso do Império*. Vol. 26. Brasília: Edições do Senado Federal, 2010.

VIDAL, Jânio Nunes. *Elementos da teoria constitucional contemporânea*: estudos sobre as constantes tensões entre política e jurisdição. Salvador: JusPODIVM, 2009.

VIEIRA, Andréia Costa. *Civil law e common law*: os dois grandes sistema legais comparados. Porto Alegre: Sergio Antonio Fabris, 2007.

VIEIRA, Renato Stanziola. Jurisdição constitucional e os limites de sua legitimidade democrática. Rio de Janeiro: Renovar, 2008.

VILE, John R. *Essential Supreme Court decisions*: summaries of leading cases in U.S. constitutional law. 15th ed. Maryland: Rowman & Littlefield Publishers, 2010.

VILLA, Marco Antonio. *A história das Constituições brasileiras*. São Paulo: Leya, 2011.

——. *Mensalão*: o julgamento do maior caso de corrupação da história política brasileira. São Paulo: Leya, 2012.

VITOVSKY, Vladimir Santos. Activismo judicial: só pecados e virtudes? Contribuições para uma teoria sociojurídica. In: OLIVEIRA, Umberto Machado de; ANJOS, Leonardo Fernandes dos. *Ativismo judicial*. Curitiba: Juruá, 2010. p. 89-136.

WIEACKER, Franz. *História do direito privado moderno*. 3. ed. Tradução de: A. M. Botelho Hespanha. Lisboa: Fundação Calouste Gulbenkian, 2004.

WITH all deliberate speed: a look at the landmark Brown vs. The Board of Education. Direção: Peter Gilbert. Anchor Bay, 2004. 1 DVD (111 min). Color.

WRIGHT, John D. *História da Guerra Civil americana*. Tradução de: Roger Maioli dos Santos. São Paulo: M. Books do Brasil, 2008.

YALE.EDU. Disponível em: <http://www.yale.edu/lawweb/jbalkin/brown/1954.html>. Acesso em: 22 set. 2012.

YARSHELL, Flávio Luiz. *Tutela jurisdicional*. 2. ed. São Paulo: DPJ, 2006.

YOSHIKAWA, Eduardo Henrique de Oliveira. *Origem e evolução do devido processo legal substantivo*: o controle da razoabilidade das leis do Século XVII ao XXI. São Paulo: Letras Jurídicas, 2007.

ZACLIS, Lionel. Direito processual civil estadunidense. In: CRUZ E TUCCI, José Rogério (Coord.). *Direito processual civil americano contemporâneo*. São Paulo: Lex, 2010. p. 165-210.

ZAFFARONI, Eugenio Raúl. *Poder judiciário*: crises, acertos e desacertos. Tradução de: Juarez Tavares. São Paulo: Revista dos Trubunais, 1995.

ZANETI JR., Hermes. O modelo constitucional do processo civil contemporâneo. In: MITIDIERO, Daniel e AMARAL, Guilherme Rizzo (Coord.); FEIJÓ, Maria Angélica Echer (Org.). *Processo civil*: estudos em homenagem ao professor doutor Carlos Alberto Álvaro de Oliveira. São Paulo: Atlas, 2012. p 199-225.

——. *Processo constitucional*: o modelo constitucional do processo civil brasileiro. Rio de Janeiro: Lumen Juris, 2007.

ZAVASCKI, Teori Albino. *Eficácia das sentenças na jurisdição constitucional*. 2. ed. São Paulo: Revista dos Tribunais, 2012.

——. *Processo coletivo*: tutela de direitos coletivos e tutela coletiva de direitos. 2. ed. São Paulo: Revista dos Tribunais, 2007.

ZIMBARDO, Philip; BOYD, John. *O paradoxo do tempo*: você vive preso ao passado, viciado no presente ou refém do futuro? Tradução de: Saulo Adriano. Rio de Janeiro: Objetiva, 2009.

ZINN, Howard. *A people's history of the United States*. New York: HarperCollins Publishers, 2005.

Impressão:
Evangraf
Rua Waldomiro Schapke, 77 - POA/RS
Fone: (51) 3336.2466 - (51) 3336.0422
E-mail: evangraf.adm@terra.com.br